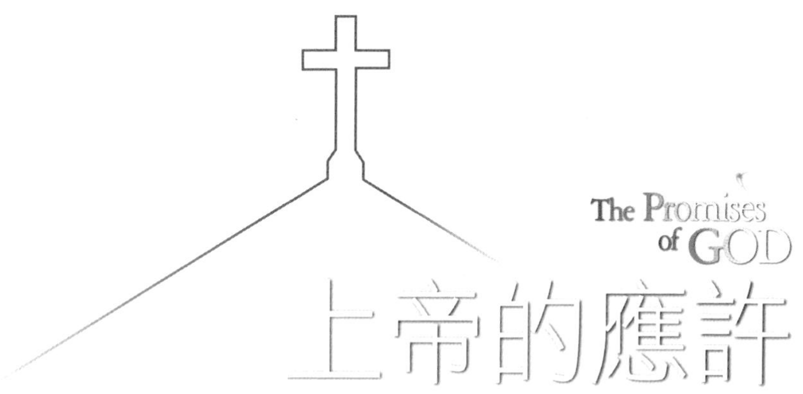

The Promises of GOD

上帝的應許

凡投靠你的，願他們喜樂，時常歡呼，因為你護庇他們，
又願那愛你名的人，都靠你歡欣。

李察◎著
鄧繼依 鄧明雅 吳淑娟◎譯

前　言

木屑和獵槍。拳擊手套和詩詞。矛盾修飾法？幾乎不！用這些措辭來為「資格最老的復臨信徒佈道家」（Dean of Adventist Preachers）李察下註解，著實不文雅。他的一生深刻地影響了許多人。

我很高興、經過這麼多年，他的書《上帝的應許》終於再被印製，發行為成人的靈修書籍。這部典雅的文學作品，於西元1956年問世。記得那年我敬虔的雙親，總會在每個星期日早晨招聚我們五個小男孩，在冷得發抖的薩克其萬大草原上，圍在用乾電池的收音機旁，聆聽李察在薩斯卡頓市的廣播節目《預言之聲》。

我年輕的生命受李察牧師影響很深。我很欣喜的憶及1961年的一個早晨，家人從百慕達到加州的葛蘭達城，我們這隊家庭歌手在他的播音總部獻唱，主持音樂崇拜。那時我大約14歲，我的弟弟們各是13、12、11和10歲。我們怯怯地站在前來參加聚會的全體播音同仁面前，聽眾還包括李察、德爾（Del Delker）及「君王先鋒」（King's Heralds）。我們居然在他們面前表演！角色真是對調了！

李察牧師坐在靠前排的位置，腳還打拍子，咧著嘴笑。當他聽他朋友喬（原是「君王先鋒」團員）和他家七人，以音樂高舉耶穌時，他更是格格發笑。我永遠也不會忘記，當我們用盡肺活量，唱出「我們先祖的信仰」作結束時，我看見他擦拭眼角的淚水。

大學時，李察牧師來到我的神學主修課堂。我還記得當時他推薦我們唸的書籍，如查理卿奎（Charles Chiniquy）著作的《羅馬教會50年》。

1966年李察很親切的在他的私人書房，接待了我們大學的四人合唱團。我們沒有預約就很冒昧的去拜訪他在貝伍街的家，並為他高歌一曲。真大膽呢！但他把我們當要人看待，時間都給我們了。我們真是受寵若驚，他居然會花時間在我們這幾個「年輕小夥子」身上，跟我們談他藉著音樂和廣播的事奉生涯中的喜樂。

我還記得其他一些軼事。我被差派去的第一間教會，是靠近洛杉磯一間全新的卡馬利羅教堂，1975年完工時，我們安排了一場特別的獻堂崇拜。我們邀請了李察來證道，並宣布是兩場聚會，以便容納所有的貴賓。結果，兩場聚會都爆滿，座無虛席。問題是，他兩場聚會給的是兩個不同的信息，會眾都不願意離開，把位子讓給別人！我記得他兩場聚會都各別放了5元鈔票在奉獻盤裏，我想他怎麼付得起？後來從李察師母處得知，他每次都捐獻5元。這習慣伴隨他終其一生的事奉。（當時5元是很大的一筆錢）

法拉衛登（Flavia Weedn）有一次寫道：「有些人來到我們的生命中，在我們的心靈留下足跡，我們的生命從此不再一樣。」

李察就是這樣的人。對我來說，他是活的傳奇，是基督完美的差使，永生之道的傳講者。

——羅尼美拉申坷
（E. Lonnie Melashenko）
社長兼主講人
預言之聲廣播社
美國加州摩帕克城

1月 1日

我又要叫你和女人彼此為仇；你的後裔和女人的後裔，也彼此為仇。女人的後裔要傷你的頭；你要傷他的腳跟。（創3：15）

今天的經文很適合元旦，因為這是神給沈淪的人類的第一個應許。它是神恩典之約第一次的彰顯，第一個福音的講章，也是有關人類救贖的第一個預言。對每一個信徒來說，它是主耶穌基督的第一個應許，應許祂不僅是拯救者，而且是「主」。當祂在十字架上受鞭傷，蛇的權勢似乎達到終極時，我們的主說：「現在這世界受審判，這世界的王要被趕出去。我若從地上被舉起來，就要吸引萬人來歸我。」（約12：31－32）

可怕的是我們的主所承受的鞭傷。不過，即使在明顯被擊敗的時刻，祂仍然是勝利者；在我們的主第二次再來及最後審判時，創3：15記載的應許和預言，將很快地實現。

今天我們步入的這一年裏，可能在撒但和他的嘍囉手下，我們會受很多苦難，然而不可喪志！耶穌，我們的救主，是我們的護衛者。當我們相信祂的力量時，我們會有喜樂。詩人勸誡說：「凡投靠你的，願他們喜樂，時常歡呼，因為你護庇他們，又願那愛你名的人，都靠你歡欣。」（詩5：11）

我們有時也許會受傷害，在苦難中跛行，但是我們的主已經把腳踩在撒但的頭上。藉著信，我們此時此刻就能得勝，最後將與基督，女人的後裔一起掌權。

相信神，童女所生的人子；
相信神，祂的應許滿足我們的需要；
相信神，從罪惡和撒但手中得釋放；
親愛的朋友，相信神。

默想與禱告：「求你起來幫助我們，憑你的慈愛救贖我們。」（詩44：26）

1月 2日

他將要生一個兒子，你要給他起名叫耶穌，因他要將自己的百姓從罪惡裏救出來。（太1：21）

當著名的佈道家陶馬灝臨死亡邊緣時，他的兒子問他：「爸爸！你現在到底相信甚麼？」

他不加思索的回答：「喔！孩子！當我在25歲開始傳道時，我緊抓上百條的教義；35歲時，我有50條；到了50歲時，剩下25條；之後，只有10條；現在，我面對永恆，只抓住這一條：我是一個大罪人，但主耶穌是偉大的救主。」

「耶穌」的字義是「救主」，是我們主的名字，是祂出生時，天使給祂的名字。「基督」的字義是 「受膏者」或「彌賽亞」（約1：41）。耶穌在約但河受洗時被聖靈恩膏（徒10：38），上帝的聲音宣告這是祂的愛子（太3：16、17）。藉由祂的復活、升天，最終證實祂全然是這名字的涵意所指的基督。「故此，以色列全家當確實的知道，你們釘在十字架上的這位耶穌，上帝已經立祂為主、為基督了。」（徒2：36）。祂的名字表明三項祂的救贖本質：

首先，祂，也只有祂能拯救。「除祂以外，別無拯救，因為在天下人間，沒有賜下別的名，我們可以靠著得救。」（徒4：12）。

其次，祂只拯救「祂的子民」，他們包括所有種族（比較彼前2：9；多2：14；徒15：14）。

最後，祂的名字顯示出這項救贖的寬宏及深奧。祂不只是從罪的結果救贖，而且是從罪的根本救贖。如此就顯示祂不僅是公義的源頭，更是成聖的來源。實際上，祂的名字是整本聖經的內容。我們是否是屬祂的子民？祂現在就是我們的救主嗎？

默想與禱告：「救恩屬乎耶和華，願你賜福給你的百姓。」（詩3：8）

1月 3日

賜平安的上帝快要將撒但踐踏在你們腳下。願我主耶穌基督的恩常和你們同在！（羅16：20）

尼申在尼羅河戰役後寫信回英國。信中他說：「『勝利』兩字還不足以道出這個景況。」那麼，當今天經文中的應許實現時，將會是甚麼景況呢？「勝利」也絕不足以描繪出那時的景況，道出當時的榮光。這個主題接續1月1日的默想，非常恰當。信徒所擁有的應許，不只是女人的後裔要傷蛇的頭，而且是要被踐踏在腳下。當然，勝利不會自己出現在神的兒女身上，而是神要親自踐踏撒但。

當我們的主對抗撒但時，祂為我們留下榜樣。祂使用「……聖靈的寶劍，就是上帝的道。」（弗6：17）在那三次大試探中，祂信賴的是神話語的寶劍，祂的仇敵無力與祂匹敵。我們的主所有的只是舊約，但今天我們還有新約可以汲取。讓我們使用這屬天的武器，它「……比一切兩刃的劍更快」（來4：12）。所以讓我們「繼續仰望，憑信心向前走」，因為神的應許是：祂「快要將撒但踐踏在你們腳下。」到那時，我們就要天天得勝。讓我們常常牢記「快要」這兩個字。聽見這兩個字，該有多喜樂呀！很快、不久、馬上，勝利就要屬於我們了！撒但的頭要被踐踏！為此，我們要相信這位和平的神。「使我們勝了世界的，就是我們的信心。」（約壹5：4）

要相信祂，祂的得勝，帶來釋放；
要相信祂，祂所賜的喜樂與日俱增；
相信祂，祂的安息和平安就要到來；
親愛的朋友，要相信神！

默想與禱告：「但你——耶和華是我四圍的盾牌，是我的榮耀，又是叫我抬起頭來的。」（詩3：3）

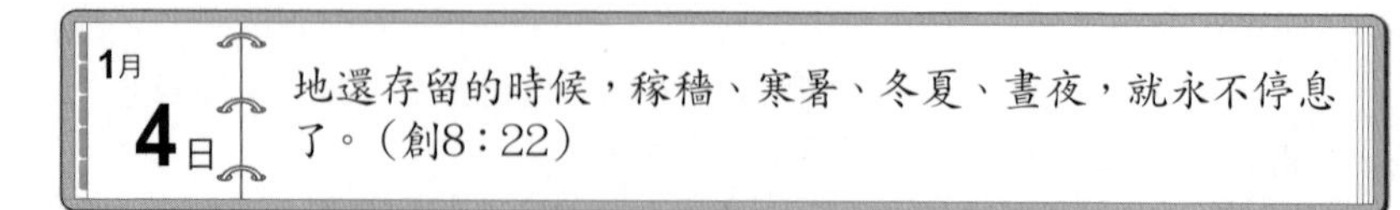
1月 4日

地還存留的時候，稼穡、寒暑、冬夏、晝夜，就永不停息了。（創8：22）

一場可怕的雷雨之後，第二天早上，一個小男孩下樓問父親說：「爸爸！神昨晚在幹什麼？祂是不是在『製作』早晨？」父親說：「是啊！親愛的！我想祂是。」

上帝如此應許：有早晨和晚上，有四季，一季接著一季到來。地剛被洪水氾濫，日常作息被破壞了。挪亞看了看荒廢的地土，轉過身敬拜神。他獻祭的煙很快上騰，他的所作所為表達了他的信心。洪水可怕的咒詛消逝了，神再次應許新的祝福。只要土地在的一天，四季、晝夜將會持續運轉。日落、日出，日出、日落，是天際和歷史的記錄。神的應許沒有落空，也絕不落空。每當我們看到日出，讓我們記得神的應許。

有播種的季節和收成的季節，生活才有可能。夏冬、晝夜是祂實現的應許。挪亞的神是自然界的神，是已經和正在實現應許的神。

普林斯頓大學一個壁爐牆上是愛因斯坦寫的座右銘：「神是科學家，不是魔術師。」我們稱神維護宇宙的諸多方式為自然法則；它們不是反覆無常的，它們是可靠的，因為它們建立在神的應許之上。若非如此，現代科學就不可能！

讓我們從挪亞身上學習，在生命中把神擺在第一位。

相信神，晝夜不止歇；
相信神，四季按時運轉；
相信神，從祂，我們得到平安和永生；
親愛的朋友，相信神！

默想與禱告：「耶和華啊！諸天要稱讚你的奇事，在聖者的會中，要稱讚你的信實。」（詩89：5）

1月 5日 我使雲彩蓋地的時候，必有虹現在雲彩中，我便記念我與你們和各樣有血肉的活物所立的約，水就再不氾濫、毀壞一切有血肉的物了。（創9：14、15）

挪亞的洪水不會復返。彩虹是每一世代的告誡。兒童詢問它的含意，虔誠的父母解釋說：再不會有全球性的洪水了。

神與挪亞立的約不會改變。在祂子民得到永恆的拯救時，都要全然成就。所以，我們為什麼要為那使世界變色的困難擔憂呢？雲彩不消散，我們就看不見彩虹了。有這麼一句話說：「要是沒有眼淚，靈裏就不會有彩虹。」若不是發現自己生活在陰暗的日子裏，我們經常會忘記神的應許，那時我們才會為此尋找當年的記憶和神的話語。當天昏地暗時，神寶貴的應許會像彩虹一樣，在我們面臨的困境上閃耀。

祂的寶座也有一道彩虹（啟4：2、3）。祂常常看見它，就記起祂的應許。我們的救主為我們的罪流血，祂指著那道虹，象徵神與全人類和好。先知以西結看見「下雨的日子，雲中虹的形狀怎樣，周圍光輝的形狀也是怎樣。」（結1：28）我們若更認識神，就會更信任祂像彩虹般的應許：和平與愛的應許。

天空裏一道虹彩；
我們雖然看不見，它卻是真實的；
拱抱著才消逝的雷雨；
就像神對世界的應許；
天空裏有一道彩虹，
是給你的！

默想與禱告：「你的誠實存到萬代，你堅定了地，地就長存。」（詩119：90）

1月 6日

耶穌卻回答說：「經上記著說：人活著，不是單靠食物，乃是靠上帝口裏所出的一切話。」（太4：4）

麵包，生命的必需品，代表人類肉體上所需的食物及每一件事物，甚至生長食物的土地。托爾斯泰（Leo Tolstoy）有次說到一個尋找土地的人，跑到一遙遠的地方。有人出價只要一千盧幣，就可以讓他買到一塊花一天時間所能走完一圈的土地。他要把那筆錢放在某一個地點，然後開始走，走到太陽西下為止。當他回到放錢的地方，所有他腳踪圍繞的土地，就全是他的。所以這個人開始快步上路，然後用盡全力跑。就在太陽正西下時，他盡了全力回到出發時的起點。但這項任務對他來說，實在遠超過他的體力所能及。他就死在他的起點上。他得到的只是一塊6 × 3 呎的土地。

天上的父知道我們日常所需的食物。祂也知道我們活著不是「單靠食物」。我們屬靈的飢渴，絕不是物質所能滿足的。耶穌說：「人的生命，不在乎家道豐富」（路12：15）。祂又說：「我是生命的糧」（約6：35）。「日用的飲食，今日賜給我們」，是一個當每日祈求、也會每日得到應允的禱告。「我得著你的言語，就當食物吃了。你的言語是我心中的歡喜快樂。」（耶15：16）

親愛的主，為我擘開生命的糧，
就像當年在海邊，
你曾擘餅一樣；
越過你的聖書，
主啊！我尋求你；
我的靈渴望你，
渴望你永活之道！

——瑪利・拉斯伯利（Mary A. Lathbury）

默想與禱告：「你的話極其精煉，所以你的僕人喜愛。」（詩119：140）

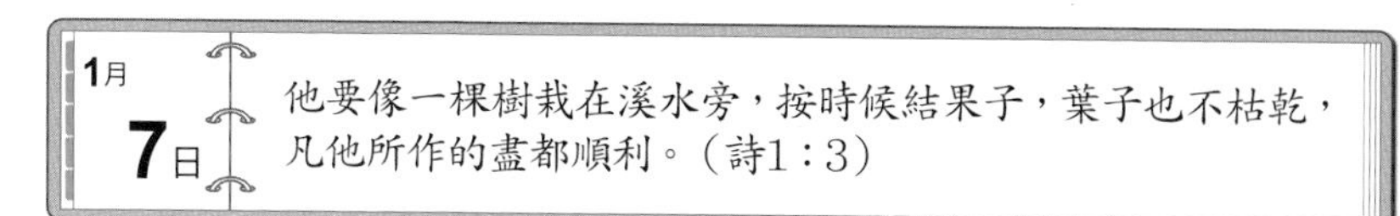

只要是活著，樹會一直生長；真正的基督徒也應如此。跟樹一樣，他要一天天、一年年，不斷成長得更強壯。一般樹的年齡，可以從樹幹的年輪識別。乾旱的年份，輪的線條會很狹窄；多雨水的季節，線條會粗寬。不管如何，樹總是會生長一點。生長的速度有時快有時慢，但它一定會生長。樹的定律是，「若不成長就會死」。對喜悅神律例的人來說，也是一樣。不管是在順境或困境；不管是成功或失敗，他們的靈命要成長，有時快速、有時緩慢，但他們一定成長。

很少人會忘記他們第一次看見加州宏偉、高大的杉樹時的印象。多數人是以肅穆謹然的心態望著這顆杉樹。它大概是今天世界上僅存的、最古老的生物。傳言說當大衛寫下包括今天的經文詩篇第一篇詩的時候，它是棵大樹；當耶穌路過加利利時，它是棵大樹；宗教改革時代，它是樹王；今天它是世界奇觀。帝國興起又衰落，但這棵大樹仍然屹立，而且不斷生長。神的兒女應該像一棵樹，一棵栽在溪水旁的樹，不斷生長。

有一次我從高山上眺望下面的亞利桑納沙漠。它被艷陽曬枯的地面，有一道綠色的線條越過，一直延伸到地平線那端。那是怪異倒流的哈撒亞巴河。這條河流有時在地面上隱而未現，流在沙床下，滋潤了那些散佈在沙漠上、稀有的大樹。「像樹栽在溪水旁，」神的兒女要在這世界的沙漠中度日、生活、成長、開花結果。這是神的應許：「他要像一棵樹。」

默想與禱告：「你叫他比天使微小一點，並賜他榮耀尊貴為冠冕。」（詩8：5）

1月 8日

你們來，我們彼此辯論，你們的罪雖像硃紅，必變成雪白，雖紅如丹顏，必白如羊毛。（賽1：18）

著名的蘇格蘭外科醫生及科學家辛普森（Simpson），是醫學界使用麻醉劑的先鋒之一。有次一個年輕人請教他，他個人認為最大的發現是甚麼。他簡單的回答：「我最大的發現是：原來我是罪人，而耶穌是偉大的救主。」

神要跟我們理論我們的罪。祂在今天的應許中與我們理論了，祂把這項應許給每一個人，因為「世人都犯了罪」（羅3：23）這是關乎生死的事，「因為罪的工價乃是死」（羅6：23）。

當我們符合了條件，這就是神的應許，我們的「罪雖像硃紅，必變成雪白。」這意味饒恕、潔淨、從主裏得到新生。但是我們必須來到主面前，承認我們的需要。祂來執行神在地上的事工和旨意。祂說：「凡父所賜給我的人，必到我這裏來。到我這裏來的，我總不丟棄他。」（約6：37）這是祂給我們的話語。我們會不願意來到祂面前嗎？你瞧！這就是我們該做的部分，我們必須做選擇。為什麼不現在來到祂面前呢？祂說，「現在」來！「明天」永遠不會到！任何我們要做的事都要現在做。我們是活在一個關口上，那個關口就是「現在」。「看哪！現在正是悅納的時候，現在正是拯救的日子」（林後6：2）。

有句話說，如果從一片紅玻璃看一朵紅色的玫瑰，玫瑰看來會是白色的。當神通過十字架上所流的寶血來看我們「像硃紅」般的罪時，它們會看來像雪一樣白。理由是：「基督……為我們的罪死了。」（林前15：3）

默想與禱告：「你赦免了你百姓的罪孽，遮蓋了他們的一切的過犯。」（詩85：2）

1月
9日
摩西在曠野怎樣舉蛇，人子也必照樣被舉起來，叫一切信祂的都得永生。（約3：14—15）

以色列的子民，因為所犯的罪，在曠野中被毒蛇攻擊（民21章）。上千的人死了。在神的吩咐下，摩西製造了一條銅蛇，把它掛在杆子上。那些望它一眼的人都得醫治了。這事活現了基督和祂為我們的罪死的預言。

一個病人來到他的藥劑師那裏，說：「你能給我一帖感冒的藥嗎？」

「你有藥方嗎？」藥劑師問。

「沒有，」他答。「但是我把我的感冒帶來給你醫治。」

那些要自己的罪得醫治的人，常常帶自己的藥方到主面前來，但祂要的只是罪人願意說：

單單是我，不作任何陳情
只因你的寶血已為我流出。
——依利奧德（Charlotte Elliott）

留意到嗎？如果我們要存活，人子必須被舉起，必須經過死亡。在十字架上，祂的仇敵說：「祂救了別人，不能救自己。」（太27：42）他們再也說不出比這更真實的事了。為了拯救人類，祂必須死。這就是為什麼祂要來到這世界，「並且要捨命，作多人的贖價。」（太20：28）留意這點：神使用死亡——罪可怕的工價——徹底毀滅罪和死亡，帶給凡信祂的人永生。望一眼銅蛇，蛇咬的傷就得醫治。最終，我們能理解我們救主在十字架上的死，確實是「致死」之死。

再讀一遍今天的應許，著重「一切信祂的」這幾個字。如果我們相信，那就包括了我們所有的人。

默想與禱告：「萬軍之神啊！求你使我們回轉，使你的臉發光，我們便要得救。」（詩80：7）。

1月 **10**日

於是領他走到外邊，說：「你向天觀看，數算眾星，能數得過來麼？」又對他說：「你的後裔將要如此。」亞伯蘭信耶和華，耶和華就以此為他的義。（創15：5、6）

西班牙王腓力二世即將逝世時，在病榻上傳話給聽他告解的人說：「聽告解的神父啊！我向你聲明，我願意做你認為能使我得救的每一件事，好叫我所承認的罪歸在你名下，因為我已準備將所有指認我的錯，全部宣告無罪。」有一個作家這樣寫：「他為了得救，做盡了所有他能做的事。」

針對這世界最大的問題，今天的應許章節告訴我們，神的答案，也是唯一的答案：就是如何稱義，如何成聖。要達到這個境界，從來就不是靠人的努力。它是神所賜的禮物，而我們要憑信心來領受。「義人必因信得生」（加3：11）。罪人是憑信心而不是憑行為稱義。

留意，這裏首次提到律法。今天的經文有三個有關救贖的字：「相信」、「算為」、「公義」，這些字都是首次出現在聖經中，而且是一起出現的。亞伯拉罕信上帝，上帝便成就了其他的事。當神自己應許我們，通過主耶穌基督在十字架上的犧牲，要赦免我們的罪，稱我們為義，當然我們絕對可以相信祂。「就是神的義。因信耶穌基督，加給一切相信的人，並沒有分別。因為世人都犯了罪，虧缺了神的榮耀。如今卻蒙神的恩典，因基督耶穌的救贖，就白白稱義。」（羅3：22－24）你要相信神嗎？

不要讓良知使你遲疑、徘徊，
也不要只夢想要剛強；
祂渴望你的剛強是在於
你體驗到你需要祂。

——約瑟夫・哈特（Joseph Har't聖歌作曲家）

默想與禱告：「耶和華啊！……引領我，使你的道路在我面前正直。」（詩5：8）

1月 **11**日

看哪！我的僕人，我所扶持、所揀選、心裏所喜悅的，我已將我的靈賜給他，他必將公理傳給外邦。（賽42：1）

這是有關基督的預言。早在耶穌出生於伯利恆的馬槽七個世紀之前，以賽亞口中發出多美好的信息！「看哪！我的僕人」主說：「我所扶持、所揀選、心裏所喜悅的，我已將我的靈賜給他，他必將公理傳給外邦。」除了耶穌，這還會是誰呢？

當以賽亞的日子，以色列人想要獨佔神的祝福，但是那將要來的救主，卻是為世上所有的人。祂的福音要傳遍四方，把公義帶給所有的人。神在這裏的吩咐是「看耶穌」。來3：1引用幾乎相同的字句：「應當思想……耶穌。」亞12：10的預言，說到那些把耶穌釘死在十字架的人。「他們必仰望我，就是他們所扎的。」使徒激勵祂今天的信徒，要「等候救主」（腓3：20），「仰望為我們信心創始成終的耶穌，他因那擺在前面的喜樂，就輕看羞辱，忍受了十字架的苦難，便坐在神寶座的右邊。」（來12：2）我們在看哪裏？看耶穌或是看一些跟隨耶穌之人的過失？

有一次，當阿司特皮亞左拉（藝人）騎著馬在撒斯奎哈納河（美國東部沿海最長的河流）涉水而過時，望著下面漩渦的河水，結果頭暈得幾乎失去平衡。跟他同行的獵人打了他的下顎一拳，大叫：「向上看！」他向上看，就恢復了平衡。在周遭這個旋轉不停的世界裏，我們需要抬起頭仰望基督。在祂裏面有神的靈，在祂裏面有我們的公義，在祂裏面有永生。

默想與禱告：「主啊！求你使僕人心裏歡喜，因為我的心仰望你。」（詩86：4）

1月 12日 上帝說：「我必與你同在。你將百姓從埃及領出來之後，你們必在這山上事奉我；這就是我打發你去的證據。」（出3：12）

「告訴我，」馬丁路德的一個敵人說；「當全世界，就是教會、國家、王侯、人民都敵對你的時候，你會在哪裏？」

「為什麼？過去跟現在一樣，」路得呼叫，「在全能上帝的手中。」神當年差遣摩西去對付當時最大的強權統治者，難怪他害怕。但神會只派遣一個人，單獨去譴責一個王、打敗一個帝國嗎？當然不會！「我必與你同在」。除了這應許，摩西還需要甚麼？

當約翰衛斯理臨終的時候，他的傳道同工圍在他的病床。忽然他清醒過來，臉上露出笑容。他說：「那最上好的福分是：神與我們同在。」就像當年的摩西、衛斯理一樣，對今天的我們來說，那也是最好的福分。當神把天上的至寶——祂的兒子、我們的救主賜給我們以拯救人類時，那個應許這麼說：「『人要稱祂的名為以馬內利。』（以馬內利繙出來，就是神與我們同在。）」（太1：23）。當我們受差做神的工時，祂與我們同在，所以我們不會失敗。那麼，讓我們去行，不膽怯、不一心二用、不疏忽或妄自為大，而是清楚認識神的同在。

噢！我的神！讓我與你同行。
就像當年挪亞與你同行一樣。
——艾芙俐・司達特（Avery Stuttle，作家）

今天我們應該是何等的人，配得與主同行！如果祂與我們同在，我們不能不有所成就。

默想與禱告：「我雖行在患難中，你必將我救活。我的仇敵發怒，你必伸手抵擋他們，你的右手也必救我。」（詩138：7）

1月
13日

然我指著我的永生起誓，遍地要被我的榮耀充滿。（民14：21）

「現在當我站在進入永恆的邊緣時，」湯瑪斯卡萊爾（Thomas Carlyle）說，「我越老，有一句我小時候從基督教教理問答學來的一句話，就越常出現在我的腦海裏，而且意義更深、也更清楚：『人最終的目的是甚麼？是榮耀神，永遠享有祂。』」

以色列子民拒絕聆聽神以榮耀祂的名。他們相信那些探子們的報導，打算指派一個親埃及的領袖，帶他們回埃及那原先受綑綁之地。應許之地的人身材高大，以色列人恐懼這些巨人。探子們的正式報告指出：「我們看自己就如蚱蜢一樣。」（民13：33）。他們有蚱蜢的成見，當一個人認為自己像蚱蜢的時候，他就會像蚱蜢一樣。

那麼，向應許之地前進的事呢？看來，蚱蜢型的人的確把事情搞砸了。神想把他們毀了，但是摩西代這些退縮的人求情。他提醒神，所有不信神的外邦人都在瞧著，他們會說神並無意把他們帶進應許之地，因為祂沒有這種能力，祂是一個有限的神。神回答說我會照你所求饒恕他們。但是，我指著我的永生起誓，正如我的榮光要充滿大地那麼確實。」（民14：20、21）

所以，朋友！我們會讓神失望，但是神的榮耀卻不會消逝。埃及、曠野、飢渴、無止盡的前行、性烈兇猛的蛇、混雜的群眾、摧毀性的報告、蚱蜢型的人民，沒錯！這些全是，還有更甚於此的問題！但是神的榮耀仍然降臨，這世界要充滿祂的榮耀。讓我們攜手向應許之地前進。

默想與禱告：「求你顯出你奇妙的慈愛來，你是那用右手拯救投靠你的脫離起來攻擊他們的人。」（詩17：7）

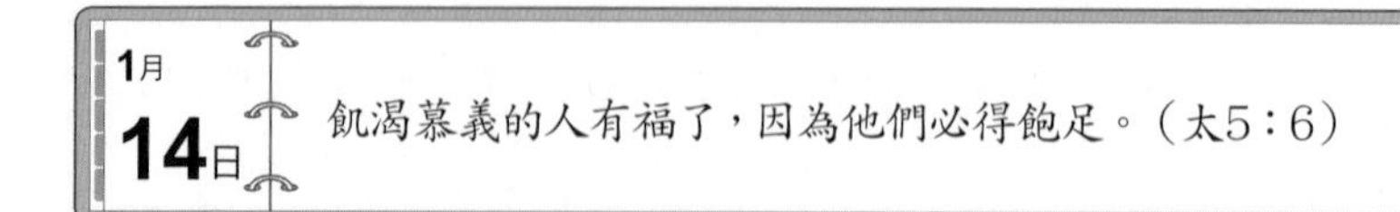

1月
14日
飢渴慕義的人有福了，因為他們必得飽足。（太5：6）

你曾見過真正飢餓的人嗎？這個世界的某些地方，每天常見這種人，數百萬的人終其一生不曾飽食。此刻正忍受飢餓，他們的眼眶凹陷，迫切地伸手乞食。

我們必須不斷的吃、喝，否則就會死。過度飢餓或乾渴，都是很恐怖的事，有適量的飲食總是好的。神造人類及動物，讓他們有飢餓感的本能。實際上這是智舉。不會飢餓，食物就沒人享用，餓死會接踵而來，甚至有智慧的生命會從地上消逝。人會吃他們想吃的，會因為飢餓而覓食果腹。通常，他們會憑本性飲食，以維持生命。大致說來，飢渴感是好的，它們驅使人去吃、喝而生存。

不過，注意這個應許的章節：「飢渴慕義的人有福了，因為他們必得飽足。」這是一個真實的祝福，屬靈的祝福。靈命不飢不渴，就沒有人尋求飽足。屬靈的飢渴是一種福氣。耶穌說：「若不是差我來的父吸引人，就沒有能到我這裏來的。」（約6：44）說到神安放在我們靈命裏對神及公義的飢渴，祂繼續說：「人若渴了，可以到我這裏來喝。」（約7：37）

這個應許對你、我而言，有甚麼意義呢？真正的問題是：我們飢餓嗎？我們乾渴嗎？如果是，我們必得飽足。

你飢餓嗎？來吃，
天上的糧食是能見的；
你飢渴嗎？來喝，
神的話語是免費的。

默想與禱告：「但願人因耶和華的慈愛，和祂向人所行的奇事，都稱讚祂。因祂使心裏渴慕的人，得以知足；使心裏飢餓的人，得飽美物。」（詩107：8、9）

1月 **15日**

你們當剛強壯膽，不要害怕，也不要畏懼他們，因為耶和華你的神和你同去，祂必不撇下你，也不丟棄你。（申31：6）

愛丁堡的聖吉爾斯大教堂和國會之間，豎立著一塊大石，上面刻著：「J.K.」它標出教會史上著名的改革家約翰諾克斯（John Knox）睡了的地方。諾克斯的一生的確值得看到他睡在墳墓裏的摩頓大叫：「這裏躺著的，是一個不畏懼面對任何人的人。」為什麼約翰諾克斯在人前毫不畏懼呢？那是因為他憑著信心，仰望神的面容。

不管是任何一種爭戰，今天的經文實在是太好的應許！以色列人當時正要涉水過約旦河，去面對七個敵對的國家。他們不止需要勇氣，他們更需要神的幫助。這是給他們的應許，這應許光榮的實現了。我們需要剛強、勇敢。當我們順服神的話語時，為什麼膽怯、害怕呢？

請留意，這段經文有三重的應許：（1）神要與我們同去，（2）祂不會撇下我們，（3）祂不會捨棄我們。耶穌知道祂的父親與祂同在。「其實我不是獨自一人，」祂說：「因為有父與我同在。」（約16：32）當人領悟到神的同在時，就沒有人會孤單或害怕。

最後也是最重要的是祂不會捨棄我們。人類的幫手可能會在危機時捨棄我們，或在極度疲勞中離開我們。但神絕不會！祂是主，我們的神。祂是永遠同在的幫手，絕不會令我們失望，也絕不會捨棄我們。「你們當倚靠耶和華直到永遠，因為耶和華是永久的磐石。」（賽26：4）

要勇敢，弟兄們，要勇敢！
不要倒退，不要懼怕；
神不會捨棄我們，
祂隨時都在我們身邊。

默想與禱告：「耶和華我的力量啊！我愛你。」（詩18：1）

1月 16日

祂必保護聖民的腳步，使惡人在黑暗中寂然不動，人都不能靠力量得勝。（撒上2：9）

有一個傑出的藝術家和學生談論到繪畫的構圖問題。他說畫出一幅林木或森林的景緻，卻沒有加上一條走出去的通路，在繪圖上來說是錯誤的。當一個真正的藝術家繪製一幅這樣的山水風景時，他會在畫上加一筆暗示性的出口，將觀賞者的眼目帶離畫面。否則，交雜的枝葉和灌木會讓我們窒息，而空曠無所適從的空間會令我們惶恐。所以神會為祂的子民預備逃生之路。

人生的旅途常是不平穩的，但是神會保守我們的腳步。如果我們一路順從祂，祂會是我們的保護者，更會是我們的嚮導。祂不僅會差派祂的使者來守護我們（詩91：11），祂自己也會保守我們的出入。祂會堅定我們的腳，使我們不致跌倒。祂會將我們的腳從狡猾的敵人所設的網羅裏拉出來（詩25：15），把我們放在信心的堅石上。「祂從禍坑裏、從淤泥中，把我拉上來，使我的腳立在盤石上，使我的腳步穩當。」（詩40：2）祂不會讓我們的腳步離開生命之道（詩66：9）祂會用祂的話語引導我們的腳步。「你的話是我腳前的燈，是我路上的光。」（詩119：105）祂會使我們的腳像母鹿的蹄，使我們能在祂訓誨的道路上快跑（詩18：33）。祂會使報喜信、傳佳音的腳步佳美（賽52：7），因為他們要穿上為走平安之路預備的鞋（弗6：15）。祂要以各樣的方法，保守祂的聖徒的腳蹤。神要引導我們走永生的道路（詩139：24）。

我必須有救主與我同在，
因為我不敢獨行；
我必須感受到祂就在身邊，
祂的膀臂環繞我。

——利思・愛德華（Lizzie Edwards）

默想與禱告：「耶和華啊！求你…… 使你的道路在我面前正直。」（詩5：8）

1月 17日 耶和華啊！你是我的燈，耶和華必照明我的黑暗。（撒下22：29）

廿世紀初期，英國著名的牧師喬懷德（John Henry Jowett）常常提及一個農夫的故事。他說有一個暴風雨的夜晚，他需要去趕火車，這個農夫給了他一盞煤油燈，對他說：「幫助你看清你要走的路，讓你不會跌進水溝。」隨後又加一句：「你看到前面黯淡的燈光嗎？那是撒德伍車站，走到那兒就行了。」那盞燈照亮他的每一步，而遠方黯淡的燈光，給了他明確的方向。

「在你的光中，我們必得見光。」（詩36：9）「散布亮光，是為義人。」（詩97：11）約壹1：5寫著說：「上帝就是光。」這光是從祂的話語散發出來（詩119：105）。我們要向前舉起這光，作黑夜裏的火炬照亮黑暗（腓2：15—16）。但我們的光來自上帝的油燈；我們只不過是反射祂的光。我們要「在耶和華的光明中行走」（賽2：5）。

我們是否在黑暗中？讓我們歡呼、喝采，因為光明的日子即將來臨。萬物要改變、更新了。世界或許會在短暫的時間裏更黑暗，但是黎明即將到來。當我們不能在自己、朋友身上，或整個世界裏找到一絲的亮光時，「你的光就必在黑暗中發現，你的幽暗必變如正午。」（賽58：10）那說「要有光」的上帝，會再次對我們說話，把我們帶進燦爛的陽光中。憑信心仰望耶穌吧！你就會看見上帝的光。

主是我的光；雖然烏雲會起，
信心，比眼見更強，能使我們仰望高空
看見耶穌在榮耀裏永遠掌權：
那麼我怎能繼續生活在黑暗中？
上帝是我的亮光，我的喜樂，我的詩歌；
祂日夜引導我前行。
——尼寇森（James Nicholson）

默想與禱告：「你必點著我的燈，耶和華我的神必照明我的黑暗。」（詩18：28）

1月18日

我們這至暫至輕的苦楚，要為我們成就極重無比，永遠的榮耀。（林後4：17）

伯漢告訴我們，有次他在一架飛機上飛越南海的某一海島時，一個乘客叫他往下眺望。他看見機尾有一道很大的彩虹，不是常見的半圓，而是整個圓形的彩虹。在那豔麗的圓形裏，是一個暗色的十字，就是飛機的影子。不管十字往哪邊移動，彩虹也跟著移動。我們每一個苦難，就是一個十字架，但是每一個十字架，都被神應許的彩虹所圍繞。

苦難就是苦難，會令我們痛苦、讓我們疼痛、折磨我們、考驗我們。即使把苦難改名換姓，它仍然會令人難熬。但是要留意苦難的份量和榮耀的法碼之間的對比。對信徒來說，萬事都要以永恆來衡量，而不是以短暫的平衡點去論斷。

古代的國王可以看著自己指頭上的戒指刻的銘辭：「這些也都將過去。」他知道每一個困難的時刻最終都會結束。但是我們知道我們的苦難將會光榮的謝幕，而且是在榮光滿溢中謝幕。信心的孩子在苦難的學校受訓，是預備要迎接光榮的日子來到。當他們學會去比較苦難的份量和光榮的法碼，那就是永恆的時刻。

生命不是無雲的旅途，
暴風雨和黑暗常常臨到，
但父神不變的憐憫
會鼓舞憂傷的心靈；
陰沈的黑雲或許重重籠罩，
遮蓋了信心所能見的，
但越過濃厚的漆黑
祂慈愛的彩虹閃閃發光。

——柯可藍（Flora Kirkland）

默想與禱告：「困苦的百姓你必拯救，高傲的眼目你必使他降卑。」（詩18：27）

1月19日

……你們若順從耶和華，耶和華必與你們同在；你們若尋求他祂，就必尋見；你們若離棄祂，祂必離棄你們。（代下15：2）

這三個聲明實際是一項聲明。換句話說，端看我們是怎麼看的。只要我們與主同行，主就與我們同在。如果我們尋找祂，就必尋見。如果我們捨棄祂，祂必捨棄我們。我們跟神的關係，要看我們自己了。如果我們渴望，我們就能享有祂的同在。

喪志的時候，我們有時會抱怨：「神捨棄我了！」難道我們不該好好誠實地細查自己的心思意念嗎？或許是我們捨棄了神。怎麼會？是啊！因為我們沒有讓信心的燈火繼續點燃。我們停止用神的話餵養自己的靈命，我們忽略跟神的交通。很快的，聖靈的見證也消逝了。然後，我們就認為是神捨棄了我們，殊不知是自己捨棄了神。我們捨棄神並不見得是背叛所宣告的信仰，而是隨著潮流浮沉，跟從了時代的風氣、趨勢。只是我們並不需要依舊作屬靈的孤兒，因為經上記著說：「你們尋求我，若專心尋求我，就必尋見。」（耶29：13）。

現在不是捨棄神的時候。現在是尋求神的時刻，要找到祂與祂同行，直到世界的末了。

親愛的救主，我要全然屬你；
指教我該如何，指教我該如何；
我願意照你的旨意，
噢！主啊！不是我的；
幫助我，現在幫助我。
——貝爾登（F. E. Belden）

認罪、悔改、信心——經由神話語的餵養而來的信心（羅10：17），是首先必做的工，會再帶給我們神的同在，每天伴隨我們。

默想與禱告：「……救我的神啊！不要丟掉我，也不要離棄我。」（詩27：9）

1月 20日

耶和華又要給受欺壓的人作高台，在患難的時候作高台。（詩9：9）

紐約市有個基督徒工作者探訪著名的艾儷達孤兒院（Eliada Orphanage），他告訴孩子們在紐約那個大城市，到處都有「安全第一」的標示，保護人免於危險。一個小孩說：「但是在這裏，我們有『上帝第一』的標示。」的確，更重要的事會包括次要的事。在個人生命中把神擺在第一位的人，自然有安全的確據。一旦至高者成了他的住處，就不會有邪惡、災難臨到他（詩91：9－10）。不管發生甚麼事，神會處理，他們就有一個避難所。

每個人都需要有一個避難所。遲早我們都需要找到一個安全的處所，一個難以被入侵的堡壘。對我們來說，有時這世界太難面對了，我們必須逃避到一個可以安歇的地方，一個靠近神的心的地方。我們的主耶穌基督對疲憊的門徒說：「你們來，同我暗暗地到曠野地方去歇一歇。」（可6：31）

我們最大的仇敵撒但，是一個無情的迫害者。他提供的是殘酷的捆索。但是主給我們的，是從壓制中被釋放、得自由。祂「在遍地給一切的居民宣告自由」（利25：10）。祂提供罪人饒恕、盼望和平安。「神在基督裏，叫世人與自己和好。」（林後5：19）但讓我們牢記，今天我們的經文，應許每一個真誠的基督徒一個避難所。在每一艱難的時刻，主是他們的避難所。「神是我們的避難所，是我們的力量，是我們在患難中隨時的幫助。」（詩46：1）祂催促我們：「你們被囚而有指望的人，都要轉回保障。」（亞9：12）

主是我們的磐石，我們可以躲藏在祂裏面，
一個暴風雨中的避難所；
不管發生何事，要確保這個暴風雨中的避難所。

——查理華牧師（Vernon J. Charlesworth，英國司布真孤兒院院長）

默想與禱告：「耶和華是我的巖石，我的山寨，我的救主，我的神，我的磐石，我所投靠的。……。」（詩18：2）

1月 21日 人若死了，豈能再活呢？我只要在我一切爭戰的日子，等我被釋放的時候來到，你呼叫，我便回答。你手所作的，你必羨慕。（伯14：14－15）

人死了還有生命嗎？我們在科學或哲學中，都找不到確切的答案。有關人的本質問題，必須由那位造我們的神來作答。只有創造主知道人類的未來。今天的經文道出古老的問題：「如果人死了，他會再活嗎？」神啟示的答案是：「你呼叫，我便回答。你手所作的，你必羨慕。」

耶穌站在他親愛的朋友的墓前哭了，祂說「拉撒路！起來！」結果那死了的人起來了。他不是走出來的，他的全身被布包裹，必須解開之後才能走動。他是藉著神的大能起來的。沒有一個神的兒女會被遺忘。他們都要聽見生命的賜予者之呼喚。

法國文學大師雨果七十歲生日那天，寫下著名的一段話：

「冬天在我頭上，但永存的春天卻在我心裏。
我越走近生命的終點，就越能聽明白在我周遭，
邀約我去的世界的永恆交響曲。」

真正的基督徒，會有永存的春天在他們的心靈裏，因為當他們越走近這個生命的終點時，他們就越接近另一個生命的起點，就是神的禮物，永生的開始。我們的救主說：「復活在我，生命也在我。信我的人雖然死了，也必復活。凡活著信我的人，必永遠不死。」（約11：25－26）

聖經回答了「人死後是否會再存活」的問題。是的，會再存活。但是甚麼時候呢？神的兒女知道，答案是在約6：40「因為我父的意思，是叫一切見子而信的人得永生，並且在末日我要叫他復活。」

默想與禱告：「……我醒了的時候，得見你的形像，就心滿意足了。」（詩17：15）

1月 22日

你必將生命的道路指示我，在你面前有滿足的喜樂，在你右手中有永遠的福樂。（詩16：11）

英國瓦佛城的一個父親，為了他的兒子步入歧途而擔憂。這個孩子離家很遠，又生病，志氣消沈。他寫信給父親，很膽怯地問：是否有重新和好的可能。父親回了他一封電報，上面只有一個字：「家」，下面簽了：「父」。耶穌基督的福音，是神傳送給這罪惡世界的電報。它的總結也是一個字：「家」，也簽了一個字：「父」，我們在天上的父。

只有神知道生命的道路。幾千年來，人類追尋了許多不同的路徑，成千上萬的人艱苦、吃力地跋涉多少悲哀、悽慘的路程，結果到終點才發現，過去的風光愚弄他們赴黃泉。那位永生的神，只有祂知道，也只有祂能指點走到永生的路。「生命在祂裏頭，這生命就是人的光。」（約1：4）「因為父怎樣在自己有生命，就賜給祂兒子也照樣在自己有生命。」（約5：26）基督的話語顯明生命的道路。「我對你們所說的話就是靈，就是生命。」（約6：63）

你對「喜樂滿溢」有認知嗎？神的生命之道領我們悅納此地、此時就會有的喜樂：在服事中的喜樂，即使在苦難、絕望中都有喜樂。「你們落在百般試煉中，都要以為大喜樂。」（雅1：2，彼前1：6、8）「因為神的國……只在乎……聖靈中的喜樂。」（羅14：17）信徒所擁有的這個喜樂，是難以解釋的；它是一種「說不出來，滿有容光的大喜樂。」（彼前1：8）生命的道路通往至高者在上的神的右手，從那裏我們要進入主的喜樂裏（太25：21），在祂的同在中找到永遠的福分。

在祂的話語裏，神很清楚地向我們顯示生命之道。讓我們今天就跟隨祂，因為「義人的路好像黎明的光，越照越明，直到日午。」（箴4：18）

默想與禱告：「……我的心因你的救恩快樂。」（詩13：5）

1月 23日 但聖靈降臨在你們身上，你們就必得著能力，並要在耶路撒冷、猶太全地，和撒瑪利亞，直到地極，作我的見證。（徒1:8）

在英國利物浦的一次巨型露天聚會中，一個對宗教質疑的人長篇大論的訴說了一番，強烈反對基督教。結尾的時候他說：「如果在座有任何一個人，能說出一個贊同耶穌基督的字來，請他現在站出來說吧！」沒有人開口，寂靜的沈默已到了難以忍受的地步。然後有兩個年輕的女孩，手牽手走到挑戰者面前，說：「我們不會說話，但是我們能為主唱歌。」緊接著她們開始唱：「奮起！奮起！為耶穌！」當歌聲停止時，那些群眾大受感動，很多人落淚。那群人散了，靜靜的走了。應許人作見證的能力，是神應允賜給祂僕人的諸多重要應許中的一項。

我們的救主在應驗了祂在世的受難回到父神之前，應允我們賜下聖靈。沒多久，就在五旬節那天，這個應許實現了。那群一直等待、不停禱告的門徒，「領受從上頭來的能力」（路24：49；徒2章）。聖靈的澆灌是神的信號，意指救主基督的犧牲被神接納了。

有了這樣的能力和見證，這些謙卑的門徒就出發，進入一個敵視、不信的世界，大大震撼了它的根基。請注意，聖靈降臨的能力，就是為主作見證的能力。講方言的恩賜，使他們能向千萬人傳講福音。「你們就必得著能力，……，作我的見證。」聖靈的能力，不是為個人的榮譽或自私的享有，它使人能為基督作見證。聖靈是為了見證神，也只是為了見證神。如果我們不確定、沒有證據，不能見證基督，我們就得不到能力。聖靈的能力及同在的應許，是要使我們能為基督作美好的見證。

默想與禱告：「並且我的舌頭，必終日講論你的公義。……。」（詩71：24）

1月 24日

你要專心仰賴耶和華，不可倚靠自己的聰明，在你一切所行的事上，都要認定祂，祂必指引你的路。（箴3：5－6）

隨著鐵達尼號下沈的英國名作家、記者、發行人斯特德（William T. Stead），被邀擔任倫敦保摩晚報的主編。他為此事曾請教他的朋友迪恩查徹。會談後斯特德表示，他確信自己得到神的引導。迪恩對他如此肯定表驚異。「如果不是神的引導，那我應該會覺得受騙」他說。

「為什麼？」迪恩問。

「為什麼？我在箴言讀到：在萬事上要認定祂，祂必引導你的路。我已經認定祂了，因此我知道祂必引導我。」

生命中最難領受的教訓，是完全信賴神。我們靠自己的理解力去學習，是太容易、太自然了。「不要怕，只要信」（可5：36）是我們所需要的藥方。真正的考驗是：主對我們要求的「全心全意」。今天經文的最後一節裏，神這個要求再被重複、強調：「在你一切所行的事上，都要認定祂。」如果神不在我們所行的「所有」道路上，祂就「根本不在」我們所行的路上了。在小事上，就跟在大事上一樣，我們有這分榮幸能承認祂。祂對我們的關懷，是一天24小時，一小時60分鐘、一分鐘60秒的。

祂觀看我們生命的全程旅途，從嬰兒期最早的不穩腳步，到最後年老時的步履蹣跚。我們的裏裏外外一切祂都知道，祂給我們所有的祝福。如果我們渴望、允許祂的話，祂會引導我們走過生命的全程。為什麼我們不該認定祂呢？「耶和華啊！我曉得人的道路不由自己，行路的人也不能定自己的腳步。」（耶10：23）讓我們懇求神來帶領。「人心籌算自己的道路，惟耶和華指引他的腳步。」（箴16：9）

默想與禱告：「我的腳踏定了你的路徑，我的兩腳未曾滑跌。」（詩17：5）

1月
25日 當將你的糧食撒在水面，因為日久必能得著。（傳11：1）

西元1855年，一個販賣聖經的人來到法國土輪城，他販賣新約聖經給當時即將投入近代史上聞名的克里米亞戰爭的士兵。一個士兵問他，那本書是甚麼？「神的話。」他說。

「給我一本吧。」回答。然後戲笑著加上一句：「現在它會很管用，我可以用它來點煙。」

販賣的人很傷心，認為他的努力全泡湯了。一年以後，他在法國中部工作，到一家旅店投宿。店家因為他們在克里米亞戰爭中參戰的兒子受傷回家過世而傷心。「不過我們很得安慰，」作母親的說：「因為他很平安、快樂。」

「怎麼回事？」他問。

「他說他從一本他總是隨身攜帶的小冊子，得到所有的安慰。」

賣書的販子要求看看這本冊子，結果是一本新約聖經。它最後的20頁被撕掉了，但是封面內頁寫著幾個字：「在土輪收到（加上日期）。藐視、忽視、閱讀、相信、找到救贖。」書販認出它的地點和日期。

你所有的行為、言語、思緒，總會有一天、總會在某處，回歸到你身上。時間的大河似乎把你勞苦的珍貴果實全帶走，但是別灰心，或停止把你的麵包屑丟入河流中，它總會在某一處餵飽飢餓的人。

把你的心思放在神的事工上，把你的精力、熱忱、時間、寶藏、愛心都給神。「把你的麵包投入水中」，神會照顧它，有一天你會在或遠或近的岸邊再度找到它。

默想與禱告：「耶和華啊！願我的呼籲達到你面前，照你的話賜我的悟性。」（詩119：169）

1月 26日 我不以福音為恥，這福音本是神的大能，要救一切相信的，先是猶太人，後是希利尼人，因為神的義，正在這福音上顯明出來。這義是本於信，以致於信，如經上所記，「義人必因信得生」。(羅1:16—17)

玻利維亞的一個煤礦城，有一間小小的教堂要獻堂禮。這間教堂是用會友手邊現有的材料建築的。地板和一些家具，是運載爆破礦坑之物的裝運箱做的。當牧師走上講台時，他會看到「危險爆炸品」的字樣。

福音是「神帶來救恩的大能」。使徒保羅在這裏使用的字「大能」，是我們今天沿用的字「炸藥」的出處。真實的福音是神的大能，帶給一切相信祂之人的救恩。使徒毫不以為恥，因為他在自己的生命中，已經體驗了這個能力，也看見這個能力在別人身上帶來蛻變。

異教的世界，它們的文化和墮落無法抵制福音，憎恨、逼迫、嘲弄、訕笑、爭論，都無法銷毀它。單單福音就能滿足罪人的心靈。它是建立在人性的軟弱和神的大能上。福音曾經是，現在仍然是一地球最大難題的解答：如何找到公義？「因為神的義，正在這福音上顯明出來。這義是本於信，以致於信。」要公平就是要有公義，要達到公義，卻非人性所能成就。「他便救了我們，並不是因我們自己所行的義，乃是照祂的憐憫。」（多3：5）

公義常是、只是、永遠是因著信而得著的（羅10：10）。它是被「諉於」我們的，我們是被「算」為義的（羅4：22）；是白白「授與」我們的（腓3：9）。公義是神律法的要求，但不是律法所能賜予的。公義結出順服的果子（羅8：3—4；雅2：17、18）。如果你為自己的生命接受神的大能，你絕不會以基督的福音為恥。

默想與禱告：「因為你必賜福與義人；耶和華啊，你必用恩惠如同盾牌四面護衛他。」（詩5：12）

1月 27日

我知道神一切所作的，都必永存，無所增添，無所減少。神這樣行，是要人在祂面前存敬畏的心。（傳3：14）

就像著名的「使徒信經」（Apostles' Creed），每一個信仰告白都必須以「我」字開始。真正的信仰是個人的體驗。「憑信心活出信仰」彼得波勒勸勉約翰衛斯理。

史前無例，過去未曾；
信心的腳步看似無有，卻發現原來下面有磐石。
——蕙蒂爾（John Greenleaf Whittier，美國作家和廢奴主義者）

今天成千上萬的人靈命漂浮，靈裏找不到確切的避風港。他們在真理上沒有牢靠的錨，對是非、好壞、黑白，沒有清楚的確信，只是無助的舉棋不定。要活得積極，總是並不好。

現代人缺乏喜樂，是因為他們缺乏信心。我們每個人都需要一個生命風暴的避風港，而那個避風港就是信賴神。為了靈裏的安寧，我們必須能說：「我知道」。今天經文的作者知道，神所做的是為永恆而做。儘管有阻力，神現在做的工將會完成。當我們看見神在世上做工，我們就該有勇氣，敬畏祂。我們太容易讓這世代的風氣左右我們。人性的觀點、方式、作為，都像氣象一樣多變，但藉著每天的讀經和禱告，我們的腳步可以在各世代中，緊跟著永恆的神前進、走過。

在多變的世界裏保持不變，
你的話語揭示前面的道路，
照亮全程，
從夜晚到天明。

默想與禱告：「我是投靠耶和華。……」（詩11：1）

1月28日

你不要懼怕他們，因為我與你同在，要拯救你。這是耶和華說的。（耶1：8）

到西敏寺的遊客會看見許多偉人的紀念碑，但是上面刻的字句，沒有一個比勞倫斯的紀念碑上刻的更崇高。那紀念碑上只有他的名字、去世的日期和這幾個字：「他不畏懼人，因為他更畏懼神。」

要怕「恐懼感」。要恐懼心存自負、驕傲和懦弱。軍人面對敵人時，若犯了膽怯的罪，是要受重刑的。恐懼是撒但的主要武器，當它進入人心時，我們就很容易陷入罪中。使徒彼得被恐懼籠罩，結果否認他曾經認識主（太26：69－75）。

他們威嚇了你嗎？那麼，是該勇敢的時候了。「他們恐嚇我們，現在求主鑒察，一面叫你僕人大放膽量，講你的道，一面伸出你的手來，醫治疾病，並且使神蹟奇事，因著你聖僕耶穌的名行出來。」（徒4：29、30）

我們該不該「竟怕那必死的人」（賽51：12）？你是否怕失去你的職位？神會讓祂的僕人「甚麼好處都（不）缺」（詩34：10）

他們是否嘲笑你？斥責、訕笑都不能讓神的僕人喪志（伯16：20）。記住，跟著人潮走當然是要容易多了，但是但以理選擇單獨在獅子坑裏。當杜拉平原的三個年輕人面對公眾群體的異議時，他們對信仰仍堅定不移。

所以我們要怕「恐懼感」。神對耶利米說：「不要因他們驚惶，免得我使你在他們面前驚惶」（耶1：17）。

那麼我們有甚麼理由勇敢呢？「我與你同在，要拯救你，這是耶和華說的」。所以讓我們跪下來，哭求祂的幫助。然後，我們穿戴上這個應許，可以站起來說：「（我）……也不怕遭害，因為你與我同在。」（詩23：4）

默想與禱告：「耶和華——我的神啊，我投靠你！求你救我脫離一切追趕我的人，將我救拔出來。」（詩7：1）

1月29日 若有人毀壞神的殿，神必要毀壞那人，因為神的殿是聖的，這殿就是你們。（林前3：17）

神的旨意是要每一個男、女、小孩成為祂的殿。這樣看來，我們今天的經文是雙重的應許：一個警告和一個激勵。首先來看警告：那些褻瀆神殿的人要面臨毀壞。每個人的聖殿，都要存敬畏的心進入。在西方國家，人進入殿堂要拿掉帽子；在東方的國度則要脫鞋。任何褻瀆聖地的行為會受當局或直接被在場朝聖的人處置。

但是留意我們的經文，神自己要懲罰那些敗壞祂聖殿的人，這是絕對肯定、嚴肅的事實。神要毀滅他們。為什麼？因為「上帝的殿是聖潔的。」當聖潔的事物被藐視時，就要面對危險。拿答和亞比戶「在耶和華面前獻上凡火，是耶和華沒有吩咐他們的，就有火從耶和華面前出來，把他們燒滅，他們就死在耶和華面前」（利10：1－2）。烏撒褻瀆神的約櫃，結果「死在上帝的約櫃旁」（撒下6：7）。烏西雅敗壞聖殿，結果這個發怒的王「在耶和華殿中香壇旁」，額上長了大痲瘋（代下26：19）。

現在來看激勵：「神的殿是聖潔的，你們是神的殿。」我們並不屬於自己。「因為你們是重價買來的，所以要在你們的身子上榮耀神」（林前6：20）。

是的，我們要在自己的身體上榮耀神，在我們的飲食、運動、呼吸、行為上。我們也要在靈裏榮耀神，在我們的思想、計畫、默想、禱告上。「不要效法這個世界，只要心意更新而變化，叫你們察驗何為神的善良、純全可喜悅的旨意。」（羅12：2）

默想與禱告：「耶和華我們的主啊！你的名在全地何其美，你將你的榮耀彰顯於天。」（詩8：1）

1月
30日

因為主必不永遠丟棄人。主雖使人憂愁，還要照祂諸般的慈愛發憐憫。（哀3：31－32）

日本人香川（Kagawa）曾遭目盲的威脅，他因眼睛灼痛，躺在黑暗中好幾個月。他寫道：「健康沒了。視覺也沒了。但是當我氣餒地躺在黑暗的房間時，神仍然給我亮光。萬物的中心，有一顆心靈。」

你以為神把你捨棄了嗎？真的把你忘記了嗎？如果你真的這樣想的話，再看一次這個應許：「神不永遠丟棄」。短暫的丟棄，或許有祂的理由，但不會永久丟棄。有時你會覺得你的禱告沒有得到回應，不要灰心或停止禱告，或停止信賴神。約伯體驗過這樣的經歷。他跟撒但的爭戰，比我們多數人所經歷過的要來得更嚴重、無望。但他一直在神的保守中。在慘痛的喪失與最悲傷黯淡的時刻，他這樣說到這位神，雖然祂必殺我，我還要信賴祂。（伯13：15）

聖經記載，有時神會允許事件發生。我們讀到「主雖使人憂傷，還要照祂諸般的慈愛發憐憫。」有時神使人憂傷，因為祂有慈愛。有些教誨、功課，我們只能在流淚谷中學習。我們會迫切地回轉到神面前。祂的話語就變得非常真實，祂的應許也更寶貴。然後我們將從雨中看見神的陽光。基督成為人性的時候，聖經這樣描述：「祂雖然為兒子，還是因所受的苦難學了順從。」（來5：8）

你是否認為自己被隔絕了？不！永遠都不可能！「神並沒有棄絕祂豫先所知道的百姓。」（羅11：2）祂愛你。談到耶穌和祂的門徒，聖經記載：「祂既然愛世間屬自己的人，就愛他們到底」（約13：1）。祂仍然愛你，所以好好歡欣鼓舞吧！

默想與禱告：「求你保護我，如同保護眼中的瞳人，將我隱藏在你的翅膀蔭下。」（詩17：8）

1月
31日

順著情慾撒種的，必從情慾收敗壞；順著聖靈撒種的，必從聖靈收永生。（加6：8）

是的，豐收的時候快到了，我們都要收成，但是收成甚麼呢？墮落、腐敗的生命？或者豐盛、永恆的生命？播種有時看來好像是一個沒甚麼指望的工作，我們撒了種，卻再也找不到它了。「在靈裏」播種有時也是這樣奇怪、難以了解。我們否決自己，看來好像沒甚麼收穫。然而，我們若為神而活在靈裏撒種，研讀並順服祂的誡命，尋求在世上彰顯祂的榮耀，我們播的種就不會沒有果效。收穫終將來到，那會是生命——是的，永恆的生命！

有一個週六的晚上，一個曾經去印度宣教的蘇格蘭老牧師心情相當沮喪，因為他看見自己勞苦的成果很少。就在那時，送信的人帶來愛丁堡的月刊。他閱讀的第一篇文章，是印度某地區因一小冊帶來的復興報導。是刊載在小冊子上，文章的作者說，沒有人知道，到底是誰把小冊子翻成當地的語言。但是老牧師知道，他的心充滿喜樂。

我們不可因為收成延遲了，或別人拿走了我們的成果，或阻礙我們，而停止播種。緊接著今天經文的一個很重要的字：「若」。「我們行善不可喪志，若不灰心，到了時候，就要收成。」

豐收甚麼呢？如果我們沉溺在屬肉體上不完全、無能、沮喪、不滿足，我們的靈就會憂傷致死。但如果我們在聖靈裏撒種，我們會有生命、屬神的知識、與神契合、享受神的同在。生命會像寬廣、深沈的河流，一直流到永恆、沒有止境的海洋，直到神的生命永遠成為我們永恆的生命。

默想與禱告：「你必將生命的道路指示我，在你面前有滿足的喜樂，在你右手中有永恆的福樂。」（詩16：11）

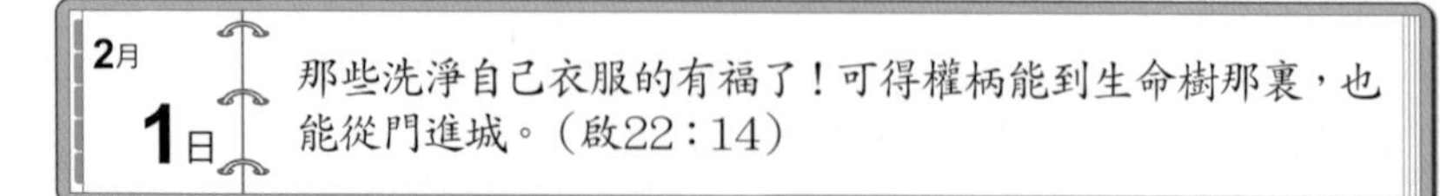
2月 1日

那些洗淨自己衣服的有福了！可得權柄能到生命樹那裏，也能從門進城。（啟22：14）

啟22：14聖經中的最後一個祝福，是本月份第一個應許。真的，從珍珠門進入新耶路撒冷城，然後跟其他成千上萬得救的人一起走到生命河，伸出手在生命樹的葉叢中摘下它的果子，知道我們有權這樣做，將會是多麼美妙的經歷啊！是的，在過去的日子，它的美妙，如何讓我們每天緬想，若主的再來耽擱了，它也會同樣發生在未來的日子。

但是最前面的幾個字說甚麼呢？是誰給我們權柄走到聖城和生命樹前？這些祝福是怎麼來的呢？讓我們再念一次：「那些潔淨自己衣服的人有福了！可得權柄……」

他們帶著喜樂，將進城，
再不受罪的綑綁，再沒有憂傷、爭執，
成聖了，榮耀了，從今時直到永遠，
他們會有權走到生命樹前。

——畢李斯（P. P. Bliss）

那些洗淨自己被罪沾污的人，會遵守神的誡命，他們所成就的工，其實都是神自己成就的，就如我們所念的腓2：12、13：「……就是我如今不在你們那裏，更是順服的，就當恐懼戰兢，作成你們得救的工夫，因為你們立志行事，都是上帝在你們心裏運行，為要成就他的美意。」所以你看，神自己啟動並完成。我們的順服就是祂的順服，是我們憑著「使人生發仁愛」的信心而擁有的（加5：6）。因此得救贖的人在榮耀裏擁有的最後祝福，是神的恩典。

默想與禱告：「求你叫我遵行你的命令，因為這是我所喜樂的。」（詩119：35）

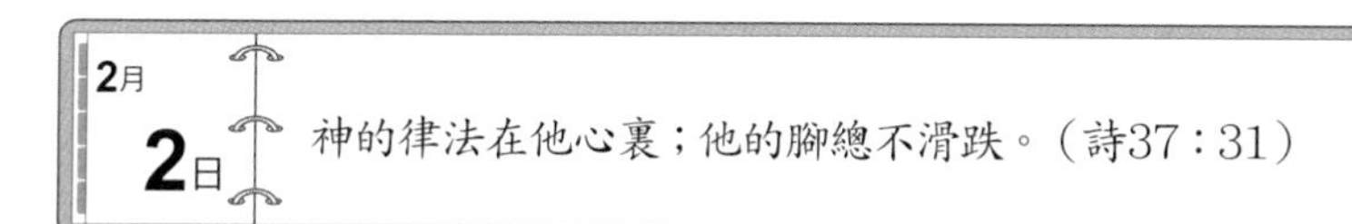

這個應許是神真誠信徒的兩個層面。這個人會行得正（外在的生活），因為神的律法存在他的心裏（內在生命）。當神的誡命嵌在人心裏，他的整個生命就能歸位。那就是神的原意，要祂的律法存在人心，像十誡的石版躺在純金的約櫃裏一樣（申10：2）。如同司布真（Spurgeon）十九世紀英國著名的傳道者談到神的律法：「它在腦子裏令人困惑，在生活上是個負擔，但是在心靈深處，它支撐我們。」

留意一下今天的經文所選用的字：「the law of his God」（照英文應是：他上帝的律法）。當我們認識這個神是我們的神，祂的律法就成了我們的釋放。「我要自由而行，因我素來考究你的訓詞。」（詩119：45）在雅1：25裏，神的律法，被稱為「全備使人自由之律法。」信徒是神的兒女；因此，他們天父的心意、話語和律法會是他們所喜悅的。

那麼，「神的律法在他心裏；他的腳總不滑跌。」這是一個保證，存心順服的信徒，每一個腳步都蒙支撐、鼓勵，會做對事，這就是智慧。公義的行為，雖然當時不會覺得，卻常是最妥當、最安全的。當我們持守神的律法，我們就會行在神的保守和恩典的大道上。神的律法，藉著聖靈寫在信徒的心版上，是通往天國的新約地圖。「……日子將到，我要與以色列家和猶大家另立新約。…… 我要將我的律法放在他們裏面，寫在他們心上。我要作他們的上帝，他們要作我的子民。」（來8：8－10）

那行公義的，他會安全地行走。

默想與禱告：「你使我腳下的地步寬闊；我的腳未曾滑跌。」（詩18：36）

2月 3日

你的名不要再叫雅各，要叫以色列，因為你與神與人較力，都得了勝。（創32：28）

聖經時代人名常常象徵人的特性。雅各這個名字就是個例子。「雅各」是他的名字，而他真的就是雅各（抓住）。現在他生命中最重大的經歷剛剛發生，就是在雅博渡口摔跤的那個深夜。當時他正從遙遠的地方，要回到應許之地。他要回到神所賜之地，也就在那一晚，雅各回到了神面前。他停止自己的爭鬥，停止屬肉體的聰明、知識和力氣等每一企圖，緊緊抓住神。

雅各有許多恐懼。他的隊伍已經過了河，他的哥哥以掃無疑的已經滿了新仇舊恨，即將帶著他的400隨從來跟他見面。當黑夜臨到那片土地和他心靈深處時，他唯一的防衛，只有藏身在神裏面。他單獨在那裏禱告，突然有一個陌生人前來與他格鬥。這個可怕的摔跤持續了一整夜。到了天快亮的時候，那個強壯的敵手，摸了祂的大腿窩，它立刻脫臼了。然後他才恍然大悟，他是跟一個神人搏鬥，那人說：「天黎明了，容我去吧！」雅各說：「你不給我祝福，我就不容你去。」（創32：26）隨後他有了一個新的名字「以色列」；「神的王子」、「得勝的人」。

年老的約翰衛斯理，在最後的一次崇拜中，要會眾唱他哥哥查理衛斯理的詩歌「摔角的雅各」，意識到他哥哥和多半的朋友均已先他而亡，只剩下單獨的他，不禁傷心落淚。

就像雅各，我們也能有一個新的經歷和新的名字：以色列。

默想與禱告：「因你已經為我伸冤，為我辨屈；……」（詩9：4）

2月 4日

當孝敬父母，使你的日子在耶和華你上帝所賜你的地上得以長久。（出20：12）

第五條誡命是「第一條帶應許的誡命」（弗6：2）。這個誡命帶著在世長壽的應許。你愛惜生命嗎？那麼仔細看這條今天被廣泛違背的誡命。父母親也是人，有缺點、有失敗的時候。每一個作兒女的，也就是你、我，要對父母的養育之恩心存感激。其實這是很平常的感恩，但是已經變得不太尋常了。

對那些生下孩子，在孩子的嬰兒期付出關愛、青年期付出犧牲、現在需要被關愛的父母，基督徒豈不是應該比其他人更尊重他們的父母嗎？千萬不可以讓人說基督徒忽略了十誡裏的這項應許。

讓我們想想耶穌給我們的美好榜樣。祂沒有家，沒有錢，但祂有一個朋友。在十字架上，祂把祂寡居的母親看似珍貴的遺產，託付了約翰。「站在耶穌十字架旁邊的，有他母親……。耶穌見母親和他所愛的那門徒站在旁邊，就對他母親說：「母親，看你的兒子！」又對那門徒說：「看，你的母親！」從此那門徒就接她到自己家裏去了。」（約19：25－27）

不順服就是不尊重父母，是這個危險世代的註冊商標（提後3：1、2）。在這末世的日子，讓我們把家庭圈子拉攏。只要孩子尊重、敬愛父母，神就會光照、施恩。絕不可忘記或忽略他們。寫一封信，說些親愛的言語，幫助他們的需要，因為時候不多了！

默想與禱告：「求你除掉我所受的羞辱和藐視，因我遵守你的法度。」（詩119：22）

2月 5日 「你們饒恕人的過犯，你們的天父也必饒恕你們的過犯；你們不饒恕人的過犯，你們的天父也必不饒恕你們的過犯。」（太6：14—15）

不肯饒恕的人，不能得饒恕。有人説：「神或許會原諒你，但是我絕對不會！」有時我們能諒解這種很屬人性的説法。但是，這是錯誤的。我們禱告説：「免我們的債，如同我們免了人的債。」（太6：12）。我們對這事當真嗎？神的話語再清楚不過了。如果要神饒恕我們，我們也必須饒恕人。誠然，我們每一天都需要祂饒恕的憐憫。

耶穌在一個比喻裏説，有一人被免除了欠王一千萬兩銀子的債。但他卻不肯赦免一個欠他10兩銀子的人。他掐住他的喉嚨説：「你把所欠的錢還我」（太18：28）。因為他不肯饒恕的心，王就要他重新背回那筆可怕的、無力償還的債。「主人吩咐把他和他妻子兒女，並一切所有的都賣了償還。」（第25節）這是王的律法：饒恕，就能被饒恕；饒恕別人，神也會饒恕你。

我們饒恕別人必須是真誠的。有兩個農夫，他們的地相連，但是多年來互相敵對。有一個被響尾蛇咬了，只有等死。他叫他的鄰居來，為多年來在爭吵中所做的錯事向他認罪。鄰居很慷慨地饒恕了他。然後，這將死的人加上一句：「但是記住，如果我好了，以前的舊帳仍然算數！」

神鑒察我們的心。如果我們饒恕，祂也饒恕，祂的饒恕多美好啊！

默想與禱告：「神啊，求你按你的慈愛憐恤我！按你豐盛的慈悲塗抹我的

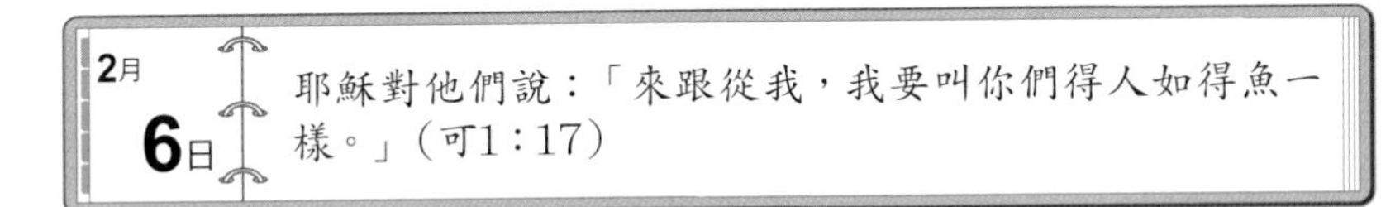

2月
6日

耶穌對他們說：「來跟從我，我要叫你們得人如得魚一樣。」（可1：17）

這是我們的主對他門徒的呼召。祂呼召所有的人服事祂。只有當我們跟隨祂的腳步時，我們才有可能成功的服事人。所有從事屬靈工作的人，若沒有預備心做到這一點，必定慘敗。沒有比用屬肉體的手段來做神的工更加沉悶無聊了。也沒有一種生命比神要用他，而他卻不肯獻上，更令人失望了。沒有一項工作比整晚抓不到魚更令人灰心。在這種情況下，我們是否也能像疲憊的彼得對主說：「……我們整夜勞力，並沒有打著甚麼。但依從你的話，我就下網。」（路5：5）

當我們聽從基督的話語，在對的地方下網打魚，我們就會捕捉到許多的魚。這是順從的獎賞。主的方法帶來主的成果。喔！我們多想成為基督成功的好漁夫！但是我們常常受試探，想用神從來不會使用的方法。我們或許能激濺水面，精疲力竭，卻抓不到一條魚。即便我們抓到幾條小魚，他們也會又溜回大海中。

如果我們想成功，我們必須跟隨主耶穌。在情緒性的、娛樂性的、哲學性的事務上，我們都不是追隨主。我們能想像主耶穌用這種屬肉體的方法來聚集群眾嗎？我們必須依照主的方法繼續釣我們的魚。我們必須宣講主的道，宣講完全的、免費的福音，因為這才是捕捉靈魂的網。我們必須像主般勇敢、溫柔、慈愛。我們必須有聖靈的能力。我們必須跟隨祂，不是跑在祂前頭，也不是跑離祂，然後，祂會使我們成為「得人」的漁夫。

默想與禱告：「耶和華啊，謙卑人的心願，你早已知道。你必預備他們的心……。」（詩10：17）

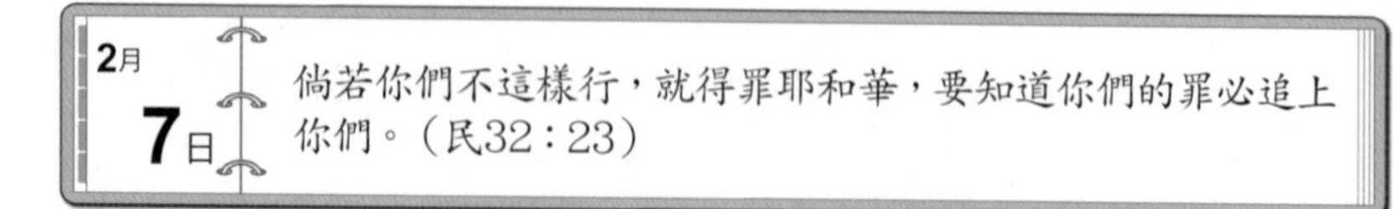

摩西帶領以色列的12個支派前往應許之地。就在他們要過約但河拿下迦南跟那地兇猛的居民之前，流便、迦得和瑪拿西半個支派，決定要求取得他們紮營之地。那時看來就像是造反。如果他們真的拒絕跟其他支派過約但河，以色列的陣容勢必減弱，因當時的情況，每一個人都是不可少的。但他們答應在基列為家眷建築房屋，為牲畜蓋棚之後，「我們自己要帶兵器，行在以色列人的前頭，……我們不回家，直等到以色列人各承受自己的家業。」（民32：17－18）

身為耶和華代言人的摩西同意了他們的計畫，他說：「你們若這樣行，……然後你們可以回來，向耶和華和以色列才為無罪……，倘若你們不這樣行，就得罪耶和華，要知道你們的罪必追上你們。」（20－23節）這是在人不順服時所發出的警告。一旦違背約定，他們就會被宣告得罪耶和華和耶和華的子民。他們就會被罪追討，受咒詛。

今天人犯罪的嚴重性是否減輕了？因為我們不想履行我們原先所答應的合約，我們是否就毀了我們的信仰？讓我們記住這點：「……聽命勝於獻祭；順從勝於公羊的脂油。」（撒上15：22）這是先知撒母耳對掃羅王說的話。對叛逆、不悔改、不順從的人來說，他們無處可逃，也無避難所可藏。他們自己犯的罪會追討他們。但是知道悔改的人，必有藏身之處。「……他兒子耶穌的血也洗淨我們一切的罪。」（約壹1：7）

默想與禱告：「求你攔阻僕人不犯任意妄為的罪，不容這罪轄制我，我便完全，免犯大罪。」（詩19：13）

2月 8日

我豈沒有吩咐你麼？你當剛強壯膽！不要懼怕，也不要驚惶；因為你無論往哪裏去，耶和華你的神必與你同在。」（書1：9）

約書亞必定是本性膽怯的人，但是我們看到的，卻是一個強壯、勇敢的統帥，他的腳踩在異教的諸王脖子上，率領以色列的軍隊戰勝無數強悍的敵人。主這一段吩咐一再地激勵他要剛強起來，要勇敢，祂說：「不要懼怕！也不要驚惶！」為什麼要這樣強調呢？因為約書亞生性膽怯，但是神知道，只要他有勇氣就能成為一個偉大的領袖。膽怯的人如果信心堅強起來，他們會成為好的領袖。因為他們知道自己的缺點，意識到自己所需要的力量、勇氣和無畏的心，都必須來自神。

約書亞就是這樣。如果他在那些數量壓倒以色列的強敵面前，顯露出恐懼、驚慌，整個軍隊會陷入惶恐。領袖必須領導。所以神給他一個重大的應許：「因為你無論往哪裏去，耶和華你的神必與你同在。」這個應許帶給了約書亞所需要的勇氣。緊接的一節說：「於是約書亞吩咐百姓的官長說：『你們要走遍營中，吩咐百姓說：『當預備食物；因為三日之內你們要過這約旦河，進去得耶和華你們神賜你們為業之地。』」

耶和華應許與約書亞同在，使約書亞滿有勇往直前、毫無畏懼的心，和奮勇前進的靈而得勝。面對有通天的高牆防禦的城，面對強壯的戰士，面對像沙那麼多的龐大軍隊，他知道主——他的神與他同在，而那就是勝利的保證。

當我們帶著神的指令去行的時候，我們必有神的同在。

默想與禱告：「……你也使那起來攻擊我的，都服在我以下。」（詩18：39）

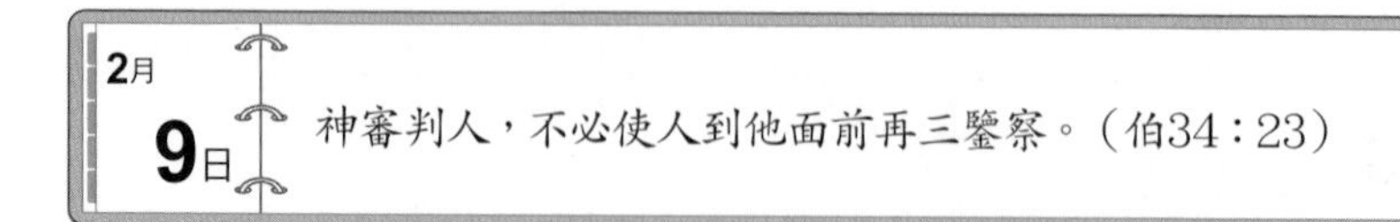

約伯記記載一個好人受盡苦楚。他無從理解，為甚麼這些可怕、嚴重的損失和苦難，會臨到他身上。他的三個很特別的朋友來安慰他，但是弄巧成拙，反而使事態更糟。他們所謂的安慰，實際上多半是指責約伯有罪，催促他要認罪。他們認定神處理人的法則是，行善，就必多得財富、健康；行惡，就必貧困、多病。這三個人今天有許多子孫。約伯說：「……你們安慰人，反叫人愁煩。」（伯16：2）他們確實是如此。

沒錯，在這世上邪惡易於走向死亡；良善導致生命豐美。但是這並不完全屬實，不是真理的全部。成千上萬的神的兒女，是偉大的受苦者，苦難常造就高超的品德。「不但如此，就是在患難中也是歡歡喜喜的；因為知道患難生忍耐，忍耐生老練，老練生盼望；盼望不至於羞恥，因為所賜給我們的聖靈將　神的愛澆灌在我們心裏。」（羅5：3－5）

這三個可憐人讓人更愁煩之後，年輕的以利戶做了神的代言人，向這個受苦的人保證，「神審判人，不必使人到他面前再三鑒察。」當我們在苦難中，這項真理確實令人難以消受，有時候甚至不可能理解。但是我們可以相信，「因為他知道我們的本體，思念我們不過是塵土。」（詩103：14）

約伯是整個爭執的中心，爭執的範疇遠超過他個人的生命。他不能理解，但是他能說：「因神比世人更大。」（伯33：12）一旦我們接納這個基本事實，我們就可以放手，把所有的苦難交託在神手中，跟著新約的聖徒一起說：「願主的旨意成就便了」（徒21：14），也能跟著神的朋友亞伯拉罕一起說：「審判全地的主，豈不行公義麼？」（創18：25）

默想與禱告：「求你幫助我們攻擊敵人，因為人的幫助是枉然的。」（詩60：11）

2月 **10**日

你們存心不可貪愛錢財，要以自己所有的為足；因為主曾說：「我總不撇下你，也不丟棄你。（來13：5）

這個應許在聖經中一再重複出現。主一再地說，要我們絕對清楚，絕對牢記。我們絕對不可以懷疑神對我們的關愛。這個應許的希臘文是：「我絕對不會留下你，也絕對不會捨棄你。」它另外含有特別否定的意思，摒除任何可能。主不會留下一個孩子讓人覺得神真的會遺棄？不，不會，絕對不會！這是一個無價的應許，神的兒女大可放心。

我們或許可能被呼召到陌生的遠處，但是我們將會有好的伴侶，因為「萬軍之耶和華與我們同在。」（詩46：7）今天的經文並沒有應許我們會免於苦難，但是它保證我們不會被遺棄。我們或許會行過黑暗的幽谷，但是「黑暗和光明在你看都是一樣。」（詩139：12）在這豐足的世界，我們或許貧窮，但是我們會常有主的陪伴、關愛和幫助。當我們在敵人當中，祂是我們的「盾牌，必大大的賞賜你。」（創15：1）我們會年老或衰弱，但是神不會捨棄我們。祂說：「直到你們年老，我仍這樣；直到你們髮白，我仍懷搋。我已造作，也必保抱；我必懷抱，也必拯救。」（賽46：4）

在這個快速運轉的世代，我們會到處走動得又遠又快，但是神不會落在後面。因為人類無法跟永恆的神並進。在我們的童年、成年、老年期，祂的應許永存，而且一天天豐碩：「我永不離開你，永不丟棄你。」所以讓我們繼續勇往直前，不要害怕。

默想與禱告：「主——耶和華啊！我的眼目仰望你；我投靠你，求你不要將我撇得孤苦！」（詩141：8）

2月 11日

你們中間若有缺少智慧的，應當求那厚賜與眾人、也不斥責人的神，主就必賜給他。（雅1:5）

「你們中間若有人缺少智慧的」其實並沒有所謂的「若」，因為我們都缺少智慧。畢竟，我們到底真正知道多少？的確，非常少。我們究竟能如何自我導向？「耶和華啊！我曉得人的道路不由自己，行路的人也不能定自己的腳步。」（耶10：23）這樣，我們豈不是更不曉得如何引導別人嗎？我們每一個人或許會誠懇的說：「主！我在無知和愚蠢上特別行，而且全無智慧。」過去的世代高傲自大的宣告，已經成了日後無知的自白！

即使在科學境界裏，神的話語早就已經記載了人類後來的一些基本發現。好幾個世紀以來，思想家宣稱地球是平的、四方的或長方形，而聖經早就說是圓的或球體的（賽40：22）。一千多年前最科學的頭腦宣稱，地球是看得到的宇宙的中心，太陽、行星和其他星球圍著它轉。聖經宣告「因這光地面改變如泥上印印。」（伯38：14）在物理學、生理學、天文學、地質學和其他知識的領域裏，神早就在世代之前記載的話語裏，證實了它的真實性。

我們的經文說：「應該向上帝祈求。」這是唯一的條件。如果我們祈求，我們所需的知識就歸我們了。讓我們現在為今天所需的、看似簡單卻複雜的智慧祈求神；讓我們憑信心，為這麼豐富的教導、屬天的智慧祈求神。這智慧「……就是神在萬世以前豫定使我們得榮耀的。這智慧世上有權有位的人沒有一個知道的，他們若知道，就不把榮耀的主釘在十字架上了。」（林前2：7－8）

默想與禱告：「求你以你的真理引導我，教訓我……。」（詩25:5）

2月
12日

至於我，我必在義中見你的面；我醒了的時候，得見你的形像就心滿意足了。（詩17：15）

我外祖母94歲時安息在主懷裏，她遺言要我在她的追思禮拜，以這節經文證道。從那天開始，這一個應許對我深具意義。那些屬於這個世界的人，只關心這個世界的事務，但是那些屬於未來世界的人，會關心更多的事務。

身為基督徒，我們有雙重的財寶：目前擁有祂的同在，未來擁有祂的永生。靠著信心，我們現在注目仰望祂公義的相貌，因為我們是在主基督裏被稱為義（林前6：11），是「神榮耀的光，顯在耶穌基督的面上」（林後4：6），現在在我們的心裏閃耀。這是我們現在的天堂，也將是我們未來的天堂。

但是這樣的「看見」並不是終結，而是開端。即使現在我們已經藉著這樣的「看見」轉變了。「我們眾人既然敞著臉，得以看見主的榮光，好像從鏡子裏返照，就變成主的形狀，榮上加榮。」（林後3：18）我們或許會「睡」一會兒，然後要「醒來」，在剎那間改變成為祂的樣式。「……；但我們知道主若顯現，我們必要像他，因為必得見他的真體。」（約壹3：2）

在這世界目前的生活就算再好，仍有太多令人不滿意的。這裏最完滿的生活仍然不完全，但是當我們成為祂的樣式「醒來」的時候，我們終將得到滿足。

一位偉大的威爾斯傳道人，在他的墓碑上刻著他的名字，還有這幾個字：「在耶穌裏得到滿足。」那是他在此為主的服事所作的見證。但將來在那裏，在主面前將如何！

默想與禱告：「因為你必不將我的靈魂撇在陰間，也不叫你的聖者見朽壞。」（詩16：10）

2月13日

看哪！耶和華大而可畏之日未到以前，我必差遣先知以利亞到你們那裏去。他必使父親的心轉向兒女，兒女的心轉向父親，免得我來咒詛遍地。（瑪4：5－6）

試想在一個變節、叛亂的世代，以利亞在以色列成就的大事：他跟亞哈及耶洗別的對峙；他在基立溪水旁靠烏鴉叼餅和肉裹腹；他在迦密山上勝過巴力的先知；他逃亡至耶和華的山；他以為自己是碩果僅存，仍然敬畏耶和華的人，他卻訝異的發現，竟然還有七千個未曾向巴力屈膝、仍然對神忠誠的人！

是以利亞使以色列人回轉歸向耶和華的律法。他似乎是曠野中的教會（啟12：6、14）。當耶洗別透過她的丈夫亞哈王治理以色列迫害神的先知時；就像教會的權勢在黑暗時期掌權，迫害異議的人一樣，在那三年半的大飢荒裏，以利亞使真理繼續在那荒蕪的地方燃燒發光。

以利亞像施洗約翰，為救主第一次的來臨預備道路（太11：11、14；17：10－12）。施洗約翰不是以利亞的化身（約1：21），但是他「必有以利亞一心志能力，行在主的前面，叫為父的心轉向兒女，叫悖逆的人轉從義人的智慧，又為主豫備合的百姓。」（路1：17）

我們的主再來之前背道的日子裏，神的子民和他們的作為也與以利亞同一類型。在這樣的世代中，家庭的成員應該要聚集在一起。讓我們這個時候，在以利亞的信息中為所親愛的家人尋求救贖。

默想與禱告：「你不再將我們救活，使你的百姓靠你歡喜麼？」（詩85：6）

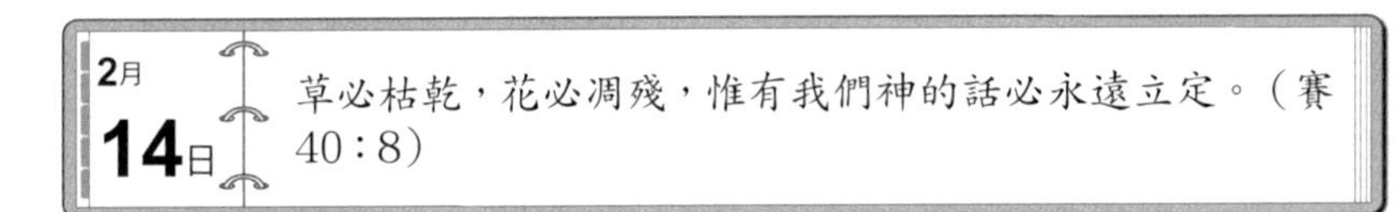

草必枯乾，花必凋殘，惟有我們神的話必永遠立定。（賽40：8）

我們每天見證世事變化無常。幾年之內，整個世代都要過去。在我寫這本書時，曾參與美國1861年到1865年南北戰爭的軍人只剩下7人還活著。即使在我們的時代，看來堅固如石的極權帝國、王國、共和政體都消逝了。各種哲學體系、思維及生活形態、宗教習俗，都漸漸隱退，成為被遺忘的過去。被認定為絕對真理的科學理論和假設，在過去幾年裏，也已經完全被推翻了。一本享譽25年的物理學書籍，無奈地過時了。像花、草，人的思想、概念、工作、成就，包括人類都慢慢消逝。人類有史以來的經驗證明，除了改變本身，沒有一件事是不改變的。

> 任何大小的體系都有它們的時限；
> 它們滿足了年歲，就不存在了；
> 它們只不過是神片段的亮光，
> 然而，主啊！你的亮光是它們所不能及的。
>
> ——雅弗列、丁尼生男爵（Alfred, Lord Tennyson）

在一個不斷變遷的世界，每一件屬於這世界的事物，都蘊含了衰敗的種子，我們卻有這個應許：「我們神的話必永遠立定。」我們可以把我們的盼望建立在聖經這塊堅固的磐石上。神的話語跟神一樣，是永恆的。「我耶和華是不改變的。」（瑪3：6）

神的話語不僅有效，而且要像祂的里程碑，在未來的歲月屹立不搖。主的話語恆久、永存。「惟有主的道是永存的。所傳給你們的福音就是這道。」（彼前1：25）

默想與禱告：「……因我倚靠你的話。」（詩119：42）

2月
15日

我們若將起初確實的信心堅持到底，就在基督裏有分了。（來3：14）

這個應許是在一段論述中出現的，它論及以色列人在曠野裏行走。他們蒙受神的祝福和帶領，要往所應許之地去。但是很多人退縮，他們的心仍嚮往過去為奴之地。他們的不信及罪惡觸怒神。有40年之久，他們經歷了祂的大能，但是因為他們叛逆的心態，神這樣論及他們：「……他們心裏常常迷糊，竟不曉得我的作為！」（來3：10）他們離開永生神，因此祂也離開他們，結果他們就死在曠野。但是他們的子孫並沒有背叛神，結果進了迦南地。

今天神正帶領祂的子民前往天上永恆的安息，他們要從這些曠野早期遊民的失敗中學習。我們得到警告，要防範「不信的惡心」（第12節）；我們被激勵要「趁著還有今日，天天彼此相勸」，我們被提醒，不要「被罪迷惑」（第13節）。

基督徒的經歷不是像一件外套，今天穿上，明天脱掉。如果我們的信心是真誠的，那麼它是我們生命的一部分。就像詩歌的作者寫的：是「在我心」。只要我們活著，我們就要信靠神。我們會在祂裏面剛強，面對所有的試煉。「你們得救在乎歸回安息；你們得力在乎平靜安穩。」（賽30：15）要在此時及往後的日子裏與基督有分，我們就必需有信心，「信就是所望之事的實底，是未見之事的確據。」（來11：1）

「所以，你們不可丟棄勇敢的心；存這樣的心必得大賞賜。你們必須忍耐，使你們行完了神的旨意，就可以得著所應許的。」（來10：35－36）

默想與禱告：「我們的祖宗倚靠你；他們倚靠你，你便解救他們。」（詩22：4）

2月
16日
「神愛世人，甚至將他的獨生子賜給他們，叫一切信他的，不致滅亡，反得永生。」（約3：16）

如果我們明早醒過來，除了這一節經文外，發現全世界所有的聖經全部空白，這世界仍然會有足夠的救恩。

對在北半球航海的人來說，天空所有的星星中，北極星是最有用的星。這一節經文就是聖經的北極星。毫無疑問的，比起其他經文，它把更多的人帶上救恩之路。就像天際星座裏的大熊星座，這個應許也是聖經所有應許當中的佼佼者。它是所有應許中的應許，幾乎每一個讀過聖經的人都可以一再背誦。

在這裏，英文聖經裏神的「愛」前面有一個形容詞「那麼」，令這句子發出無限的亮光。

接著，我們有神的禮物，祂把那天上無限的寶藏提供給人類，以滿足人類的需要，就是神的兒子。神愛的禮物是一分要等到天父唯一的獨生子成為人、為世人死之後，才能被理解的禮物。

然後，「信」有一個很清楚的條件，是指神給所有的罪人，不論貧富，一分寬厚的救恩。

再下來，我們看到範圍最寬廣的字「一切」，讓我們知道有足夠的空間，容納所有的人。

最後是最大的應許：相信的人在耶穌裏不至滅亡，而且有永遠的生命。這就是福音的本質，簡要的幾個字裏，包裏的確是極大的救恩。這並不是複雜難懂的神學或深奧的哲學。如果我們願意，便很容易理解，也很容易接受。它是那麼美妙、淺顯，淺顯得奇妙無比！只要我們相信，我們就有永生。

默想與禱告：「他向你求壽，你便賜給他，就是日子長久，直到永遠。」（詩21：4）

2月 17日

他必用自己的翎毛遮蔽你；你要投靠在他的翅膀底下；他的誠實是大小的盾牌。（詩91：4）

你沒有見過小雞從母雞的翅膀下探出頭來嗎？記不記得牠們發出滿足喜樂的輕語？牠們有多溫暖、安適！在這個比喻裏，主讓我們看見祂對祂子民的關懷，就像母雞展開翅膀遮蓋她的小雞，讓牠們能在牠裏面做窩安然藏身一樣，主也會保護祂的子民，鼓勵他們藏身在祂裏面。我們可以躲在祂裏面，知道祂會保守我們，因而感受到無限的安適、平靜。當祂遮蓋我們的時候，我們可以信賴祂。神自己成為我們的居所、我們的家、我們的避難所、使我們得安息。

在祂的翅膀下，我安然居住；
雖然夜深沈了，試探臨近了，
我仍然可以信賴祂，我知道祂會保守我；
祂已經救贖了我，我是祂的孩子。
——庫新牧師

我們奉主的名，從這個安全的地方為主的緣故出征，祂的保守也跟隨我們。我們需要在敵人凶猛的攻擊中得到保障。當我們單純、默默地信賴祂，我們就會發現，祂的真理是我們所需要的盾牌、安全帶。

我們是在祂的真理、也是藉著祂的真理得到保障。神不能說謊。祂話語的「總綱是真實」直到末了（詩119：160）。祂的應許從不落空，它們一定屹立。祂絕對的真理是我們唯一的需要。所以，接納它、閱讀它把它藏在我們的心裏是何等的重要啊！

來吧！朋友們！讓我們藏身在祂的翅膀下，直到世界的大災難都過去。

默想與禱告：「耶和華啊，認識你名的人要倚靠你，因你沒有離棄尋求你的人。」（詩9：10）

2月
18日 罪必不能作你們的主；因你們不在律法之下，乃在恩典之下。（羅6：14）

今天我們對罪惡的懲罰，是把犯罪的人帶到它的權柄之下。罪轄制所有它能得逞的地方，但是，若不能在人內心掌權，它絕不會滿足，絕不罷休。因此使徒警告我們：「所以，不要容罪在你們必死的身上作王，使你們順從身子的私慾。」（羅6：12）

我們要認定我們已經向罪死了，因為神已經在基督裏因我們的信，稱我們為義（羅4：9）。罪是違背神的律法（約壹3：4），罪是全人類的咒詛，「因為世人都犯了罪，虧缺了神的榮耀。」（羅3：23）所以，全世界都在律法的咒詛下，因此世人在神面前是有罪的（羅3：19）。但是現在凡相信耶穌基督為我們的罪死在十字架上的，就能因信稱義，（加3：8）而律法就不能咒詛我們了。

「你們得救是本乎恩，也因著信；這並不是出於自己，乃是神所賜；也不是出於行為，免得有人自誇。」（弗2：8－9）所以，「如今卻蒙神的恩典，因基督耶穌的救贖，就白白地稱義。」（羅3：24），我們要為神而活。我們不再被罪所轄制。老我，在罪惡權勢作奴僕的舊有生命死了。我們要復活，「叫我們一舉一動有新生的樣式。」（羅6：4）

神的恩典勝過我們所有的罪，使我們從過去罪的網羅中得釋放，讓我們能夠每天過得勝的生活。這一節經文的意思是說，當我們被罪轄制的時候，我們是活在律法之下。但是，當這樣的轄制被神在基督裏的恩典擊破時，我們就不再活在律法之下，而是在恩典之下。願神賜給我們永遠的得勝。

默想與禱告：耶和華啊，求你因你的名赦免我的罪，因為我的罪重大。（詩25：11）

2月19日 惡人當離棄自己的道路；不義的人當除掉自己的意念。歸向耶和華，耶和華就必憐恤他；當歸向我們的神，因為神必廣行赦免。（賽55：7）

以賽亞是福音的先知。在這個經文裏，他有力的傳講福音，有力的呼召罪人：「惡人當離棄自己的道路。」這是一件他們可以自己做的事，否則神不會吩咐他們去做。神不會要求有罪的人去做他做不到的事。當離棄他們自己的道路，但是除非他們的思想轉變，他們是做不到的。所以這段句子接下去說「不義的人當除掉自己的意念」，因為「他心怎樣思量，他為人就是怎樣。」（箴23：7）

墮落的原因之一是罪人想改變行為，卻沒有轉變他們的心智。心智必須被轉換、改變或掉回頭來，如此行為才有可能成為神的樣式。但是他們不僅要轉離他們過去的行為和心思，他們還必須回到主的面前。人不能掌控自己的路途（耶10：23）。當他們轉離罪惡後，如果沒有來到主前，他們後來的景況會比先前更惡劣（太12：45）。不要因擔心神不會接納你而退縮。你一點都不需要懷疑，因為神「必憐恤」你。這是今天經文的應許。

罪人是受歡迎的，
恩典為要成就善事；
救主是滿有慈悲的，
祂的寶血有醫治的能力。

——費伯（Frederick W. Faber，英格蘭天主教神學家、讚美詩作家）

神會饒恕，祂不只饒恕，而且是豐豐盛盛的饒恕。因此，來吧！今天就來到主前！

默想與禱告：「……求你使我回轉，我便回轉，因為你是耶和華─我的神。」（耶31：18）

2月
20日

說謊言的嘴，為耶和華所憎惡；行事誠實的，為他所喜悅。（箴12：22）

主是「真實的神」（賽65：16）。他所做的全都誠實（但4：37），神聖潔的話語是「真確書」（但10：21），祂的靈叫「真理的聖靈」（約16：13）。神在這世上所有真實的兒女是「屬真理的」（約壹3：19），他們要為真理作見證（約18：37）。我們的主為祂的門徒禱告的時候說：「求你用真理使他們成聖；你的道就是真理。」（約17：17）

這些都是真實的，怪不得說謊的口是神所憎惡的。神的本質是真實，虛假正好相反。說謊是撒但的特性。他是世界第一個說謊者，很明顯的他必定也是天國第一個說謊者，因為他從天國被驅逐出境（路10：18）。

耶穌對一些顯要人士說：「你們是出於你們的父魔鬼，你們父的私慾你們偏要行。他從起初是殺人的，不守真理，因他心裏沒有真理。他說謊是出於自己；因他本來是說謊的，也是說謊之人的父。」（約8：44）。

論到所有真實的基督徒，我們可以說他們必行事誠實。如果他們的言行不真實，他們就不能代表基督，因為祂是永活的真理。我們行事為人要按真理（約參3節）。我們要跟鄰舍說實話（弗4：25），但是要憑愛心（弗4：15）。有朝一日說謊的嘴會啞口無言（詩31：18）。願神掌管我們的嘴（詩141：3）！

默想與禱告：「你所喜愛的是內裏誠實；你在我隱密處，必使我得智慧。」（詩51：6）

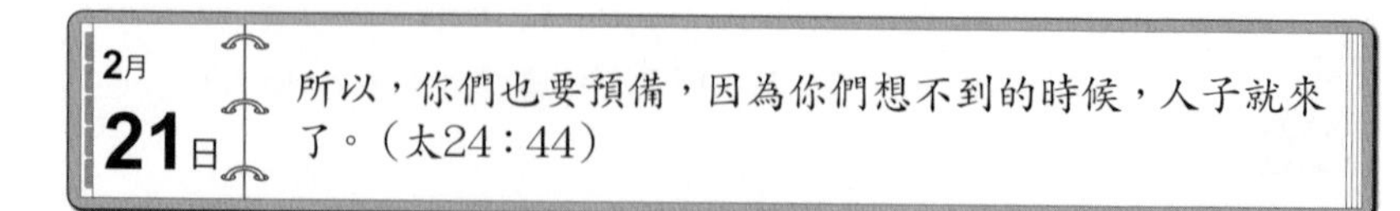

2月 21日

所以，你們也要預備，因為你們想不到的時候，人子就來了。（太24：44）

這個應許催促我們要預備。我們不僅要預備妥當，而且要隨時預備妥當。人子的再來，連信徒都要驚異。「因為你們想不到的時候，人子就來了」。

戰爭結束了。從軍的男人陸陸續續回家。一個小女孩焦慮地等待離家已經三年的哥哥。她問母親她該穿甚麼衣裳。「你那件白色的衣裳，」母親說。「我要去碼頭接羅伯，你在家裏等我們。」

這一等，好像很漫長。在喝熱巧克力奶的時候，梅藍不小心倒了一身。正當那時，母親和久違了的哥哥到了，正走上階梯。梅藍情急，跑向衣櫥藏了起來。她絕不讓哥哥看到她那一身的狼狽。「梅藍！梅藍！妳在哪兒？」她聽見他在叫她。但是她就越往衣櫥裏縮。「梅藍！妳在哪兒？羅伯到了呀！」這次是媽媽在叫了。

最後他們找著了她，哭得像心都快碎了！

「妳在衣櫥裏幹甚麼？」哥哥問。

「噢！哥哥，我好慚愧！我的衣裳全髒了。你到的時候，我要又乾淨又漂亮。」

我們的主警告我們，祂要在我們意想不到的時候來臨。那時候，我們不會有時間準備。我們必須預備妥當。「小子們哪，你們要住在主裏面。這樣，祂若顯現，我們就可以坦然無懼；當他來的時候，在祂面前也不至於慚愧。」（約壹2：28）「但那日子，那時辰，沒有人知道，連天上的使者也不知道，子也不知道，惟獨父知道。」「所以，你們要儆醒，因為不知道你們的主是哪一天來到。」（太24：36、42）

默想與禱告：「耶和華啊，求你轉回搭救我！因你的慈愛拯救我。」（詩6：4）

2月
22日
智慧人必發光，如同天上的光；那使多人歸義的，必發光如星，直到永永遠遠。（但12：3）

神給我們的智慧，我們要聰明的使用，做救靈的工作。還有甚麼是比這更榮耀的成就呢？我為神的服事和我的見證，是否真的帶人歸主了？是否真的有成效？

有一個外科醫生問著名的英國外科醫生柯伯（Cooper），他做過幾次卓越的腳掌手術？他回答說：「13次。」

「但是先生，我做過160次了。」

「13次的手術，保住了11隻腳，」柯伯說。「你呢？160次的手術，你保住了多少？」

「噢！先生！一個都沒有，但是手術非常卓越。」

多少廣受歡迎的牧師或許也是這樣，證道非常卓越，但是卻沒有救到靈魂。那想在世上受人矚目的，未來卻不太可能令人矚目。神的智慧要在人類的生活中使靈魂得救。「除非人將自己放在祭壇上成為焚燒的活祭，上帝就不悅納其他一切的服務。樹根必須聖潔，否則就不會結出美好、健全的果子來，惟有這種果子，才是上帝所悅納的。……當世俗的野心、世俗的圖謀，以及人類最偉大的設計與目標如草木枯朽之時，『智慧人必發光，如同天上的光；那使多人歸義的，必發光如星，直到永永遠遠。』」（《傳道良助》原文第371頁）

不止像一顆星，而是像群星，整個穹蒼。今天晚上抬頭看看清澈的天空，思想這個應許吧！思想群星體積的大小，它們之間的距離和它們不變的光輝！那燦爛、莊嚴和無法想像的古代，使我們想起它們的創造者。它們宣告神的榮耀直到永遠，那些為基督得靈魂的人也是如此。

默想與禱告：「求你指教我們怎樣數算自己的日子，好叫我們得著智慧的心。」（詩90：12）

2月
23日 好施捨的，必得豐裕；滋潤人的，必得滋潤。（箴11：25）

在此我們不需要擔心「超重」，因為主豐盛的靈要使我們變得富足。如果我們幫助他人，自己也會得到幫助；如果我關懷別人，主也會關照我。如果我餵養祂的羊，祂也會餵養我。「你們要給人，就必有給你們的，並且用十足的升斗，連搖帶按，上尖下流的倒在你們懷裏；因為你們用甚麼量器量給人，也必用甚麼量器量給你們。」（路6：38）

有一個旅遊者在尋找可居住的新社區。他在路邊遇見一位長者，他說：「早！先生！我想在這個社區定居下來，不知道這裏住的是甚麼樣的人？我希望是比我離開那地方的人好。」

「他們是甚麼樣的人？」

「很糟！欺騙、閒話、從不給任何人機會。」

「別停留在這裏，」長者說。「這裏的人跟你離開的那群人沒有兩樣。」

那天稍後，又有一個旅行者跟同一個長者打招呼。「午安！」他說。「我在找一個好社區，讓我能安靜的過活。這裏怎麼樣？」

「你離開的那些人如何？」

「他們是我知道的最好的人，常常樂意幫助那些有困難的人。當然，就像絕大部分的人，他們也會犯錯，但是他們很誠實、也很誠懇，我實在捨不得離開他們。」

「哦！那好，」長者說：「這個地方屬於你。這些人跟你離開的那群人，沒有甚麼兩樣。」

當我們付出我們也會得到。我們怎樣處事待人，別人也會怎樣待我們。這是原理、是黃金定律，是處事的原則，也是我們的主自己的應許。

默想與禱告：「慈愛的人，你以慈愛待他；完全的人，你以完全待他。」（詩18：25）

2月 **24**日

那日，必給大衛家和耶路撒冷的居民開一個泉源，洗除罪惡與污穢。（亞13：1）

這個泉源到時會湧出水來嗎？「我當日所領受又傳給你們的：第一，就是基督照聖經所說，為我們的罪死了，」（林前15：3）

「惟有一個兵拿槍扎他的肋旁，隨即有血和水流出來。」（約19：34）「靠著他的血稱義」（羅5：9），「我們藉這愛子的血得蒙救贖……」（弗1：7）。我們「既然藉著祂在十字架上所流的血成就了和平」（西1：20），「我們既因耶穌的血得以坦然進入至聖所」（來10：19），「他兒子耶穌的血也洗淨我們一切的罪」（約壹1：7）。祂用自己的血，從各族、各方、各民、各國中贖回我們（啟5：9），我們是「用羔羊的血把衣裳洗白淨了」（啟7：14）。

因此受祝福的泉源永遠為眾人湧流。美國費城的寶隆貫博士在國會證道時，用了這段經文：「……你們的罪雖像硃紅，必變成雪白；雖紅如丹顏，必白如羊毛。」（賽1：18）他說：「幾個禮拜前，我在東部的一個監獄用這段經文做主題，我認為並沒有甚麼理由不能在這裏也使用同樣的經文。」

這個泉源是要洗淨人的過犯和污穢，不管他的地位高低。耶穌在十字架上為世人受難，在這個唯一必要的犧牲裏，祂只一次擺上就永遠成就了。這個在大衛家的泉源，就是基督和祂獨一無二的救贖。

這是一個滿了血水的泉源，
是從以馬內利的血管流出來的；
有罪的人全身浸入那泉水中，
他們有罪的污點都被洗淨。

——考伯（William Cowper，英國詩人）

默想與禱告：「耶和華啊！求你使我們得見你的慈愛，又將你的救恩賜給我們。」（詩85：7）

2月
25日

此外又拿著信德當作籐牌，可以滅盡那惡者一切的火箭。（弗6：16）

使徒保羅描述基督精兵所當配戴的屬靈武器。然後他說：「此外，」或除了其他所有的兵器外，要「拿著信德當作籐牌」。

我們都知道，我們的仇敵經常伺機要摧毀我們，所以我們要儆醒，「用堅固的信心抵擋他」（彼前5：9）。在對抗時，信德的籐牌是絕對必須的。「使我們勝了世界的，就是我們的信心。」（約壹5：4）勝過世界時，我們就勝過這世界的王子了。（第18節）。

馬丁路德說：「使人真正成為基督徒的唯一信仰，是不管生死都願意把自我拋擲在主腳前。」我們要如何獲得這個信德的盾牌呢？到哪裏尋找呢？聽聽神的話語：「可見，信道是從聽道來的，聽道是從基督的話來的。」（羅10：17）讓我們打開聖經，我們會發現它就掛在那裏！

有一次慕迪說：「我想如果我把我為信心禱告的時間都加起來的話，會是好幾個月的時間。我過去認為，有一天信心會自己掉下來，像閃電擊打我。但是信心並未出現。有一天我念到羅馬書第10章，『信道是從聽道來的，聽道是從基督的話來的。』過去我合著聖經，為信心禱告。現在我打開聖經，開始研讀。從此信心不斷成長。」我們不僅要為信心禱告，更要在聖經裏尋找。

我們的仇敵會隨時攻擊我們，所以讓我們不要忘記這個籐牌。

默想與禱告：你把你的救恩給我作盾牌……」（詩18：35）

2月 26日

得勝的，必承受這些為業；我要作他的神，他要作我的兒子。（啟21：7）

不斷得勝是神兒女的特權。讓我們牢記使徒保羅的話：「感謝神！常帥領我們在基督裏誇勝」（林後2：14）。這並不是起起伏伏的經歷，而是每天的得勝。

我們的主「祂知道那些信靠祂的門徒，他們的人生必要像祂那百戰百勝的人生一樣，這勝利雖然在今世不被認為勝利，但在永久的將來卻是被承認的。」（《歷代願望》第692 頁）

得勝的人會承受甚麼？「所有」。有一些會承受的事物，同樣記載在啟示錄21章：白白的飲用生命水；與不信的、不潔淨的、欺詐的、拜偶像的、虛假的、罪犯、殺人犯完全隔絕；不再有痛苦、不再有憂傷、不再有死亡、不再有眼淚的世界。

獎賞是大的，因為勝利是大的。值得的勝利是奮戰得來的結果。西元1812年美國第二次的反英戰爭中，艾爾河畔的決定性勝利，總司令海軍准將培理向哈理孫將軍宣布戰果時說：「我們迎戰仇敵，現在他們屬於我們了。」所以基督徒也可以這麼宣告；很快，祂所有的信徒也能這樣宣告。

要留意，得勝的人並不是「賺得」這些事物；他是「承受」這些事物。僕人要賺取；子嗣是繼承。「你看父賜給我們是何等的慈愛，使我們得稱為神的兒女；我們也真是他的兒女。」（約壹3：1）。因著信我們得以重生，成為神的兒女，承受這個身分當得的一切。

我們都能成為得勝者嗎？是的。但要如何做呢？就是藉著羔羊的血和我們所見證的道（啟12：11）。如果我們要與基督在那裏一同掌權，我們就必須要在這裏為祂屹立。

默想與禱告：「神啊，你是拯救我的神；……我的舌頭就高聲歌唱你的公義。」（詩51：14）

2月 27日

要等候耶和華！當壯膽，堅固你的心！我再說，要等候耶和華！（詩27：14）

對很多人來說，「等待」比動手做事要難得多。英國作家、詩人吉卜林說：「如果你能等，不會等累。」要測試一個人的毅力和信心，「等待」通常是比「執行任務」更好的方法。

有一個中國的皇帝巡視他的領土時，接受一個家庭的款待。這個家庭的主人和他的妻子、孩子、孫子、曾孫，及僕婢都住在一起，而且相處非常融洽。皇帝對觸目所及非常受感動。他問主人是用甚麼方法維持這麼多不同的人之間的和諧。老主人拿出一枝鉛筆寫下三個詞：「耐心、耐心、耐心！」

摩西在米甸的曠野等待了40年。保羅在阿拉伯等待了3年。當我們的主升天時，祂留下祂的門徒等待多時。甚至當有許多事急待處理時，當這個朝向毀滅的世界需要被警告時，祂吩咐他們要留在耶路撒冷城，「等候父所應許的」。（徒1：4）

「要等候耶和華，當壯膽，堅固你的心！」當心智強壯時，它能不斷的工作、休息、工作、休息。我們的心需要保持安靜、愉快。「你要保守你心，勝過保守一切，因為一生的果效是由心發出。」（箴4：23）你的心脆弱嗎？等待耶和華，信靠祂，祂要「堅固你的心」，這在肉體上和靈命上都屬實。每一個心跳都來自祂。跟神過去的聖徒一樣，寫下這幾句話的人能說：「我再說，要等候耶和華」我會說得更熱切，因為我知道那是真實的。「堅固你的心！我再說，要等候耶和華。」

默想與禱告：「凡等候你的必不羞愧；惟有那無故行奸詐的必要羞愧。」（詩25：3）

2月 28日

因為耶和華──神是日頭，是盾牌，要賜下恩惠和榮耀。他未嘗留下一樣好處不給那些行動正直的人。（詩84：11）

「我們的世代最大的問題，」美國作家、哲學家兼歷史學家威爾．杜蘭（Will Durant）說；「不是共產主義與個人主義的對峙；不是歐洲與美國的對峙；甚至不是東方與西方的對峙。我們最大的問題是，人是否能忍受沒有神的生活？」

對每一位信徒而言，神是太陽和盾牌，是亮光和保障。經文中間那句美好的應許：「主要賜下恩惠和榮耀。」神或許不會給我們錢財，但是祂會給我們恩惠；神或許不會給我們健康，但是祂會給我們恩惠；神或許不會給我們朋友，但是祂會給我們恩惠；神或許會讓我們經過歷練，但是祂會給我們足夠的恩惠去面對。我們或許需要勤做工，我們或許會受痛苦，但是神的恩典會是我們的。

注意「和」這個字，「恩惠和榮耀」。我們還不到領受榮耀的時候；我們還不配。但是當救主再出現時，我們將會看到祂的真體，我們會像祂（約壹3：2）。然後，我們會進入榮耀裏。先是恩典的「餅」，後是榮耀的「酒」。我們必須先通過恩典的聖潔地，才能進入最榮耀聖潔的地方。

不管發生甚麼事，要記住這一點：如果我們行得正，主不會保留任何好的事物不給我們。祂或許不給我們許多享樂的事物，但祂不會拒絕對我們有益的事。祂是最公正的裁判，知道甚麼對我們是好的，甚麼對我們最有益。說到為父的心，祂說：「你們雖然不好，尚且知道拿好東西給兒女，何況你們在天上的父，豈不更把好東西給求他的人麼？」（太7：11）

默想與禱告：「有許多人說：誰能指示我們甚麼好處？耶和華啊，求你仰起臉來，光照我們。」（詩4：6）

公義的道路或許不平坦、陡峭、很難追尋，但是有亮光，而且越來越光亮。要留意，這是公義的道路。公義的人不會靜止不動，他們不會等著事情發生，他們不會停留原地、保持原狀，他們會一直前進，不斷向上。屬靈生命是一個進程，這個進程經常是朝向更光明、更真實、更能得到屬靈滿足的方向進展。

公義的道路是順服的道路。是的，是樂意順服。耶穌說：「人若立志遵著他的旨意行，就必曉得這教訓或是出於上帝或是我憑著自己説的。」（約7：17）當我們渴望、當我們在內心深處，樂意照神向我們啟示的旨意去行的時候，我們所需要的任何真理，都會是我們的。我們會知道。那就是為什麼，公義的道路一直是通向更光亮的方向。順服神的孩子會一直向光的地方前進，而那光會越來越亮。「我不知道慈愛的父最後要如何帶來亮光」，李文斯頓（David Livingstone）肯定的說：「但是祂知道，祂會帶來亮光。」

神的孩子是擎光者。不管他們往哪裏去，光會繼續向前照耀。太平洋新海布里地群島（New Hebrides）的萬那杜島（Nguna）上有一間小教堂，裏面掛著彼得米內（Peter Milne，他是教堂的創立者，也是澳洲彩燈專家）的相片。相片下寫著：「當他來的時候，這裏沒有亮光；當他死的時候，這裏沒有黑暗。」

我們所行走的道路呢？是否像黎明的光，超照越明直到完美的那日？我們生命的旅程是否也是這樣？如果「有公義的日頭出現，其光線有醫治之能。」（瑪4：2）這事確實發生在我們身上，我們應該也是這樣。

默想與禱告：「你的話是我腳前的燈，是我路上的光。」（詩119：105）

3月 2日

所以，你們要自卑，服在神大能的手下，到了時候他必叫你們升高。（彼前5：6）

驕傲是撒但的主要教義；謙卑卻是聖者的標誌。有一個人在傳道人派克（Joseph Parker）面前自吹自擂，說他是自己的產物。派克說：「噢！先生，那你真的是卸除了主一項重任了！」

服事神，我們要屈下身來征服；要彎下腰才能被舉起，因為順服是通往被晉升、受讚揚的道路。神的計畫是遲早要擺平驕傲的人。「耶和華必拆毀驕傲人的家」（箴15：25）。使徒彼得說：「神阻擋驕傲的人，賜恩給謙卑的人。」（彼前5：5）

真正的謙卑來自對神、對自己真正的認識。就像布里克斯（Phillips Brooks，十九世紀著名的傳道人）所說：「謙卑的方法，不是一直謙恭到你比自己還卑微的時候，而是以你原本的高度，站在品德高尚的人面前，讓他彰顯出你所謂的雄偉裏真正的渺小。」的確！要一直等到我們開始瞭解神的偉大，我們才會知道自己有多渺小。就像一句老諺語：「一座高山使鼴鼠丘羞愧，天上的星星卻讓山和丘都謙卑下來。」在全能神的手掌下，我們都不能不謙卑。當神擊打我們的時候，以深深的順服、感激的心去接納，是我們的職責也是特權。這是一所嚴格的學校，但是它教導珍貴的功課。

留意神是在「時機成熟」的時候高舉我們，而神是決定何時、何日高舉我們的唯一裁判。要一直等到我們能說：「主啊！不止要照你的方法行，更要照你的時間行。惟願你的旨意成全！」我們才能達到真正完全的謙卑。

默想與禱告：「耶和華啊！謙卑人的心願，你早已知道……。」（詩10：17）

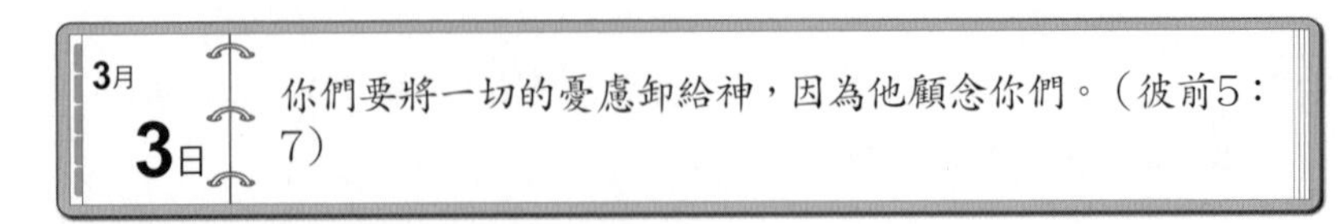

3月 3日

你們要將一切的憂慮卸給神，因為他顧念你們。（彼前5：7）

這節經文實際上是一個應許。跟「你要把你的重擔卸給耶和華，他必撫養你」（詩55：22）一樣。我們中間有很多人的基督徒經驗並不愉快，因為我們沒有真正信靠主。我們只將一部分的問題交託祂，而不是全部的問題。我們不願意全然卸下。我想起一個老人，扛了一袋重物在一條鄉間路上蹣跚地行走。一個騎著馬駕著篷車的人路過，要載他一程。老人費力地爬上篷車，但是仍背著那包沈重的背包。過了一會兒，駕車的人說：「叔叔！為什麼不卸下包包放在篷車裏，讓自己舒暢一點？」

「噢！」老人說：「你對我真好，樂意載我一程。我怎麼好再讓你背負我的包包呢？」

很笨，是嗎？是的。其實很多基督徒不也是這樣？不肯把所有的煩惱交託給主。

幾年前，在美國南達柯達州的一個農場，住了兩個男孩。有一天他們的父親要他們把一件機械拿到鄰居處。兩個人用繩子把它綁起來，再用一根棍子穿過繩索，把這農作的機械挑在中間，然後用肩膀各挑起一頭，開始前進。沒走多久，小的男孩就累了。所以他們得停下來休息。他們再挑起來的時候，哥哥就把機械往他那頭拉過去一點，這樣他能多擔一點重量。

這多像我們的主耶穌基督啊！我們被生活的重擔壓得喘不過氣來，但是祂說：「凡勞苦擔重擔的人可以到我這裏來，我就使你們得安息。」（太11：28）。祂挑起我們的重擔，好讓我們休息。

默想與禱告：「……使我不至羞愧，因為我投靠你。」（詩25：20）

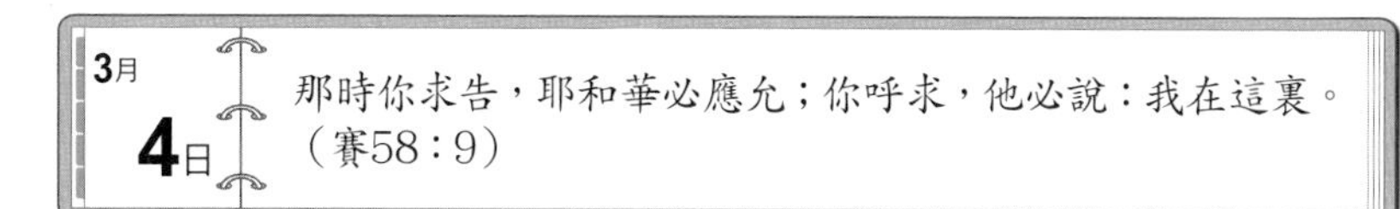

那時你求告，耶和華必應允；你呼求，他必說：我在這裏。（賽58：9）

你若想知道這個極好的應許的起源，要讀它前面的四節經文。簡單的說是：「讓你的生命成為一個祝福，善待人，我也會善待你。」很多人能證實，當他們在患難中求告神的時候，神確實應允他們。

有時候神以出乎我們意料之外的方式應允我們。一個基督徒的婦人，丈夫去世了，沒有留下甚麼能能讓她供養自己和小女兒的需要。她手上唯一還有點價值的東西，她丈夫生前的木工工具。喪禮才過，她的鄰居就給了她一張帳單，說是她丈夫欠的。那張帳單的金額是她無力償還的，而且她確信那筆帳已經付清了，可是她沒有收據。那人提議用木工工具抵銷。她極端悲痛地進入房間禱告，求神帶領。沒多久，在車庫玩耍的小女兒進來，手上拿著一疊紙，全都是收據單，而最上面的那張解決了她的難題。因此她可以說：「我曾尋求耶和華，祂就應允我，救我脫離了一切的恐懼。」（詩34：4）

神聽禱告，祂應允。「聽禱告的主啊！凡有血氣的都要來就你。」（詩65：2）多數人都忙著跟神說話，就如薩伏那洛拉（Savonarola，義大利基督教宣教士、改革家、殉道者）說的，我們沒時間聽神到底要告訴我們甚麼。劉百克（Frank Laubach，在菲律賓宣教的美國宣教士）說：「最高層的禱告是雙向的」，對我來說最重要的部分，是聆聽神的回答。

在風浪凶猛的海上，當使徒以為他們看到了幽靈時，他們大叫。但回應他們的卻是溫柔、慈愛、保證的聲音，說：「你們放心！是我！不要怕！」（太14：27）

默想與禱告：「神啊！我曾求告你，因為你必應允我……。」（詩17：6）

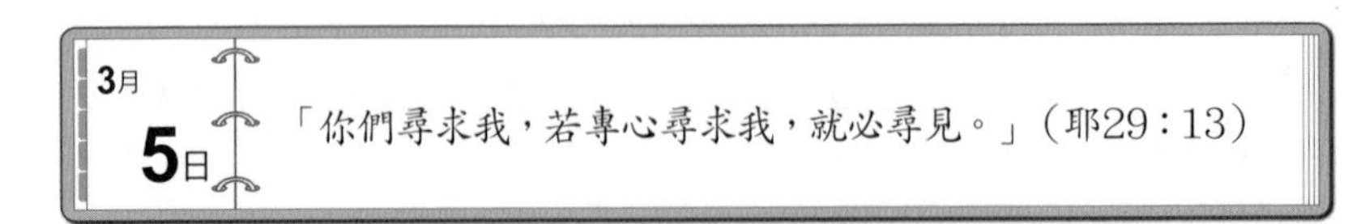
3月 5日 「你們尋求我，若專心尋求我，就必尋見。」（耶29：13）

要認識神，我們必須尋找祂。如果我們尋找祂，就必須在祂的作為裏，祂的言語裏並在我們的心裏找到祂。但是這必須是我們的事業，而不是副業。隨便東望望、西看看，大意的翻翻書頁，偶而無心的禱告，或心智漫無目的的遊走是不行的。我們要像沒有祂我們的生命就會出問題那樣尋找祂，而事實也真是如此。我們需要全心全意地尋找祂。

神要求我們熱心、誠懇。即使質疑的人也會如此盡心。休謨（David Hume，不可知論者），因為聆聽蘇格蘭牧師約翰布朗（John Brown）的證道而遭人批評。他回答：「我不相信他所說的，但是他相信。因此我喜歡每週一次去聽一個相信自己所說的話的人。」

神說：「你們要呼求我，禱告我，我就應允你們。」（耶29：12）甚麼時候呢？甚麼時候祂會傾聽呢？「你們不能又事奉上帝，又事奉瑪門。」（太6：24）我們不能一手抓著神，另一手抓著世界。如果我們這麼做，結果必定會變成全心向著世界，對神的心微乎其微。使徒說：「我只有一件事」（腓3：13）。

當馬太坐在關稅桌旁的時候，耶穌呼喚他，他就起身，把錢留在桌上，跟隨耶穌。在加利利海邊，門徒有一個空前未有的漁獲大豐收，但是他們一上岸，卻丟棄了所有，跟隨耶穌。他們是這樣熱切，所以他們將永遠活著。他們在基督裏找到神，因為他們全心全意的尋找。

默想與禱告：「耶和華啊！求你聽聞公義，側耳聽我的呼籲！求你留心聽我這不出於詭詐嘴唇的祈禱！」（詩17：1）

3月 6日 耶和華如此說：你們當站在路上察看，訪問古道，那是善道，便行在其間；這樣，你們心裏必得安息。（耶6：16）

先知在這裏講到屬靈的事，因為所找到的安息是靈裏的安息。依凡談到他過去在一個很深的礦坑工作的一次經驗。當時他的伙伴都走了，忽然他頭上的燈熄滅了，周遭漆黑，他唯一的希望，是找到一個能夠讓他回到通道的清楚指引。當他在黑暗中摸索的時候，他的腳碰到了載運煤炭的車軌。他小心翼翼的一隻腳緊靠著鐵軌，跌跌撞撞、蹣跚地前進。他甚麼也看不見，但是他能感覺到鐵軌。最後，他終於到達通道口，按下按鈕指示上面的人送下纜車。他很快的被拖吊到地面，走進能引導他回家的豔陽裏。他在黑暗中沿著軌道終於找到了有亮光的通道口。

神已經為我們定下屬靈的、真理的指示，讓我們跟隨。這些指引就像礦坑裏的車軌，引到光明。我們的救主說：「我就是道路，真理、生命」（約14：6）。聖經顯示主耶穌是通往公義、真實、永恆的道路。祂是起先的，「他的根源從亙古，從太初就有。」（彌5：2）。當我們尋找那舊的、古老的、原有的道路，我們所尋找的是真理的道路，是真理本身，是在基督裏的真理。那好的、真實的、古老的路或許會通過黑暗，但最終它會引向那真光。但僅僅看見這條好的路、認出它、知道它、甚至愛它仍然不夠。我們必須行在其上。順服是信心的回應。

默想與禱告：「耶和華啊！求你將你的道指教我，因我仇敵的緣故引導我走平坦的路。」（詩27：11）

3月 7日

但以理啊，你要隱藏這話，封閉這書，直到末時。必有多人來往奔跑，知識就必增長。（但12：4）

今天的經文是特別為處在末世的人所預備的。這是在終了之前的一段時期，是諸多預言的焦點，也得到應驗。很明顯的，這末世始於十九世紀初期，正當人們對但以理預言的「末世」，產生極大興趣的時候。聖經預言的知識與日俱增、廣傳四方，人類在各方面的努力，讓新時代來臨了。國與國不再孤立，世界慢慢變成連結的一體。透過印刷、電話、電報、收音機、電視，通訊科技全盤革新。藉著鐵道、蒸汽船、飛機，多數人能到處遊旅，知識因而大量增加。

既然我們生活在一個知識、啟示都更多的世代，我們也相對的要分擔更多的責任。使徒說：「人若知道行善，卻不去行，這就是他的罪了。」（雅4：17）耶穌對他那個世代的人說：「你們若瞎了眼，就沒有罪了，但如今你們說：『我們能看見』，所以，你們的罪還在。」（約9：41）我們活在一個有光的世代。想想看，聖經，整體的或部分的，已經被翻譯成兩千多種的語言了。宗教信仰自由已經很普遍了。我們還有甚麼藉口不順從真理呢？

不過今天的經文尚有一點：不僅那光要來，不僅知識要增長，不僅普世人會切心研討聖經，而是整個應許的背景是末世。神的話語在我們心裏對我們說：「要準備妥當！」

默想與禱告：「我要在你的律例中自樂；我不忘記你的話。」（詩119：16）

3月
8日

主耶和華說：日子將到，我必命饑荒降在地上。人飢餓非因無餅，乾渴非因無水，乃因不聽耶和華的話。（摩8：11）

飢荒是很可怕的事。我們在聖經裏讀到埃及地的大飢荒，神如何藉著祂的僕人約瑟，拯救祂的民。我們也讀到撒瑪利亞的飢荒，人落到極度的飢餓中，要以高價換取令人作嘔的食物。我們也耳聞世界上多處有大飢荒，為了生存甚至食用人肉。飢餓感是最仁慈的，但也是最可怕的諸項人性本能之一，是使人有衝動去勞動的生命火花，驅使人從事許多高尚的活動。你是否曾經真正飢餓或乾渴過？

但是即將來臨的大飢荒，「不再是對食物的飢餓，也不是對水的飢渴」，而是靈命的飢渴。是渴望聽見神的話語的飢餓。那些嚐過神話語的滋味卻忽視它的人，會突然渴望享有它，卻再也尋找不到。他們的靈會覺飢餓，在生命中從來沒有那麼飢餓過。

「他們必飄流，從這海到那海，從北邊到東邊，往來奔跑尋求耶和華的話，卻尋不著。」（摩8：12）是的，車輛會在高速公路上奔馳，飛機會從地球的這端穿越高空，飛到另一端。「嘗試要教導我神的話語的那人上哪兒去了？媽媽那大本聖經在哪兒？從神的寶座流出來的生命活水在哪兒？」但是他們找不到。

這個應許帶給我們甚麼？只帶給我們一句話：現在就是！

默想與禱告：「耶穌說：『我就是生命的糧。……』「他們說：『主啊！常將這糧賜給我們！』」（約6：35、34）。

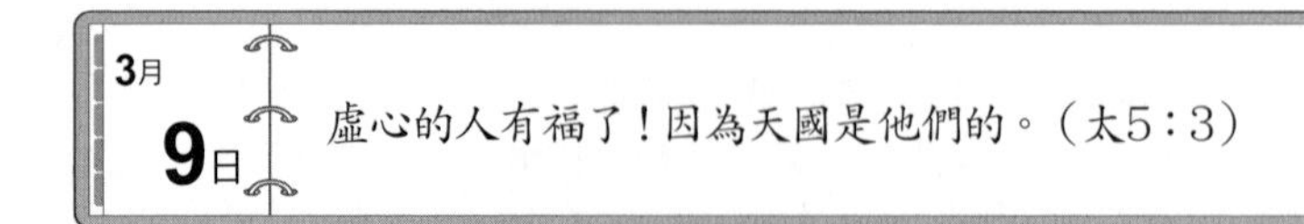

3月 9日 虛心的人有福了！因為天國是他們的。（太5：3）

有兩個人在聖殿裏禱告。其中一個說：「神啊！我感謝你，我不像別人。」另外一個人卻連頭也不敢抬起來望天，只說：「神啊！開恩可憐我這個罪人。」（路18：11、13）當彼得看見神的大能和基督耶穌的純潔，他跪倒在祂的腳前說：「主啊！離開我，我是個罪人！」（路5：8）

羅馬人有時候跪拜有兩張臉的邪魔，一張臉向前，面對敵人，另一張臉向後，面對自家。這多像一顆懺悔的心啊！它不只是悔悟過去所犯的罪，而且留意未來。這就像船隻的燈，一盞掛在船頭，一盞掛在船尾，不僅照著走過的航道，也照著前面的航線。

「凡基督所赦免的人，祂先要教祂悔罪，聖靈的職分就是要指出世人的罪來。」《山邊寶訓》第8頁）那些在聖潔的基督面前的人，深覺他們是「貧窮、瞎眼、赤身」（啟3：17）的人，是那些渴望「上帝救眾人的恩典……」（多2：11）的人。

真正懺悔的人是會得到饒恕的，因為基督是「上帝的羔羊，除掉世人的罪的！」（約1：29）神的應許是「你們的罪雖像硃紅，必變成雪白。」（賽1：18）再者：「我也要賜給你們一個新心，將新靈放在你們裏面。」（結36：26）真正悔改的人是有福的，他們是耶穌所說的心裏貧窮的人：「天國是他們的。」那些清楚知道自己是貧窮的人，會在靈裏致富。讓我們都共享這個心裏貧窮的福氣。

默想與禱告：「耶和華啊，求你起來！神啊，求你舉手，不要忘記困苦人！」（詩10：12）

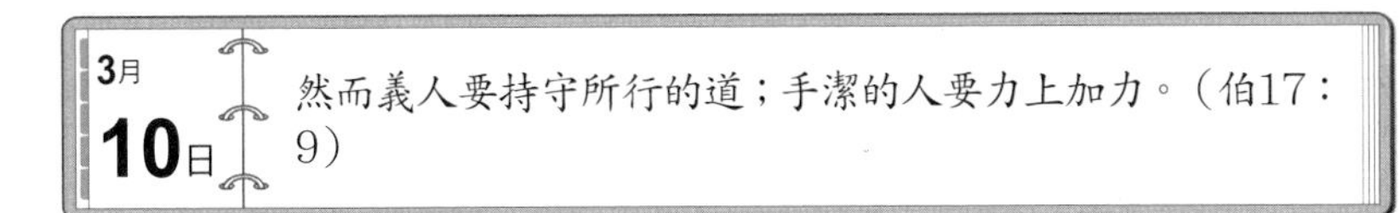

屋裏發生怪事了。小男孩又再洗他的雙手。為了洗手這件事，母親曾經跟他爭執過多次。但是上週他仍然不斷地洗手。最後她問：「兒子！你為什麼又洗手了？」男孩低下頭說：「你知道，約翰一直對我很卑鄙，我要強壯得他不敢碰我。」

「兒子，你是甚麼意思？」

「媽！你知道安息日學背誦的一節經文說：『手潔的人要力上加力。』」

你或許會因這孩子的單純而發笑。但是你有沒有想到這節經文裏的應許呢？神要我們持守我們的道，神所為我們揀選的道。我們不要離經叛道，因為那是通往永生的路。有時通往聖城的路會行經無底的沼澤，又越過可怕的山巒。障礙物要被清除，有時候路需要維修。但是，「手潔的人要力上加力。」手是生命活力的象徵，是心的作為。心如何，手就在它的動作裏表現出來。清潔的手意味清潔的心。心要怎樣被潔淨呢？丁尼生（Tennyson，十九世紀詩人）讓加蘭哈德爵士的嘴裏說出這句話：「我的力量有十個人大，因為我的心是清潔的。」

我們要怎麼才能擁有這顆清潔的心呢？那是神的禮物。「我必用清水灑在你們身上，你們就潔淨了，我要潔淨你們，使你們脫離一切的污穢，棄掉一切的偶像，我也要賜給你們一個新心，將新靈放在你們裏面，……。」（結36：25、26）

默想與禱告：「求你用牛膝草潔淨我，我就乾淨；求你洗滌我，我就比雪更白。」（詩51：7）

3月
11日

耶和華必在你前面行；他必與你同在，必不撇下你，也不丟棄你。不要懼怕，也不要驚惶。（申31：8）

住在加拿大渥太華的時候，我聽到沙克爾頓爵士（Sir Ernest Shackleton，英國探險家）到南極探險的報告。 他說在探索從來還沒有人到過的土地時，他深深的意識到神的同在。他說：「彎腰握著槳，費力地走在冰雪上，奮勇要垮越境界，這全程我們都領悟有『祂』的伴隨。祂使勝利和災難有了區別。祂帶領我們渡過。」

你是否面對巨大的任務？你前面是否有一場征戰？這個經節是你的。穿戴軍裝，上陣！如果神已經領先上去了，我們隨後就很安全了。只要神領先，就沒有一條路是走不通的。祂不只領先，祂也與我們同行。「在我們之上、之下，環繞我們，又內住在我們心裏的，是那位全能的、無所不在的神。」（司布真，《信心日錄》11月30 日）每一分鐘、每一小時、直到永遠，神一直與我們同在。我們怎麼可能失敗呢？

既然是與我們同在，祂不會，也不能令我們失望；祂絕不會捨棄我們。使徒作者記下這個應許：「我總不撇下你，也不丟棄你。」（來13：5）。

有天晚上，我的小兒子跟我沿著橡樹下一條很黑暗的小徑行走。有很長的一段時間，他很安靜，沒有出聲。然後，當小徑越來越黑時，他忽然緊緊地抓住我的手說：「爸爸！我們不怕，對不？」你看！只要我不怕，他也就不怕。

主走在我們前面；祂與我們同在。祂不會令我們失望，也不會捨棄我們。 因此，「不要懼怕，也不要驚惶。」

默想與禱告：「凡投靠你的，願他們喜樂，時常歡呼，因為你護庇他們；……」（詩5：11）

3月
12日

你們清晨早起，夜晚安歇，吃勞碌得來的飯，本是枉然；惟有耶和華所親愛的，必叫他安然睡覺。（詩127：2）

緊張！這是今天成千上萬的人所過的日子的別名。緊張！緊張！憂慮！憂慮！早晨第一件事，就是籌畫、佯裝不知、尋找、渴望；深夜坐著，計畫、再計畫、默認、尋找、渴望；然而總是不滿意。有關如何放輕鬆、如何入眠、如何自處、如何心情平靜、心靈寧靜的書籍成套、成套的出版，廣受歡迎購買閱讀。但是，緊張繼續高漲，還要繼續高漲，直到人類懂得信靠神。

緊張度增加，鎮定劑的消費也跟著增加，但是最有效的鎮靜，是安寧、單純地仰賴神的美善。那會比從藥罐裏出來的，更能在夜裏帶來全然健康的安息和鬆弛。

當馬丁路德的仇敵設計要置他於死地時，他的朋友抓住他，把他藏在瓦特保城堡（Wartburg Castle）裏，城牆的大石非常堅固，無法被入侵。就肉體的敵人而言，在那裏他是安全了，但是路德開始跟自己掙扎。他學習到，即使堅固的城堡，也無法保守一個人的靈。有這麼個說法，說有一次他拿起墨水瓶，擲向魔鬼的影像。然後他轉向神求助，結果找到了他所需要的信賴。他在信心裏覓得心靈的鬆弛。他覓得寧靜。

所以我們都要仰賴神，在祂裏面安息。因為「萬軍之耶和華與我們同在；雅各的神是我們的避難所！」（詩46：7）祂對我們無所不知。因此，讓我們在適當的時間上床，讀一點祂的話語，把自己仰望交託在祂面前，然後睡覺。我們不需要睜著眼憂慮。因為祂讓我們「安然睡覺」。

默想與禱告：「我必安然躺下睡覺，因為獨有你耶和華使我安然居住。」（詩4：8）

3月 13日

這血要在你們所住的房屋上作記號；我一見這血，就越過你們去。我擊殺埃及地頭生的時候，災殃必不臨到你們身上滅你們。（出12：13）

很久以前那個黑漆的逾越節晚上，對在房屋裏的以色列人來說，門框上血的記號代表安全。當滅命的天使經過的時候，有血跡標記的房子，屋內頭生的人、畜都能安全無恙。

在各敵對的宗教集團代表——基督徒不在內，發生恐怖的變亂及屠殺過後不久，我在中東一個國家旅行時發現，建築物和牆上到處都是雜亂無章的紅十字。居住在那裏的少數基督徒，把他們信仰的記號掛在房門，他們在屋裏得保安全。

「我一見這血，就越過你們去」這是神的話。使徒說：「逾越節的羔羊基督已經被殺獻祭了。」（林前5：7）還有，「基督照聖經所說，為我們的罪死了」（林前15：3）據說，耶穌的受難有13種不同的理論，但它們全部的總結，仍然不足以完全表達藉著救主的寶血，所成就的救贖之榮光、奇妙。我們無法完全理解。它會是我們在未來無盡的歲月裏一再研討的主題。我們無法全然理解這血的含意，但是我們知道那是我們的慰藉。神所看見的保證了我們的安全：「我一見這血，就越過你們去。」

我們因這血稱義，當神看見我們在祂的保障下，祂必越過去，因為「上帝既不愛惜自己的兒子為我們眾人捨了，……。」（羅8：32）這就是我們的保證。

默想與禱告：「……我必……因你的救恩歡樂。」（詩9：14）

3月 14日 只要積攢財寶在天上；天上沒有蟲子咬，不能銹壞，也沒有賊挖窟窿來偷。因為你的財寶在哪裏，你的心也在那裏。（太6：20、21）

安全！今天這句話真妙！作家普利斯萊（J. B. Ptiestley）說有一個城市裏的職員，表面上似乎蠻快樂的，但內心裏總是有個會失去工作的恐懼。這恐懼一直在他腦海裏盤旋。問題是他內心裏沒有甚麼方法可以敵擋這恐懼感。他活在一個是神而不是魔鬼被摒棄在外的世界裏。沒有神的生命，恐懼就會佔據在心裏。要建造一個夠濃密的森林，把恐懼的敵人擋住是不可能的事。安全感的祕訣在於一顆鎖定在神的心。

地上的財寶會從我們的指尖溜走、被小偷竊走、掉了或憑空消失。唯一永遠安全的財寶，是保存在天上寶庫的寶藏。我們最大的財寶不是金銀，而是希望、信任、信心、友誼和仁愛。這些財寶如果存放在人間，也只是短暫的，很快就過去了。它們必須在上帝的恩典中存放於天上。

主告訴我們，祂曾勸一個富有的官員變賣所有的分給窮人，如此就必有財寶在天上。這是把財寶轉移到安全地方的一種方法。有些人為末世積存財寶（雅5：3），但有些人為永生積存財寶。

耶穌在講一個財主的故事時，祂讓我們知道其實那人是貧窮的，因為他是為自己儲存財寶，他在神眼中卻不富足（路12：21）。 財寶在哪兒，心也在哪兒。這是一件很重要的事實，因為出自內心的，是生命的問題（箴4：23）。當我們把所有的一切和「自我」都擺在神面前，降服在祂腳下，我們就保有了絕對的安全。

默想與禱告：「你已經試驗我的心；……」（詩17：3）

3月15日

我還告訴你，你是彼得，我要把我的教會建造在這磐石上；陰間的權柄，不能勝過他。（太16：18）

有一個人問司布真，他所屬的教會是不是一個純潔的教會，因為這人正在尋找一個純潔的教會好加入。這個偉大的傳道者説，他不能確定他的教會是否純潔。他知道教會裏有很多好人，有一些真正的基督徒，但是他又説裏頭大概也有「猶大」。他的教會就像基督的第一個教會一樣，或許裏頭還有一些騙子和拜偶像的，行為不檢、不守法的，就像當年在羅馬、哥林多、加拉太、以弗所、歌羅西、腓立比、帖撒羅尼迦的教會，還有那些新約書信寫作的對象一樣。司布真説，就整體而言，他不認為他的教會是那人所要尋找的教會。事實上，他説就他所知道，整個人類的歷史中，還沒有一個完全的教會。「但是，」他又説：「如果你找到這樣的教會，我請你千萬別加入，因為你會破壞它。」

基督的教會或許不完全，卻仍然是祂最矚目、關心的（《使徒行述》第5頁）。多少戰爭、侵略、征服、文明的變遷席捲了世界，但是教會仍然屹立不搖。為什麼？因為教會的根基不會動搖。「那已經立好的根基就是耶穌基督，此外沒有人能立別的根基。」（林前3：11）

教會重要嗎？如果不重要，當初基督根本不會建立。祂應許，陰間的權柄永遠不能勝過祂的教會。記不記得，主把得救的人天天加給教會。（徒2：47）「聖經顯示沒有所謂不附屬、不連結、保持孤立的基督徒，」漢特（Archibald M. Hunter，聖經學家）説。

默想與禱告：「至於我，我必憑你豐盛的慈愛進入你的居所；……」（詩5：7）

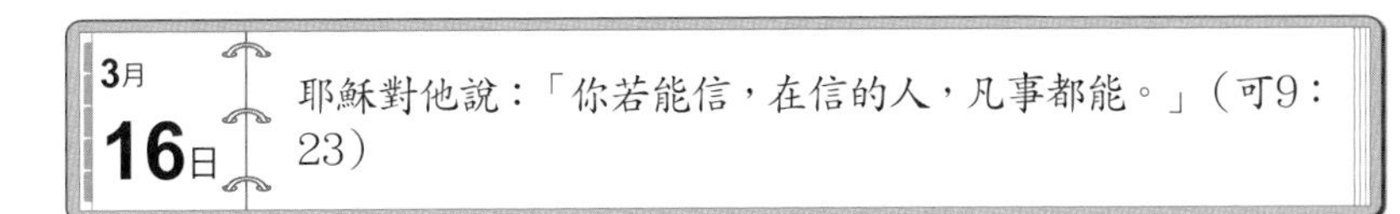

一個父親求耶穌醫治他的兒子。他描述他的苦難，然後說：「你若能做甚麼，求你憐憫我們，幫助我們！」（可9：22）耶穌對他說：「你若能信，在信的人，凡事都能。」

在屬靈生命裏，我們的不信是最大的障礙。事實上，在我們人生的道路上，並沒有其他真正的難處，主能為你做所有必要的事，但是訂下一項規矩，「照著你們的信給你們成全了吧！」（太9：29）

十七世紀的德國神學家奧古斯特（August Herrmann Fraucke）說：「一粒活躍的信心種子，比一磅重的歷代知識還有價值；一滴的愛更勝汪洋般的科學。」

我喜歡一個小男孩自己改唱的詩歌「相信順服」。他說他們在安息日學唱「相信『就行了』」。當我們真正相信神的時候，每一件事一定「就行了」。

為什麼我們不能相信神和祂的應許呢？祂是真實的。祂對自己的話語守信。當我們的心智正常、健康的時候，相信神就跟一個孩子相信他的父親一樣輕而易舉。我們似乎能對「過去」的事和「未來」的事相信神；但「此時此刻」的歷練卻成了我們信心的試金石。這有多愚蠢啊！讓我們此時、此地就信賴神，未來自然也處理了。當我們抵達「未來」的時候，那「未來」就成了「現在」，神會在那裏。

相信神真是甜美，
單單就祂所說的話語相信祂；
單單安息在祂的應許裏，
單單知道：「神這樣說」就夠了。

——露易莎（Louisa M. R. Stead，二十世紀英國聖歌詩人）

默想與禱告：「耶和華啊，求你不要遠離我！我的救主啊，求你快來幫助我！」（詩22：19）

3月 17日

我實實在在的告訴你們，我所作的事，信我的人也要作，並且要作比這更大的事，因為我往父那裏去。（約14：12）

藉著聖靈的大能，基督的門徒過去曾做、未來更要做比基督更大的事。這是因為祂已經去了父神那裏。這之間有甚麼關連呢？對每一件事都有關連。因為我們在約16：7讀到：「我去，是與你們有益的；我若不去，保惠師就不到你們這裏來；我若去，就差他來。」

使徒有力的行徑，是藉著聖靈的能力達成的。「但我要從父那裏差保惠師來；」耶穌說；「就是從父出來真理的聖靈；他來了，就要為我作見證。你們也要作見證，因為你們從起頭就與我同在。」（約15：26、27）這些話在五旬節那天聖靈降臨之後，都實現應驗了。使徒們被聖靈澆灌，滿有能力，就出去見證基督耶穌的復活，見證他們的信仰。他們靠著聖靈的大能勇敢的宣講，所以一天之內就有成千的人相信。我們的主並不是說使徒們比祂付出更多的心力，也不是說他們會行更多的神蹟奇事，而是說他們所行的會更重大。

這事過去成就了，今天也一樣。救主當時的事工僅限於150里長，50里寬的小國家裏，但是有成千的人聽見了。但當使徒出去的時候，上萬的人都聽見了，其中更有上千的人接受聖靈在他們心靈所見證的福音。今天，為基督做同樣的服事，是我們的榮幸與特權。

默想與禱告：「以色列的上帝，是那將力量權能賜給他百姓的。上帝是應當稱頌的。」（詩68：35）

3月 18日 念這書上預言的和那些聽見又遵守其中所記載的，都是有福的，因為日期近了。（啟1：3）

對聽、讀、察看神任何一部分話語的人，我們還會在甚麼地方找到比這更直接的祝福呢？誠然，這個祝福跟啟示錄預言之間的相關性如何，我們應該認真研討。年復一年，這個相關性更顯重要。歷史上的應驗催促我們，不僅這卷書甚至整本聖經，當作更深入的研討。

史密斯（Uriah Smith）提醒我們：「預言每一次應驗都附帶責任。啟示錄的記載我們需要留意、遵守或執行。理解和應驗之後，就要實踐實際的職責。」（《但以理和啟示錄》，英文1944年版第 341頁）。

啟14：12裏有一個相關的實例：「聖徒的忍耐就在此，他們是守上帝誡命和耶穌真道的」那預知未來的神，看見我們所看不見的事。神在預言裏，向我們啟示了一部分。不管我們是否全盤瞭解，我們要順服祂，遵守祂的命令。

羅特利基（Archibald Rutledge，二十世紀美國詩人）告訴我們一個故事。他説有一個松節油業工人的狗，因為不肯捨棄主人叫牠看守的晚餐桶，而活活被森林的大火燒死。這個老人淚流滿面的説：「跟我那隻狗説話，我經常要很小心，因為我知道牠會遵守。」我們是否經常像這樣忠實？

讓我們不止因興趣，而且以順服的意願研讀啟示錄，「因為日期近了。」

默想與禱告：「況且你的僕人因此受警戒，守著這些便有大賞。」（詩

3月 19日

所以凡有血氣的沒有一個因行律法，能在上帝面前稱義；因為律法本是叫人知罪。（羅3：20）

有一個從來沒見過海的人，要渡過比斯開灣（法國西海岸和西班牙北海岸之間的海灣），他以為他看見的是颱風迎面而來。他恐懼得全身顫抖，對一個有經驗的水手說：「你想我們能活著渡過海灣上岸嗎？」「渡過甚麼？」水手問。「渡過急速要來的颱風啊！」水手笑著說：「你不必怕風暴。絕對碰不到我們，它已經越過去了。」

對信徒來說也是如此。對他們之罪的審判已經過去了。基督已經為他們被審問、被判決、在十字架上被行刑了。祂為我們的罪死。（林前15：3）。使徒保羅說，「我們既因信稱義，就藉著我們的主耶穌基督得與上帝相和。」（羅5：1）神的律法「不能使人稱義，因為他的罪性使他無法持守律法」（《先祖與先知》原文第373頁）。

「律法顯明人的罪，但沒有為人準備救治之方。祂固然應許順從的人可得生命，但也宣布死亡乃是違犯律法之人的命定。唯有基督的福音能救人脫離罪的裁判和污穢。罪人當向上帝悔改他違犯律法的罪，並信靠基督救贖的犧牲。」（《善惡之爭》第486頁）。

我們的經文強調一個負面的應許：藉著守律法的行為，沒有人能在神眼中稱義。我們需要記住這點。我們不是藉著行為蒙救贖。只有藉著基督所成就的，我們得以在神面前稱義。

耶穌為我們死，我們接納了祂的犧牲。因此，神看著祂，就不再看見「罪」，而只見「祂的義」。

默想與禱告：「顯我為義的神啊，我呼籲的時候，求你應允我！……。」（詩4：1）

3月
20日
我們曉得萬事都互相效力，叫愛上帝的人得益處，就是按他旨意被召的人。（羅8：28）

一位醫術卓越的外科醫生，在即將執行一項精細的耳朵手術時，向他的病人保證說：「我可能會讓你疼痛，但是不會使你受創傷。」神不也是經常這樣對我們說！祂唯一的目的，是要賦予我們更豐盛的生命和健康，甚至永生。但是在考驗、試探和苦難時，我們常常很難明白、看見。

「萬事互相効力，叫愛神的人得益處」；不過「萬事」並不見得就是「好」事。好事跟壞事都一起互相効力，叫那些愛神、在神保守之下的人都得益處。這些益處也許是即時的，也許有待時日，但一定是神在自己所定的時間裏的「美善」。

我們在碎石路和木犀草的老舊故事裏，能找到這個教訓。有一天，碎石路對木犀草說：「今天早上，你好芳香啊！」

木犀草回答說：「是的，這是因為我掉落在地上、被人踐踏、碎了，因而將香氣散發出的緣故。」

碎石路說：「可是，我每天都被人踐踏，却變得越來越堅硬！」

這裏描述信徒的兩項特質：一是對神的心緒；另一是神對他們的心緒。

對那些愛神的人來說，萬事互相効力，叫人得益處。它必需如此，因為「愛是不加害與人的」（羅13：10）。對那些祂按自己的旨意呼召的人，萬事最終都會以我們所不知道的方式為我們互相効力，叫我們得益處。它一定是如此，因為萬有都是本於祂，倚靠祂，歸於祂（羅11：36），祂絕不會讓任何對我們不利的事阻撓祂永恆的目的。

默想與禱告：「我要因你歡喜快樂；……」（詩9：2）

3月 21日

你們所遇見的試探，無非是人所能受的。神是信實的，必不叫你們受試探過於所能受的；在受試探的時候，總要給你們開一條出路，叫你們能忍受得住。（林前10：13）

我們不可以自願走進試探，或試探臨到時失去勇氣。我們知道藉著神給我們的恩典，沒有任何試探是過於我們所能擔當的。神必為我們預備一條出路。

試探是很好的老師。「我的試探，」馬丁路德說：「是我靈命的老師。」有些人以逃離社會來勝過試探，但是他們無法逃離自己。神答應幫助我們戰勝自我內心的爭戰。

不過面對試探，有時候最勇敢的處理方法是逃跑。有一個店員對一個在水果的展示攤前滯留太久的男孩說：「你在做什麼？想偷一個蘋果嗎？」「不，」小男孩說。「是在克制不去偷。」在這種情況下，那男孩「挪開」試探的最好方法是把自己「挪開」。

引誘我們去犯罪的試探從來不會來自神。「……上帝不能被惡試探，他也不試探人。」（雅1：13）抵制試探的唯一保障，是內住在我們心靈裏的基督，祂絕不會捨棄自己用寶血贖回的靈魂。「生活中與基督保持聯繫，祂會緊緊抓住你的手不放。」（《山邊寶訓》，原文第119頁）。要記住：「耶和華的名是堅固臺，義人奔入便得安穩。」（箴18：10）

默想與禱告：「不叫我們遇見試探；救我們脫離兇惡；……」（太6：13）

3月
22日

來吧，我們歸向耶和華！他撕裂我們，也必醫治；他打傷我們，也必纏裹。（何6：1）

聖經最好的短篇故事是浪子回頭的故事，然而，它實際上是一個肯饒恕的父親的故事。他有兩個浪子：一個在家，另一個離家出走了；但是為父的卻願意饒恕。當他遠遠地看見那個迷失很久的兒子，就動了慈心，跑過去抱著他的頸項親，用最好的袍換下他破舊的衣裳，又把代表兒子身分的戒指戴在他的手指上，把平安的鞋為他穿上，還為他開了一個「重新和好」的喜筵。他說：「因為我這個兒子是死而復活、失而復得的。」

為你自己再閱讀這整個故事。我們會聽見聖靈的聲音說：「來吧！讓我們回到主身邊。」你是否離開祂了？回來吧！因為祂撕裂，也必醫治我們。這是神的方法，當我們離開祂而受痛苦時，祂讓我們領悟自己需要得醫治。

記住，律法的診斷是在福音的醫治之前，祂說「凡勞苦擔重擔的人可以到我這裏來！我就使你們得安息。」(太11：28)只有疲倦的人尋求安息，只有生病的人尋求醫治，只有受傷的人尋求幫助，只有失喪的人尋求被找　。雖然，我們或許會浪遊異邦，但是我們天上的父會對我們每一個人說：「……你當歸向我，因我救贖了你。」（賽44：22）

有罪的、貧窮的、有求的，來吧！
軟弱的、受傷的、生病的、疼痛的，
耶穌已經定意要拯救你，
祂滿了慈悲、仁愛和全能．

——哈特（Joseph Hart，蘇格蘭聖歌詩人）

默想與禱告：「我心裏的愁苦甚多，求你救我脫離我的禍患。」（詩25：17）

3月 23日

神的殿和偶像有甚麼相同呢？因為我們是永生神的殿，就如神曾說：「我要在他們中間居住，在他們中間來往；我要作他們的神，他們要作我的子民。（林後6：16）

耶穌在祂身為大祭司的禱文中，為祂的信徒祈求「使他們都合而為一；正如你父在我裏面，我在你裏面。使他們也在我們裏面，叫世人可以信你差了我來。你所賜給我的榮耀，我已賜給他們，使他們合而為一，像我們合而為一。我在他們裏，你在我裏面，使他們完完全全地合而為一。」（約17：21－23）每一個信徒就是一個活的聖殿，在任何一個獻身、分別為聖的生命裏，都沒有偶像的餘地。要留意三件事：

其一，彼此有益和彼此相屬。神是祂子民裏面，他們也是祂的一部分。

其二，彼此思念。神會常常想到祂的百姓，祂的百姓也會常常想到祂。神説祂對我們所懷的意念是賜平安的意念，不是降災禍的意念，祂要給我們一個可以期待的未來。（耶29：11）

其三，彼此相交。神住在我們這些信徒裏面，我們也住在祂裏面。這樣奇妙的意念，使我們生命所有的經歷都聖潔。神與我們同在，是的！祂在我們裏面。我們是祂的民，以一種特殊的方式。這樣的團契在基督裏是真實的，因為「上帝在基督裏，叫世人與自己和好。」（林後5：19）在我們的生活當中，我們要學像祂。就像祂活在這個世界的時候一樣，我們也要這樣活在這世界，我們要學像祂。

神在我的腦海裏，在我的「認知」中；
神在我的眼目裏，在我的「看見」中；
神在我的言語裏，在我的談吐中；
神在我的心靈裏，在我的思想中；
神在我人生的終點站，在我動身前往的永生之處．

——撒隆皮馬（Sarum Pimer，13世紀英國使用的禱告冊）

默想與禱告：「神啊！求你鑒察我，知道我的心思，試煉我，知道我的意念」（詩139：23）

3月
24日

不但如此，凡立志在基督耶穌裏敬虔度日的，也都要受逼迫。（提後3：12）

公元303年，羅馬帝國戴克里先（Diocletian）皇帝為了要有效地統一羅馬帝國，要求所有羅馬公民信奉同一宗教，因而發動史上最大的一場宗教迫害，聚會地點、聖經、基督徒的住家均被燒毀，基督徒也被剝奪所有權利和榮譽。皇帝在硬幣上刻了：滅絕基督徒的名。基督的教會是在這樣的環境背景中被建立的。直到世界的末了，她也無法完全不受逼迫。

在世屬神的生命會不斷的挑戰不屬神的生命；公義會向不義高舉一面鏡子。那些會把事情做對的人，常常令做錯事的人不安、生氣。耶穌對祂的門徒說：「他們若逼迫了我，也要逼迫你們。」（約15：20）

馬太福音24章記載我們的主說的預言。祂說有些逼迫是預表：第一，耶路撒冷的淪落；第二，世界的末了。「你們要為我的名被眾人恨惡，惟有忍耐到底的，必然得救。」（太10：22）

因為作惡受苦，並不是被逼迫；但是，我們若因行善而受逼迫，我們就有福了。牛津大學六個出來禱告的人，有約翰及查理衛斯理兩兄弟和懷腓特，惡要逼迫善，但是善絕不會逼迫惡。該隱逼迫亞伯。聖經說：「因自己的行為是惡的，兄弟的行為是善的。」（約壹3：12）舊約時代的先知，是被他們想要拯救的人逼迫致死。多數使徒是為了他們的信仰受難。耶穌——最偉大的先知、大祭司，從一個城到另一個城，不斷被逼迫、唾棄、拒絕、嘲笑、愚弄，最後被當作一般的罪犯釘死在十字架上，然而祂卻是慈愛的王。

默想與禱告：「耶和華啊，求你起來，…… 用你的刀救護我命脫離惡人。」（詩17：13）

3月 25日 這樣看來，必另有一安息日的安息，為神的子民存留。因為那進入安息的，乃是歇了自己的工，正如神歇了他的工一樣。（來4：9、10）

神的旨意是要祂的子民在靈裏得安息。他們之所以不能進入安息，是因為他們不信。約書亞沒辦法讓他們安息，迦南地也不能讓他們安息。大衛唱出這首安息的詩歌，宣告會有一個安息的日子，是為世人預備的。因此對信徒來說，蒙福的安息依舊沒有改變。即使我們為神所做的工被稱「好」，仍然不能給我們信心，因為我們不是靠行為得救，乃是靠信心蒙恩，而且這個恩典也不是出自我們，乃是神白白賜給我們的（弗2：8）。每一件事都做了，基督已經完成了祂的工。「信神所差來的，這就是作上帝的工。」（約6：29）讓我們歇了我們的工，就像神歇了祂的工一樣。

神所有的心意、為祂子民的靈命所做的工，我們都必須仰望在神手中。我們必須把這些重擔交託給神，祂會扶持我們。靠著信心，我們要勤奮工作，進入這個安息。在這個充滿無止境的混淆及緊張的世界裏，我們可以在基督裏找到安息。

哈里斯博士（Dr. James Rendel Harris，聖經學者）有一次跟一群朋友在德拉瓦州留宿。他睡的臥房、床罩，是過去一個虔誠的老祖母用咖啡色的棉線編織成的。她在上面編了白朗寧夫人的一句詩：

神的偉大包容我們的不完全，祂的安息環抱我們的不寧。

第二天早晨有人問哈里斯睡得如何，他回答說：「有一段這麼激動我的話，我怎麼能睡不好呢？」

默想與禱告：「但願我有翅膀像鴿子，我就飛去，得享安息。」（詩55：6）

3月 26日

「耶穌基督昨日、今日、一直到永遠是一樣的。」（來13：8）

耶穌基督是神的兒子，是獨一無二的。

當校對的人看見他們認為錯的地方，他們會刪除。之後，如果他們發現先前他們以為錯的，實際上是對的，他們會寫上「勿須刪改」或「還原」，來糾正他們的錯誤，這表示他們的更改是錯誤的，要「保留原文。」所以彼拉多可能會修正他對基督的判決：「還原——我錯了，要保留原判。」

我們可以仰賴耶穌，祂不會隨著氣候、朝代、經濟狀況或政治風向而改變。祂是神的兒子、是基督、是拯救者、是主我們的公義，「……他的根源，從亙古，從太初就有。」這是我們在彌5：2讀到的。那些很認識祂的人說：「你是上帝的兒子，你是以色列的王！」（約1：49）我們的救主明天仍然一樣，不會改變，因祂為「他要作雅各家的王直到永遠，他的國也沒有窮盡！」（路1：33）。人咒罵祂、棄絕祂、不顧祂、拒絕祂，但是他們絲毫不能改變祂或祂救贖的能力。

那些嘗試忘記祂的人，只希望當他們再回頭的時候，祂就不在了、消逝了。祂仍然「在」！你或許已經拒絕祂，認定你已經把案結了，但是案卷會再打開。「因為他已經定了日子，要藉著他所設立的人，按公義審判天下」（徒17：31）。

是的，案卷要再被打開。耶穌基督永不改變，昨日、今日、明日，直到永遠都是一樣。就如經上所說，起初的必永存：「耶穌基督為主，使榮耀歸與父上帝。」（腓2：11）

默想與禱告：「惟有你永不改變；你的年數沒有窮盡。」（詩102：27）

3月 27日

出於信心的祈禱要救那病人，主必叫他起來；他若犯了罪，也必蒙赦免。（雅5：15）

今天祂跟當年在世的時候一樣，仍然是一位滿有恩慈的醫生。我們應該讓苦難中的人知道，在祂裏面有醫治各種疾病的藥膏，能使人從每一種疾病中重新得力。在這個世代裏，祂的門徒要跟祂以前的門徒一樣，真誠地為病人禱告，康復會接踵而來，因為「信心的禱告能醫治疾病」（《健康勉言》，原文第210頁）。

疾病是一所艱難的學校，但是它教導珍貴的功課。它讓我們更親近神，使我們能更像神看我們一樣，看見自己的本像。我們會找到罪的饒恕，更新我們的健康常是神一部分的心意。信心的禱告醫治病患。直等我們的主再來死人復活之前，神不會給我們永恆不死的身體。但是許多病人得醫治、恢復健康，繼續忠心服事。「我耶和華是醫治你的。」這是神在出15：26的話語。

詩103：3記載，是主饒恕我們所有的不義，醫治我們所有的疾病；耶穌自己是最偉大的醫生，「祂周流四方行善事，醫好凡被魔鬼壓制的人。」（徒10：38）

我認識一個很有名望的眼科醫生，他常常跟他的病人一起禱告。藉著適當的飲食、運動、日光、水和休息，這些有益於生命的自然法則跟神同工，並非不靠信心。信心和行為是不可分開的，為病患禱告讓他們得醫治，是我們蒙福的特權。

默想與禱告：「求你看顧我的困苦，我的艱難，赦免我一切的罪。」（詩25：18）

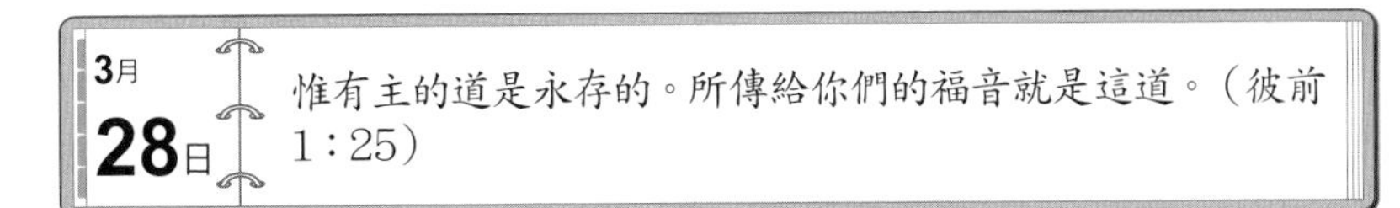
3月 28日 惟有主的道是永存的。所傳給你們的福音就是這道。(彼前1:25)

英國紐柏里的一個村莊，在第二次世界大戰的一次轟炸後， 一堆廢墟中仍然矗立著一間老教堂的一堵殘留的破牆。牆的一邊是老人院的斷垣碎瓦，另一邊是破損的學校建築物。這種轟炸的行徑，似乎是企圖毀滅我們的宗教、教育和慈善工作。換句話説，是企圖殲滅信、望、愛。

但是這三樣卻是聖經的重心，「主的道是永存的」。過去各世代及未來時日的戰爭，都不能廢去它。人類所有的教導和老師，像野地的草一般都過去了，但神的話語不一樣，它將永遠長存。這是「道」，是對我們説的，我們應該多麼感激啊！這是神聖的福音，是主的「道」、永活的福音。

「上帝的道會讓人信服、改變、更新，扶持、安慰每一位接納它的人。它是永不改變的「道」；不像今天的綠草變成明天的乾草，它是永生神永活的道。這「道」要使我們有喜樂，因為它是「永存的」。

哦，朋友，要好好善用。當它是天上的糧食接納它，在你有生之年每天食用。「著書多，沒有窮盡。」(傳12:12)而上帝的書永無止盡。

神的話道成肉身，
從天而來的智慧，
是不曾改變，也不會改變的真理，
是我們昏天暗地裏的亮光，
我們讚美你，為那神聖的書頁所發出的光芒，
我們腳前的燈，
閃耀發光，從亙古直到永遠。

——威廉瓦爾森(William Walsham How，英國聖公會主教)

默想與禱告：「我將你的話藏在心裏，免得我得罪你。」(詩119:11)

3月 29日

凡求告耶和華的，就是誠心求告他的，耶和華便與他們相近。（詩145：18）

一個無助的非信徒在一次致命的疾病中，絕望、苦毒地吩咐他的小女兒寫一張告示：上帝「不在此」（nowhere）。然後把它懸掛在他床腳邊的牆上，讓他可以隨時看到。她順從了，但是她興奮過度，把字母次序排錯了，變成：上帝「現在在此」(now here)。父親對這個意外出現的字句深感驚訝，聖靈卻藉此把信仰帶入他心中。

神離我們每一個人都不遠，因為我們是在祂裏面居住、生活、行動、存在，而成為「我之所以為我」（徒17：27－28）。詩人說，祂離我們比我們的手腳離我們自己還近。藉著祂的靈，祂無所不在。祂是「至高至上，永遠長存，……住在至高至聖的所在，」祂「也與心靈痛悔謙卑的人同居。」（賽57：15）那些向祂求告的人、那些真誠尋找祂的，會認出祂的同在。

電流一直都存在世界上，但是直到科學家發現之前，沒有人知道。所以，神或許就在我們身邊，但是要一直等到我們求告祂，真正尋求祂，我們才能確知祂就在身邊。今天我們最需要的是知道神就在身邊，而且掌管這世界。

有一天晚上，美國衛理公會奎爾牧師帶著世界上各種他無能為力的問題，焦慮地上了床。之後他聽見神的聲音說：「睡吧！我會整夜不睡。」

清晨破曉時分，當小鳥清醒，陰影消逝之際；
要安靜，安靜在主前；
比早晨明亮，比日光皎潔，
我甜美的意識到，我與你同在！

——哈里斯特斯托（Harriet Beecher Stowe，美國作家，奴隸制度改革家）

默想與禱告：「求你不要遠離我！因為急難臨近了，沒有人幫助我。」（詩22：11）

3月 30日

我的羊聽我的聲音，我也認識他們，他們也跟著我。我又賜給他們永生；他們永不滅亡，誰也不能從我手裏把他們奪去。（約10：27、28）

近東有一個旅行者對一個牧羊人斷言，羊能從衣裳而不是聲音辨認牠們的主人。為了證明他的論點，這個陌生人換上牧羊人的衣服，走到羊群中，呼喚牠們，要引導牠們。這群羊認不得他的聲音，連動都不動。但是當牧羊人呼喚牠們的時候，雖然他穿的是陌生人的衣服，牠們卻馬上跟隨他。耶穌說：「羊不跟著生人，……」（約10：5）。羊不僅認得主人的聲音，神的牧羊人耶穌說：「我認識他們。」朋友！基督認識你，你是祂草場上的一隻羊，你不覺得高興嗎？

請留意，作祂的羊有三重的祝福：第一，祂賜下永生；第二，他們永不滅亡；第三，沒有人能把他們從祂的地上奪去。永生是神在基督裏的禮物。「凡恆心行善，尋求榮耀、尊貴、和不能朽壞之福的，就以永生報應他們。」（羅2：7），這是要賜給那些憑信心尋求的人，「上帝愛世人，甚至將他的獨生子賜給他們，叫一切信他的人不致滅亡，反得永生。」（約3：16）在祂被釘子穿透的手裏，我們得享安全，再沒有人能把我們從這手中奪走。

經歷所有的年歲
祂的美善未錯失過；
好牧人！我要在你的聖所
讚美歌誦你，直到永遠。
——貝克（H. W. Baker）

默想與禱告：「我雖然行過死蔭的幽谷，也不怕遭害，因為你與我同在；你的杖，你的竿，都安慰我。」（詩23：4）

3月
31日

耶和華要保護你，免受一切的災害；他要保護你的性命。你出你入，耶和華要保護你，從今時直到永遠。（詩121：7－8）

喬治麥唐諾（George MacDonal，作家）在他的名著《羅柏法克尼 Robelt Falconer》一書裏寫道：「這是一個健全、完整、實際、管用的信仰：首先，執行神的旨意是人的責任；其次，神把照顧人的安危，當作自己的責任；最後，因此人絕不需要擔心任何事。」

甚麼都不怕！這正是今天的應許。從所有外顯的、隱藏的罪中，主保守我們，因為「他要保護你的性命」是祂的應許。祂保守我們的出入。祂引導我們如何在我們的事業、工作、享樂中，「出」去與世界相處，如何再進「入」回到家中。我們與他人親密的接觸、交往，尤其是我們跟他人的私交，都需要祂的保守。這個應許並不只限於安息日。而是每一天，是「從今時直到永遠」。

「五月花」號用一句著名的開場白「奉主的名，阿們。」開始它的航程。美國維柏斯特（Daniel Webster，19世紀的國務卿）稱它為美國憲法的首句。憑信心走出去的這些冒險者，知道新世界裏的新文明全靠這位神。

引導我們，天父！引導我們，
越過這地球暴風雨的大洋；
看守我們，指導我們，保護我們，餵養我們，
因為除了你，我們別無拯救。

——艾德莫士頓（James Edmeston，建築師、土地測量師、聖詩作詞者）

默想與禱告：「神啊，求你保佑我，因為我投靠你。」（詩16：1）

4月 1日 我如今把一件奧祕的事告訴你們；我們不是都要睡覺，乃是都要改變。就在一霎時，眨眼之間，號筒末次吹響的時候；因號筒要響，死人要復活成為不朽壞的，我們也要改變。（林前15:51、52）

有一天，我們在倫敦訪問邦希爾田野墓園，那是許多上帝子民的安息之所。那兒躺著約翰班揚，以撒華茲，約翰康德博士和其他人士。後者的墓碑上刻著：「我雖然犯過罪，但我已悔改；我期待過，我也愛過；雖然我現在睡了，但是有一天我將復活；儘管我是多麼一文不值，但藉由基督的恩惠，我將與祂同作王。」愛是會讓人想到一種未來的人生。休姆悲情地承認只要思及母親，他就相信有不死，這時即使是他的無神論也要瓦解了。

詩人布朗寧留下的最後遺言是：「絕不要說我是死的。」因為對一個信徒來說，死亡只是一種睡眠。耶穌提到拉撒路時說：「我們的朋友拉撒路睡了，我去叫醒他。」（約11：11）死亡在神的國度裏是一項反常，一種不調和。終有一日它會消失，不為人知。「儘末了所毀滅的仇敵，就是死。」（林前15：26）然而生命之日即將到來，之後我們將了解這份奧祕，就是我們不是全都睡了，而是全都被改變了。

「因為主必親自從天降臨，有呼叫的聲音，和天使長的聲音，又有神的號吹響；那在基督裏死了的人必先復活。以後我們這活著還存留的人，必和他們一同被提到雲裏，在空中與主相遇。這樣，我們就要和主永遠同在。所以，你們當用這些話彼此勸慰。」（帖前4：16－18）

沒錯，祂是來了！在世上由於疾病，死亡和痛心疾首的事，所造成的紛亂，全都結束了；這就是結束，同時這也是開始；這個開始，是我們都要改變的開始。

默想與禱告：「至於我，我必在義中見你的面；我醒了的時候，得見你的形像就心滿意足了。」（詩17：15）

4月 2日 你們若遵守我的命令，就常在我的愛裏；正如我遵守了我父的命令，常在他的愛裏。（約15：10）

這兩件事情不可被分開：常在順服裏和常在基督的愛裏。

阿爾卑斯山的旅者告訴我們，他們對登山嚮導有一種特殊的感覺。這不單單只是陪伴，朋友或同志之誼，實際上是這三者的結合。他們在每件事上都學著只順服嚮導，好像他們從未順服過別人似的。

我們人生的大嚮導曾經說過：「你們若遵守我的命令，就常在我的愛裏。」順服會產生一種同志之誼，一種心的聯結，一種親近。沒有了順服，一切熱誠和摯情都是枉然，它們無法產生那種親近感。有人說過：「順服是開啟基督居其內之寓所大門的一把鑰匙。」我們對基督有信心嗎？順服就是一種自我測試。「憑著他們的果子，就可以認出他們來。」（太7：20）

信靠與順服，因為別無他法。要在耶穌裏歡喜快樂，就要信靠與順服。——沙米思牧師（J. H. Sammis）

我們有救主最好的例子，祂服膺祂父的命令，也在祂的愛裏。我們的救主說：「你們若愛我，就必遵守我的命令。」（約14：15）畢竟，凡事都是要回歸愛的。「所以愛就完全了律法。」（羅13：10）而不是毀壞、否定或疏離愛。

當一個小女孩被問到，當她母親呼喚她時，她是否每次都會前來，她說：「是，但有時我離得較遠，我聽不到她的呼喚。」這不就是我們的困擾嗎？讓我們靠近耶穌，並順服祂。

默想與禱告：「 耶和華啊！求你將你的律例指教我，我必遵守到底！」（詩119：33）

4月
3日
因為凡要救自己生命的，必喪掉生命；凡為我和福音喪掉生命的，必救了生命。（可8：35）

這是基督的鼓勵：「捨棄生命，才能留住永遠的生命。」弗樂安傑利克捨棄了財富，安逸和奢華，那時他跪著作畫，由於禁食之故，使他瘦弱得不成人形。約翰霍華德（John Howard）為了幫助窮苦之人，捨棄了他社會中的貴族身分。使徒保羅為了基督的愛，不惜丟棄他身為國家領導階層的地位，而以貧乏和迫害為榮。還有我們的救主「反倒虛己，取了奴僕的形像。」來到世上成為人子，以至於死，且是為了我們的緣故「死在十字架上。」「所以上帝將他升為至高，又賜給他那超乎萬名之上的名。」（腓2：7－9）

以前有許多的英雄，殉道者和改革家，以及今日無數的傳教士和基督徒，他們拋下土地、房子、家庭、所親愛的人、抱負，為了服事上帝做許多的犧牲。雖然喪失了生命，但他們卻找著了生命。那些真正跟隨耶穌的門徒，藉著否定自我，背起他們的十字架，雖然喪失了他們的生命，卻找著了生命。

有一等人，他們將最首要的放在最末後；他們為了賺得全世界，卻喪失了他們的靈魂——他們自己的，還有什麼比這些人更愚蠢的呢？「人還能拿什麼換生命呢？」（可8：37）雖然在語法上是最有力的，卻也是最簡單的；但我們的主卻極力勸說我們要全然地付出，那麼祂就要應許賜下豐豐富富的賞賜。

取走我的心，將它變成你的；
它將不再屬於我；
取走我的心，它就屬於你！
它將成為你的寶座。

——法蘭西斯，哈佛格（Frances R. Havergal）

默想與禱告：「我要一心稱謝耶和華，我要傳揚你一切奇妙的作為。」（詩9：1）

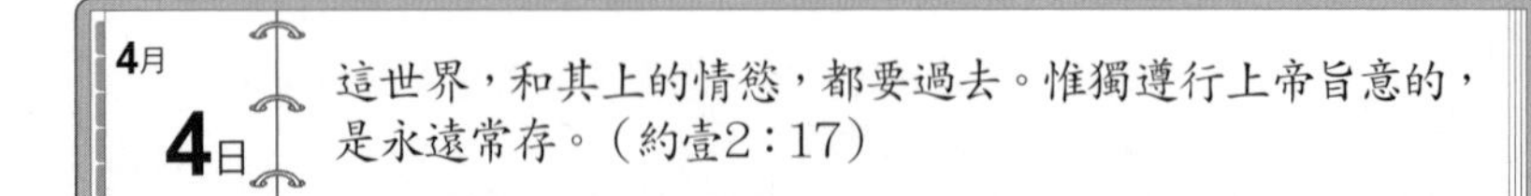

隨著這段經文，兒時不可磨滅的回憶襲上我的心頭。每逢安息日的夜晚，我們家中有甜美的家庭禮拜；只有父親可以讀大本家庭聖經，當父親不在家時，就請母親閱讀；家裏到處都是禱告之聲，然後是詩歌「你與我同在」，特別的是第二節，讓我印象深刻：

渺小浮生，飄向生涯盡處；
歡娛好景，轉瞬都成往事；
變化無常，環境何能留住？
懇求不變之神，與我同居。
——亨利・賴特（Henry F. Lyte）

人類的每件事都會改變、凋零、再逝去。我們回到老家。只發現陌生人。再過幾年後，「他不再回自己的家，故土也不再認識他。」（伯7：10）

有一段經文，是無神論者和基督徒都會相信的。它出自於詩103：15、16，「至於世人，他的年日如草一樣，他發旺如野地的花。經風一吹，便歸無有；他的原處也不再認識他。」

的確，世界上的情慾是一齣過往雲煙的戲碼，「但是」——這段經文是一個多麼吸引人的應許之言呀——「行上帝旨意的人，必永遠長存。」而上帝的旨意就是愛。

地球本身也許會改變，但是上帝是永恆的，祂的慈愛也是永恆的。「大山可以挪開，小山可以遷移；但我的慈愛必不離開你，我平安的約也不遷移。這是憐恤你的耶和華說的。」（賽54：10）故而，我們周遭的環境不斷變遷，在這當中，我們可以說：「如今常存的有信、有望、有愛。」（林前13：13）

默想與禱告：「 耶和華啊！你的名存到永遠；耶和華啊，你可記念的名，存到萬代。」（詩 135：13）

4月 5日

並且我們一切所求的，就從他得著；因為我們遵守他的命令，行他所喜悅的事。（約壹3：22）

救世主在太7：7－8，也說了與上述應許相一致的話：「你們祈求，就給你們；尋找，就尋見；叩門，就給你們開門。因為凡祈求的，就得著；尋找的，就尋見；叩門的，就給他開門。」信徒根據上帝的旨意祈求。如果他們所祈求的不是按著祂的心意，那麼他們就要以上帝的旨意為嚮導以示感恩；如此一來，祂會賜給他們所祈求的，或更進一步地，賜給他們更好的事物。我們得蒙垂聽，不是因為我們所做的一切值得一聽，而是因為我們信心的諸多作為是上帝之靈所結的果子，也是「行祂所喜悅的事。」那麼我們的禱告，也是相同的一位聖靈的聲音（羅8：26），就必蒙應允。「你們要呼求我，禱告我，我就應允你們。」（耶29：12）

有個人在護送她的賓客離開房間時，指著一個放有蠟燭和火柴的托架說：「這是緊急照明燈。有一次，晚上電燈壞了，在那時發生了一件非常緊急的事。有鑒於此，我們總是存放一支蠟燭，以備不時之需。」

禱告就是信徒力量可及範圍之內的緊急之燭，它永遠穩當地提供照明。它不需要機械維修，也不受乾旱、颶風、煤礦罷工的影響，它所需的就是一根信心的火柴去點燃它。

是的，禱告是一道特別需要之時的光——也是每日、每一時所需要的。「我要晚上、早晨、晌午、哀聲悲歎；祂也必聽我的聲音。」（詩55：17）

哦，主啊！
我的靈魂需要光，是你的光，一起照亮；
也請賜給我信心，去點燃禱告的燈臺。

默想與禱告：「 願我的禱告，如香陳列在你面前；願我舉手祈求，如獻晚祭。」（詩141：2）

4月 6日 你們要先求他的國，和他的義；這些東西都要加給你們了。（太6：33）

我們每天生活的開端，當如聖經一開始的第一句話——「起初上帝」。我們最先追求的，就是我們覺得最重要的。慕迪先生談到某天有個人哭哭啼啼前來告訴他一個奇怪的故事。這人遠離家鄉，到他城尋求功名卻無功而返。他走進教堂，剛好證道的人引用這段經文在證道：「你們要先求他的國」。他覺得這就是特別針對他傳講的，但他還不想成為基督徒；他要先致富。

他從一個村子搬到另一個村子，又再搬到另一個，總是遭遇相同的經驗——在每個地方，他都聽到與第一次相同的證道詞，就是「你們要先求他的國。」最後一次，這個講道像是一支箭直入他的心中，但他想在成為基督徒之前，至少先擁有一座農場，所以他延遲了。

他對慕迪先生說：「現在我有錢了，我每週上教堂，但沒有一場講道觸動我的心，這樣的講道像石頭一樣艱澀。」

未把優先的事情放在首位，這很可能是最大的錯誤。所羅門先求上帝的榮耀，上帝便將世上的榮華賜給他。撒勒法的寡婦為先知以利亞作餅，並將第一塊餅給他；從此之後她的 罈和油瓶從未倒空。大衛說：「我從前年幼，現在年老，卻未見過義人被棄；也未見過他的後裔討飯。」（詩37：25）耶穌應許說，「我實在告訴你們，人為我和福音，撇下房屋，或是弟兄、姊妹、父母、兒女、田地。沒有不在今世得百倍的，……，在來世必得永生。」（可10：29、30）先將上帝的國和祂的公義當作人生的目標，上帝就會將穿的衣服、吃的食物、喝的東西、房屋和朋友加給我們。如果我們尋求祂，祂自會看顧我們所需的「東西」。

默想與禱告：你說：「你們當尋求我的面，那時我心向你說：『耶和華啊，你的面我正要尋求。』」（詩27：8）

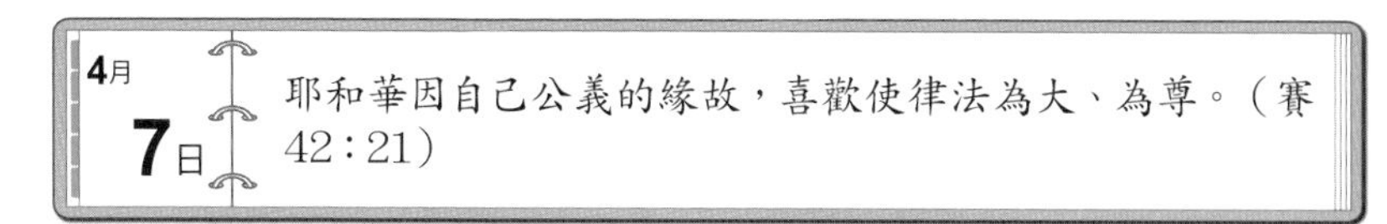

上帝在西乃山上，以人們聽得見的聲音，大聲宣告上帝的律例。耶穌基督在山上講道中，再次複述這項屬靈原則。我們的主，以他自己的生命，道成肉身，「住在我們中間，充充滿滿的有恩典有真理。我們也見過祂的榮光，正是父獨生子的榮光。」（約1：14）耶穌在人間以神「義僕」現身（賽53：11）。祂向世人說明上帝的律法，就是愛的律例。

十誡的第一部分述及對上帝的愛，第二部分述及對他人的愛。「所以愛就完全了律法」（羅13：10），而耶穌基督就是愛的化身。祂將聖潔的公義當成是一個放大鏡，放在律法之上，如此一來，它就變得「極真寬廣」（詩119：96）。誡命說：「不可殺人」（出20：13），透過耶穌，這條誡命含括了所有的恨意，因此這條誡命的範圍是大為寬廣了。第七條誡命，在婚姻中禁止行淫，不忠實；但，透過耶穌聖潔的教導，這副放大鏡，它甚至於含括了淫蕩的眼光或意念。

所以，上帝的整個律法透過耶穌的生活而被擴大了，也深深觸及每一顆心和每一人的生命。因為違背律法就是罪，所以耶穌為我們的罪死在十字架上，祂這種贖罪的犧牲，說明了上帝律法的神聖本質和永恆特性。

請注意這則指向祂的預言性應許，說：「莫想我來要廢掉律法和先知；我來不是要廢掉，乃是要成全。」（太5：17）

噢，耶和華指引我的路去遵守他的法規，
我的神給我恩典，
得知神的旨意和實踐神的旨意。
——以撒華茲，Isaac Watts

默想與禱告：「求你開我的眼睛，使我看出你律法中的奇妙。」（詩119：18）

4月 8日

因為人所作的事，連一切隱藏的事，無論是善是惡，上帝都必審問。（傳12：14）

威廉薩克雷（William Thackeray）說起有一次拜訪拿波里博物館，在那兒他看到一片來自「赫克雷尼姆」的牆，這座牆曾在西元七十九年被爆發的維蘇威火山覆蓋過。在牆上他看到一幅用釘子勉強掛上去的畫作。畫的是士兵的形象，很明顯地這是小孩子的作品。你幾乎可以想像小孩完成刻畫之後轉身微笑的樣子。

我們幾乎全部的人到達託負重任的年紀時，都會擁有自己的「龐貝城」，自己的「赫克雷尼姆」。深藏在雲煙般人生底層的是「過往」——疏忽的行為，疏失的話語，罪過和憂傷。每當我們打開一盒子的舊信件，看著自己幼稚的塗鴨，或是母親在我們離家住校時寫來的信件；這時我們才會深掘到自己的心事，在埋葬的「回憶之城裏」走遍所有的街道和房間。

但有一天神會審判每個行為，然後「他必照各人的行為報應各人」（羅2：6）「因為世人都犯了罪，虧缺了神的榮耀。」（羅3：23）想到審判，難道我們不怕嗎？只有一種方法可以免於恐懼，那就是得知審判者自己已為我們而死，為我們的罪付出代價，也會站在臺前為我們辯護。「父將審判的事全交與子」（約5：22）「我們有一位『中保』，就是那義者耶穌基督。」（約壹2：1）那些已經悔改，棄絕罪惡，將他們的案子交在耶穌雙手的人，他們不再害怕審判了。「我實實在在的告訴你們，那聽我的話，又信差我來者的，就有永生，不至於定罪，是已經出死入生了。」（約5：24）

默想與禱告：「耶和華啊！求你為我伸冤，因我向來行事純全，我又倚靠耶和華並不搖動。」（詩26：1）

4月 9日

世人蒙昧無知的時候，上帝並不監察，如今卻吩咐各處的人都要悔改。因為他已經定了日子，要藉著他所設立的人，按公義審判天下；並且叫他從死裏復活，給萬人作可信的憑據。（徒17：30、31）

悔改！是施洗約翰的信息；悔改！是耶穌的信息；悔改！是使徒的信息；悔改！是每一位宣揚基督的真牧者所發出的信息。悔改！是所有罪人最不歡迎的主題。

當我拜訪丹麥人於七世紀在都柏林外牆建造的聖米加教堂時，我注意到面對會眾的講壇邊有一張椅子。有人告訴我這是悔改之椅。在古老的蘇格蘭教堂，這種椅子叫做「懺悔櫈（矮凳）」。它是一種矮櫈凳子，專為公開懺悔的罪人，坐在上面接受公眾的譴責。在羅傑辭庫裏「懺悔櫈」就是懺悔椅的同義詞。「懺悔服（麻袋服）」也是意指懺悔，或是「吃一片謙卑的餅」意指忍氣吞聲。

事實上，神吩咐各地的人們悔改。為何如此吩咐呢？因為審判之日早已命定。那審判是公義的，而且是被神任命的基督來審判的。

不只對所有罪人來說，悔改是好的，不只饒恕之前必先悔改，而且神已確保基督是審判官，「因祂死而復活」。你從前曾經那樣想過嗎？基督復活會帶領我們嚴肅面對將來的審判和必要的悔改。這是正確的，因為神「將審判的事全交與子。」（約5：22）神的吩咐縈繞耳邊，悔改、悔改！「所以你們當悔改歸正，使你們的罪得以塗抹，這樣，那安舒的日子，就必從主面前來到。」（徒3：19）

默想與禱告：「我向你陳明我的罪，不隱瞞我的惡。」（詩32：5）

4月 10日

你們若常在我裏面，我的話也常在你們裏面，凡你們所願意的，祈求就給你們成就。（約15：7）

但是我們該求什麼呢？在英格蘭的萊塞斯特，有一則故事是提及一位年老的聖經婦女。她的習慣是帶著鮮花至醫院，與病人、護士甚至是醫生談宗教、主和祂的事工。一天，一位醫生問她：「你相信上帝真的會垂聽我們的禱告嗎？我現在缺錢，如果我求祂，祂會給我五英鎊嗎？」

這位老聖徒答說：「如果有人將你介紹給威爾斯的王子，你會立刻將手伸進他的口袋中嗎？」

「不會，」醫生回答：「我認識清楚之後，才會這麼做。」

於是這位聖經婦女說：「在你期望如你所願的答案之前，你需要多多地認識上帝。」

注意這項應許是，如果我們常在基督裏，那麼我們就可按著我們的意思求。這項應許是源自我們救主是真葡萄樹，而祂的信徒是常在祂裏面的枝子，這種救主對信徒的描述。如果我們常在葡萄樹裏，從祂那裏汲取養分和生命，那麼我們就會根據祂的旨意去祈求，不管我們求的是什麼，這些都要行在我們身上了。我們常在基督的愛裏，正如基督常在父的愛裏（約15：10）。

在基督裏，不僅是一項輝煌無比的特權，也是一則來自使徒的吩咐。「小子們哪，你們要住在主裏面；這樣，他若顯現，我們就可以坦然無懼。當祂來的時候，在祂面前也不至於慚愧。」（約壹2：28）當祂的話住在我們裏面，我們就住在祂裏面了。那些「在基督裏的」人，他們以基督的話為餵養的食物。因為他們是按照祂的旨意禱告；因此，他們的禱告便蒙垂聽。讓我們尋求如何住在祂裏面。讓我們尋求祂的話語；讓我們尋求祂的旨意，那麼我們便會比較清楚該如何禱告了。「願你的旨意行在地上，如同行在天上。」（太6：10）

默想與禱告：「他心裏所願的，你已經賜給他；他嘴唇所求的，你未嘗不應允。」（詩21：2）

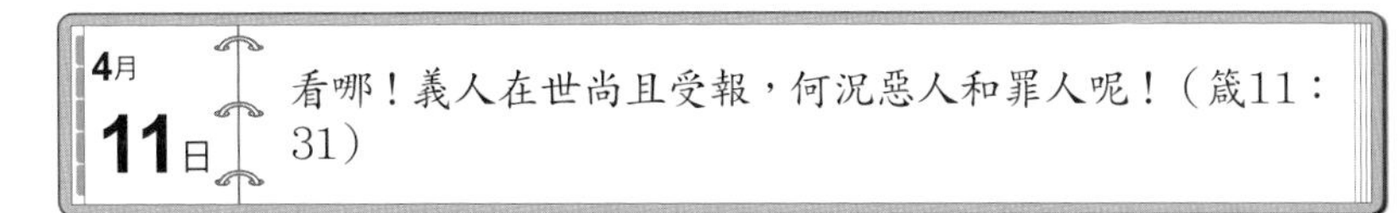

4月 11日 看哪！義人在世尚且受報，何況惡人和罪人呢！（箴11：31）

在一些大港口的碼頭，你也許看到一個告示牌，寫著：「偷渡者，會在對岸起訴」，通常的處罰是監禁兩個月。偷渡者是偷偷地上船藏匿，好隨船行至他處的人。

我們離開難免一死的河岸，存著不悔改的心到另一邊被定罪，這豈不是真的嗎？我們今天帶著應許的這段經文，不僅説到惡人，也提及義人。「義人在世尚且受報」，但很肯定地是，不是在現今所住的地球。上帝在這裏賜下許多的福分給祂的子民。至於那些全然服事祂的人，耶穌説：「我實在告訴你們，人為我和福音，撇下房屋，或是弟兄、姊妹、父母、兒女、田地。沒有不在今世得百倍的，就是房屋、弟兄、姊妹、母親、兒女、田地，並且要受逼迫；在來世必得永生。」（可10：29、30）

但請注意，所有的獎賞是在來世，也就是新天新地。這新天新地是我們的主第二次再來，坐在輝煌無比的白色寶座上審判萬民，所要恢復的。我們的主在山上教訓眾人的證言中，宣示説：「溫柔的人有福了；因為他們必受地土。」（太5：5）上帝的兒子為尋找拯救失喪的人，就在我們所住的這個地球上被釘十字架。祂付出生命贖回的義人，將要承受永不衰殘的獎賞。因為上帝創造了大地「並非使地荒涼，是要給人居住。」（賽45：18）

義人在這裏受獎賞，惡人也要在此受報應。他們在此犯罪，就得在此受最後的報應。他們要在第二次的復活中起來被定罪，有火從天降下來燒滅他們，這是他們受應得的報應（啟20：9），這就是罪和罪人的結局。

默想與禱告：「耶和華的道理潔淨，存到永遠；耶和華的典章真實，全然公義。」（詩19：9）

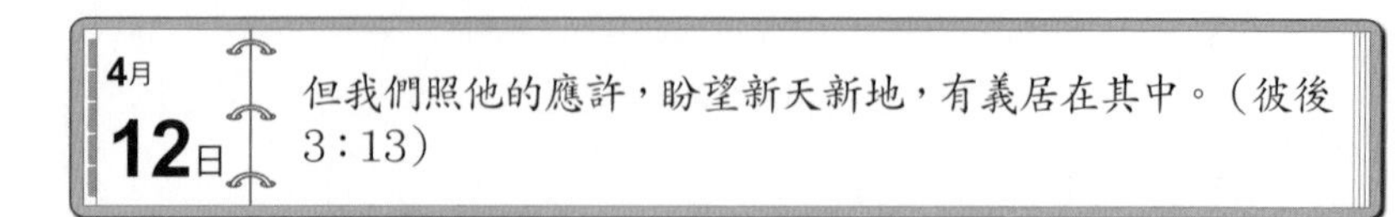

4月 12日 但我們照他的應許，盼望新天新地，有義居在其中。（彼後3：13）

當亞伯特・愛因斯坦死後，有人在一份有名的雜誌中提及他：「他唯一的工具，是一枝筆和便條紙。在紙上他快速記下成排的數學記號。從這些難以明瞭的記號裏，出現這世紀最具爆炸性的觀念。」你完全了解他有名的方程式E=mc2嗎？我也不了解，但是這類「炸彈」依然爆炸。在統一的領域理論得到證明之前，他死了，但我們記得他說：「我無法相信，上帝會拿整個宇宙，玩擲骰子的遊戲。」

在彼得後書第三章中，我們見到一幅受聖靈感動而有爆炸的畫面，它描述了在那日，天被火燒就銷化了，有形質的都要被烈火鎔化（第12節）接著就是給我們的應許之言：「但」——也就是，儘管這一切的事情，儘管這個宇宙不僅被銷化為原子，也被銷化為中子、重氫子、質子、介子，等等且是永久地——「但我們照祂的應許，盼望新天新地，有義居在其中。」上帝的應許比電子的崩解更為有力，而且上帝還要引領那些得贖的人，到他們所預定的新地去，那裏是新天所環繞的。

而且新天新地將會永遠長存。那是上帝明確的計畫。「我所要造的新天新地，怎樣在我面前長存，你們的後裔和你們的名字，也必照樣長存。每逢月朔、安息日，凡有血氣的必來在我面前下拜，這是耶和華說的。」（賽66：22、23）

默想與禱告：「他們必因你殿裏的肥甘，得以飽足；你也必叫他們喝你樂河的水。」（詩36：8）

4月 13日

眷顧貧窮的有福了；他遭難的日子，耶和華必搭救他，耶和華必保全他，使他存活；他必在地上享福。求你不要把他交給仇敵，遂其所願。（詩41：1、2）

一位無宗教信仰的揶揄者，也是無神論者，名叫路慎說：「見到那些基督徒彼此互相幫忙，供應相互間的需要，這種熱忱真是令人無法置信。他們省吃儉用。他們的第一位立法者使他們想起，他們全都是弟兄。還有一位放棄基督信仰的朱麗安說：『這些加利利人，不僅常常資助他們自己的窮苦之人，也幫助我們當中的困苦之人。』」

貧苦之人事實上就是基督的代表，去幫助那些需要的人，本來就是基督徒的責任。耶穌說：「因為常有窮人和你們同在」（約12：8）我們不可能將我們的奉獻，放在耶穌那實際觸摸得到的雙手，因為祂在天上，但我們卻可濟助在地上那些需要之人。我們可以藉著金錢，或是更多的關心，去做這些事，也可將這二者結合起來，以不為人知的方式去幫助他們。那些助人的人，以後他們自己也會受到別人的幫助。在艱難的時候，主將解救他們；祂會保守那些慷慨的人——使他們活著，賜福他們在地上的工作，他們也不會按著他們敵人的心意被交出來。聖經上說：「好施捨的，必得豐裕；滋潤人的，必得滋潤。」（箴11：25）我們可以加上這句話：「如果需要如此行，那麼身子也必得豐裕。」

「你們要給人，就必有給你們的，並且用十足的升斗，連搖帶按，上尖下流的，倒在你們懷裏。因為你們用什麼量器量給人，也必用甚麼量器量給你們。」（路6：38）不論我們多慷慨富有，我們都有困難的時候。但假設我們顧念窮人，那麼我們對上帝的救助，便有了一特別請求權。許多人只幫助自己，主卻會幫助那些助人的人。

默想與禱告：「耶和華啊，誰能像你救護困苦人脫離那比他強壯的，救護困苦窮乏之人脫離那搶奪他的？」（詩 35：10）

4月
14日

因為耶和華以色列的上帝如此說：「罈內的麵必不減少，瓶裏的油必不缺短，直到耶和華使雨降在地上的日子。」（王上17：14）

有一天，當一個小男孩對母親說：「媽媽，當我們刮桶子底部的時候，上帝總是聽得到的。」他們很窮困，有許多次，他們使用最後一根木柴和最後一點麵包時，他們都不知下一餐的供應在哪裏。但總是在他們最需要的時候，出現了意外的供應，常常一點也不缺欠，足夠他們的需用。

那小男孩似乎認為，每當母親的手摸到桶底時，上帝總是聽到了，也知道他們特殊的需要。亞伯拉罕在上帝救拔他的地方，稱那地方為耶和華以勒，意思是「耶和華必預備」。這句有名的諺語，是在數千年前，就由亞伯拉罕親口說出的。

我們的天父早在我們祈求祂之前，就知道我們的需要。（太6：8）祂已應許在饑荒的日子，我們必得飽足。（詩37：19）

先知以利亞曾對撒勒法的寡婦，說出今日上帝應許的話，而且這些話也實現了。儘管周遭鬧著饑荒，寡婦、她的兒子和先知，卻能享有源源不絕的罈和油瓶，長達一年之久。上帝並未應許會給我們那些不必要的奢侈品，但祂的確說要確保供應我們的糧食和飲水。（賽33：16）

若是沒有上帝的賜福，我們不可能獲得每日的糧食，我們根本無法存活；我們的心也不會跳動。我們必須謹記在心：是祂賜糧食給凡有血氣的（詩136：25）讓我們的禱告上達於祂：「我們日用的糧食，今日賜給我們。」（太6：11）

默想與禱告：「 我的心哪，你要稱頌耶和華，……祂用美物，使你所願得以知足，以致你如鷹返老還童。」（詩103：2–5）

4月
15日
耶穌說：「我就是生命的糧。到我這裏來的，必定不餓；信我的，永遠不渴。」（約6：35）

麵包正是生命的主糧，它象徵人類生存的必需品。據說早期的希臘人以橡子為生，但在他們學會了植大麥和製作麵包的技術後，他們揚棄了先前的食物，而且認為那只適合豬吃。

那些曾經嘗過生命真糧的人對埃及的肉鍋，再也沒有欲望，但是他們總是禱告「主啊！常將這糧賜給我們。」（約6：34）有些基督徒吃過生命之糧卻失去了對它的渴望，這真是悲哀的日子啊！基督就是生命的糧，生命的水，是我們靈性的糧食和飲水。

耶穌生於伯利恆，伯利恆的意思是「麵包之屋」。祂不只被稱為生命的糧，而且是上帝的糧，從天上來的糧。（約6：32、33）

就像好的玉米是要被搗碎和切斷的，而好的麵粉是要被烘焙的。因此祂將祂的肉作為世界的生命。正如一個老作家對於「我們需要祂」這件事就說的真好：「沒有糧食，就沒有宴席；有了糧食，就再也沒有饑荒。」

主的聖餐——這是一席代表紀念、相交和愛的筵宴——全都含括在裏面了（林前10：16、17）。信徒飲用基督的恩物（賽55：1、2），他們品嘗主的美善（詩34：8）。他們就像青草地上的羊群，得到主的餵養（詩23：2）；他們就如同貴賓般地坐在祂的筵宴所（雅2：4）。當他們「喝樂河的水」（詩36：8），就因著主的處所許多美善之物而「得以飽足」。

默想與禱告：「在我敵人面前，你為我擺設筵席；你用油膏了我的頭，使我的福杯滿溢。」（詩23：5）

4月
16日

你禱告的時候，要進你的內屋，關上門；禱告你在暗中的父，你父在暗中察看，必然報答你。（太6：6）

在轉角的交通號誌已變成紅燈。有位父親注視著第一國家銀行上的大鐘之分針，低語說：「還好，現在是二時五十七分了！等到我停好車，這銀行將要休息，不營業了。」

然後，後座傳來一個聲音：「爸爸，為何銀行不像商店一樣，有那麼長的開放時間，他們似乎只工作一點點的時間，大約一天5小時。」

父親解釋說：「嗯，兒子啊，大部分行員在銀行關門之後，做一大堆工作，有時一直工作到深夜。大部分的工作，必須在關門不營業時，在不被干擾的狀況下完成。」

基督徒禱告的生活也是如此。很多禱告，必須關上門，靜靜地禱告。當然，我們會在公眾場合、在教堂、在家庭圈子中、和朋友相處時禱告；但是我們與上帝的靈命相交，卻是必須單獨地安靜地進行。「我們只有在上帝的壇前，方能得著聖火點燃我們的燈燭。（《傳道良助》255頁）

「暗自的祈禱是精神生活的祕訣。上帝的使者若要在工作上成功，就應長期與主上帝同在。有一個故事說，在英國蘭卡縣有個老年婦人，聽她的老鄰居們講論他們牧師成功的祕訣。他們提到他的天賦，他的演講方式，和態度等。『都不是的，』那位老婦人說：『讓我來告訴你們，他的祕訣是什麼吧。你們的牧師，乃是與全能者有密切的交往。』」（《傳道良助》255頁）

您瞧，他有如此的公眾吸引力，可是來自與上帝親密的交往呢！

默想與禱告：「我的王，我的神啊，求你垂聽我呼求的聲音；因為我向你祈禱！耶和華啊，早晨你必聽我的聲音；早晨我必向你陳明我的心意，並要警醒。」（詩5：2、3）

4月 17日

「現在去罷！我必賜你口才，指教你所當說的話。」（出4：12）

在摩西成為上帝使者前，必得懷疑自己的能力。在他說出使人熱血沸騰的話語前，他必須面對被火燒著的荊棘俯首以示敬意。有時對見證人來說，「慢慢的講」是好的，因為如此，他們的話會更有分量。

當我們順服，當我們走向上帝，祂會教我們該說甚麼，該何時說。先知耶利米說：「於是耶和華伸手按我的口，對我說：『我已將當說的話傳給你。』」（耶1：9）耶穌應許他的門徒，當他們被傳喚在迫害者面前作證時，祂必賜下「口才和智慧，這是你們一切仇敵所敵不住，駁不倒的。」（路21：15）假如我們說話都是依上帝的教導，這世上就會有更多的平和和較少的惡事。當我們為上帝工作，我們就可以為上帝說話。

我說了一個字，沒人聽到；
我寫了一個字，沒人在乎或注意；
但在十年後，這個字會開花結果，成為馥郁的事蹟。

我們都是傳道人和教師，
不自覺地成為種子的播種者。
我們的聽眾遠在我們視線之外，
但是我們所給予的一切，會以加倍的喜樂或痛苦還給我們。
我們永遠無法得知，一個微小的字會變成甚麼，
但是終有一天它將衍生高貴的事蹟。
——約翰・歐森罕（John Oxenham）

默想與禱告：「耶和華我的磐石，我的救贖主啊！願我口中的言語，心裏的意念，在你面前蒙悅納。」（詩 19：14）

4月18日

我告訴你們，一個罪人悔改，在天上也要這樣為他歡喜，較比為九十九個不用悔改的義人，歡喜更大。（路15：7）

沒有任何事比一隻迷途的羔羊更加失落了。一個人旅行到高處的荒地時，也許會在無意間遇到一隻迷途的羔羊。它可憐地叫著，懼怕每種聲音，它到處奔跑呼叫同伴，想要找到原來路徑的軌跡。除非有人及時發現它，否則它會在孤寂中死去。然而失去羊隻的牧人四處找它，結果他從遠處看到了它，加速走向前去，將它揹到肩上高興地帶回家。

這就是迷途罪人的真實寫照。在今日所研讀的經文之前，耶穌用了許多經節說到，有99隻羊安然地在羊欄之內，卻有一隻迷失在曠野深山的羊，牧人努力尋找它，直到找著了，就歡歡喜喜地帶它回家。

我的朋友啊，「好牧人」正在尋找你，但是除非你悔改，祂是無法拯救你的。當你悔改，你變成祂羊群的一隻羊，他會一直找你直到找著為止。然後，就會有天上的喜樂，因為你的悔改和救贖，而歡喜；不僅你會在此時也會在將來同享那份歡樂。也許你已在幽暗的罪惡深山裏，徘徊了一段很長的路，但是只要你悔改，好牧人就會找著你，帶你回家。「所以你們當悔改歸正，使你們的罪得以塗抹。」（徒3：19）

越過群山，雷光劈裂，
從陡峭多石的山嶺往上，
向著天上的大門發出一道大聲的呼喊，
「喜樂吧！因為我已找到我的羊了！」
在寶座四圍的天使們唱和著，
「歡欣吧，因為主已將祂自己的羊帶回來！」

——伊利莎白・克雷芬（Elizabeth C. Clephane）

默想與禱告：「這樣，你的民，你草場的羊，要稱謝你，直到永遠。」（詩79：13）

4月 19日

耶和華的使者，在敬畏他的人四圍安營，搭救他們。（詩34:7）

在中西部拓荒時期，許多分散各地的聚落受到印地安人的襲擊。在一個暴風雨的夜晚，一群武裝的戰士，越過瓦巴許河進入印第安那州。酋長悄悄地打開木屋的門，看到一家人跪下來，面前放著打開的聖經。敵軍像當初開門一樣靜悄悄地關起門，並告知戰士不要侵害那些人，因為他說：「他們正在和會生氣的聖靈說話。」到了早晨，他們看到鄰居的房子全在灰燼中，卻不能理解為何他們可以倖免於難。

我們不知道有許多的危險正環繞著我們，但我們確知耶和華的使者，在四圍安營搭救我們。請注意：使者不是來了又走了，他們安營在上帝的子民四周，這是一種永恆的保護。

在聖經中，有關描寫天使的事，遠比受浸、天堂、安息日以及其他重要主題要來得多；然而，針對這項有趣的重要主題，我們所聽到講道又何其少！天使們不僅具有大能也遵守上帝的誡命。（詩103：20）他們都是服役的靈，為那些將要承受救恩的人效勞（來1：14）。他們自由地現身和消失，作那些敬畏上帝者的前哨守衛。他們是為著我們的得救而來。

我們敬畏神嗎？如果是，我們就可以因作祂的僕役，行祂所喜悅的事而得到保護和情誼（詩103：21）。這個天使護衛的應許，顯明了身為基督門徒的重要性，甚至於即使是「這小子裏的一個；我告訴你們，他們的使者在天上，常見我天父的面。」（太18：10）

默想與禱告：「因為你作過我的避難所，作過我的堅固臺，脫離仇敵。」（詩61:3）

4月20日

如今我把你們交託神，和他恩惠的道；這道能建立你們，叫你們和一切成聖的人同得基業。（徒20：32）

這是多美好的交託，交託給神吧！當查爾斯四世皇帝，被問到何者是他最喜歡的語言時，他說：「在家裏日常事物上，他說德文；在公事上，他說英文；在外交上，他說法文；但當他禱告時，他用西班牙文。在這漂亮的語言裏，『再見』這個字是『adios』，意思是到神這邊來。」

故此，使徒不僅將他的朋友們交託給上帝，也將上帝恩惠的道交託給他們，這道可以建立他們，同時也可建立我們。

在一個戒酒會的俱樂部裏，火爐上擺著一個匾額，上面刻著：「如果沒有上帝的恩典，我們在世上沒有其他的支持。」但假如上帝的恩典是我們的，我們將在一切成聖的人當中得到正確的基業。「你得救是本乎恩，也因著信。這並不是出於自己，乃是上帝所賜的。」（弗2：8）

上帝恩惠的道是我們的老師，「因為神救眾人的恩典，已經顯現出來，教訓我們除去不敬虔的心，和世俗的情慾，在今世自守、公義、敬虔度日。」（多2：11、12）

在摩西的時代，神宣告祂的名，在今日真基督徒的生活裏，我們要宣稱你主的名：「耶和華是有憐憫，有恩典的神，不輕易發怒，並有豐盛的慈愛和誠實。」（出34：6）

默想與禱告：「敬畏你、投靠你的人，你為他們所積存的，在世人面前所施行的恩惠是何等大呢！」（詩31：19）

4月 21日　現在這世界受審；這世界的王要被趕出去。我若從地上被舉起來，就要吸引萬人來歸我。耶穌這話原是指著自己將要怎樣死說的。（約12：31－33）

基督救世主巨大的雕像，矗立在可可瓦多幾近二千五百英呎海拔的山頂上，在那裏可以俯瞰里約熱內盧。它的手臂從右指尖到左指尖伸展開來有九十二英呎，形成一個十字。正因為它的體型巨大，位置鮮明，不論從陸地，海面或是空中，我們很容易看到它。看著這個映襯天空的巨大雕像，人們會想起聖經的話：「假如我從地上被舉起，就要吸引萬人來歸我。」

耶穌看到十字架說了這些話。他預期他的死亡。他在（髑髏地）的犧牲的確是今世的審判或危機。全宇宙最後將看到魔鬼的真正本性——「他從起初是殺人的。」（約8：44）從那時刻起，十字架的魅力已吸引各地的人心，他的十字架就是每件事的中心。

使徒說：「在亞當裏眾人都死了。照樣，在基督裏眾人也都要復活。」（林前15：22）

如果我們不是受到基督和他的十字架吸引前來，我們將很快遠離它。音樂不會吸引人走向耶穌，辯才不會吸引他們，邏輯哲理不會吸引他們，噪音不會吸引他們，儀式不會吸引也們，而是耶穌本身會吸引他們走向耶穌。這是福音工作的祕訣。試著宣揚這位被釘十字架、復活、升天又將再來的救世主！這是世上所知最偉大的吸引力了。

默想與禱告：「 神啊！願你崇高過於諸天！願你的榮耀高過全地。」（詩57：11）

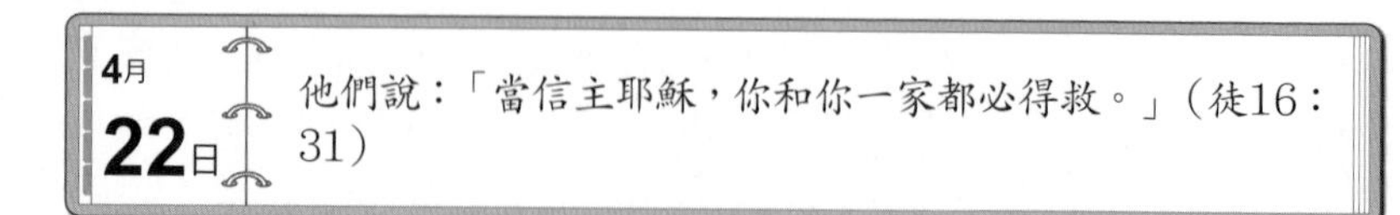

這個福音對劍在喉嚨上的人來說，是再好不過的。它簡單到一個人不用修系統神學就會了解。我們別看自己，別看罪惡和所有個人優點，只相信耶穌為我們的救世主。我們要相信祂，在主裏安頓，接受主為我們一切的一切。

一個高中男生開著一輛破舊的老爺車上學。有一天，老師看到了，就問他：「你開的是哪一種車？」

他回答：「RFD，從垃圾堆救回來的車子。」老師說：「RFD？我從未聽過這款車。」這男生說：「是的，它是從垃圾堆裏救回來的車（Rescued From Dump）。」

我們基督徒也是RFD人類。藉由基督的寶血，我們從人生的垃圾堆裏得到拯救。相信耶穌基督就是信任他，接受他說的，遵行他的吩咐；相信、悔改、認罪，行走在他帶給我們的光裏。因為他是「真光，照亮一切生在世上的人。」（約1：9）

讓我們別忘了這應許的最後話語，因為這些話也可以應用到我們全家。讓我們在每天禱告中提到我們的弟兄姊妹、父母、子女、朋友、親戚，和那些與我們在一起工作和為我們工作的人，而且時時向主懇求祈禱，直到祂履行他的諾言「你一家必得救為止。」

就是單純地接受祂，
聖潔和公義的神啊！
就只相信祂，
不是試驗，而是信任。

——泰勒E. G. Taylor

默想與禱告：「 他們哀求你，便蒙解救；他們倚靠你，就不羞愧。」（詩22：5）

4月 23日 除他以外，別無拯救；因為在天下人間，沒有賜下別的名，我們可以靠著得救。（徒4：12）

一位旅客拜訪哥本哈根大教堂，看到索華生的（基督克利斯特斯）雕像。有關這雕像的故事是這樣的：當雕刻家鑄完這個模型的黏土後，他放在那兒曬乾後就回家了。當索華生第二天回到工作室時濃霧大起，他想他的傑作全毀了。那原本揚起賜福的雙手，現在令人心動地伸展開來，那原是王者氣派的頭，現在卻是低垂著。但他凝視時，他看到一個新基督，不同於先前的構想，這是一個值得敬拜的基督。

再也沒有其他人可以拯救我們。讓我們在他之前臣服，祂的名被天使宣告：「你要給祂起名叫耶穌；因祂要將自己的百姓從罪惡裏救出來。」（太1：21）他名字的意思是「救世主」，也許在藝術，哲學和其他領域裏有真和美，但在耶穌基督裏，祂有救贖。

在加爾各答，一個年輕的婆羅門階級的人，來到基督徒老師家中面談。他說：「基督教所包含的很多事情在印度教都可以找到；但是基督教卻有一件印度教所沒有的事。」老師問：「是什麼？」他的回答很驚人：「救世主。」以這觀點來看，耶穌是真正唯一的。「因為只有一位神，在神和人中間，只有一位中保，乃是降世為人的基督耶穌。他捨自己作萬人的贖價；到了時候，這事必證明出來。」（提前2：5、6）身為上帝的獨生子和人子，祂「來，為要尋找拯救失喪的人。」（路19：10）「眾先知也為他見證說：『凡信他的人，必因他的名，得蒙赦罪。』」（徒10：43）我們需要被拯救，而他是我們的救主；所以，我們為何要等待呢？讓我們現在來就祂。

默想與禱告：「求你對我的靈魂說，我是拯救你的。」（詩 35：3）

4月24日 所以你們要去，使萬民作我的門徒，奉父、子、聖靈的名，給他們施洗。凡我所吩咐你們的，都教訓他們遵守；我就常與你們同在，直到世界的末了。（太28：19、20）

有人問威靈頓公爵，他認為基督徒是否應該試圖將福音傳入世界各地。他的答案是：「你前進的命令是什麼？」在今日經文裏，我們讀到了基督徒前進的命令。難道這不困難、不危險嗎？當然，然而不管如何，我們就是要去。

我想到一個美軍海岸防衛隊，位在海特拉斯角的隊長，派特．艾瑟瑞的故事。有一夜，颶風呼嘯，他看到求援信號，一艘船在十哩之外的鑽石險灘上擱淺。雖然救援船隊出發，但要把他們載回來是個問題。艾瑟瑞隊長命令船隻出發。其中一個救生隊員抗議：「派特隊長，我們可以到達那兒，但我們永遠無法回來。」隊長答說：「孩子們，我們不必回來了！」

當我們出去事奉神時，我們唯一的領隊，並未承諾我們會安全返回家鄉，但神命令我們出發。請注意隨著祂的吩咐而來的承諾：「看啊！我就常與你同在，直到世界的末了。」祂應許的同在，即使生命處於危急時刻都是確實無誤的，這也成為他僕人們即或在喪命時忠心的奠基石。耶穌的同在，對司提反來說是他親眼見過最真實的；因為在那時，許多無情的石頭如雨點般那樣落在他身上。對約翰班揚而言，也是真實的；因為他在貝特福特監獄中，夢見他在那永遠不死的夢境裏，他也夢見無以計數的男男女女，依從耶穌「你們去」傳福音的吩咐。祂應許的同在不只是一個理論，一樁幻想，而是一則奇妙的事實。

默想與禱告：「主啊，我要在萬民中稱謝你，在列邦中歌頌你。」（詩57：9）

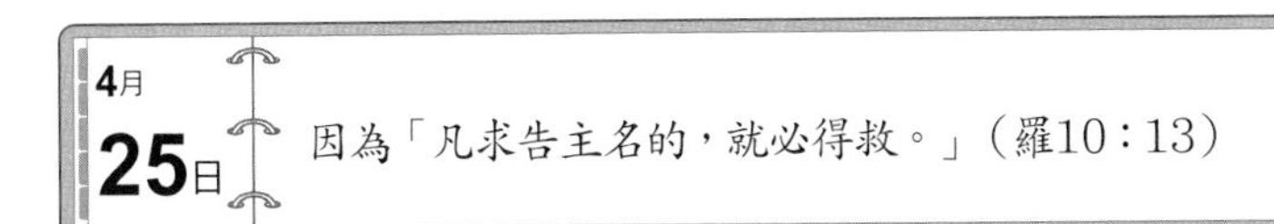

風是強勁的，海是狂暴的，這是一個位於加利利所形成的暴風雨。門徒認為他們看到一個幽靈在水面上行走。但是耶穌熟稔的聲音平撫了他們的恐懼，「是我，不要怕。」之後彼得說：「主，如果是你，請叫我從水面上走到你那裏去。」耶穌說：「來吧！」於是彼得開始在水面上走向祂那裏去。但當他看見那洶湧的大浪時，他的心便恐懼了，於是他就往下沉了。然後他作了史上最短的禱告：「主，救我。」耶穌伸出祂的手抓住了他。（太14：26－31）這是呼求主的寫照，這種呼求，就像一個小孩在危險恐懼時呼求父母一樣。

耶穌來尋找並拯救迷失的靈魂，蒙福的童女生下祂，「因祂要將自己的百姓從罪惡裏救出來。」（太1：21）那就是為何祂名叫耶穌，救世主。但只有那些呼求主名的，只有那些大聲求助的人，才會得著祂的救贖和幫助。我們是因著信，在恩典中得拯救，而不是我們自己得救，這是千真萬確的。「這是上帝所賜的。」（弗2：8）但以另一種層面而論，我們經由禱告而得救。「凡求告主名的；就必得救。」這是一種有正面回應的禱告。這種誠摯呼求上帝拯救的心聲，上帝必聽。應許中很清楚地說「凡求告」。但呼求上帝拯救的人，必須明瞭他們是失喪的。朋友，假如你需要幫助，那麼現在就禱告再禱告吧！

禱告會為你我改變事情。
不管憂慮是什麼，
只要將它帶到施恩的寶座前，
這就是等待蒙應允的禱告。

默想與禱告：「為此，凡虔誠人，都當趁你可尋找的時候禱告你；大水泛溢的時候，必不能到他那裏。」（詩32：6）

4月
26日

彼得說：「你們各人要悔改，奉耶穌基督的名受洗，叫你們的罪得赦，就必領受所賜的聖靈。」（徒2：38）

真正的悔改，指的是對罪惡的憂傷，並真正棄絕它。山繆強森的父親是個書商，每逢市集的日子，他在許多不同的鄉鎮設攤。有一天他病了，他要求小山繆代替他管理圖克塞特的市集。這年輕小子聰明又傲氣，拒絕前往市集。可憐的老父只得自己抱病出發。那天夜裏，老父精疲力盡地回到家，他沒對兒子說一句話，但兒子的鐵石心腸重重地打擊他。

五十年後，山繆強森早已名遍英格蘭。他在市集日回到阿圖克塞特，找個接近父親的書攤位置，不戴帽子的站在那地數個小時。人們注視這魁梧的男子，在風雨中頭上不戴帽子，毫無畏懼地站在那兒。這勇敢的男子，就是要紀念他舊時對父親所作的不和善之舉，以表達真心的悔改。

彼得在「五旬節」偉大的講道中，說到「受洗」是那些信主和悔改之人必做的一步。受洗是信心的一種行為。它是藉著洗禮歸入死亡，一同埋葬，再一次和耶穌基督復活的體驗。（羅6：1－6）它展現了信徒的原罪已死，舊有的自我已埋葬，還有從死裏復活走出新的生命。它是一個順服的舉動。耶穌「為順從他的人，成了永遠得救的根源。」（來5：9）

五旬節和五旬節之後的門徒，都被聖靈賦予尋常和非凡的恩賜。他們具有智慧、信心和能力（徒6：3、8）。慕迪先生說：「聖靈就是神在做工。」

你悔改了嗎？你已奉耶穌基督的名受洗，罪得赦免了嗎？你已接受了聖靈的恩賜嗎？讓我們走在順服的道路上吧！

默想與禱告：「 不要丟棄我，使我離開你的面；不要從我收回你的聖靈。」（詩 51：11）

4月 27日

只等真理的聖靈來了，他要引導你們明白一切的真理；因為他不是憑自己說的，乃是把他所聽見的都說出來。並要把將來的事告訴你們。他要榮耀我；因為他要將受於我的，告訴你們。（約16:13、14）

一個美國人和一個英國人，正在觀賞尼加拉瓜瀑布。這個美國人帶著他的朋友到巨大瀑布的下方，驚呼：「這兒有世上未曾使用的最大力量。」那英國人迅速答道：「不，兄弟，你錯了。這世上未曾使用的力量是活著上帝的聖靈。」是聖靈正在驅使我們，引導我們嗎？聖靈是真理的靈，祂將引導我們明白一切的真理。

我們正要拜訪新墨西哥州的卡斯巴得洞穴。當我們一路從萬古磐石到國王寶座，穿越迴迴轉的通道，在迴廊、空室、巖穴，讚歎著一個接一個的奇蹟是多麼的奇妙！然而，如果沒有引領我們步步走向輝煌奇蹟的嚮導，我們是不可能在迷宮一般複雜的路況找到方向。

人生的真實情況就像那樣——巨大的洞穴。我們必須有嚮導，否則我們將會迷路。真理的聖靈引領我們一步接一步，一個空室接一個空室，一個通道接一個通道；祂一直藉著萬古磐石——耶穌基督引領我們進入啟示錄中神的寶座。聖靈啟示了聖經，因為「人被聖靈感動說出神的話來。」（彼後1：21）所以，他直接對心靈說出的話，吻合聖經所寫的。祂引領我們進入一切的真理，以致於我們不會偏頗失衡。聖靈榮耀耶穌，那是如何有的呢？乃是藉著領受基督的話語，也向我們指明基督的事情。聖靈就是將耶穌為我所做的一切，在我裏面實現的那一位。

默想與禱告：「耶和華啊，求你將你的道指示我，將你的路教訓我！」（詩25:4）

4月
28日

上帝既不愛惜自己的兒子為我們眾人捨了，豈不也把萬物和他一同白白地賜給我們嗎？（羅8：32）

假如它不是一個形式的應許，它必定是個事實的應許，是個有能力的應許。

威爾斯的威廉斯博俊在蘇格蘭講演，之後一個老人走向他說：「斯博俊博士，真高興見到你，我是亨利莊孟德的父親。」

斯博俊說：「那麼，我早就認識你了，因為我和你兒子很熟。」

假如你希望知道上帝的樣子，看看耶穌吧！因為「上帝在基督裏，叫世人與自己和好。」（林後5：19）我們豐盛的上帝「既不愛惜自己的兒子，為我們眾人捨了。」萬事萬物屬於神，當神將耶穌這珍貴的禮物給我們之時，祂就是將萬有全部給了我們。

只要聽過威博柴魯曼宣教的人，都永遠無法忘懷他的講道。有一夜他在講道，一個人站起來作精彩的見證：「我在賓夕法尼亞車站下火車時是個流浪漢，在街上乞討為生有一年之久。有一晚，我拍了一個人的肩膀說：『先生，請給我一角。』當我一看到他的臉，就認出他是我的父親，我就問：『爸，難道你認不得我了嗎？』他伸出手臂環繞著我，喊道：『我找到你了，我找到你了，我的所有都是你的。』想想看，我一個流浪漢站在那兒，向我父親乞討十分錢，而他已找了我十八年，要將他所有的財富給我。」

我們不用向上帝乞討，也不必瘋狂似地促使祂賜給我們需要的。在基督裏祂不但給我們救贖，尚且「厚賜百物給我們享受。」（提前6：17）我們今日的經文真是一本信心的支票簿。

默想與禱告：「耶和華我的上帝啊，你所行的奇事，並你向我們所懷的意念甚多，不能向你陳明；若要陳明，其事不可勝數。」（詩40：5）

4月 29日

因為我深信無論是死、是生、是天使、是掌權的、是有能的、是現在的事、是將來的事、是高處的、是低處的、是別的受造之物,都不能叫我們與上帝的愛隔絕。這愛是在我們的主基督耶穌裏的。(羅8:38、39)

使徒知道神的愛，大於人心可度量的範圍。它是更高、更深、更廣於所有事物和思想，從來沒有任何東西可以隔絕我們與神的愛。

一個不切實際，寫了一些詩的年輕女子，去告訴編輯，她希望在他的雜誌裏出版她的詩。編輯問道：「是關於甚麼的詩？」女詩人回答迅速：「愛。」編輯再問：「愛是甚麼？」女子說：「愛是在深夜裏當百合花全開，微微月光下凝視百合花，而且……」編輯嚴峻地喊：「停，停！你全錯了！我來告訴你愛是甚麼。愛是清晨二點鐘，高興地起來為病中的孩子裝滿熱水瓶，那是真愛。我很抱歉，但我不能用你的詩。」編輯是對的，真愛是不論對我而言，要付出是有多麼地艱難，我們都還是一樣地為那些需要我們幫助的人，做些事情，而且「神就是如此的愛人。」

在基督耶穌裏，任何生命中發生的事，甚或死亡都不能隔絕我們與神的愛，受到聖靈感動的門徒約翰，看到了神對我們之愛的高度，深度和廣度。他無法找到適切的言語表達，只好呼請世人來看神的愛。「你看，父賜給我們是何等的慈愛，使我們得稱為神上帝的兒女。」（約壹3：1）

「神就是愛」這句話就寫在每個待放的花苞，在每個含羞的花朵上，在所有自然界的美物上。上帝的愛也寫在母親的心裏，但這當中最清楚和明白的，就是寫在十字架上。

默想與禱告：「願你的慈愛和誠實，常常保佑我。」(詩40:11)

4月 30日

在我父的家裏，有許多住處；若是沒有，我就早已告訴你們了。我去原是為你們預備地方去。我若去為你們預備了地方，就必再來接你們到我那裏去；我在那裏，叫你們也在那裏。（約14:2、3）

神為得救者預備了天堂，也為天堂準備得救者。這是祂真正的應許，假如我們準備好了，祂已為我們預備了一個地方。祂正為我們預備，而我們是否準備見祂呢？畢竟，我們的最大報償不是救主預備的地方，而是我們要與他在一起。

一個才從耶路撒冷旅遊回來的旅人，和身為自然學家、和政治家的杭博德一起參訪耶路撒冷，發現他對這城的街道建築瞭如指掌，就像這旅人一樣。所以旅人問這老政治家多久沒來這個城了。他回答：「我從未來過，但我在六十年前就想拜訪聖城，所以我作了很多準備。」

假如我們要住在天家，我們現在就必須自我準備。我們必須研究這城市，我們必須接觸那地的主人。

王將要來接他自己的子民，這是毫無疑問的。「經上的話是不能廢的。」（約10：35）祂說：「我正在準備，我將再來接你們到我這裏來。」而我也只能回答：「阿們，主耶穌，我願你來。」（啟22：20）

我們只能攀爬摩西所站的地方，
俯瞰景色，
和這比起來，
全世界的偽善都無法再吸引我們。
——以撒・華茲（Isaac Watts）

默想與禱告：「 主啊，你世世代代作我們的居所。，諸山未曾生出，地與世界你未曾造我，從亙古到永遠，你是上帝！」（詩90：1、2）

5月 **1**日

他又對我說：「都成了。我是阿拉法，我是俄梅戛；我是初，我是終。我要將生命泉的水白白賜給那口渴的人喝。」（啟21：6）

罪惡的陰影已永遠消失。惡人，其根本和枝條，（瑪4：1）將從所住之地被消滅殆盡，而讚美感恩的普世之歌（啟5：13）從得救的乾淨地土，上達神不變的國度（史密斯著《但以理和啟示錄》原文759頁）然後，神說出這句崇高的句子：「都成了。」（Uriah Smith, Daniel and the Revelation）

喬治亞・哈克尼斯寫到，當她在康乃爾大學讀書的時候，一件最令她印象深刻的事，就是在藝術科學院的大廳入口有一段題詞：「超越所有國度的就是人性。」但是對這個廣為今日逐漸增加的知識分子所能接受的信念來說，應該增加另一行：「超越人性的是神。」

神的計畫最後完成了。祂自己就是存在的全套字母，阿拉法、俄梅戛，希臘字母的第一個字A和最後一個字Z。在那個城裏，不用手造，不隨年歲老去，那些想到城裏的世人，將會看到他們愛過卻從未見過的神（彼前1：8）。而且當輝煌的新耶路撒冷從天上的神那裏降下，世上就真有天堂，神自己與我們同住，成為我們的神（啟21：3）。在此，生命之河的水永遠從神的寶座流出。

憑藉信心，我們現在就可以飲用生命之水。如同耶穌對井邊的女子說：「人若喝我所賜的水，就永遠不渴。我所賜的水要在他裏頭成為泉源，直湧到永生。」（約4：14）讓我們向祂祈求，現在就白白喝這水，因為這是上帝的恩賜。

默想與禱告：「上帝啊，我的心切慕你，如鹿切慕溪水。」（詩42：1）

5月 2日

這樣看來，我們各人必要將自己的事，在上帝面前說明。（羅 14：12）

你曾經申報過所得稅嗎？你覺得麻煩嗎？你怕那眼光銳利的政府稽查員找到瑕疵嗎？對許多人來說，申報一個正確單純的財務報表是一件吃重的工作。若要製作一份他們思想、言語和行動的表格更是困難，因為那要通過聖潔公義的仔細審判。

請注意這份應許，不是也許，可能，應該而是必要。「我們每個人必將交出一份自己的報告給神。」假如我們必須打官司，我們需要一個律師，一個保人代表我們出庭。讓我推薦一個絕不打輸官司的保人。「在父那裏我們有一位中保，就是那義者耶穌基督。」（約壹2：1）祂出現在比拉多審判堂，從那兒祂走向十字架。然後他在神的面前替我們求情。最後，對那些尋求祂的人來說：「他要第二次顯現，並與罪無關，乃是為拯救他們。」（來9：28）

一個有名的女人，有一次需要法律顧問，有人建議她找一位卓越的律師顧問。她一直拖延到不能再等下去了，因為就要開庭了。她去律師那兒，開始陳述她的案子。但是他打斷她說：「女士，你太遲了。昨日我還可以樂於接受你的案子，出庭為你辯護，但現在不能了，因為我已被任命為你的法官。」

「神將審判的事全交與子。因為祂是神的兒子。」（約5：22）讓我們趕快將自己和我們的利益全交在祂的手中，以致祂能在神前真正代表我們。

默想與禱告：「王有能力喜愛公平，堅立公正，在雅各中施行公平和公義。」（詩99：4）

5月 3日

大衛又說：「耶和華救我脫離獅子和熊的爪，也必救我脫離這非利士人的手。」（撒上17：37）

這是一個預期的應許。大衛說了這話，神替它背書也如此實現了。因為過往的拯救，大衛相信神會在新的危險中幫助他，我們也可以相同的原因相信。在耶穌基督裏，聖經所有的應許「都是是的；所以藉著祂，也都是實在的，叫上帝因我們得榮耀。」（林後1：20）

我們的主說了：「我絕不離開你，也不棄絕你。」（來13：5）那麼，我們為何還害怕？大衛為何跑去迎戰高大魁梧的非利士人？他想著死熊和死獅。他確知神既在過往與他同在並幫助他，那麼他現在和未來也可以信任祂。「耶穌基督昨日、今日一直到永遠是一樣的。」（來13：8）

在美國內戰黑暗時期，伊利諾州長理查・葉慈寫了一封沮喪的信給亞伯拉罕・林肯，林肯的簡單回覆是：「迪克，靜靜地站著看主的拯救。」白宮主人先前就有困擾，但他也知道神是位施行拯救的神。

在詩篇第五十五篇，我們讀到大衛的話：「我要求告神；耶和華必拯救我。」（第16節）是甚麼給了他信心？請注意第十八節：「祂救贖我命脫離攻擊我的人。」讓我們別忘了神在過往的引領，對他人和我們自己的帶領。

在我所行的路上，我知道有你的手牽引；
我也見到你大能大力的蔭庇；
請在我奔跑的路上，一直地幫助我；
也一直引領我走在你的道途上。

——查爾斯・衛斯理（Charks Wesley）

默想與禱告：「我呼求的日子，我的仇敵都要轉身退後。上帝幫助我，這是我所知道的。」（詩56：9）

5月 4日

惟有詳細察看那全備使人自由之律法的，並且時常如此，這人既不是聽了就忘，乃是實在行出來，就在他所行的事上必然得福。（雅1：25）

這整個一長串的經文，可以總結為短短的一句：「順服就得福。」一個傳教士試著向他傳福音的對象，學習他們的語言。當他要找「順服」這個字的相對之翻譯詞；他發現這是一個當地有史以來就很少有的人生美德。有一天當他從村子回家時，他的狗跟在其後。但當他吹口哨時，狗兒高速跑向前來。一個老人坐在路邊讚嘆了一句：「Mui anden delejan ge」，翻出來的意思是「你的狗全神貫注」。這就是了。傳教士已為「順從」找到了一個很傳神的翻譯詞句。我們應該對主「全神貫注」。假如主擁有我們的聆聽，祂也將擁有我們的心。真正的聆聽就是順服。健忘的聽眾是不順服的。

我們不只是聽眾也是觀眾。我們詳細察看那全備使人自由的律法並且持續如此，也就是以那種方式持續察看和行事。

當我們孩童時期，我弟和我在農場上，曾經看誰能犁 最直的 犁溝。我們會集中眼力望著田野盡頭的遙遠目標，而當我們犁 向它時，我們必須一直持續地看著它。凡是持續看著神全備律法的人，會持續聆聽祂完美的話，這個人便是順服的。這樣的一個人在行為上是得福的。

耶穌呼叫我們！
救主啊！藉著您的慈悲，我們聽到你的呼叫，
我們將心給你，順服你，
將我們所有最好的，用來服事你和愛你！
——法蘭西斯・亞歷山大（Frances Alexander）

默想與禱告：「我的上帝啊！我樂意照你的旨意行；你的律法在我心裏。」（詩40：8）

5月 5日

當那列王在位的時候，天上的上帝必另立一國，永不敗壞，也不歸別國的人，卻要打碎滅絕那一切國，這國必存到永遠。（但2：44）

阿諾東比在他重要著作「歷史研究」裏，描述至今20個文明的興衰，並且說：「在拓展西方社會在空間的延伸後，我們應該考慮時間的延伸；即使我們立刻面對一個我們無從得知未來的事實。」

對世上最聰明的人而言，我們文明的未來絕對是一片空白，但是對那些有信心之眼的人而言，我們今日經文卻透露出，這是一則非常壯麗帶有希望的預言。「當那列王在位的時候」——亦即，現今歐洲許多國家的時候——天上的上帝將另立一國。換言之，就是地上的天國。

當我們讀但以理書第二章時，就明瞭預言的表徵已變成歷史的徵象——金頭指巴比倫；銀胸指瑪代、波斯；腰和肚腹指希臘；鐵的腿指羅馬；半鐵半泥的腳指羅馬帝國分裂為二，一部分強，一部分弱。之後，有塊神祕的石頭，非人手所鑿成的，打在這像的腳，變成一座大山，充滿天下。這就是第五個國度，上帝的國，基督的國，也就是「匠人所棄的石頭」（路20：17）。當那列王在位的時候，也就是我們今日所知現代諸國。

恩典之國現在是我們的，而這國就在你心中（路17：21）。榮耀的國即將到來。在這文明千變的萬花筒之後，在罪惡的迷惑混沌之後，這世界要成為上帝的世界。榮耀即將迅速到來——很快。

默想與禱告：「上帝啊，願你崇高，過於諸天；願你的榮耀高過全地。」（詩 57：5）

5月 6日

所以你們當悔改歸正，使你們的罪得以塗抹。這樣，那安舒的日子，就必從主面前來到。主也必差遣所預定給你們的基督耶穌降臨。（徒 3：19、20）

今日經文裏，我們有四個應許：也就是我們將悔改歸正，我們的罪便得以塗抹，那安舒的日子將來臨，尤其是，耶穌基督將再來到世上。但悔改是所有的關鍵所在。耶穌說：「你們若不悔改，都要如此滅亡。」（路l3：3）

當人們在威登堡，向路德展示其犯罪的許可證時，他的答案是「除非你們悔改，不然你們將全部滅亡。」當他初次聽到帖慈爾販賣這些贖罪券時，他說：「神啊！我將在他的鼓上戳一個洞。」

沒有悔改，就不可能有歸正之事，也沒有安舒的日子從主面前來到。上帝正在尋找「再造的人」，如同哈洛德・貝格比稱呼悔改歸正的人為「重生」（約3：3）。生命的改變就是真正悔改歸正的明證。

有一個在主教派禮拜堂工作的工友悔改歸正。當她被問到心靈改變的證據時，她說：「我現在會在入口處拿起大墊子從下方清掃，然而以前我只是繞著墊子周圍掃一下。」對那些真心悔改歸正的人，會有這樣的話臨到他們：「我塗抹了你的過犯，像厚雲消散。」（賽44：22）聖靈的恩賜已賜下要給那些相信的人（徒2：38），至於所應許豐盛的更新，則是在晚雨的時候才會降臨。

首先是從主而來聖靈的沛降，然後才是我們主自己的降臨。

默想與禱告：「因為我知道我的過犯；我的罪常在我面前。」（詩51：3）

5月 7日

我也要賜給你們一個新心，將新靈放在你們裏面；又從你們的肉體中除掉石心，賜給你們肉心。（結36：26）

多年以前，一個在德拉瓦州的美國印第安酋長泰育空，坐在一個虔誠的英國教友派信徒的火爐邊。二個人都靜默地看著火，享受彼此的陪伴。突然這位信徒說：「我想告訴你我剛才想的事情。它是基督教的創始人所制定的一則律例，因為它的優越，我們稱之為金科玉律。」

酋長說：「停！不要對我讚美它。告訴我它的內容。」

教友說：「就是己所欲，施於人。」

酋長答道：「不可能，這永遠辦不到！」空氣中又靜默了。酋長起身，不安地在房間走來走去。然後停在他的好友面前說：「弟兄，我對你的話想了很多。假如造人的聖靈給人一個新心，他就可以做到你所說的，否則，他是辦不到。」酋長是對的。只有再造的心才會使上帝歡心。我們應該常聽到這樣的禱告詞，也做如是的禱告：「上帝啊！求你為我造清潔的心，使我裏面重新有正直的靈。」（詩51：10）

伊利莎白・富萊在悔改歸正之前說過：「我覺得，我是一個毫無價值的淑女——只是虛有其表，沒有任何內在。」就是這顆心靈，這個心智，這個內在必須改變，而且只有藉著上帝的力量才能改變。

我懷著信心走向你，
為了贖我所有的罪。
你為了除去我的石心，
賜給我一顆新心。

默想與禱告：「神所要的祭，就是憂傷的靈；神啊，憂傷痛悔的心，你必不輕看。」（詩 51：17）

5月 8日

你們這背道的兒女啊，回來吧！我要醫治你們背道的病。看哪，我們來到你這裏；因你是耶和華我們的神。（耶3：22）

神愛背道的人嗎？這兒有個明證。祂說：「回來吧！我要醫治你們背道的病。」上帝本身就是唯一一位可以那樣做的醫生。一個背道的人，只是一個變得冷漠的基督徒罷了！

在一個很大的青銅鑄造廠裏，並排躺著的是兩顆金屬頭。一顆完美至極，有著所有高貴，剛毅的臉部特徵，清楚、分明。另一顆幾乎沒有一個特徵是可以辨認的，原因是工人讓這金屬變得有點太冷了。基督徒生活就是如此！因為許多銘記著造物主的形像和標記的信徒變得冷漠，於是形像毀損了，模樣模糊了！

朋友，你覺得如何？是金屬變冷了嗎？回來——回歸神吧！請坐下來讀路加福音15章，這是特別為你而寫的。它是史上書寫過的最偉大的短篇小說，是記載著一位寬恕的父親和一位浪子的故事。當那男孩醒悟過來，他說：「我要起來，到我父親那裏去。」朋友，你今天醒悟了嗎？你不起來回家嗎？上帝說：「回來吧！我要醫治你背道的病。」你不把我們今日的經文做為我對祂的回應嗎？「看呀！我們走向你！」

背道的許多病兆，就像那些照料一位身體狀況下降的人一般：沒有食慾，不喜歡食物。當你發覺你自己已不再喜歡禱告，也不讀經，那可要當心了！反而要開始重新禱告，如同是以前所沒有的，食用上帝的話，操練基督徒的行為。回轉歸向主，這位大醫生，祂一定會醫治你的。

默想與禱告：「耶和華我的上帝啊，我曾呼求你，你醫治了我。」（詩30：2）

5月
9日

婦人焉能忘記她吃奶的嬰孩，不憐恤她所生的兒子；即或有忘記的，我卻不忘記你。（賽49：15）

「一位婦人豈會忘記她的孩子嗎？」也許，但這不太自然。有個小女孩的媽媽很忙碌，叫她去和洋娃娃玩耍，但是女孩抱怨說：「我就是愛他們，愛他們，但是他們卻從未愛我。」所以，神一直愛我們，愛我們，但我們常常並未以愛去愛祂。然而，祂並沒忘了我們，正如同一個母親不會忘了遊蕩的兒子，只記得他是她的寶貝。

奧古斯丁在悔改歸正時說：「上帝啊！假如我是你的小孩，那是因為你賜給我這樣的母親。」當然，我們中間許多人都會說這句話。

有關法老王的女兒是這樣寫的：「她看見那孩子，孩子哭了。」（出2：6）一個真正的婦女也許可以抵擋許多事物，但是做母親的心卻無法抵擋自己孩兒的哭聲。世上有多少母親，為了小孩犧牲自己的生命！這樣的故事，正如這個世界一樣的古老，也像天上一樣地甜美。上帝用這個故事來描繪祂對我們的愛。「在孩子們的口中和心裏，母親就是上帝給的名字。」

一個真正的母親是絕不會遺忘，絕不棄絕她的孩子的。從孩童、成人直到世人所知最暗的道路盡頭，她跟著她的小孩。她從未遺忘。

來自上帝那偉大的父母之心，賜下應許：「即或有忘記的，我卻不忘記你。」祂絕不會忘記，因為祂愛也關心我們。

默想與禱告：「耶和華啊，求你記念你的憐憫和慈愛；因為這是亙古以來所常有的。」（詩 25：6）

5月 10日

巴比倫素來為列國的榮耀，為迦勒底人所矜誇的華美；必像上帝所傾覆的所多瑪、蛾摩拉一樣。（賽13：19）

這是先知的應許，一個在歷史中會實現的預言。我走在巴比倫的遺跡上，他們就在那兒：古代宮殿的地基，懸吊的空中花園，堅固的牆垣，偉大的神殿或是廟塔，勝利的大道。但他們全都是一堆遺跡。

我發覺到這些正是以賽亞早就預言的。巴比倫——黃金時代的黃金城，如今在雜亂中，古牆內沒有人居住。它與全世界的商業貿易沒了，它令人震懾的軍隊也在時間的迷霧中消失了。

「尼布甲尼撒王」從他的舉世之都望出去說：「這大巴比倫不是我用大能大力建為京都，要顯我威嚴的榮耀嗎？」（但4：30）但現在只是個記憶和名字。這世界的歷史，實際上就是「雙城記」的歷史，巴比倫和耶路撒冷。古巴比倫向上帝的子民和上帝的城耶路撒冷宣戰。但是巴比倫垮了，在過往的墳墓中被忘了。而述說未來歷史的加百列也無法喚起人們對巴比倫的愉快回憶。它的確就像所多瑪和蛾摩拉。任何國家、任何城市、任何人忘記神，而且違反神對這世界的計畫的，都要走向滅亡。

昔日壯盛的法老軍隊，頭戴著美麗搖晃的羽飾，以威武之姿出現，
而現今只剩下有如在閒置空屋中的回音，什麼也沒有了。
所有的亞述人和事物，至終步向死亡，
只留下一些回憶和一聲嘆息。
巴比倫和她的黃金河岸，
而今空留土地，名字和漂流的沙。

默想與禱告：「上帝啊，你必使惡人下入滅亡的坑；流人血行詭詐的人，必活不到半世，但我要倚靠你。」（詩55：23）

5月 11日 教養孩童，使他走當行的道，就是到老他也不偏離。（箴22：6）

海瑟・伍卓夫說：「當我們聽到，一個年輕母親帶著她3週大的兒子去教堂，她說：『這樣，他就會永遠有上教堂的習慣。』我們笑了。40年之後，當我們看到他在教會的聖餐禮中參與協助，我們記得他母親所說的話。」

當一個充滿思想的小孩，被問到為何花園裏有種特定的樹是彎曲的，他答道：「我想應該是有人在它還是小樹時，在它上面踩踏。」我們在踩踏小東西時必須非常小心。據稱在品格的培養過程中，訓練遠比遺傳所佔的因素來得大些。不論如何訓練，它永遠是首要的親職責任。有一天上帝將會問我們：「先前賜給你的群眾，就是你佳美的群眾，如今在哪裏呢？」（耶13：20）

多年以前，薛福提斯貝里大臣在一次倫敦議會中說道：從他個人觀察中，他得知在倫敦，幾乎所有成年犯，都是在8到16歲之間犯下罪行；假如一個年輕人到了20歲仍過著誠實的生活，那麼他有49：1的機會，過一個正直可數的生活。

麻塞諸塞州長曾經宣稱州立監獄裏，每700犯人中有600人的平均年齡低於21歲。他說：「這些人不是因為經過良好教訓之後才沉淪的好人，而是大多數人，是從未受過訓練的人。」

使徒的吩咐是「照著主的教訓和警戒養育他們。」（弗6：4）我們應該很殷勤地，將上帝的事物時刻教訓他們。我們應該在家中，戶外和每個地方談論它們。（申6：7－9）為了正確地教養一個孩子，我們必須問神：「我們當怎樣吩咐這孩子，我們當怎樣待這孩子呢？」（士13：12）

默想與禱告：「神啊，自我年幼時，你就教訓我。直到如今，我傳揚你奇妙的作為。」（詩71：17）

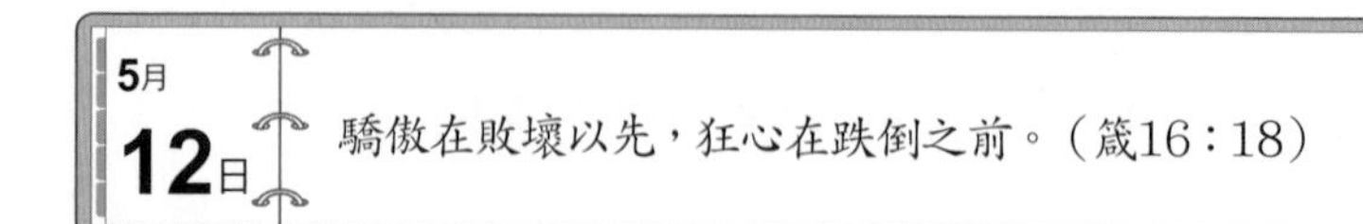

5月
12日

驕傲在敗壞以先，狂心在跌倒之前。（箴16：18）

驕傲是一種無神論，它將萬物的榮耀置於造物主之上。我們得知撒但「因為美麗而心中高傲」（結28：17）。而耶穌的見證是「我曾看見撒但從天上墜落，像閃電一樣。」（路10：18）

有關埃及這個大帝國，神說：「埃及因勢力而有的驕傲，必降低微。」（亞30：6）那就是驕狂和傲慢的走向，總是向下沉淪。「我必除滅非利士人的驕傲。」（亞9：6）「亞述的驕傲，必至卑微。」（亞10：11）

尼布甲尼撒王在他驕傲滿盈時，望著巴比倫大城說：「這大巴比倫不是我用大能大力建為京都，要顯我威嚴的榮耀嗎？」（但4：30）這些話只不過出自他的口，他為自己辯解，而且他被降至有野獸的心。食草為生，直到他得知「至高者在人的國中掌權。」（第17節）關於巴比倫，神說：「你這狂傲的啊，我與你反對！」（耶50：31）

為何我們有虛假的傲慢呢？我們沒有一樣的東西，不是賜給我們的。羅伯勃德帝說：「假如你要明白你自己的重要，將你的手指放入一碗水中，再拿出來，看著這個洞。」

亞伯特・史懷哲是個醫生、哲學家、音樂家和傳教士。當他在法屬赤道非洲建立他的醫院時，他請求一個當地人提供協助。當地人拒絕了，說他是個知識分子。當史懷哲回到工作崗位時說：「我一度認為自己是個知識分子。」一個人越偉大，他就越謙卑。「噢，為何必朽的靈魂會驕傲呢？」

默想與禱告：「你使我的年日窄如手掌，我一生的年數，在你面前，如同無有。各人最穩妥的時候，真是全然虛幻。」（詩 39：5）

5月
13日

上帝是我們的避難所，是我們的力量，是我們在患難中隨時的幫助。所以地雖改變，山雖搖動到海心。（詩46：1、2）

這是一首神的子民在艱困時候適用的歌。

人類以科學這把鑰匙解開宇宙的奧祕，可是其結果，卻是有一種可怕的恐懼正抓住這世界——對宇宙本身的恐懼，對核爆的恐懼。但是上帝是我們的避難所，所以我們不用懼怕。

一位牧師參加天文學的演講：「上帝偉大的創造奇蹟。」他聽到有一個百萬光年之遠的宇宙，這個宇宙大到我們的思考都會沉淪其中。演講結束時，一個朋友對他說：「今晚我覺得好渺小」。

牧師答道：「我不如此想，我覺得比以前大一些。」接著他解釋說，儘管宇宙浩瀚偉大，上帝更加偉大。

戴特．慕迪最喜歡的經文是賽12：2，「看哪，上帝是我的拯救；我要倚靠祂，並不懼怕；因為主耶和華是我的力量。」他曾經說，你可以搭頭等艙或是二等艙到天堂。二等艙是「我懼怕的時候，要倚靠你。」（詩56：3）頭等艙是「我要倚靠你，並不懼怕」，這也是較好的方式。

讓我們學著唱這首信靠之歌，因為「永生的上帝是你的居所，祂永久的膀臂在你以下。」（申33：27）

我沒有其他的避難所，
我把無助的靈魂放在你身上，
神啊！不要離開而留下單獨的我，
神請仍然支持安慰我。

——查爾斯．衛斯理（Charles Wesley）

默想與禱告：「神啊，你的慈愛何其寶貴；世人投靠在你翅膀的蔭下！」（詩36：7）

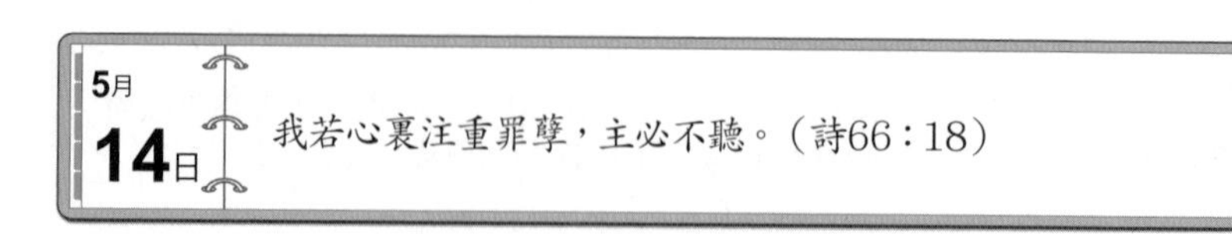

這是一種負面性的應許，但我們知道這句話反過來說也是真的。假如在我們的心裏，我們不注重罪孽，主必聽我。這段經文主要指的罪孽，不是那種陷入意外引誘，作出驚人舉動，而是指一種在心裏注重和珍視的罪孽。這種罪阻擋了上達天庭的祈禱線路。

在寇勒瑞芝的「古水手之歌」裏，我們有一個罪孽如何阻擋禱告的畫面。這個不悔改卻在苦難中的老水手試著祈禱，但卻做不到。

「我望著天，試著禱告；
但是禱告需要泉湧迸發。
卻因為一個邪惡的耳語來臨，
讓我的心乾澀如塵土。」

只有在他悔改之後，他才發現他能祈禱。

先知以賽亞記錄上帝的警告：「你們舉手禱告，我必遮眼不看；就是你們多多的祈禱，我也不聽；你們的手都滿了殺人的血。」（賽1：15）

那些計畫繼續犯罪之人所作的禱告將不被垂聽，因為他們「求也得不著」（雅4：3）「我們知道神不聽罪人」是被治好的瞎子說的話。（約9：31）不認的罪像一顆留在體內的子彈。這顆子彈被移除之前，不可能有任何助益。人類稱呼「罪」是個意外；上帝卻稱它為厭惡。罪就是將通往榮耀的電話線路拔除。它是「祈禱」收音機中的靜態干擾。當罪人作公開禱告：「上帝啊，開恩可憐我這個罪人吧！」（路18：13）這種悔改，也唯有這種悔改才會恢復溝通。

默想與禱告：「求將我的罪孽洗除淨盡，並潔除我的罪。」（詩 51：2）

此生不是終站，雖然許多人希望它是。根據聖經來說，有一個可以贏取的天堂和可以閃避的地獄。

有一天，曾是大主教的科隆教堂的候選人，當著農夫的面用了污穢的字眼，這農夫顯得驚訝不已，便被問道：「你為何如此驚訝？」農夫說：「因為一個主教竟可以如此褻瀆！」大主教迅速地回答：「我以王子的身份發誓，而不是主教。」但農夫續問：「當王子下地獄時，主教的下場將會如何呢？」對此問題的回答，並沒有紀錄下來。

聖經上說得很明白，惡人現在並不在地獄中，因為彼後2：9，「主知道搭救敬虔的人脫離試探，把不義的人留在刑罰之下，等候審判的日子。」最後的地獄或火湖是不敬虔之人的地獄（彼後3：7），是毀滅所多瑪和蛾摩拉的火，把他們燒為灰燼，作為後世不敬虔之人的鑑戒（彼後2：6）。因為他們遭受「永火的刑罰」（猶7）。這是為「魔鬼和他的使者所預備」永恆不息的刑罰（太25：41）。惡人「要往永刑裏去，那些義人要往永生裏去。」而這個永刑是什麼呢？就是這個「他們要受刑罰，就是永遠沉淪，離開主的面和祂權能的榮光。」（帖後1：9）「因為罪的工價乃是死」（羅6：23），而這將是惡人最後的報償——在地獄、火湖裏滅亡。我們應該清楚明白，我們不要列在惡人之中，我們也不要忘記上帝。「神愛世人，叫一切信祂的，不至滅亡，反得永生。」（約3：16）

默想與禱告：「耶和華啊，求你叫我曉得我身之終，我的壽數幾何；叫我知道我的生命不長。」（詩 39：4）

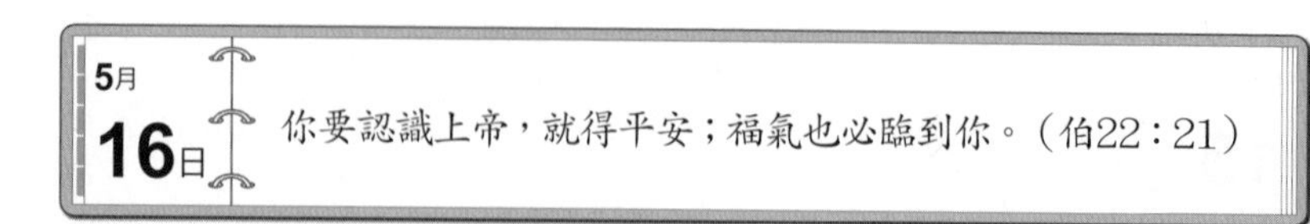

5月
16日 你要認識上帝，就得平安；福氣也必臨到你。（伯22：21）

除非認識神，人心是無法和自己或其他事情和平相處的。一位英國的心理學家已寫道：「如果他的靈魂有平安，他就能面對最恐怖的經驗。但是如果他的靈魂沒有平安，他連像寫信這樣簡單的工作，都無法處理。」

我們如何認識神並和祂和平共處？我們的答案在此：「我們既因信稱義，就藉著我們的主耶穌基督，得與上帝相和。」當我們因信來到祂面前，就像是來到我們的天父面前一樣，祂不再是我們的陌生人，而我們也因此而尋得那平安，也就是「甜美的平安，是上帝愛的恩賜。」如果我們真的認識上帝，如果我們知道祂對我們所施予的愛、恩慈、憐憫、大能、眷顧，那麼我們就會擁有平安。

一位父親手牽著小兒子的手，站在雷薇奧的山頂上，他給兒子上了一堂關乎上帝無限之愛的課。他向北指著蘇格蘭，向南指著英格蘭，向東望向北海，向西望向面對大西洋的山丘，他說：「強尼，我兒，上帝的愛就是像那樣全然的廣大！」

兒子眼中閃爍光芒欣然地答道：「爸爸，為何如此呢？那麼我們就恰恰在神的正中央啦！」是的，我們今日和永遠就在神愛的正中央，我們就有平安。「願賜平安的主，隨時隨事親自給你們平安。」（帖後3：16）

平安如河水，潺潺流入我心；
憂患似狂濤，正翻騰；
不論何遭遇，主已經教我說：
「我的心，不必驚，不必驚。」

——荷瑞壽・斯派福（Horatio G. Spafford）

默想與禱告：「但是我要歌頌你的力量，早晨要高唱你的慈愛，因你作過我的高臺，在我急難的日子作過我的避難所。」（詩 59：16）

5月 17日

因為凡從上帝生的，就勝過世界；使我們勝了世界的，就是我們的信心。（約壹5：4）

小女孩對著跟她和弟弟一起在海中游泳的父親說：「我累了。」然後小弟弟也宣稱：「我也累斃了。」

父親說：「也好，姊姊你年紀比較大、身體比較壯。當我帶著小弟到岸邊時，你可以漂浮。然後我再回來接你。」當父親游回來時，他的小女兒消失在視線中。他驚嚇已極，趕緊回岸求助。然後，所有人在小船上，沿著海岸上下搜尋。終於看到這女孩毫無恐懼地漂浮在海上。當有人問她如何做到長久漂浮，又持續著擁有這股勇氣時，她答道：「我爸告訴我『我能』，還有我相信他。」

我們絕不可以對我們天父告訴我們能做到的事失去信心。在基督裏，祂對我們說：「我相信你，」「在信的人，凡事都能。」（可9：23）海倫凱勒說：「對一位天賜的朋友，耶穌，存著像孩子般無邪的信心，就必可解決來自海上或陸上所臨到我們的問題。」但是我們的得勝是憑藉信心，甚至那信心不是出於我們自己。「它是上帝所賜的。」（弗2：8）而且假如我們以神的話為靈糧，我們的信心就必增強成長。因為信道是從聽道來的，聽道是從基督的話來的。（羅10：17）我們的得勝經由：

在暴風肆虐時，
有一種信心照耀得更加明亮清晰；
因此，在危險中不知害怕，
在黑暗中不再懷疑。

——威廉・巴塞斯特（William H. Bathurst）

默想與禱告：「我的上帝啊！我素來倚靠你；求你不要叫我羞愧。」（詩25：2）

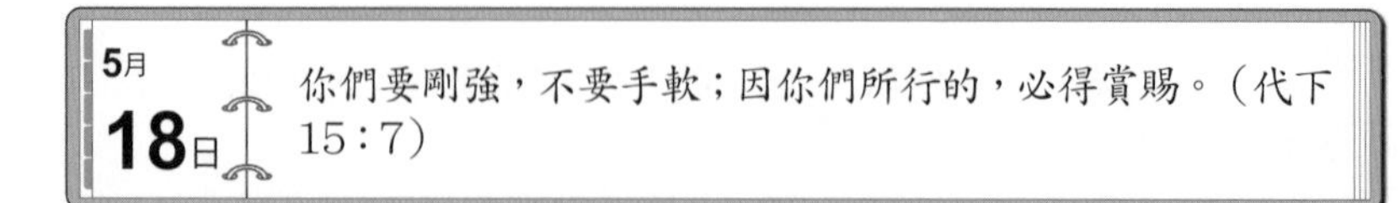

假如為上帝的服事有任何價值，它的價值是世上的一切。我們必定要以堅定的努力來服事神。在我承受巨大壓力時，我收到父親寄來的一封鼓舞信函，上面有我書桌上的座右銘：「因為知道你們的勞苦，在主裏面不是徒然的。」（林前15：58）的確，為神誠摯的勞苦絕不會徒然，它「一定有賞賜的」。

上帝為亞撒王和猶大作了很偉大的事，但他們仍需要鼓勵。他們也會猶疑和軟弱。他們必須被提醒教導：當他們和神在一起時，神一定會與他們同在。結果證明也是如此。國王和全國都受到祝福，而且發生了奇妙的聖靈復興。所以，我們會經歷聖靈復興，我們會在服事主的事上發現最好的賞賜。於是為主的工作和自我的經驗都興盛起來。

古聖者的生命火焰在升高，
它曾經亮麗照耀；
它曾經令靈魂進天堂。
它使我們在困苦中保持平靜，
它使我們在危險中大膽前進！
——威廉・巴塞斯特（William H. Bathurst）

讓我們記起使徒保羅在林前16：13說，「你們務要儆醒，在真道上站立得穩，要作大丈夫，要剛強。」還有他在弗6：10，「我還有末了的話，你們要靠著主，倚賴祂的大能大力，作剛強的人。」那一直是我們的特權，也願它成為我們的經驗。

默想與禱告：「我未曾把你的公義藏在心裏。我已陳明你的信實，和你的救恩。我在大會中未曾隱瞞你的慈愛和誠實。」（詩40：10）

5月
19日

你們也當忍耐，堅固你們的心；因為主來的日子近了。（雅5：8）

「忍耐」指的就是準備好等候神的時間來臨，而不懷疑神的真實性。上帝以自己的方式和時間做事情。我們應該「倚靠神，耐性等候祂。」（詩37：7）不要因為惡人興旺，而為神的工作明顯式微，自尋苦惱。我們必須記得「那些等候耶和華的人，必承受地土。」（詩37：9）忍耐事實上是信心的另一種形式。聖經說：「神在作工，我將事情交託在神的手中。」就是我們的忍耐保全了靈魂（路21：19）。

主教韋伯福斯和湯瑪斯卡來爾曾在一起討論生命中深層的事。卡來爾問：「大人，你有信條嗎？」主教答道：「是的，我年紀愈大，我秉持的信條愈堅定。只有一件事情使我躊躇。」「那是甚麼呢？」「在世上這信條進展太緩慢了！」

在一段沉默之後，卡來爾說了這句智慧的話：「是的，假如你有信條，你就禁得起等待。」

雅8：14的最後懇求：「我的良人哪，求你快來。」在聖經的最後禱告是「主耶穌啊，我願你來。」救主對此回答：「是了，我必快來。」（啟22：20）我們會因為看不見播下的種子收成，而變得頹喪嗎？這個輝煌無比的真理對我們大聲喊說：「要有耐心」。「誘惑」會襲擊我們嗎？痛苦和失望會使我們憂心嗎？我們的聖經教訓我們：「堅固你們的心。」王就要來了，只有那些有如此希望的才禁得起等待。

默想與禱告：「我的心哪，你當默默無聲，專等候神，因為我的盼望是從他而來。」（詩62：5）

5月 20日 你若忘記耶和華你的上帝，隨從別神，事奉敬拜，你們必定滅亡，這是我今日警戒你們的。（申8：19）

多年以前，一個兒童專家說：「說到生了重病，一個受教順服的孩子比寵壞、沒教養的孩子有四倍的復原機會。」那個小孩早已被「十誡之一」教過要順從父母。 你曾想過「順服」可能意指拯救你孩子的生命？

上帝揀選以色列為祂的子民。在出4：22節祂說：「以色列是我的兒子，我的長子。」那國對神的順服不只是得福的事，而是生與死的事。神的警告實現了嗎？祂選民的歷史證明了上帝說了實話，儘管上帝祝福他們，他們仍然跟隨別的神（申31：18）上帝差派祂的先知警告他們，「但他們卻嬉笑上帝的使者，藐視他的言語，譏誚他的先知，以致耶和華的忿怒向他的百姓發作，無法可救。」（代下36：16）然後巴比倫王來到，俘擄他們70年。神的殿堂被搗毀，耶路撒冷城被燒了。於「以斯拉」和「尼希米」的領導下，許多人從俘擄的地方回家。這個敬拜上帝的國再度被建立，聖殿和城市再度被造，這個國沒有再度陷入邪神崇拜之中。

五百年過去了，他們這個民族棄絕最偉大的先知——耶穌基督，這位眾人引頸企盼的救世主。祂對他們說：「看哪，你們的家成為荒場留給你們。」（太23：38）祂預見而且預言這城市的傾覆，和這國的離散。在西元70年這全都發生了。

默想與禱告：「求你隨你的美意善待錫安，建造耶路撒冷的城牆。」（詩51：18）

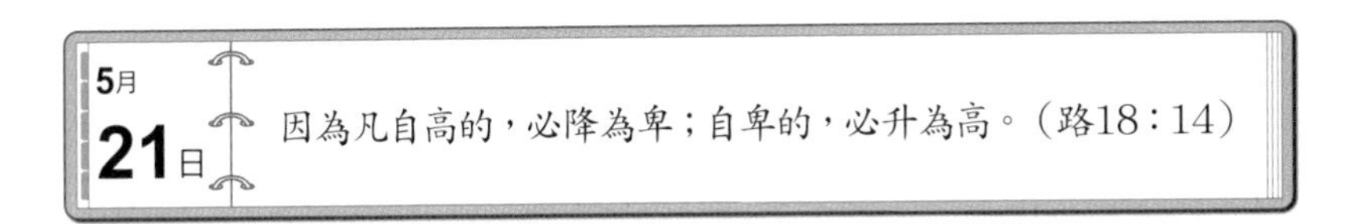
5月 21日 因為凡自高的，必降為卑；自卑的，必升為高。（路18：14）

神或任何一人都不會提升那些自傲的人，但是神和其他人都會結合起來，提升那些存心誠實和謙卑的，並以之為榮。約翰班揚這樣說：

「凡是低下的人，無需畏懼摔倒；
凡是卑賤的人，無需畏懼高傲；
凡是謙卑的人，將有上帝作他的引導。」

喬治穆勒成立的孤兒院，其院長弗雪德・柏根留下了最後信息，其中一句是「告訴我的年少弟兄們：他們為上帝所用的才能可能太大了些，但他們的才能絕不會太渺小。」假如我們自我高傲，那麼其他人遲早會貶低我們；這幾乎是肯定的，但假如我們很謙卑，耶和華會在適當時機提升我們。當掃羅自視還小的時候，上帝接走掃羅並提升他為王。但當他開始循自我的想法，不聽上帝的吩咐時，他便失去他的王位。

以撒牛頓爵士是舉世偉大的思想家之一，但他是一個非常謙卑的基督徒。他說：「我不知我在世人的眼中如何呈現，但我認知的自己，似乎只是個在海岸邊戲耍的男孩，偶而找顆平滑的石子，或找顆比普通漂亮些的貝殼消遣消遣，然而在真理的茫茫大海中，有許多是我未曾發掘到的。」聖經說的「尊榮之前，必有謙卑」（箴15：33），這句話在他傑出的一生裏徹底實現了。

湯瑪斯・古斯理說：「一位基督徒就像是成熟的穀禾，他愈成熟，他的頭垂得愈低。」假如我們注意要謙卑，上帝就會注意把我們高升。

默想與禱告：「你的右手扶持我，你的溫和使我為大。」（詩18：35）

5月
22日

我要在你們中間行走；我要作你們的上帝，你們要作我的子民。（利26：12）

在新約林後6：16，我們有相同的應許：「我要在他們中間居住，在他們中間來往，我要作他們的上帝，他們要作我的子民。」對應許之地的以色列來說，我們的聖經是個許諾；對於在每個地方，每個年代，甚或今日的上帝子民而言，我們的聖經仍是個許諾。上帝承諾要和我們在一起，祂說：「我絕不撇下你，也不丟棄你。」（來13：5）

上帝行走在何處呢？在祂的子民中間，在他們居住的處所。在安息日的教堂中嗎？是的，還有別處嗎？豐希谷卡寫瓦提醒我們上帝坐在塵土上，在監獄的罪犯之間，和青少年犯人在一起；他站在門前乞討麵包，他在病人之間；他和失業的人一起排隊。假如我們要遇到神，我們必須拜訪牢房和醫院病房。假如我們要遇到神，我們必須在門口遇到乞丐，訪問需要幫忙的男女。祂不只是宇宙的神，以色列國的神，祂也是我們的神，我們是祂的子民。

奧古斯丁祈禱：「主啊，你為自己造了我們，我們找不到安息，直到我們在你裏面找到安息。」

請記得這句：「神從未丟棄任何人，除非那人先丟棄祂。」

噢，神啊！你在這過去的年代，是我們的幫助，
你在未來的歲月，是我們的希望，
你在暴風中是我們的庇護所，
也是我們永恆的家。

——以撒・華茲（Isaac Watts）

默想與禱告：「我的力量啊，我要歌頌你；因為上帝是我的高臺，是賜恩與我的上帝。」（詩59：17）

5月
23日
耶和華對摩西說：「誰得罪我，我就從我的冊上塗抹誰的名。」（出32：33）

這個承諾是一項警告，它是上帝對摩西禱告的回答。以色列的子民已陷入邪神崇拜而去敬拜金牛。摩西非常愛這些子民，就問神是否無法原諒他們，要從生命冊抹去他們的名。然後就出現警告的話，這些警告顯示在生命冊中，有些人的名字將被抹去。

「我的名字
是寫在潔白而美好的扉頁上嗎？
我的名字是寫在你王國的冊中嗎？」
——紀德夫人（Mrs. M. A. Kidder）

偶而禱告這些話語會不好嗎？得罪上帝一定很恐怖，假如得罪會造成我們的名從祂的冊裏抹去。得罪非但嚴重，而且它是致命的。當史坦利在非洲心臟地帶穿越森林一路前進時，他最頑強的敵人，會造成商隊生命損失的，不是高大的部族，而是小小的溫布提。那些小矮人有小弓小箭，看起來像小孩子的玩意，但是在那些小箭上有小滴的毒藥，能殺死一隻大象或人類。

犯罪也許很小，但不是不嚴重。除非它被徹底地丟棄，否則犯罪會置我們於永恆的過失。

耶穌對祂的門徒說：「要因你們的名記錄在天上歡喜」（路10：20）。他們怎知他們在那兒？因為他們丟棄他們的罪惡。上帝的承諾是：「我塗抹了你的過犯，像厚雲消散；我塗抹了你的罪惡，像薄雲滅。」（賽44：22）讓我們今天認罪和丟棄罪惡吧！

默想與禱告：「我要承認我的罪孽；我要因我的罪憂愁。」（詩38：18）

5月
24日

因為還有一點點時候，那要來的就來，並不遲延。（來10：37）

這世界充滿了一種廣泛的不安，有時候似乎滲入上帝子民的心中，有一個有關於中國農夫的有趣故事。他想使他的蔬菜農場生產快一點，他每天早晨從土壤裏把作物拉拔高一點。他想，他會領先其他只等作物成長的農夫們。一天，他發現每棵作物都死了。我們會說：「這位農夫真是愚蠢極了！」因為我們的禱告並未獲得立刻回應，所以也沒有比這句「愚蠢極了」更多的抱怨了。

從基督教同工們顯示出的疑慮來看，好像上帝的工作從未完成，看起來時代是脫節的，有些人甚至極端地相信上帝「已經離棄這地」（結8：12）。但上帝對我們有耐心，而我們必須學著對生活有耐心。「父憑著自己的權柄，所定的時候日期，不是我們可以知道的。」（徒1：7）

當我們愈接近「主要回來」這份承諾的實現時，那份不耐煩很容易愈變愈大，因為我們沒有完全聽命於它。「你們也當忍耐，因為主來的日子近了。」（雅5：8）在今日經文的前一節是：「你們必須忍耐，使你們行完了上帝的旨意，就可以得著所應許的。」

順服上帝的話，那麼耐心地確認應許的實現，這就是我們需要的。對這顆忍耐的心來說，它只是一點點時候，然後主將會來，並不延遲。但願這是關乎我們的說詞：「聖徒的忍耐就在此。」（啟14：12）那麼所有的「一點點時候」將會是光明有望的。

默想與禱告：「願純全正直保守我，因為我等候你。」（詩25：21）

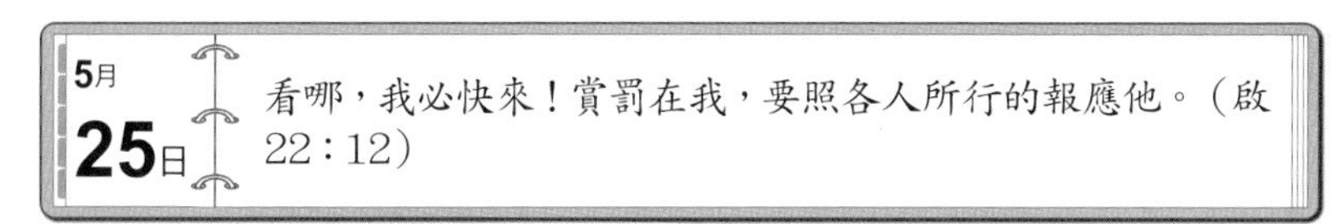

基督在世上的生命，確認了祂與我們在世上的親屬關係，而祂的升天，也使我們感覺與祂在天上的親屬關係。祂將回來接我們去祂那裏，祂在哪裏，叫我們也在那裏。（約14：3）

啟22：11標示了考驗期的結束。然後不可更新的法令施行了，基督到底還要多久再來，我們不得而知，但就「快來了」祂必快來，帶著報應而來。在祂的到來中，每一個人有一個股份。因為祂「要照各人所行的報應他」。我們對這生命的珍貴禮物做了甚麼？我們如何使用它？在那日，許多宣稱是基督徒的行動將會勝於雄辯。

一個快死的母親叫著她13歲的女兒，她在7個孩子中是年紀最大的。母親說：「瑪麗，你現在必須是孩子們的『媽媽』了。把他們集合起來，對父親要有耐心。他不喝酒時，對我們很仁慈。」然後她就死了。瑪麗勇敢地接下神聖的託付。二年後，一次嚴重的高燒使她意氣消沉。她對宣教的女執事說：「我沒有合適的衣服，所以我沒去教堂；而且到了夜晚，累得沒有作懇切的禱告。當我見了祂，我能說甚麼？」這智慧的女執事拉起這雙為他人勞苦粗硬的小手說：「不用說甚麼，瑪麗，就只要給祂看你的雙手就可以了。」

我們的行事是甚麼？我們的行事代表我們的生命。我們的生命又是甚麼？我們如何使用它？讓我們今天思考這些事，「因為我們都要站在上帝的台前。」（羅14：10）

默想與禱告：「耶和華向眾民施行審判。耶和華啊，求你按我的公義，和我心中的純正，判斷我。」（詩7：8）

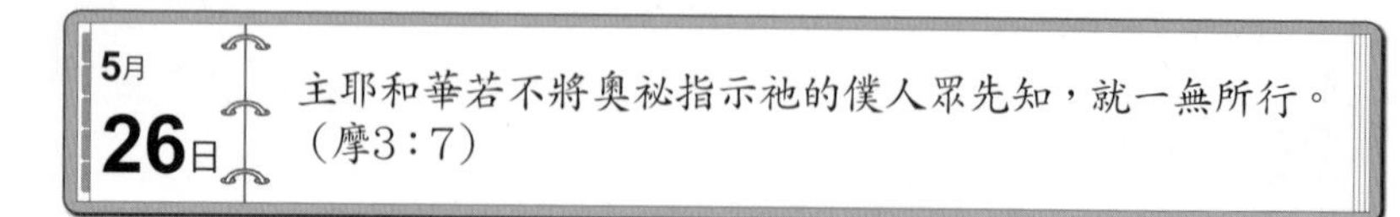

上帝的僕人先知帶給人類祂神聖的啟示。他們發出祂的訊息和預言來。神以各種不同方式揭示自己——經由聖經，經由自然的這本書，經由祂的眷顧，經由和人類的靈直接接觸。祂所有的啟示都很和諧，因為神自己就是原創者。任何上帝子民必須知道的福祉將經由祂的僕人眾先知揭示出來。

舊約的先知們預言最偉大的先知——耶穌基督的到來，他們預言仍在未來的事件。流逝的每一年證實了預言，而且它的事件絕對證明了聖經中神聖的啟發。耶穌說「現在事情還沒有成就，我預先告訴你們，叫你們到事情成就的時候，就可以信。」（約14：29）

在古代的火炬競賽中，一個跑者將火炬傳給下一個。所以，預言的熊熊火炬高舉在空中，一手又一手地跨越世紀傳遞下去，把歷史的陰暗小徑轉為光明大道。

在一輛驛馬車中的旅客想要消遣同伴，便藉著譏笑聖經展現他對聖經的敵意。他說：「關於『預言』，它們都是在事件發生後才被寫下來的。一位先前靜默的牧師回答，「我必須求提一個著名的預言，它是例外：『第一要緊的，該知道在末世必有好譏誚的人。』」（彼後3：3）

聖經中的預言真的是承諾，主所應許的不是耽延的。（第9節）讓我們研究和相信這些預言，我們將會享有一次偉大的聖靈復甦。

默想與禱告：「你的言語一解開，就發出亮光，使愚人通達。」（詩119：130）

5月
27日

伯利恆以法他啊，你在猶大諸城中為小；將來必有一位從你那裏出來，在以色列中為我作掌權的。他的根源從亙古，從太初就有。（彌5：2）

耶穌基督是唯一在出生之前，傳記就寫好的人。這篇就是傳記的一部分。祂的出生地，早於天使在猶大城，星辰閃爍的山坡上，對牧羊人們宣告佳音之前七百年就已記錄下來。「因今天在大衛的城裏，為你們生了救主，就是主基督。」（路2：11）伯利恆是大衛的城，而祂在人類這一邊，耶穌是大衛的子孫。祂是大衛之子（太1：1）而且許下承諾，祂應該坐在「祂祖大衛的位上。」（路1：32）但誰是生在伯利恆，長在拿撒勒的耶穌呢？他不只是大衛家族的一員，而且他是神聖的，因為祂的根源是從亙古「從太初就有」，或是如頁邊說的「永恆的日子」。在此宣布了祂的先存性。使徒約翰採用相同的主題：「太初有道，道與神同在，道就是神。這道太初與神同在，萬物是藉著他造的。」（約1：1－3）這創造的道是耶穌基督，因我們在14節讀到：「道成了肉身，住在我們中間，充充滿滿的有恩典有真理。我們也見過他的榮光，正是父獨生子的榮光。」這「獨生子」是耶穌，因神如此愛世人以致於將他的「獨生子」賜給他們（約3：16）。祂以前在永恆的日子裏，以創造者現身，現在祂以失落人的救贖者現身。

伯利恆，多棒的一個名字，滿是「靈糧的家」；而來自這小城的祂，就是生命的靈糧。

默想與禱告：「拯救我的主啊！求你快快幫助我！」（詩38：22）

5月 28日

必有人問他說：「你兩臂中間是甚麼傷呢？」他必回答說：「這是我在親友家中所受的傷。」（亞13：6）

這是主祂自己說有關救贖的故事。對質疑者，祂解釋著祂如何到自己的地方來，自己的人倒不接待他（約1：11）。救贖需要受傷、受苦和死亡，而我們的救主，將帶著那些傷痕貫穿所有時代。人類的驕傲不喜歡受傷。門徒在他的時代談到十字架討厭的地方。（加5：11）而現今它仍在世上，這種在門徒時代拒絕相信十字架創傷的「驕傲」感，在我們的時代仍然會駁斥這套理論。

世上最珍貴的藝術寶藏之一是一個粗略的畫作——人稱「塗鴉」的畫。人們在巴勒登的警衛室發現它，現在收藏在羅馬的博物館。這幅畫描述在一世紀和二世紀時，罪人們對十字架創傷的反應。

這個在灰泥牆上的塗鴉描繪著一個十字架的　瓜。在塗鴉的下面，畫畫的士兵胡亂地寫著同袍的名字，他嘲笑同袍的信仰，所以嘲弄著「亞力山明斯崇拜上帝」。這就顯示出那個時代對十字架的嘲弄和輕蔑。這也揭露了巨大的仇恨和誹謗，那是當時的基督徒必須面對的不利狀況。

耶穌不僅僅是世上偉大教師之一，他也是世人的救主。使徒保羅宣稱「我們要傳揚釘十字架的基督」（林前1：23）。在救主應得仁慈、接納、愛的地方，祂卻承受許多傷痕。今日讓我們看到祂，不再於祂友人的屋裏受傷，不再於我們的屋裏受傷。

默想與禱告：「願那些喜愛你救恩的，常說：『當尊耶和華為大！』」（詩 40：16）

5月
29日

看哪，我站在門外叩門；若有聽見我聲音就開門的，我要進到他那裏去，我與他，他與我一同坐席。（啟3：20）

假如我們聽見祂的叩門而開門，祂就會來成為我們的客人，那是承諾。我們想到倫敦聖保羅大教堂裏霍曼杭特的偉大畫作。當夜晚的黑影逼近，救主手中拿著一盞燈站在門前。祂聆聽、祂等候，但是屋內似乎沒有任何動靜的跡象。一個藝評家請畫家注意那失蹤的門閂，畫家說在門的內側。門代表一個人的心，當基督敲門時，那個人一定得打開心扉。

一個小男孩看著「世上的光」這幅畫，問他的父親：「爸爸，為何他們不讓耶穌進入？」父親回答：「我不知道。」過了一會兒，小男孩說：「我知道為何他們不讓祂進入了，他們住在地下室，無法聽到祂敲門。」這會不會是我們任何一人的困擾？我們在屬靈的事物中，是否是活在認識的水準之下呢？當我們讀到這份承諾，假如我們覺得有需要，讓我們向祂敞開心門。我們不需逼祂進來，祂說：「我會進來找他，」難道我們不讓祂現在就進來？

是的，我將打開驕傲的心門，
是的，我將讓祂進來。
我更加高興地歡迎祂，
噢，是的，我讓祂進來。
神聖的救主，與我同在，
憂傷和試煉將會減輕；
假如我只和你在一起，我會平安，
噢，神聖的耶和華啊，請進。

——荷瑞秀・帕瑪（Horatio R. Palmer）

默想與禱告：「主啊，如今我等甚麼呢？我的指望在乎你。」（詩 39：7）

5月 30日

經上寫：「主說：『我憑著我的永生起誓，萬膝必向我跪拜，萬口必向我承認。』」（羅14：11）

當宇宙中的每個聲音，不論天使的、人類的，都承認神的正直和公義時，那麼偉大的時刻將會到來。每個膝蓋，包含驕傲的和謙卑的，必向祂跪拜。在此使徒才宣布「我們都要站在神的臺前。」（羅14：10）而且支持他從賽45：22引用的論點：「經上寫著：萬口必向神承認。」

基督是天父之子，祂「將審判的事全交與子」（約5：22）。所以，祂是我們大家絕對的主人——治理、評斷我們的行為、話語、思想，處理我們永恆的命運。現在我們看不到神所有的方式，但將來有一天，我們一定會。「我們如今彷彿對著鏡子觀看，模糊不清，到那時，就要面對面了。」（林前13：12）

「因為斷定罪名，不立刻施刑，所以世人滿心作惡。」（傳8：11）但主公義的審判，將來有一天會執行，而且每個人將承認它是公義的。

當這話發出，偉大時刻就要到來：「你的道途義哉，誠哉。主阿，誰敢不敬畏你，不將榮耀歸與你的名呢？因為獨有你是聖的。萬民都要來在你面前敬拜。因你公義的作為已經顯出來了。」（啟15：3、4）神的正義將向世人顯示。對某些人來說，它像是絕望的呼喊，像猶大的一樣：「我知道你是誰，你是上帝的聖者。」（可1：24）但對我們來說，它是敬仰和愛的呼喊：「來啊，我們要屈身敬拜，在造我們的耶和華面前跪下。」（詩95：6）

默想與禱告：「我學了你公義的判語，就要以正直的心稱謝你。」（詩119：7）

5月 31日

因為寶座中的羔羊必牧養他們，領他們到生命水的泉源；上帝也必擦去他們一切的眼淚。（啟7：17）

我們的經文，描述了神聖的牧者和祂的羊，這是多麼美的畫面啊！祂是牧人之王，因為祂有一個寶座。祂帶領著自己的子民，在有活水泉源的青青草原，而且神顯示給人們看，人生糾結的網後，有偉大的設計；讓人們知道，萬事如何互相效力，以此來擦去他們的眼淚。（羅8：28）。

永恆的天家是為了得救的人而存在的，因為這「羔羊」引領他們，「這『羔羊』為了被殺的罪人。」因為祂在那兒，「他們不再飢，不再渴」（啟7：16），因為神在那兒，他們不再悲哀，因為神是愛（約壹4：16）。

薩瓦那羅拉被關在佛羅倫斯的地牢內。在處火刑的前一夜，獄卒看到他在微笑就問他：「甚麼事讓你發笑？」薩瓦那羅拉答道：「我聽到掉落的鎖鏈聲響、叮叮噹噹在我耳裏像是甜美的音樂。」他期待到達復活之地。就如傑若米・泰勒說的：「那兒只有白天，沒有黑夜；只有歡樂，沒有悲哀；只有神聖，沒有罪惡；只有慈善，沒有污點；只有沉著，沒有懼怕；只有陪伴，沒有妒羨；只有心靈溝通的歡樂，沒有輕藐。他們必居住在一個得福的國裏，敵軍不曾進入，而朋友也不曾走開。」這美妙的承諾也是為我們而做的。

「噢，甜美得福的國，是神選民的家！
噢，甜美得福的國，是熱切的心靈所期待的、恩慈的！
帶領我們到珍貴的安息地；
他是永遠受到祝福的主，與天父和聖靈同在。」
——克朗尼的勃納（Bernard of Cluny）

默想與禱告：「你已將我的哀哭變為跳舞，將我的麻衣脫去，給我披上喜樂。」（詩30：11）

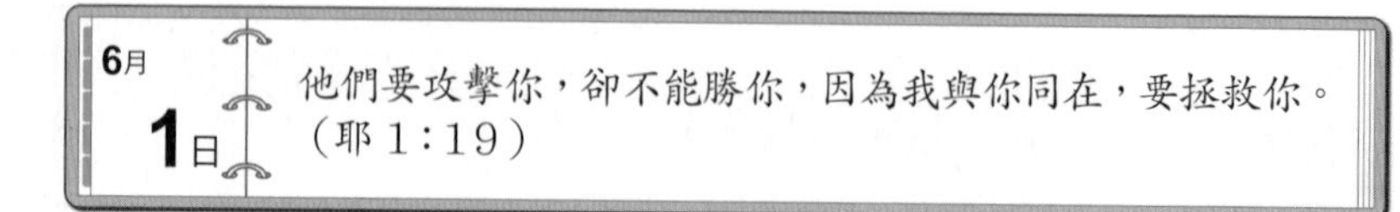
6月
1日
他們要攻擊你，卻不能勝你，因為我與你同在，要拯救你。（耶 1：19）

這不是一個保證沒煩憂的承諾，而是一個你在煩憂中有上帝同在的承諾；這不是一個保證沒戰爭的承諾，而是一個爭戰必得勝的承諾；最重要的，這是一個主與我們同在的承諾。雖然但以理無法從獅子坑中脫身，但是卻有耶和華的天使與他同在，約瑟是正直的，雖然進監獄他仍然不改其行。這樣值得嗎？是的，聖經說：「主與約瑟同在。」（創39：21）在那兒？在獄中。雖然三位希伯來英雄無法從烈火的窯中脫身；但在火中與他們同在一起的，卻是「那第四個的相貌好像神子」（但3：25）。

敵軍也許像獅子狂吼，也許像餓狼兇猛，但我們不必懼怕他們（耶1：8）神承諾與我們同在。所以，如同使徒作者那樣，我們可以大膽說：「主是幫助我的，我必不懼怕；人能把我怎麼樣呢？」（來13：6）

神並未應許：天色常藍，人生的路，途花香常漫；
神未曾應許：常晴無雨，常樂無痛苦，常安無虞。
神卻應許：生活有力，行路有光亮，作工得息，
試煉得恩易，危難有賴，無限的體諒，不死的愛。
——安妮強森・弗林特（Annie Johnson Flint）

默想與禱告：「求你親近我、救贖我；求你因我的仇敵把我贖回。」（詩69：18）

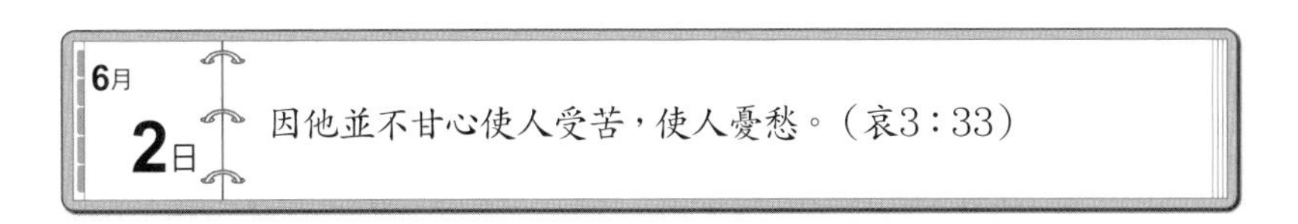
6月 2日 因他並不甘心使人受苦，使人憂愁。（哀3：33）

實際上，這是一個應許，雖然它不是以一個應許的形式出現；雖是如此，但它可也是一個很奇妙的應許。我們就在耶利米哀歌，一本悲傷作者所寫的悲哀之書中發現了它。耶利米警告耶路撒冷的人民，因為不順服神將會有災難到來。他請求他們從邪惡之路回轉。雖然他因他們的困苦被責難、被誤控、被害入獄，他仍愛著他的人民、他的城市和國家。他生在多事之秋，他也是個多愁的人。有一次他哭喊：「你們要觀看，有像這臨到我的痛苦沒有。」（哀1：12）但他未曾向上帝申訴，祂毫無理由地將苦難加諸於他的百姓身上。他向人們解釋，那是因為百姓犯罪，主想要他們的心回轉歸向祂。他說，主是他「在苦難之日的避難所」（耶16：19），而祂也真是如此。

也許在我們受苦、悲傷和煩憂時，上帝要讓我們學習某種功課，它是別種境遇無法學到的。當我還是小孩時，父母為了我的犯錯懲戒我，但我從未憎恨，因為我知道他們愛我。我總是看到淚光閃爍或是覺得有一隻顫抖的手在我頭上。朋友，要記住！上帝愛我們每一個。

經由痛楚，喜樂找到了我，
我無法對你關閉我的心房；
經由雨水，我踩著彩虹的蹤跡，
發覺那將是個無淚的清晨，
因為我深深地感覺到應許並不是虛飾的。
——喬治・李錫森（George Matheson）

默想與禱告：「耶和華啊，我知道你的判語是公義的；你使我受苦，是以誠實待我。」（詩119：75）

6月 3日

堅心倚賴你的，你必保守他十分平安，因為他倚靠你。你們當倚靠耶和華直到永遠；因為耶和華是永久的磐石。（賽26：3、4）

近些年來，數十本書寫到有關「心靈的平安」和「如何擁有它」這方面的主題，但真正的祕訣在此……信靠上帝。羅伯・路易斯・史帝文生説個故事，是關於一艘船被暴風困在岩岸之外。當人們害怕到最高點時，有個比其他人更勇敢的人，冒著危險進入舵手室，看到舵手緊守崗位，雙手放在舵輪上，臉上帶著微笑。於是衝回下方的甲板大叫著，「全都沒事，我們會得救，我看到舵手，他對我微笑。」這張微笑的臉轉化了恐慌，也把絕望轉換成希望。

所以假如我們憑著信心，看到那位加利利的大舵手的臉，那麼生命的絕望會消失，靈魂得以充滿平安和希望。在基督裏看見上帝的臉，會帶給我們平安。我們的救主是「和平的君」（賽9：6），祂對信祂的人説：「我留下平安給你們，我將我的平安賜給你們。我所賜的，不像世人所賜的；你們心裏不要憂愁，也不要膽怯。」（約14：27）我們有祂的平安嗎？

古人常在他們去世之人的墳墓上，銘刻著：「他不在了。」而在約翰班揚的美麗語句裏，卻可找著如下的話語，是描寫耶穌不同之處：「他們將這位偉大的旅客放在……一個房間裏，這房間的窗戶朝著太陽升起的東方開著；而房間的名字是平安，是這位旅客安睡直到一天破曉的地方。」

當人的心留給上帝，就會有永恆的力量及平安。正如赫伯・胡佛説：「平安不是用文件做成的，而是在人的心裏。」這種內在的平安，只有在我們全然信靠上帝的時候，才會臨到我們身上，因為「因信，上帝將所諸般的喜樂平安」充滿我們。（羅15：13）

默想與禱告：「愛你律法的人，有大平安；甚麼都不能使他們絆腳。」（詩119：165）

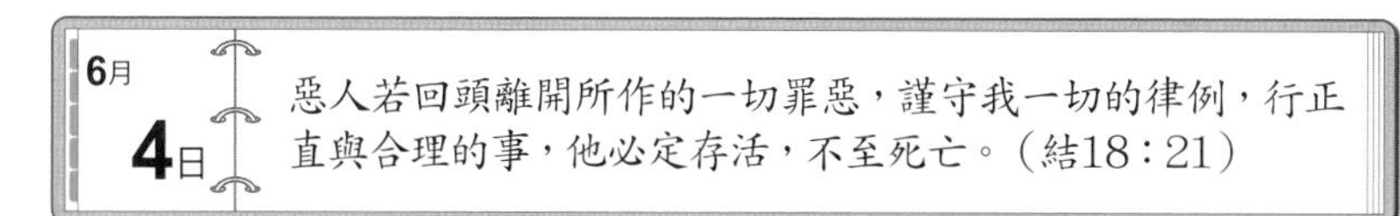

根據今日經文，惡人就是那些犯罪的人；聖經宣稱「因為世人都犯了罪」（羅3：23），所以這是針對眾人說的。因為眾人犯了罪，死亡就臨到眾人（羅5：12）。但假如「惡人離開所作的一切罪惡，行正直的事，他必定存活。」這是一個為了滿足普世性需要而有的普世性應許。

我們都犯了罪，除非我們悔改，不然我們必定全都「如此滅亡」（路13：3）。悔改有二種：一種是猶大的悔改；另一種是彼得的悔改。一種是碎裂的冰；另一種是融化的冰。猶大對他犯罪的結果很內疚；彼得為他犯的罪很內疚。猶大悔改後，吊死自己；但彼得悔改後去參加五旬節。真正的悔改是遠離我們的罪，走向順服的路；換言之，去做「那正直合理的事」。在此的思考就是：順服的就存活；悖逆的就滅亡。這種真理見諸於文明史、國家史和個人史。但是連順服都是神的恩賜，因為我們「立志」「行事」成就祂的美意，都是經由祂，藉著祂和屬於祂而有的（腓2：13）。

喬治・亞伯特・寇伊說：「沒有比『不能悔改』更糟的監禁了！」現在就是遠離罪惡的時機，免得我們深陷惡習，再也不在乎，再也不能脫離它。惡習和墳墓的唯一差別，只是深度不同而已。讓我們今日脫離罪惡，今日就悔改，今日就開始走向順服之路；那麼我們必有上帝給予生命——永生的應許。「主不願有一人沉淪，乃願人人都悔改。」（彼後3：9）

默想與禱告：「我要向耶和華承認我的過犯，你就赦免我的罪惡。」（詩32：5）

6月 5日

國度、權柄，和天下諸國的大權必賜給至高者的聖民。他的國是永遠的；一切掌權的都必事奉祂，順從祂。（但7：27）

今日人們渴望擁有一個平安正義的世界。百萬子民祈禱著：「願你的國降臨。願你的旨意行在地上，如同行在天上。」（太6：10）作這樣的禱告很容易，但我們真的期望它來臨嗎？有眾多的人尋求神的國，但許多人不以尋求神的國為優先。耶穌說：「你們要先求神的國。」（太6：33）請記得神的國早在祂的子民心中建好了，因為我們的救主在此說：「神的國就在你們心裏」，或作「在你們中間」（路17：21）。就如聖經中一個段落，其旁邊有一小段文字簡介所說的，有一天它會綻放成榮耀和力量降臨世間。這國是永恆的國，而且它會含括所有的地土。

天使對有福的童女馬利亞承諾說：「你要懷孕生子，可以給他起名叫『耶穌』。他要為大，稱為至高者的兒子；主上帝要把他祖大衛的位給他……他的國沒有窮盡。」（路1：31－33）祂恩典的國度是在祂受難之中建立的，然而祂掌管世界主權的未來之國，卻是在之後得榮耀之時才有的（彼前1：11）。在但以理書第二章的那則大預言中，鐵和泥摻雜預表之像，象徵了從巴比倫大國、羅馬帝國、至我們今日分裂的地上統治權的轉變過程。第44節告訴我們，就在我們現今諸王在位的時候，天上的上帝必另立一國。

這第五個世界之國，上帝之國，是為至高者的子民而預備的。我們是祂的子民嗎？在祂的國中，我們擁有公民資格嗎？我們正指望這榮耀的一天來臨嗎？

默想與禱告：「你的國是永遠的國，你執掌的權柄，存到萬代。」（詩145：13）

6月
6日

卑微的弟兄升高，就該喜樂；富足的降卑，也該如此。因為他必要過去，如同草上的花一樣。（雅1：9、10）

這是一個我們必須永遠記得，不能遺忘的應許。這個世間的升降是短暫的，它們沒甚麼意義，但也許有重要的結果。假如我們尋求世界的認同，甚或耽溺於屬靈驕傲，或是尋求提升自我，我們必須牢記這個一定會到來的應許：「如同草上的花一樣，我們必將過去。」不只榮耀會過去，而且我們自己也會過去。生命雖然很短暫，但絕對足夠長久地讓上帝為我們所設定的美意得以成就。當世事順利時，我們請別高傲；當世事不順利的，我們請別氣餒、沮喪，甚至絕望！和永恆無盡的循環相較之下，那只是一瞬間而已。

喬治・弗瑞德列克・瓦茲（George Frederick Watts）最具暗示的畫作裏，有一幅現在典藏於倫敦台特藝廊（Tate Gallery in London），標名為「如此變遷（Sic Transit）」，是一個很單純的主題。平躺在棺架上的是個包裹屍衣的人物，生命結束了。這全部到底意味什麼？圍繞死者的是一些展示他生命中身分地位的東西——一個有徽章的鋼盔，一支矛和一面盾。他是一個戰士。玫瑰花上這樣說：「他被摯愛著。」干貝說：「他旅遊過。」他不是個沒教養的人，因為在地上有音樂家的琵琶和學者的書。一個金杯顯示他已飲用過人生的富豪酒品。但現在他死了。人生總計是多少？虛度人生歲月後還剩下什麼？畫家以畫布上的三行字作總結：我曾經擁有我花錢買的；我失去了我儲存的；我現在擁有我給予別人的。

默想與禱告：「他們因你的名終日歡樂，因你的公義得以高舉。」（詩89：16）

6月 7日

大山哪，你算什麼呢？在所羅巴伯面前，你必成為平地。他必搬出一塊石頭，安在殿頂上。人且大聲歡呼說：『願恩惠恩惠，歸與這殿。』（亞4：7）

克雷頓曾經遇到一個當過專業導遊的瑞士老人，他説了一件克雷頓永遠忘不了的事。他們談論亞洲、南北美洲群山的高度，和他的故鄉瑞士中許多群山作比較。他説：「年輕人，要記住這個，一座山絕不是如同你從山腳下看來那麼高！」他解釋説：「當你站在一座你從未爬過的山腳下，往上看它的高度，於是就先行思考著其可預見的危險和難度；同時又計算著潛藏的危險與難度，那座山看起來真是高啊；但當你真的爬過它，克服所有艱難，往下看去，竟然一點也不覺得山是如此的高。你也許知道它有多少英呎的高度，但你並不會像在山腳下覺得那樣地了不起！」

所羅巴伯試著爬一座無法攀爬的山；他試著克服許多的困難險阻建造神的殿堂，然後耶和華的承諾到來：大山必會消失，它將真的變成一個平原，而且它的確變成了平原。我們的情況也是如此——我們的困難，痛苦和貧困——這些高山，也許無路可攀爬，穿越或是繞道。然後信心來了，山消失了，變成一個平原。但在這發生之前，我們的信心説出主的話語：「不是倚靠勢力，不是倚靠才能，乃是倚靠我的靈方能成事。」（亞4：6）

我們從來就無法解決，我們所面臨的巨大問題。它不是靠「勢力」解決。我們的困難無法被他人移除。它不是靠「才能」解決。它也許是座大山，但當信心抓住上帝大能的手臂，它就變成了平原。

默想與禱告：「我要為你的慈愛高興歡喜；因為你見過我的困難，知道我心中的艱難。」（詩 31：7）

6月 8日 因為這默示有一定的日期，快要應驗，並不虛謊。雖然遲延，還要等候；因為必然臨到，不再遲延。（哈2：3）

我們靠賴上帝預言的話語。許多預言，尤其是但以理的和使徒保羅的，都經由異象而有。聖經裏的預言，實際上就是聖經的應許。有些預言在聖經記錄之後馬上實現。其他一些預言在數世代後也應驗了。還有一些仍待實現，但沒有一個是不應驗的。他們總會在「一定的日期」應驗，而且他們必定要應驗。真的，他們有時延遲，但我們必須等待。也許從我們的觀點看，似乎是一段長久的時間，但在上帝看來卻不是。對上帝來説：「一日如千年，千年如一日。」（彼後3：8）重點是，預言一定會實現。時間不會太慢，但也不會來得太快速。

在歐洲的某個城市，有一個以時鐘聞名的巨塔。來自許多國家的觀光客要來看它，他們總是在中午時分抵達。當大鐘準時敲響時，突然有一個小門打開，在平台上出現了查理士五世大帝和他的大臣。每敲一下，群臣就向他鞠躬，而到第十二下，群臣消失，門也關閉。

上帝的預言也是如此。實現的時間到了，鐘聲便響起，劇中人物出現在人類歷史的舞台上。在特定的時間，根據預言的圖象，行他們的事蹟。這些實現了的預言，證明上帝的話是有啟發性的。它們也有助於上帝子民為即將到來的事件作準備，並且在痛苦試煉中給予他們勇氣與希望。讓我們鼓起勇氣，「因為還有一點點時候，那要來的就來，並不遲延。」（來10：37）

默想與禱告：「我等候耶和華，我的心等候，我也仰望他的話。」（詩130：5）

6月 9日

萬軍之耶和華說：『你們要將當納的十分之一，全然送入倉庫，使我家有糧，以此試試我，是否為你們敞開天上的窗戶，傾福與你們，甚至無處可容。（瑪3：10）

包含當納的十分之一，古代的以色列人奉獻，有人說，至少達到收入的四分之一。在今日恩典的時代，基督徒能奉獻比他們少嗎？在猶太人這項經濟制度之前的數世紀，亞伯拉罕將十分之一的收入獻給至高上帝的祭司，而雅各在他作夢的那夜對上帝說：「我必將十分之一獻給你。」（創28：22）我們的耶和華神對當時一些只專注收稅卻疏忽其他事物的宗教領袖說：「這些重要的教訓才是你們所必須實行的，至於其他的，也不可忽略。」（太23：23現代中文譯本）

朋友，嚴格地說來，除非我們將當納的獻給上帝和祂的事工，不然，就不能期待上帝打開天門傾福給我們。

有一個寡婦教她的兒子為了主的工作，儲存收入的十分之一。查理變得毛躁不安，在那個時日跑到遙遠的西部犯罪。然而，他儲存十分之一的習慣如此牢固不破，以致於他仍持續將上帝祂自己的分歸給神。有一天，當他拿著閃爍的十分錢在眼前大喊：「這全然是個蠢事！我要用這一角買份飲料，永遠停止這無意義的行為！」他衝到酒吧，丟了銀幣到櫃台枱，點了份飲料。就在飲料到達之前，他的銀幣轉為聖靈的控訴，並且呼喊：「你在用上帝的錢買咒詛。」他拾起銀幣，衝出店門，深入鄉野中把自己摔落地上，跪求上帝的憐憫。掙扎了數小時之後，他起身成為神的兒子。這什一就如此地引領他到他的救主身邊。

默想與禱告：「天屬你，地也屬你；世界和其中所充滿的，都為你所建立。」（詩89：11）

6月
10日
你們要追念上古的事，因為我是上帝，並無別神；我是上帝，再沒有能比我的！我從起初指明末後的事，從古時言明未成的事，說：我的籌算必立定，凡我所喜悅的，我必成就。（賽46：9、10）

這是神對不信者的挑戰。在古代，上帝向謬誤的宗教系統挑戰說：「可以聲明，指示我們將來必遇的事，說明先前的是什麼事，好叫我們思索，得知事的結局，或者把將來的事指示我們。要說明後來的事，好叫我們知道你們是神，你們或降福，或降禍，使我們驚奇，一同觀看。」（賽41：22、23）這些國的偶像是沉默的，因為他們不是神。只有活的神才能預知並預言未來，並且以此方式，經歷各世代，仍為祂自己作見證。祂宣示：「我已說出，也必成就；我已謀定，也必作成。」（賽46：11）在歷史上看這預言的實現是個迷人的故事。雖然有時需要長久的等候預言才實現，但它從未落空。歷史證明神說的話是真實無偽的。讓我們研究但以理和啟示錄中的預言，讓我們研究使徒保羅，尤其是耶穌的預言。

愛德華．楊博士是「夜思」的作者。在他死亡前幾天，他的朋友拜訪了他。他們談論有關預言的事，楊博士以這些話結束了談話：「我的朋友，我信仰基督，堅若磐石，是基於三種考量：人類的墮落，人類的救贖，人類的復活。這三個基督教首要的陳述，是人類才智永遠無法想出來的。所以，他們必是神聖的。另一個論述是：假如預言已經實現了，其實有很多明證顯示預言的實現，那麼聖經必定是上帝的話，而且假如聖經是上帝的話，那麼基督教義必定是真的。」

使徒彼得勸誡我們要研究預言。

默想與禱告：「耶和華啊，你的話安定在天，直到永遠。」（詩119：89）

6月 11日

你必不怕黑夜的驚駭，或是白日飛的箭；也不怕黑夜行的瘟疫，或是午間滅人的毒病。雖有千人仆倒在你旁邊，萬人仆倒在你右邊，這災卻不得臨近你。（詩91：5－7）

在亞歷山大一世統治的早期，俄國的上層階級對「閱讀聖經」和「虔誠信仰」非常藐視。葛利辛王子（Prince Galitzen）被派任教堂的官方代表之一，他便私下買了一本聖經使自己了解基督教義的首要規則。這件事改變了他的一生。之後拿破崙・邦納巴德入侵俄國，聖彼得堡全部的人不是準備應戰，就是準備逃走。葛利辛獨自一人保持鎮靜，繼續處理宮廷的事，好像他的國家處於在深沉的平安中，沙皇驚惶地問：「其他的人都準備逃了，你為何還選擇待在這裏繼續下去？」

葛利辛答道：「主是我的防衛，在此就像任何地方一樣安全。」然後他拿聖經給沙皇看，這是亞歷山大看過的第一本聖經，王子打開它到詩篇91篇：「住在至高者隱密處的，必住在全能者的蔭下。」沙皇深受感動，就在前往戰役之前先去教堂敬拜。牧師開始讀相同的詩篇。沙皇在禮拜後問：「葛利辛叫你選那首詩篇嗎？」牧師答：「不，我向主禱告，求主帶領我的選擇。」

沙皇和他的軍隊行軍了一天，到了晚間，他覺得很焦慮就命令牧師給他讀一段聖經，牧師開始唸：「住在至高者隱密處的……。」沙皇喊：「停，葛利辛叫你讀那篇給我的嗎？」牧師說：「當然不是，我求上帝指引我。」從那時開始，亞歷山大每天祕密地讀聖經。

默想與禱告：「我懼怕的時候，要倚靠你。」（詩56：3）

6月 **12**日

對膽怯的人說：「你們要剛強，不要懼怕。看哪，你們的上帝必來報仇，必來施行極大的報應，他必來拯救你們。」（賽35：4）

當我們煩惱、害怕、或憂愁時，這段經文是一個應許。請注意神的命令：「要剛強，不要懼怕。」假如它是不可能的，神就不會下這個命令。我們從懼怕和憂愁中得救是基於信心。而且這項應許是「你們的上帝必來報仇，必來施行極大的報應，他必來拯救你們。」

我們必須研究神全部的計畫，必須從太初看到盡頭。此生不會給予全部的報應，但是審判日將會來臨。在來2：2，我們讀到每次犯罪將會受到「該受的報應」。而上帝的子民也許知道他們的信心有「最大的賞賜。」（來10：35）但我們絕不會憂愁或煩惱的最大原因是，主自己應許要來拯救我們。祂會在二度降臨時以基督的形式來到我們面前，但現在祂是藉著聖靈來到我們面前。事實上，祂從未遠離我們任何一個人，正如徒17：27偉大的使徒保羅告訴我們的一樣。

多年以前，我聽威廉・艾佛瑞・奎爾主教傳道，我永遠無法忘懷這個康瓦耳人的話。他說，有一次在夜裏，他獨自坐著研究，如何處理一些條文曲解之憂慮的事。大約在半夜之時，似乎是上帝來到他跟前說：「奎爾，你去睡覺吧。夜裏其他的時間就由我坐在這裏吧。」主並沒有拋下他。祂就在那裏，知道做什麼。他也會來救我們，假如我們讓祂救的話。假如我們相信，我們必將停止憂煩，開始信任，讓我們「默然倚靠耶和華，耐性等候祂。」（詩37：7）

默想與禱告：「求你保護我的性命，搭救我，使我不至羞愧，因為我投靠你。」（詩 25：20）

6月 13日

看哪！他駕雲降臨。眾目要看見他，連刺他的人也要看見他；地上的萬族都要因他哀哭。這話是真實的。阿們！（啟1:7）

耶穌要來了，「而且眾目要看見他。」祂曾經以伯利恆虛弱的嬰兒來到世間；現在祂駕著天上的雲於榮耀中降臨（徒1：9－11）。祂的降臨是看得見的，祂帶著閃電的輝煌降臨（太24：27），祂來的時候，有「號筒的大聲」而且「那在基督裏死了的人必先復活」（太24：31；帖前4：16），祂像賊那樣，在意想不到的時候臨到惡人身上。（路12：39、40）

我們的救主宣布那些譴責祂而且參預祂死亡悲劇的人，會看到祂「坐在那權能者的右邊，駕著天上的雲降臨。」（可14：62）「連刺他的人」加上「眾目」將會看到祂來臨。他們如何看得到？只憑一個「復活」。但12：1、2明白指出：「睡在塵埃中的，必有多人（並非全部）復醒；」有些義人，不是全部的義人，將會復活承受永生，「有（並非所有的惡人）受羞辱永遠被憎惡的。」主的降臨對邪惡之人，將是一個恐怖的景象，因為他們毫無準備；但對神的子民而言，它卻帶來喜樂和勝利。「當世間的苦難來臨時，聖者的安寧就出現了。」

有人想像一個逐漸康復的旅人，坐在旅店門口，那是撒馬利亞人帶他來的地方。這個旅人望著路的遠方，等待救他的人回來。他也許說：「他答應要回來的，而且我知他會信守諾言；但是我要等他，在這裏守著他。」對基督徒而言，等候主耶穌從天上回來也是如此。

讓我們生活在企盼我們的主要回來的指望中。在聖經中最後的禱告詞是「主耶穌啊，我願你來！」（啟22：20）

默想與禱告：「你是救我的上帝，我終日等候你。」（詩25：5）

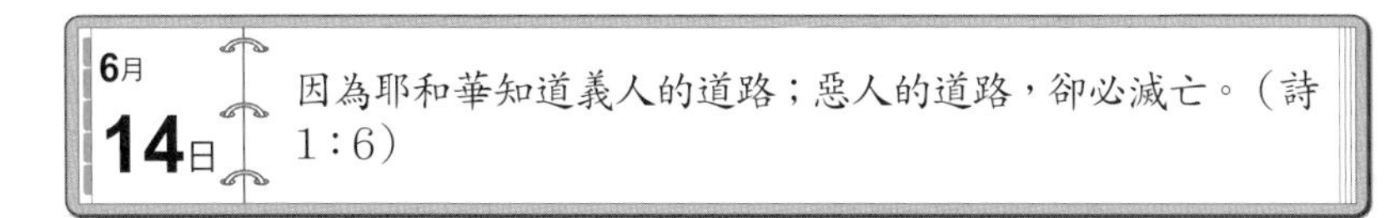

義人的道路有時似乎是長而艱難的路，但是神知道，神會關照祂的子女。可以確定的是「惡人的道路，卻必滅亡。」它看起來彷彿是一條美妙、有趣、成功的路，但至終卻是滅亡之路。神對惡人必受審判的承諾，就像神應許必賞賜祂的子民一樣確定。

當大衛看著惡人昌盛便說：「我的腳幾乎失閃。」（詩73：2）到惡人竟能昌盛，好人卻承受世上的不悅甚或迫害，他幾乎失去他的信心。可是他接著說：「等我進了上帝的聖所，思想他們的結局。」我才了解他們最後的結局。（17節）在神的聖殿光照下，我們看見天上的正義，真理和永恆的正直；每件事看起來都不同了。也許我們現在看不見它，但將來有一天我們會像神一樣地看見它。

「因為罪的工價乃是死」；「惟有上帝的恩賜，在我們的主基督耶穌裏，乃是永生。」（羅6：23）這就像神的話一樣確定。除非我們前往天堂，否則我們就會走向滅亡之路。約3：16的意思和這話完全吻合。相信的人有永生；其他的人將滅亡。因為這不是上帝的旨意，而是「神不願有一人沉淪，乃願人人都悔改。」（彼後3：9）

請記住：不敬神的人是那些心中沒有神的人。他們也許並未反對祂、攻擊祂、褻瀆祂或爭論祂的存在。他們甚至不是無神論者或異教徒。他們只是不敬神，過著好似世間沒有神的生活。他們忽視祂，而且他們的結局是毀滅。上帝知道且也要我們知道：別走滅亡之路，要跟著祂，因為祂是「道路、真理、生命。」（約14：6）

默想與禱告：「耶和華啊，求你將你的道指教我；我要照你的真理行；求你使我專心敬畏你的名。」（詩86：11）

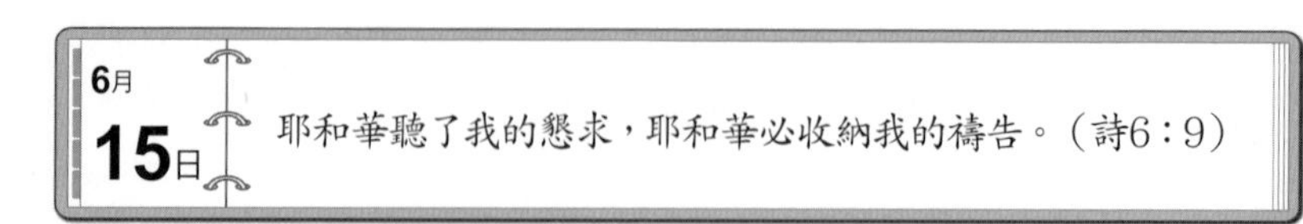
6月 15日 耶和華聽了我的懇求，耶和華必收納我的禱告。（詩6：9）

別人也許不聽我，但耶和華會聽。亞伯拉罕・林肯說：「我已有好幾次被排山倒海的信念，逼得跪在地上，我相信我別無去處。」這種應許在作詩者的信念中是沉睡著，然而憑著信心，它是給我們的應許。又真又活的神其中一個特性就是祂垂聽禱告，「聽禱告的主啊，凡有血氣的，都要來就你。」（詩65：2）

比利桑戴曾經談到一個應該動手術的小女孩。就在接受麻醉之前，她問醫生：「你要對我做什麼？」「親愛的，我們將為你手術，然後你會再度恢復。」她持續問：「但是現在會發生什麼事？」「為何問這個？我們要讓你睡著，所以你不會感覺痛苦。」接著小孩說：「但我睡前，我都會禱告。」於是在實習醫師，醫師和護士面前，小女孩爬下床來，跪在地上，大聲說：

「現在我躺下要睡了，
我向主祈禱保佑我的靈魂，
萬一我醒來之前死了，祈禱主將我的靈魂帶走。」

小女孩用孩子的單純信仰作禱告。在禱告的單純裏，但願我們都像孩子一樣，但願我們如同大衛說的：「我懼怕的時候要倚靠你。」（詩56：3）然後，我們再也不會害怕了。

讓我們以單純的信心禱告：「因為上帝會接納我的禱告。」

默想與禱告：「耶和華我們的上帝啊！你應允他們；你是赦免他們的神，卻按他們所行的報應他們。」（詩99：8）

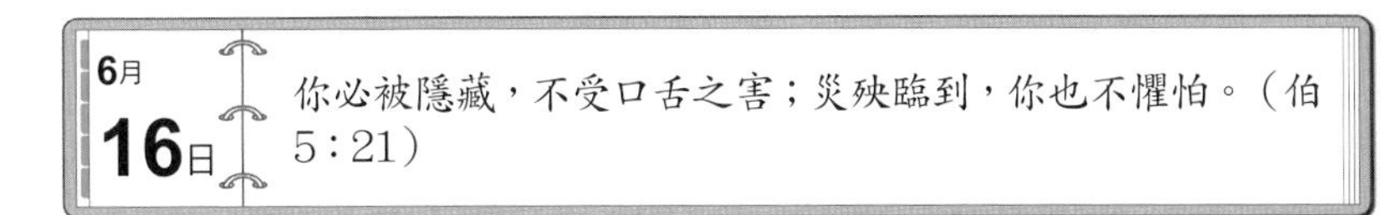
6月 16日 你必被隱藏，不受口舌之害；災殃臨到，你也不懼怕。（伯5：21）

雖然「智慧人的舌頭，卻為醫人的良藥。」（箴12：18），「溫良的舌，是生命樹」（箴15：4）的確，中傷的舌尖利如毒蛇（詩140：3）。在詩57： 4說到它像利劍，有許多人他們把惡藏在舌頭底下。（伯20：12）

真的，「萬口必向我承認」的一天將會到來（羅14：11）。但是有些人勒不住自己的舌頭（雅1：26），「這樣的狀況中，舌頭是火，舌頭是罪惡的世界。」（雅3：6）它離間主要的朋友（箴16：28），分裂教堂，破壞心靈的平安。它直接導致淚水、心碎、健康不良和死亡。但儘管如此，若按照我們所有的一切哲理來馴服舌頭，在人性來說，仍是不可能的（雅3：8）。

有位母親曾告訴她的兒女，將人類分為二種：朋友和陌生人。她說：「我們太愛我們的朋友、就不會說他們的八卦；至於陌生人，我們對他們認識得太少，也不會說他們的八卦。」喬治麥若迪說：「八卦是一頭捕食的野獸，它甚至不會等待它吞食的獵物慢慢死亡。」幾乎每個人有時苦於「口舌的天譴」。但神應許祂的子民必被隱藏，受到保護，其實藉著諂媚和中傷，口舌都可以是一種天譴。威廉考伯引用箴29：5說：「諂媚鄰舍的，就是設網羅絆他的腳。」接著又說：「中傷我的，把我抹得比本人還污黑；諂媚我的，把我漂白得比本人還清白。其實他們都玷污了我。當我深入良心的鏡中察看，我發現我被二種言論改裝了。」神是我們的保護者，使我們免於兩者的荼毒。就讓我們逃離這一切，走向祂。謹記：「舌說謊話，只存片時。」（箴12：19）

默想與禱告：「你必把他們藏在你面前的隱密處，……你必暗暗地保守他們在亭子裏，免受口舌的爭鬧。」（詩 31：20）

6月
17日
這事以後，耶和華在異象中有話對亞伯蘭說：『亞伯蘭你不要懼怕，我是你的盾牌，必大大地賞賜你。』（創15：1）

上帝的友人才剛從一場對抗四個國王的大戰役中獲救，但他即將要面對那橫在他面前的危險。他需要一個盾牌，而且他有最好的盾牌，因為上帝對他說：「我是你的盾牌。」

當我們和一群阿拉伯人旅遊時，我們發現他們不稱他們的先祖為亞伯蘭或亞伯拉罕，而是朋友。為何他被稱為上帝之友呢？為了找尋答案，我們讀到雅2：23，「亞伯拉罕信上帝，這就算為他的義。他又得稱為上帝的朋友。」

上帝讓那些「投靠祂的，祂便作他們的盾牌。」（箴30：5）在古代，一個沒有盾牌的人，在戰役中會被敵軍的武器迅速置於死地。在那時代有小盾牌和大盾牌。上帝對所有信靠的人，就是大盾牌，像亞伯拉罕所做的。有許多靈魂的敵人，發射的子彈是無法躲避的，而我們唯一的保護就是盾牌；而上帝就是盾牌，祂的保護眷顧是我們今世的盾牌，也是我們今世和來世的報償。

當諾拉的菲力克斯被亡命的殺手追殺時，他躲在洞穴裏避難，幾乎就在那瞬間的同時，蜘蛛已在洞口織好網。一見到這種情形，前來的殺手數分鐘後經過此地就離開了。之後，這位屬上帝的人說：「上帝不在的地方，一道牆只不過是像一張蜘蛛網那樣薄弱；上帝在的地方，一張蜘蛛網就是一道牆。」

在亞伯拉罕時代，這是真的，現在也是真的，神是倚靠祂之人的盾牌。

默想與禱告：「耶和華是我的巖石，我的山寨，我的救主，我的上帝，我的磐石，我所投靠的；他是我的盾牌，是拯救我的角，是我的高臺，是我的避難所。我的救主啊，你是救我脫離強暴的。」（撒下22：2、3）

6月 18日

地的四極，都要想念耶和華，並且歸順祂；列國的萬族，都要在你面前敬拜。（詩22：27）

現在的情況也許不似這樣，但基督徒終究是屬於勝利的這一方。將來必有一天，他們主「的權柄必從這海管到那海，從大河管到地極。」（亞9：10）「這天國的福音，要傳遍天下，對萬民作見證。」（太24：14）當審判的時候，有一位天使大聲說：「有永遠的福音要傳給住在地上的人，就是各國、各族、各方、各民；」「應當敬畏上帝，將榮耀歸給祂。」（啟14：6、7）

有一個確定的預言：「每逢月朔、安息日，凡有血氣的必來在我面前下拜，這是耶和華說的。」這一天會到來。（賽66：23）在詩72：11，「諸王都要叩拜他；萬國都要事奉祂。」當主生於猶太地的伯利恆，天使說：「可以給他起名叫耶穌。他要為大，稱為至高者的兒子。主上帝要把他祖大衛的位給他。他要做雅各家的王，直到永遠；他的國也沒有窮盡。」（路1：31－33）

在雅各家：得勝者要從全地的各族、各國、各民、各方聚集而來。祂曾是，現在也是萬國的珍寶（哈2：7），祂已應許祂普世國度的這項福音必須先傳給萬民（可13：10）。那些信徒必受洗，藉著「在萬國之中，叫人為祂的名信服真道。」成為一個大族（羅1：5）。萬國在祂裡面得祝福（加3：8），至於祂的城——新耶路撒冷，「得救的列國」必得進入（啟21：24）。

默想與禱告：「主啊！你所造的萬民，都要來敬拜你；他們也要榮耀你的名。」（詩 86：9）

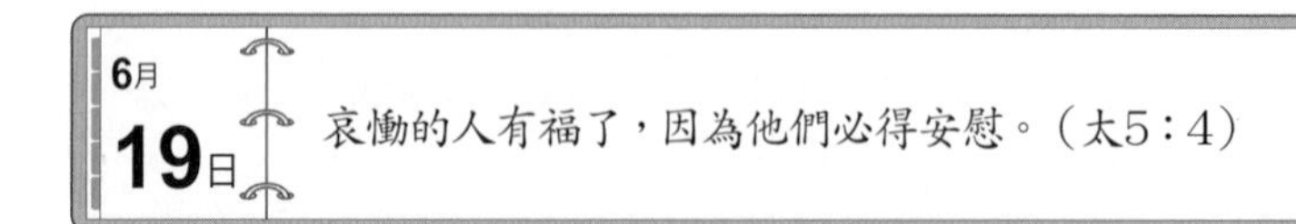

哀慟的人有福了，因為他們必得安慰。（太5：4）

我們會認為蒙福和哀慟無關，但我們無限智慧的救主，卻把二者放在一起成為八福之一。如同傳福音的說：「所以上帝配合的，人不可分開。」（可10：9）當我們為我們的罪和他人的罪哀慟時，我們就有福了——不只是在未來的日子，而是此地和此刻。

亨利・華德・比車提醒我們，有時人類認為是上帝毀滅他們，其實上帝是在轉變他們。喬治羅曼斯，是一位英國的科學家，也是位偉大的牛津人。當他失去信心陷入不信的深淵時，他寫道：「有時我會想起那位造物者神聖的光榮，它曾一度為我所有。後來當我體認到生命的孤寂和荒蕪時，我發現這個事實——也就是此刻我的感受，自己脆弱的本性才是最尖銳的苦痛。」但最後他還是回到信仰，說來很奇妙的是，這要經由痛苦才得到的。當盲目遮蔽了他的雙眼，信心的光卻滿溢他的心。

上帝安慰的福份，是透過耶穌的寶血而有的，也是透過聖靈的大能大力而有的。上帝有確切的保證，上帝祂自己要在世上所有的罪人之前榮耀祂自己，於是我們便知道我們很快地便會從罪惡中被拯救出來，而要永遠地住在祂裏面。我們的主是「賜各樣安慰的上帝」（林後1：3）。祂應許，要在我們遭受試煉時安慰我們，「我們在一切患難中，祂就安慰我們，叫我們能用上帝所賜的安慰，去安慰那遭各樣患難的人。」（林後1：4）

默想與禱告：「你是叫我們多經歷重大急難的，必使我們復活。從地的深處救上來。求你使我越發昌大，又轉來安慰我。」（詩 71：20、21）

6月 20日

那要吞我的人辱罵我的時候，上帝從天上必施恩救我，也必向我發出慈愛和誠實。（詩57：3）

大衛知道他在談的事——他的幫助是來自上帝，而不是人類。當他從掃羅那兒逃出來的時候，寫下這些有感而發的話。他說；「我的性命在獅子中間」（詩57：4），但他對上帝的幫助毫無懷疑。「上帝從天上必施恩救我，也必向我發出慈愛和誠實。」（詩57：3）

我們得知菲得烈・道格拉斯（Frederick Douglass），是一位極負盛名的黑奴演說家。當情勢似乎對他的族人很晦暗時，他曾經作一次令人哀慟的演講：「白人反對我們，政府反對我們，時代的精神反對我們。我看不到黑人民族的希望。我充滿悲哀。」這在那時，聽眾席上一個可憐的老婦人站起來說：「菲得烈，上帝死了嗎？」

朋友，當我們把上帝算進來，事情就不一樣了。祂是活著的神，祂沒死。為了幫助我們，上帝必從天上派遣大能的天使，祂會在我們的痛苦中記念我們；在煩憂中，祂發出慈愛，因為「祂的慈愛永遠長存。」（詩138：8）祂要發出祂的誠實，因為「祂的誠實，是大小的盾牌。」（詩91：4）如同光可以驅離黑暗，誠實也可以驅離虛假。在危險和痛苦的時候，這段不知名的禱告也可以成為我們的：

「上帝啊，求你以慈悲保護我，
求你保守賜我力量；
在我有力量時，賜我智慧的判斷；
在判斷時，讓我永遠公正；
並讓我擁有愛，神啊！是你的愛；
因為你的愛，是全備的愛。」

默想與禱告：「上帝是應當稱頌的；祂並沒有推卻我的禱告，也沒有叫祂

6月 **21**日

如此，人從日落之處，必敬畏耶和華的名；從日出之地，也必敬畏他的榮耀。因為仇敵好像急流的河水沖來，是耶和華之氣所驅逐的。（賽59：19）

「可稱頌之上帝交託我榮耀福音」的時候即將來臨（提前1：11），將「要傳遍天下，對萬民作見證。」（太24：14）的時候必將來到。從東來的子民和從西來的子民必要敬畏祂。敵人每一分企圖阻撓神的工作，都被聖靈挫敗。再把聖經故事讀一遍，就可以注意到有多少次上帝的子民被神的力量拯救，而不是被人力拯救——諸如三個希伯來年輕人從火中脫身；但以理從獅子洞穴脫離；約瑟從監獄出離；大衛從歌利亞和掃羅那兒逃脫；約沙法從三國聯盟裏脫難；使徒彼得從獄中脫難；使徒保羅從暴民中脫難……還有許多其他的例子。

基甸知道是神的幫助，自己不居功，因為他只是神手中的一個工具而已。正如約翰魯斯金說過的：「人類只有一種方式幫助神，那就是讓神幫助他。」那就是基甸以讓神助他的方式幫助了神。假如我們降服，神就會掌權。

讓我們牢記萬軍之耶和華說，「不是倚靠勢力，不是倚靠才能，而是倚靠我的靈，方能成事。」（亞4：6）詹姆士・麥考尼說有一度他相信一些人在聖靈上有專權，但現在我知道是聖靈對一些人有專權。假如我們的生命臣服於聖靈，祂就會驅逐我們生命中的敵人。讓我們永遠牢記，爭戰的勝敗全在乎耶和華（撒上17：47）。

默想與禱告：「我的上帝啊，求你救我脫離仇敵，把我安置在高處，得脫那些起來攻擊我的人。」（詩59：1）

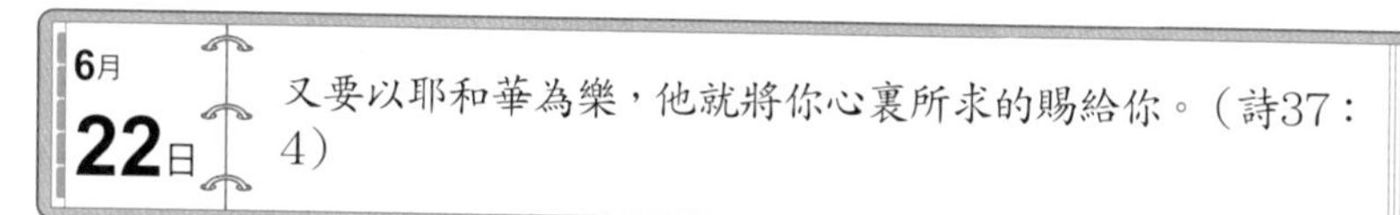

這是很自然的，我們先設定欲望，然後為獲得它們而四處追尋。忘記了我們應先尋求主和祂的公義，這些東西才會加給我們（太6：33），神的方式恰是相反的。神會讓我們先尋求祂，在主裏得到喜樂，然後才會有轉化的力量臨到我們。當我們在主裏喜樂，祂會賜與我們心裏所求的，因為它們必是正當的心願。

上帝通常以奇特的方式，讓這些欲求實現。例如，灰心喪志的哥倫布在回法國的途中，暫時在一個靠近胡埃華的修道院停歇，那時一個修道士聽了他的故事。後來代表他與伊莎貝爾皇后進行交涉的，就是這位修道士。

當約翰・喀爾文前往斯特勃格的途中發現因戰事道路封閉了，因此他被迫繞道日內瓦。在那兒激昂辯才的費勒，要求他留在當地帶領上帝的事工。

亞伯拉罕・林肯，在分類一桶垃圾時，恰巧發現了一分布來克史東的回憶錄複本。那偶然的發現喚醒他心中要改變世界歷史的欲望。

喬治・懷特菲爾德無法與嫂嫂相處，就放棄了貝爾酒館的酒保工作。一步一步地，他進入牛津，接觸了聖潔會（Holy Club），成為世界最偉大的牧師之一。他說他曾與嫂嫂意見不合，上帝用這個的方式迫使他停止為酒鬼取酒的生意，而進入為祂神聖選民從救贖之井汲水的行業。

默想與禱告：「敬畏他的，他必成就他們的心願；也必聽他們的呼求，拯救他們。」（詩145：19）

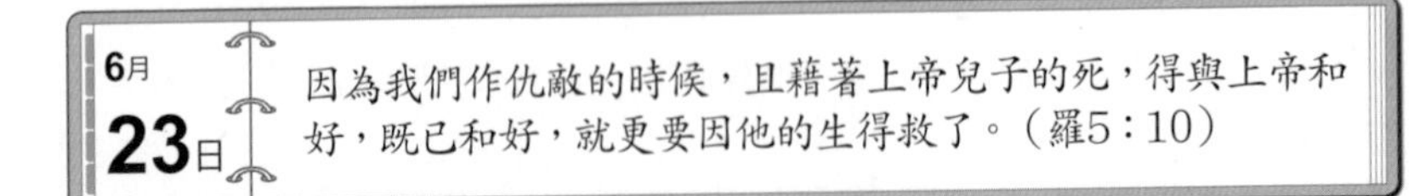

根據報告，當南非帝國的建國者西塞祿・羅德斯躺在病床上快死的時候，他說：「有如此多要做的事，完成的卻如此少。」他無法像我們的救主在生涯的高峰，懸在十字架上說：「成了」。

讀著前一節和我們今日的經文，我們看到基督整個的中保工作分為兩階段——第一個階段在地上已完成，另個階段還在天上完成的過程中。憑祂的寶血稱義，憑著神兒子的死和上帝和好，這是第一階段。第二階段是藉著他免去神的忿怒（羅5：9），藉著他的生得到救贖。當我們還作仇敵的時候，神執行第一階段；更進一步地，祂將會為了祂的跟隨者，也就是那些相信之人，完成第二階段。

我們的和好是藉著耶穌的死使彼此為敵的和好。這已完成了。我們的救贖是「藉著祂免去神的忿怒」，基督在天上作我們的大祭司，藉著聖靈在我們心中工作，現在仍在進行中。我們在來7：25讀到：「他長遠活著，替我們祈求。」因為這個，上帝在地上的子民被赦免和祝福，而且上帝的形像在他們心裏也被修復了。他們不僅擁有祂因救贖而有的樣式，同時也藉由聖靈而擁有祂自己的品格——「就是基督在你們心裏，成了有榮耀的盼望。」（西1：27）所以當我們追隨祂時，我們「就不在黑暗裏走，必要得著生命的光。」（約8：12）

默想與禱告：「因為在你那裏，有生命的源頭；在你的光中，我們必得見光。」（詩36：9）

6月
24日

因為你們怎樣論斷人，也必怎樣被論斷。你們用甚麼量器量給人，也必用甚麼量器量給你們。（太7：2）

那公義審斷的應許，事實上就是整部的黃金律：「無論何事，你們願意人怎樣待你們，你們也要怎樣待人。」（太7：12）今日的經文指示我們怎樣待人，別人也必怎樣待我們。

錯誤的論斷帶給世界莫大的悲哀。達科塔印第安人曾作過下面的禱告：「偉大的靈，幫助我別論斷另一個人，除非我站在他的立場體驗二個禮拜再說。」

當戴特・莫羅提到他擅於與墨西哥共和國的人民相處的原因時，他以不同的話來說：「除非我發現他想要成為什麼人以及他真正是什麼人，否則我絕不論斷一個人。」

神了解我們的心。祂了解我們想要成為什麼人；祂了解我們試著做什麼。祂也知道我們的背景和遺傳，而且將這一切全部納入考量的範圍之內。

我們對別人的論斷也許不公平，因為我們扭曲的觀點，我們不能看到事情的真實面。一個女人向來訪的友人，抱怨隔壁鄰居是個可憐的家庭主婦。她說：「看看她懸掛在繩上的那些衣服，看看那些床單以及枕頭套的黑條紋！」這位朋友站到窗前，往外看。然後她把窗戶提高，再看一回。她說：「親愛的，那些衣服看起來非常乾淨，你看到的條紋是在你自己的窗格上啦！」

在我們論斷時，我們要確定問題不在我們自己。事實上，假如「我們不論斷人，我們應該比較安全，免得我們被論斷。」（太7：1）最好將事情交託在上帝的手中。

默想與禱告：「上帝啊，求你伸我的冤，向不虔誠的國，為我辨屈；求你救我脫離詭詐不義的人。」（詩 43：1）

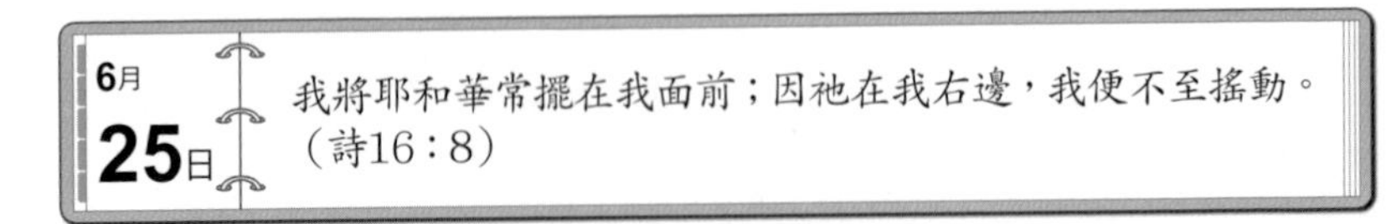

生活的方式應該如此：隨時有神在我們面前，我們就有最高貴的友誼、最神聖的典範、最甜美的安慰和最強大的影響力。

邦義墓園是倫敦最古老的墓園之一，對街就是約翰衛斯理的禮拜堂，在這兒他生活、死亡，這兒有他的墳墓和紀念碑。就在他死前，衛斯理張開眼睛，以清楚有力的聲音，對著繞床站立的年輕牧師們喊道：「最棒的就是神與我們同在。是的，我的朋友，那是所有事物中最棒的，神在我們右邊；正如詩人說的『比手足還近』。」

我們每日都需要實踐「上帝的品格」，要記住那些重要且永遠真實的話：「你是看顧我的神」（創16：13）請注意，這必定是有意志力的堅決行動——我將耶和華常擺在我面前。這必須是一件平穩且持之以恆的工作。在上帝面前，我們做我們的事，照著我們的方式生活。祂就在我們的右邊，帶領我們，保護我們，指導我們。

在緬甸可以見到有名的睡佛，它是一尊巨大的鍍金雕像，有30英呎長，側躺著襯托他詳和的臉，閉著眼，頭枕在一隻手上。審判時，沒得求助；在虛弱恐懼的時刻，沒有溫柔的胸脯可以倚靠；有需要呼求時，沒有耳朵可以打開聆聽；佛陀在沉睡。和既不打盹也不沉睡的上帝相較之下（詩121：4），神的耳朵面對我的呼求永遠是張開的。祂是我們的天父，祂說：「你不要害怕，因為我與你同在，不要驚慌，因為我是你的神。」（賽41：10）祂對那些古時的以色列人說：「你們當剛強壯膽，不要害怕，也不要畏懼他們，因為耶和華你的神和你同去。他必不撇下你，也不丟棄你。」（申31：6）祂今日對我們說的，也是一樣的話。

默想與禱告：「上帝啊，求你憐憫我，憐憫我；因為我的心投靠你。我要投靠在你翅膀的蔭下，等到災害過去。」（詩57：1）

6月 **26**日

我心裏說：「上帝必審判義人和惡人：因為在那裏，各樣事務，一切工作，都有定時。」（傳3：17）

任何讀聖經的人，將明白這是一個道德律的宇宙，同時也明白所有的人都得對上帝負責。聖經說：「因我們都要站在上帝的臺前。」（羅14：10）「我們各人必要將自己的事，在上帝面前說明。」（羅14：12）上帝已定了日子，要按著公義審判天下。（徒17：31）——日子是指定的。在神的計畫裏，各樣事物，一切工作都有定時。

一個年輕牧師在新教堂作了第一次講道，後來遇到一位能幹年輕的懷疑論者——勃特歐尼。歐尼對他說，「你講得很好，但是我不相信聖經的絕對確實性。」

年輕牧師回答他：「『按著定命，人人都有一死，死後且有審判。』」（來9：27）

我可以證明死後沒有審判這樣的事。」

牧師宣稱：「但人類一定會死，因為按著定命，人都有一死，死後且有審判。」

「那不是論據，讓我們回歸事實來討論這件事。」

牧師搖頭說：「我在此宣揚神的話。」

歐尼很懊惱，掉頭就走，並說：「我不相信你是足夠了解聖經來和我爭論這點。」牧師平靜回答：「也許你對，但請記住按著定命，人人都有一死，死後且有審判。」

一直到深夜，那些話縈繞歐尼的心：「審判，審判，審判！」第二天清晨，他拜訪牧師說：「我度過一個可怕的夜晚，聖經的話向我一路燃燒，我無法揮去他們。我該做什麼才能得救？」當他離去時，他就成為上帝的孩子了。

默想與禱告：「公義和公平，是你寶座的根基；慈愛和誠實，行在你前面。」（詩89：14）

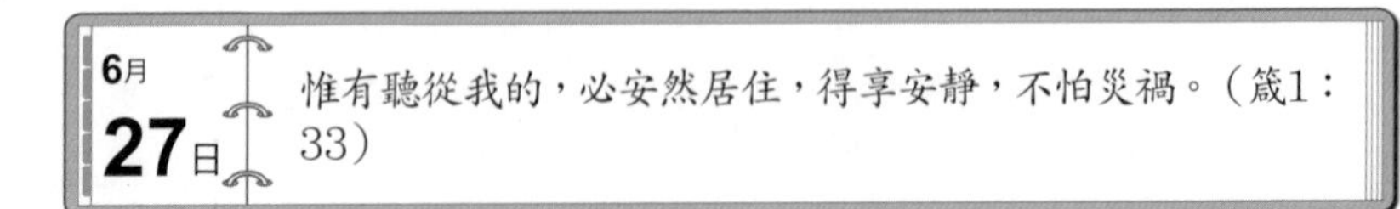
6月 27日 惟有聽從我的，必安然居住，得享安靜，不怕災禍。（箴1：33）

希臘人知道，有一種耳聾的病人，聽得到每樣東西發出的聲響，就是聽不到人說的話。同時，有一種屬靈疾病的病人，聽得進每樣事物，卻聽不見神的話。

假如我們希望安全，我們必須聽神。免於生活的緊張，心智的衝突和心靈的混亂，這是多麼美好啊！恐懼在今日的每個層面是很普遍的。假如我們傾聽神的聲音，順服他，我們就可以擁有心靈和心智的平安寧靜。凡順服神的人，才會傾聽，不順服的人就不聽。

威靈頓公爵對一個不認為能執行交付命令的工程師說：「我不問你的意見，我只給你命令，並期待你能服從。」

對一些相信耶穌的人，耶穌說：「你們若常常遵守我的道，就真是我的門徒；你們必曉得真理，真理必叫你們得以自由。」（約8：31、32）

當神對但以理說偉大有力的事情時，神使他堅強。神的話是靈魂的糧食。先知耶利米說：「我得著你的言語，就當食物吃了；你的言語，是我心中的歡喜快樂。」（耶15：16）像這個叫撒母耳的男孩說：「耶和華啊！請說，僕人敬聽。」（撒上3：9）是我們的特權。

傾聽我們救主說的話，
生命的話是可信賴和真實的；
不在乎的人，不禱告的人，請傾聽和記住耶穌說的：
「那些去行的人，是有福的！」
——普力斯（P.P.Bliss）

默想與禱告：「我一心尋求了你，求你不要叫我偏離你的命令。」（詩119：10）

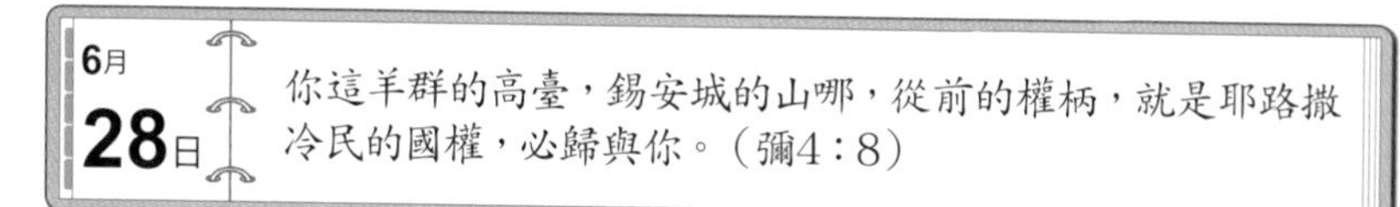

起初這個大地的權柄是賦予我們的先祖亞當的，之後卻由一支被贖之族所恢復。「上帝之民被贖」的日子終將到來（弗1：14）這大地原先是上帝給予人類管理之權，人類卻因為背叛神而轉入撒但手中，長久被有力的對手把持，這大地將因基督偉大的救贖計畫，被帶回神的這一邊。凡是第一個亞當失去的，將會在第二個亞當手中失而復得。凡是因罪而失去的，將經由恩典復得。「創造諸天的耶和華製造成全大地的神，他創造堅定大地，並非使地荒涼，是要給人居住。」（賽45：18）「義人必承受地土，永居其上。」（詩37：29）錫安，耶路撒冷的子民，領受最初的權柄。而教會繼承了基督之國度，這個國度是基督徒的高臺。你在基督裏找到庇護了嗎？聖經裏寫著：「耶和華的名是堅固臺；義人奔入便得安穩。」（箴18：10）

有種植物叫蓬子草，它只生長在靠海的懸崖上，在海浪所及之處以上挺立。有些遇難的水手被浪打到岸邊，他們奮力地攀爬陡峭的崖壁，害怕翻騰而來的浪頭襲擊他們。這時，其中一人看到了繁茂的蓬子草，他立刻高聲歡呼：「我們安全了，朋友，我們安全了。這裡有蓬子草」。真的，海也許很接近，浪花也許會打在他們身上，但轟轟巨浪絕不會侵襲他們，因為他們是很安全的。

假如我們藏身在基督裏，我們也是如此安全。我們也許可以全然看清世界的風暴，也許聽到它的吼聲，看到它怒浪，但我們有一個安全的庇蔭所。

默想與禱告：「你是我的避難所；在活人之地，你是我的福分。」（詩142：5）

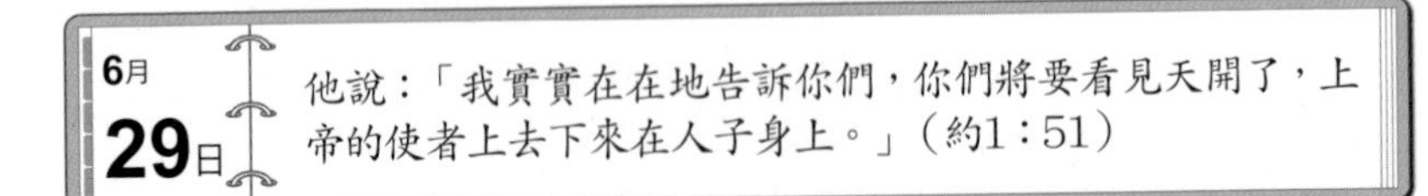

6月
29日

他說：「我實實在在地告訴你們，你們將要看見天開了，上帝的使者上去下來在人子身上。」（約1：51）

這個對拿但業的許諾，是對所有信徒的許諾。當雅各看到巨大陰暗，好似從大地通往天門的階梯時，我們明白了雅各夢境的真意。耶和華站在梯子的頂端，天使上去下來地穿梭。

這個夢中的神祕階梯代表耶穌，是天與地，神與人之間唯一真正的中保和溝通的中間人，祂是「又新又活的路」（來10：20）。祂說：「我就是道路、真理、生命；若不藉著我，沒有人能到父那裏去。」（約14：6）

「藉由基督，地再次與天相連在一起。因著祂作工的果效，基督已將罪所造成的鴻溝搭起一座橋樑，如此一來那服役的天使們，便能與人互相來往了。基督將那陷在軟弱和無助的世人，與無窮能力的源頭相連在一起。」（《喜樂的泉源》9頁）

想想看，藉著中保耶穌這條道路，禱告會上升，回應會下來。想想這座直接通往你家、我家的梯子，當你正在讀這幾行文字時，他就站在你右邊。天與地絕不會離得很遠，因為「上帝在基督裏，叫世人與自己和好。」（林後5：19）

「人子」這個片語在四福音書裏出現79次，也將我們與我們的救主視為同一，因為祂「成為人的樣式」（腓2：7）。

在我們枕頭四週，有金色梯子升起，天使在空中上上下下，
穿著有翅膀的涼鞋
那上去下來的天使，是上帝的使者。
——史都達（R. H. Stoddard）

默想與禱告：「耶和華啊，你的慈愛，上及諸天；你的信實，達到穹蒼。」（詩36：5）

6月
30日

在我聖山的遍處，這一切都不傷人，不害物；因為認識耶和華的知識要充滿遍地，好像水充滿洋海一般。（賽11：9）

二十世紀看到歷史中最大的戰爭，它已造成前所未有的毀壞，然而這兒有個許諾，是上帝將以祂自己的時間和方式來完成。但這必須是在全人類認識耶和華的情況之下。然而，我們有個許應，「他們從最小的到至大的，都必認識我。」（耶31：34）

「你們這小群，不要懼怕，因為你們的父，樂意把國賜給你們。」（路12：32）那國必遍滿全地，沒有窮盡（路1：33）。「天下諸國的大權，必賜給至高者的聖民。」（但7：27）在先知的夢裏，有四種不同金屬成分的像描繪世上的國。而毀了這像的第五國，最初只不過是一塊石頭，未經人手所鑿，也沒有人為的干預，卻變成一座大山，充滿天下（但2：34、35）。當神的國在未來統治世人時，它已經統管了數以千計的人心，耶穌說：「上帝的國就在你們心裏」（路17：21）。

一個俄國年輕人，讀了新約後成為一個反對屠殺的人。當他被帶到一個「法官」面前，他告訴推事一種熱愛敵人與善待仇人的生活。法官說：「是的，我了解，但你必須務實點。那些法律是上帝之國的法律，而它尚未來到。」年輕人整頓一下說：「先生，我知道它還沒有為你而來，沒有為我的國而來，沒有為世人而來，但神的國早已為我而來，我無法過著好像它沒來的生活。」如果我們已經進入上帝的國，那麼就讓我們在其中生活，如同我們就是為此而生的吧！

默想與禱告：「好叫世界得知你的道路，萬國得知你的救恩。」（詩 67：2）

7月 1日

耶和華對亞伯蘭說：「你要離開本地、本族、父家，往我所要指示你的地去。我必叫你成為大國。我必賜福給你，叫你的名為大，你也要叫別人得福。為你祝福的，我必賜福與他；那咒詛你的，我必咒詛他。地上的萬族都要因你得福。」（創 12：1—3）

亞伯拉罕是聖經世界中一個最出名的人。他不但在聖經中佔有顯赫的地位，穆罕默德也在可蘭經中講到他。他被阿拉伯人奉為他們民族的老祖宗，也被猶太人視為他們的祖先。他也在印度。埃及、米索波大米亞、大馬士革享有盛名。

想一想他從上帝所領受的福分吧，他的信心子孫實際上已經增加到像天上的星星那麼多。他的尊名已在教會歷史中享有不朽的榮耀。從血緣說，他的後裔已經擁有迦南地超過十四個世紀。並且最重要的是，神聖的救主——他血統的直系子孫——已經出生，藉著祂的受苦、受死、復活、與得榮耀，獲得救贖的人其數目無人能夠數算（啟7：9）。

但是請注意，亞伯拉罕必須離開他的家鄉、他的朋友、親屬，去到一個他從未去過的地方，還要過一個漂泊不定的人生。但是他相信上帝的應許與福份超過地上的一切，這就是為何賜給亞伯拉罕的應許中，有著一切福份中最大的福份：救贖主的降世。

不僅含有亞伯拉罕血統的猶太人後裔藉著他蒙福，地上的萬族都因他得福。這項福份是賜給所有的上帝兒女的，因為「你們既屬乎基督，就是亞伯拉罕的後裔，是照著應許承受產業的了。」（加3：29）

默想與禱告：「 願你的作為，向你僕人顯現；願你的榮耀；向他們子孫顯明。」（詩 90：16）

7月 **2**日

加利利人哪，你們為什麼站著望天呢？這離開你們被接升天的耶穌，你們見祂怎樣往天上去，祂還要怎樣來。（徒 1：11）

我們聽過許多我們的主第一次降世的事，今天讓我們將思想轉到祂第二次降臨的應許上。祂過去曾降卑為人來到這世上，現在藉著聖靈在這世上，但將來則是在榮耀中復臨。我們的救主耶穌相信祂要回來。祂說：「我必再來！」（約14：3）使徒彼得相信祂必回來，因為他說：「到了牧長顯現的時候，你們必得那永不衰殘的榮耀冠冕。」（彼前5：4） 使徒保羅相信祂要復臨，他在帖前4：16說，「主必親自從天降臨。」

在今天的經文中，我們有聖天使的見證說：「這離開你們被接升天的耶穌，你們見祂怎樣往天上去，祂還要怎樣來。」祂是被接升天，一朵雲彩將祂接去。論到祂的復臨，經上記著說：「看哪，他駕雲降臨！眾目要看見祂…」（啟1：7）

古時蘇格蘭的雅各黨只要在山路上彼此相遇，或在會議桌上坐下之前，都必先舉杯發誓說，他們的王查爾斯必會回來。他終於回來了，但只帶給蘇格蘭潰敗、災難與痛苦。自從那個晚上在樓房的晚餐起，每一次舉行聖餐禮，基督的門徒們都舉起聖餐的杯，表示他們相信他們的王必要回來說：「你們每逢吃這餅，喝這杯，是表明主的死，直等到祂來。」（林前11：26）——這些是奧秘的話。當祂在榮耀中復臨時，祂卻不會像查爾斯王那樣帶來痛苦與災難。而是祂在大榮耀、大能力中降臨時，要釋放墳墓中的俘虜，擦去眾人的眼淚，並設立一個永無窮盡的國度。「阿們！主耶穌啊，我願你來！」

默想與禱告：「願萬國都快樂歡呼；因為你必按公正審判萬民，引導世上的萬國。」（詩 67：4）

7月 3日

我看他卻不在現時，我望他卻不在近日。有星要出於雅各，有杖要興於以色列。（民 24：17）

這些是出自一個假先知的實話，對他自己與真理的原則而言，是虛假的；但是聖靈臨到他身上，他無法抵擋，於是他就說出實話來。他預言他要見到將要來的救主，但是他卻不要靠近祂。他預言雅各的星要出現，是「明亮的晨星」（啟22：16），就是主耶穌基督。他宣佈說：「有杖要興於以色列。」

拿撒勒的耶穌，猶太人的王，以十字架為寶座降臨，應驗了這神聖的預言。但是在上帝自己所定的時間，祂要戴上榮耀冠冕，成為萬王之王，萬主之主。一個人在聖工與聖言上有分，但之後卻與之分離，何等淒慘！我們在猶大的呼聲中隱約聽到這種淒慘情況：「我賣了無辜之人的血是有罪了。」（太27：4） 我們更在該隱的話中聽到它的迴聲　：「我的刑罰太重，過於我所能當的。」（創4：13）金錢不是一切，其實與永恆的財富相比，金錢毫無價值。」以地上任何代價出賣永生的盼望，都是賤價出賣。那以地上最大財寶去交換真實財富的人，才是在交易中獲得最大利益的人。多麼可憐的巴蘭！他是一個有眼不能看見的人（耶5：21），在他，金子遮掩了上帝。

有個人拿著大佈道家Robert Hall講章中的話去請教他。顯然那人處在貪愛金錢的綑綁中。佈道家打開他的指著其聖經中的「上帝」兩個字，問他說：「你看見嗎？」

「沒有問題！看見了啊」那人回答說。

那時，佈道家拿著一個金幣遮蓋那兩個字說：「現在，你能看見嗎？」那人明白了。靠著上帝的恩典，他恢復了屬靈的視力。

默想與禱告：「拯救我們的神啊，求你因你名的榮耀幫助我們！為你名的緣故搭救我們，赦免我們的罪。」（詩 79：9）

7月
4日

信子的人有永生，不信子的人得不著永生（原文作不得見永生），神的震怒常在他身上。（約 3：36）

永生是靠信心領受的。上帝賜下祂的兒子，好叫「一切信祂的，不至滅亡，反得永生。」（約3：16）約翰福音1章12節說：「凡接待祂的，就是信祂名的人，祂就賜他們權柄，作神的兒女。」（約1：12）藉著相信祂的名——耶穌，或救主——藉著接受祂在十字架上作我們的替身，我們接待祂。

我們有祂自己講的話：「我就是道路、真理、生命；若不藉著我，沒有人能到父那裏去。」（約14：6）

我們有把握地說，它不是夢。它是基督神聖的應許。 但不信就無生命，甚至連看也看不見。因此，讓我們現在就相信，接受耶穌吧。「認識你獨一的真神，並且認識你所差來的耶穌基督，這就是永生。」（約17：3）

基督本身乃是永生的彰顯。「生命在祂裏頭，這生命就是人的光。」（約1：4）「 人有了神的兒子就有生命，沒有神的兒子就沒有生命。」（約壹5：12）「這見證就是神賜給我們永生，這永生也是在祂兒子裏面。」（約壹5：11）我們若相信祂，若是我們有真實的信心，我們就可以知道，我們有永生（約壹5：13）。

這是唯一活的真正方式，這是真福音。「因為神的義正在這福音上顯明出來；這義是本於信，以致於信。如經上所記：『義人必因信得生。』」（羅1：17）永生在基督裏面的啟示記載在聖經裏面。

羅賓遜（H. Wheeler Robinson）講到一個人的經驗。這人既是懷疑論者又是無政府主義者。他進到巴黎的一座教堂，聽見讚美詩中有這樣一句話：「上帝的羔羊，除去世人罪孽的。」他受到真理的刺激勝過了他自己的理論，喊著說：「啊！上帝啊，何等的夢想！只願他成就。」

或許我們很確定這絕不只是個夢。這是基督神聖的應許。然而不信之人，沒有生命，更不能看見。因此，讓我們現在就相信並接受耶穌。「認識你獨一的真神，並且認識你所差來的耶穌基督，這就是永生。」

默想與禱告：「我信！但我信不足，求主幫助。」（可 9：24）

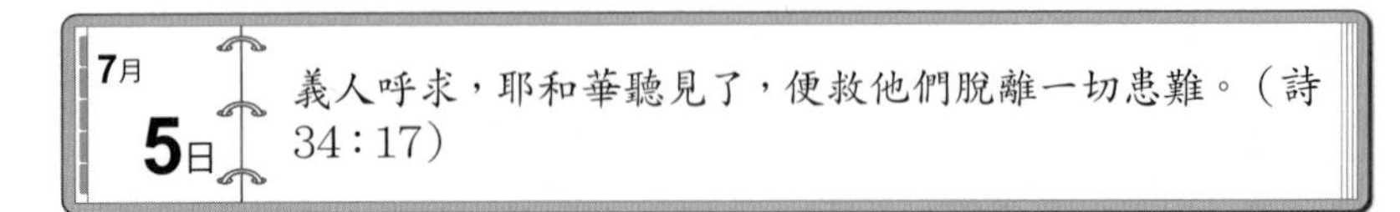

那是個明白、簡單與奇妙的應許，不是嗎？這節經文清楚顯明，義人也有患難，並且患難的情形嚴重到義人會發出呼求。他們不僅渴望幫助，渴求幫助，並呼求幫助來到。

我們十分幸運，家中有幾個孩子。他們小時候，遭遇過困難。若可能，他們就跑回家到父母親面前，盡可能親近幫助的源頭，高聲讓父母知道他們的需要。這對我們是何等的教訓！當我們遭遇患難時，我們應該親近主，向祂呼求幫助。祂必聽我們，救我們脫離患難。

有時，我們的患難源於我們自己的罪。在這樣的情形中，我們若盼望脫離患難，就必須丟棄自己的罪。有時我們的患難持續，超過了我們所認為應該有的時間，但是在對我們最有益之時，我們就必從患難中得拯救。藉著上帝的恩典，讓我們不要在患難還沒有臨到之前就先因憂慮受苦。W. R. Inge説：「憂慮乃是在患難臨到要受苦之前付出的利息。」要記得，那蒙垂聽的，乃是那些呼求幫助的人。」

禱告所成就的事，
遠比世人所想像的多得多。
為此，願你禱告的聲音像噴泉一樣，
日夜為我湧出。
這是人們勝於羊群的原因；
可以藉著禱告滋潤盲目的心靈。
如果認識上帝，
人們為甚麼不舉起禱告的手，
為他們自己及朋友呼求？
因為這是用金鏈將全世界繫於上帝腳下的唯一方法。

——Alfred, Lord Tennyson

想與禱告：聽禱告的主啊，凡有血氣的都要來就你。（詩65：2）

7月
6日
你當倚靠耶和華而行善，住在地上，以祂的信實為糧。（詩37：3）

「使人生發仁愛的信心」（加5：6）是何等美麗的應許！有一事是確定的，我們不是只有信心而無行為，也不是只有行為而無信心。我們不必為行惡憂慮，而是信靠耶和華而行善。我們必須有信心，而真信心是有行為的。「信心若沒有行為就是死的」（雅2：17）。行為，聖潔的行為，乃是信心的果子。「憑著他們的果子就可以認出他們來。」（太7：20）我們要有信心，並依靠我們的信心去行。

一個孩子在引用詩篇23篇時出了錯誤，她說：「耶和華是我的牧者，是我所需的一切。」（註1）其實，這是我們大家所要的，因為有了祂，我們就甚麼都有了。這樣，仇敵就不能夠將我們從以馬內利的地上拔除，讓我們得不著上帝的恩典，如同司布真（Spurgeon，英佈道家）所說：離開「上帝立約之愛的迦南」。

但是還不止於此。有一天，整個大地要賜給上帝的子民。「溫柔的人有福了！因為他們必承受地土。」（太5：5）　耶和華在我們今天的存心節中，加上了「信實」兩個字。祂的兒女在應許之地此時與之後必然有糧。他們雖或不會由烏鴉或天使得著餵養，不會由俄巴底亞或寡婦餵養，但是他們要信實地得著餵養。

當我們在祂聖言的光中，與主同行。
我們道路照耀著何等光榮。
祂美善的旨意我們遵行，祂就仍與我們同住。
也與一切信靠祂順從祂的人同住。
——撒密斯牧師（Rev. J. H. Sammis）

默想與禱告：「耶和華啊，我投靠你；求你使我永不羞愧；憑你的公義搭救我！」（詩31：1）

註1：正確為：「耶和華是我的牧者，我必不致缺乏。」（詩23：1）

7月 7日

耶和華的靈必大大感動你，你就與他們一同受感說話，你要變為新人。（撒上 10：6）

先知撒母耳已經膏以掃作以色列的王。受膏的儀式一完畢，他就受聖靈感動預言說，就在那一天他要遭遇甚麼事。這在第七節中稱之為「兆頭」。這些兆頭證明上帝已經指派他為祂子民的領袖。那一切兆頭中最重要的是，上帝要賜給他一顆新心，他要變為新人（撒上10：6）。

這些兆頭應驗了嗎？第九節這樣說：「掃羅轉身離別撒母耳，神就賜他一個新心。當日這一切兆頭都應驗了。」（撒上10：9） 撒母耳變成新人是藉著賜給他新的心。這說明了我們每個人的需要。耶穌對尼哥底母說：「我實實在在的告訴你，人若不是從水和聖靈生的，就不能進神的國。」（約3：5）

為甚麼我們需要重生呢？因為我們原來的心，「與神為仇；因為不服神的律法，也是不能服。」（羅8：7）我們需要重生，需要一顆新心。我們需要新生，需要更新，因為「屬血氣的人不領會神聖靈的事，……並且不能知道。」（林前2：14）

這項改變無法藉我們自己的任何努力達成，而是完全靠上帝的大能獲致。藉著熱切的禱告，同時完全獻身，順服上帝，改變就會臨到，並隨之產生幾樣結果：第一，悟性增長（弗1：18）；第二，心靈的改變（耶31：33）；第三：意願的改變（來13：20、21）；第四，對罪的新態度（約壹5：18）；第五，新的順從（約壹2：3）；第六，與世界分別（15節）；第七，對人的新愛（約壹3：14）。讓我們為重生禱告吧！

默想與禱告：「神啊，求你為我造清潔的心，使我裏面重新有正直的靈。」（詩 51：10）

7月
8日

你若歸向全能者，從你帳棚中遠除不義，就必得建立。（伯22：23）

輔導約伯的以利法，在此講到一個重要的真理。它的確是許多其他重要經文的總結。罪的力量讓你墮落了嗎？你像一個倒塌的大廢墟嗎？你的希望與計畫都破滅了嗎？是否是你自己的罪荒廢了你的靈性到這個地步的呢？就在這節經文裏，有這種情況的救藥。

第一件要做的事是歸向主。要從冷淡退後的遠方帶著深切悔罪的心，與真誠的信心回轉，用禱告尋求父的面。我們若偏離主，就有責任如此行。如此行也是我們的智慧，因為我們反抗上帝，就不會亨通。我們若離開了上帝，回歸到上帝身邊，也是為了我們當前的益處，因為我們受的苦，比起將要領受的，就算不得甚麼了。要記得，祂是全能的神。

這裏需要上帝的聖書。要拿起它來，獨自地，安靜地，禱告地去讀。還有那秘密的禱告所，去跪在上帝面前，向祂傾心吐意，承認你的罪，祂必施恩垂聽。「耶和華說：背道的兒女啊，回來吧！因為我作你們的丈夫。」（耶3：14）這裏有奇妙的應許說：「你若歸向全能者，從你帳棚中遠除不義，就必得建立。」（伯22：23）廢墟要重建。我們要在混亂之中看見美麗的對稱，並在一切的後面，見到上帝的計畫與作為。

「我的心哪！你要仍歸安樂。（詩116：7）這是詩人心中的禱告。上帝是我們的安息之所　。讓我們回到祂那裏去，就必尋得安息。讓我們「歸向耶和華，耶和華就必憐恤……（我們），當歸向我們的神，因為神必廣行赦免。」（賽55：7）

默想與禱告：「耶和華啊，求你憐恤我，醫治我！因為我得罪了你。」（詩41：4）

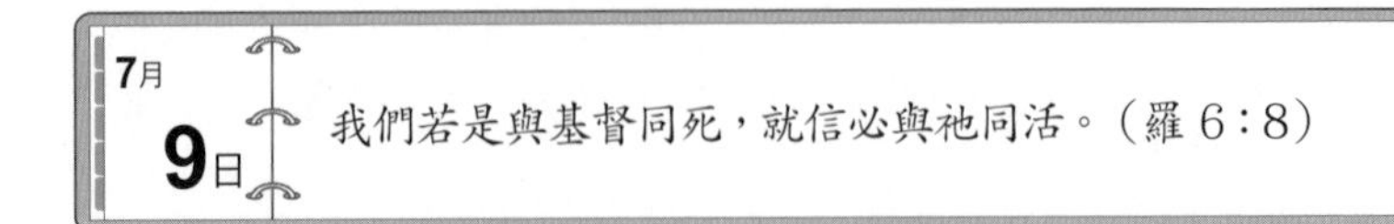

這是使徒保羅用另一種方式講說他在另一個地方所講說的：「一人既替眾人死，眾人就都死了。」（林後5：14） 因此說：「因為罪的工價乃是死；惟有神的恩賜，在我們的主基督耶穌裏，乃是永生。」（羅6：23）我們的救主已經為我們死。罪的工價已經替我們償付，我們也已經實際與主在十字架上死了。正如基督復活活出新的生命，我們也一樣可以復活，度屬靈的生活。「我們若在祂死的形狀上與祂聯合，也要在祂復活的形狀上與祂聯合。」（羅6：5）

這項奇妙的真理美妙地在信徒的浸禮中表現出來。我們向舊生命死去，復活後活在新的生命裏。現在我們每天與基督一同活出基督徒的真實生命來。我們已經稱義，現今正在成聖的過程之中，將來要得榮耀。「你們的生命與基督一同藏在神裏面。」（西3：3）並且，「罪必不能作你們的主，因你們不在律法之下，乃在恩典之下。」（羅6：14）我們的意願與基督的旨意合而為一。藉著聖靈在我們裏面，祂不僅為我們立志，並行出上帝喜悅的事（腓2：13）。我們過去作罪的奴僕，如今作義的奴僕。我們已經重生，改變了。如同使徒保羅所說：「我已經與基督同釘十字架，現在活著的不再是我，乃是基督在我裏面活著；並且我如今在肉身活著，是因信神的兒子而活；祂是愛我，為我捨己。」（加2：20）

這新生命是我們在基督裏的選擇。我們豈不要天天選擇它嗎？讓我們不忘記摩西嚴肅的勸勉：「我今日呼天喚地向你作見證，我將生死、禍福陳明在你面前，所以你要揀選生命，使你和你的後裔都得存活。」（申30：19）

默想與禱告：「求你用厚恩待你的僕人，使我存活，我就遵守你的話。」（詩 119：17）

7月
10日
在錫安山必有逃脫的人，那山也必成聖；雅各家必得原有的產業。（俄 1：17）

這項應許是賜給上帝的子民雅各的子孫以色列的，並且是指聖城耶路撒冷。但是以更大的意義說，它適用於所有的上帝子民，並應驗在屬靈的以色列後裔身上（加3：29）。

上帝已經應許祂的子民拯救他們脫離仇敵，與脫離一切真理與公義之敵。不僅如此，更應許他們聖潔，並應許他們最後要承受該承受的所有產業。這三重應許也都是賜給今天的我們：拯救，聖潔，產業。

上帝的拯救常是奇妙的拯救。在得魯斯山區為原始部落工作的高貝（Gobat）主教，受邀拜訪一位酋長。他已經長久盼望拜訪他，盼望能感化他。但是，當他接到邀請時，他病了。他接到第二次邀請，但是他因同樣的原因無法接受邀請。當第三次的邀請來到時，他帶著一個嚮導動身，但是嚮導迷路了。找到路之後，一頭土狼越過小路，那個迷信的嚮導不肯再向前走。因為第二天Gobat主教必須乘船去馬爾他，那次拜訪也放棄了。一段時間之後，他才知道，這些情況救了他沒有落在計畫殺他的仇敵手裏。甚至那個狡猾的酋長也承認說：「那個人必是上帝的僕人。我雖然一再差遣使者請他來，他都受到攔阻。」

經上記著說，「非聖潔沒有人能見主。」（來12：14）在蒙拯救的同時，上帝就賜下聖潔給那些屬於祂的人。最後，在新天新地裏，祂的子民要承受產業。因為「溫柔的人有福了！因為他們必承受地土。」（太5：5）

默想與禱告：「求你拯救你的百姓，賜福給你的產業，牧養他們，扶持他們，直到永遠。」（詩 28：9）

7月 11日

錫安的民哪，你們要快樂，為耶和華你們的神歡喜；因祂賜給你們合宜的秋雨，為你們降下甘霖，就是秋雨、春雨，和先前一樣。（珥2：23）

聖經中有許多聖靈的表號。火，焚燬一切不潔淨；水，洗淨心靈；氣，賦予生命；油，膏人服務；與其他的表號。在此，聖靈是以柔和的雨為表號，準備土壤種植。又有晚雨為表號，使莊稼成熟。

不久前我到幼年生長的西部各州訪問。那裏有大乾旱，麥子沒有收成。在田地裏與在我們的心裏，情形都是一樣。少了從天而來的澆灌，少了那聖靈賜福的大能與臨格，就不會有收成，我們的生命就會如同沒有雨露的基利波山（撒下1：21）。耶穌說天父樂意「將聖靈給求祂的人」（路11：13）那麼為何我們不求這項有福的恩賜呢？

當早期的門徒們丟棄一切歧見，在禱告中尋求上帝，五旬節來到時，就有幾千人悔改，福音就傳到地極。使徒們要求基督所應許的，那時聖靈才大大沛降，一天之內就有數千人悔改歸主。「今日也能如此。要傳上帝的道，不傳人的推論。基督徒務要消除紛爭，獻身給上帝去拯救失喪的人。務要憑信心求福，福分就必來到。使徒時代聖靈的沛降是『早雨』，其成果是輝煌的；末時的聖靈沛降是『晚雨』，必更為豐盛（珥2：23）。」（《歷代願望》第86章）

默想與禱告：「耶和華啊，你用恩惠待你的百姓，求你也用這恩惠記念我，開你的救恩眷顧我。」（詩106：4）

7月 12日

當那日，我必為我的民，與田野的走獸和空中的飛鳥，並地上的昆蟲立約；又必在國中折斷弓刀，止息爭戰，使他們安然躺臥。（何 2：18）

這是何等的應許！戰爭結束，不再有軍火製造廠。再沒有龐大數字的軍費。甚至地上的野獸，天空的飛鳥，與地上的爬蟲也都享有和平。真正的太平，世界和平，永遠的和平！但是請注意，它並非來自聯合國。它甚至不是來自人的意志與作為，而是來自上帝。「我必……立約」，耶和華説，祂「必在國中折斷弓刀，止息爭戰，」耶穌對祂的門徒説：「我留下平安給你們；我將我的平安賜給你們。」（約14：27）藉著這個內心平安的神蹟——先是與上帝之間的和好，然後是與人之間的彼此和好，——上帝兒女的生命就改變了，並且藉著他們，改變了世界。只有在全世界充滿了心中平安的人時，世界才有和平與平安。「耶和華説：惡人必不得平安！」（賽48：22）

在倫敦的肯新登花園裏，有一幅畫，描寫戰爭已經過去許久的滑鐵盧。田地裏長滿了花草，有一門卸下來的加農砲，一頭從牧場來的羔羊，躺臥在砲口睡著了。當我們的心靈停止與上帝相爭之時，那「罪的工價乃是死」的宣告，就被「我將我的平安賜給你們」的宣告取代了。當罪惡最後被除滅之時，戰爭也被除滅了。那時，二千五百年前以賽亞的和平之夢就會應驗。因為「他們要將刀打成犁頭，把槍打成鐮刀。這國不舉刀攻擊那國，他們也不再學習戰事。」（賽2：4）願上帝讓這一天早日來到！

默想與禱告：「義人必要稱讚你的名；正直人必住在你面前。（詩 140：13）

7月 13日

對他說，萬軍之耶和華如此說：看哪，那名稱為大衛苗裔的，祂要在本處長起來，並要建造耶和華的殿。（亞6：12）

彼拉多下意識地用了這句話：「你們看這個人！」（約19：5）這在撒迦利亞書中大祭司約書亞所預言的應許，正是引人注意的彌賽亞的活預言。有個冠冕放在他的頭上，也有一頂荊棘冠冕放在耶穌的頭上。這顯明祂有著大衛後裔皇室血統中祭司與國王的雙重身分。那要來的彌賽亞，或基督，今世此稱為「大衛苗裔」，是發自那幾乎滅絕的大衛王室血統。

這應許是「他要在本處長起來」，不僅從他的地方（伯利恆或拿撒勒），而且是靠祂自己的神能。祂那神蹟式的成孕似乎就是在此預表。祂住在一個卑微村莊裏，默默無聞三十年之久。祂，彌賽亞，發自一個這樣卑微的起始，卻要建造耶和華的殿。這個，祂完成了（林前3：17；林後6：16）。祂是房角石。在祂裏面整個聖殿配合得合式，真正是生長出來，（弗2：20、21）它是個活的殿，是上帝的教會。每塊石頭就是一個基督的信徒。

薩伏那洛拉（Savonarola，義大利殉道士）有一次在佛羅倫斯向一大群人講道。他忽然大聲喊著說：「賜下一個新的頭給佛羅倫斯，乃是上帝的旨意。」然後他停了一會兒。這時一片靜寂，人等著要聽下文。他繼續說：「那新的頭就是基督。基督要作你們的王。」廣大的群眾一聽見這話就跳起來喊著說：「耶穌萬歲！，佛羅倫斯的王！」

不錯，耶穌不僅是佛羅倫斯的王，更是這世界每個城市的王。但祂卻只藉著祂的恩典，在承認祂又是主是基督之雙重身分的人心中施行統治。

默想與禱告：「神啊，願你崇高過於諸天！願你的榮耀高過全地！」（詩108：5）

7月 **14**日

祂要為大，稱為至高者的兒子；主神要把祂祖大衛的位給祂。祂要作雅各家的王，直到永遠；祂的國也沒有窮盡。」（路 1：32、33）

這裏有聖天使加百列的話：「祂要為大」，他曾用同樣的話講到耶穌的先驅施洗者約翰。但是他加上說，他為大是：「在主面前」。（路1：15）現在，他加上說，祂要「稱為至高者的兒子」。還有甚麼稱謂比稱為「至高者的兒子」更大呢？我們的救主被高舉超過了眾天使。因為「祂所承受的名，既比天使的名更尊貴，就遠超過天使。」（來1：4） 我們藉著被收養，也分享祂的名分，成為國度的繼承人。

瑞典國王的弟弟，王子奧斯卡（Oscar Bernadotte），是一個十分虔誠的基督徒，他被邀請向大批群眾講話時，他說：「你們來看甚麼？是要來看王子嗎？那麼，好好地看我吧。因為我真是王子——你們國家國王的兒子，並且是萬王之王的兒子。」

並且這個王「要作雅各家的王，直到永遠。」雅各代表以色列，他屬靈的後裔包括一切相信的人。我們也看見祂的國，要存到永遠。這幾乎是直接引用但2：44節的話：「當那列王在位的時候，天上的神必另立一國，永不敗壞，也不歸別國的人，……這國必存到永遠。」

大哉聖哉耶穌之名，
天使均當俯伏。
奉獻冠冕，尊貴，光榮，
尊祂萬有之主。

——愛德華・皮洛尼（Edward Perronet）
（中文讚美詩105首）

默想與禱告：「神啊，你的寶座是永永遠遠的；你的國權是正直的。」（詩 45：6）

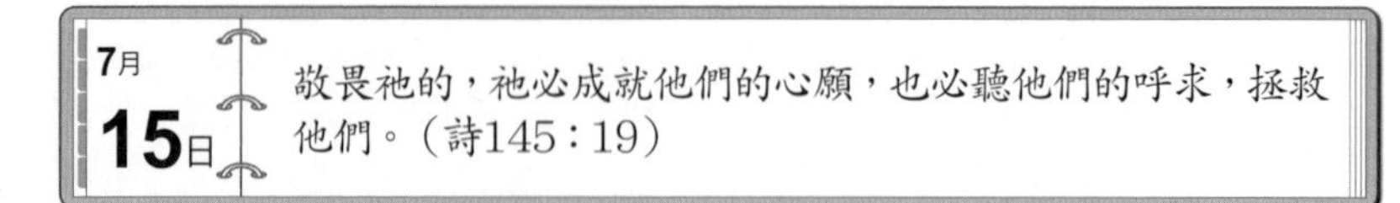

有一天一個學生進入巴斯德的實驗室，發現這位偉大的科學家俯身在他的顯微鏡上。他因不願打擾他，就轉身要離開。巴斯德抬起頭來，學生說：「我想你正在祈禱。」那位偉大但謙卑的科學家又俯身到顯微鏡上，回答說：「是的，我正在禱告。」

禱告不僅包括說出話的禱告，也包括真實基督徒生活中經常的態度。他們的渴望是榮耀上帝，並永遠以上帝為樂。他們的渴望是聖靈所賜。因此上帝會答允。敬畏上帝的人渴望聖潔，渴望為上帝所用，渴望使他人蒙福。他們在人需要時幫助人，在人困惑時提供指導，在人患難時伸出援手。有時，這些渴望如此強烈，使他們如同孩子向父母呼求一般向上帝呼求。那時，上帝就奇妙地答允他們。

如同但以理一樣，我們要成為渴望的人。上帝會幫助我們實現我們的夢想。我們若敬畏上帝，就對其他無所畏懼。因為，那樣，我們的得救就能確定，而那是我們主要的渴望。主會垂聽我們的呼求，拯救我們。讓我們在口中常有這三重應許，就必使我們在活著時得福。

祈禱乃是誠心所願，
不論有聲無聲。
乃是心中一團熱火，
隱伏心頭顫震。

祈禱是嘆息的重擔，
是眼淚下淌，
是只有上帝還在身旁時，
抬頭向祂仰望。

——詹姆士（James Montgomery）
（中文讚美詩237首）

默想與禱告：「你張手，使有生氣的都隨願飽足。」（詩145：16）

7月
16日

懼怕人的，陷入網羅；惟有倚靠耶和華的，必得安穩。（箴29：25）

美國德州加法司頓的舒特藥店日夜不停營業，持續了26年之久。這段時期結束時他們將所有的處方都拿出來展覽，上面有一塊牌子寫著：「一百萬個信任」，無疑地，有些基督徒可以掛上這個牌子：「信任了上帝一百萬次（或二百萬次或千萬次），祂從未讓我的信靠落空。」

懼怕人的，陷入網羅。「你們不要倚靠君王，不要倚靠世人，他一點不能幫助。他的氣一斷，就歸回塵土，他所打算的，當日就消滅了。」（詩146：3、4） 即使是最好的人，仍然是人。他們的生命短暫，力量微薄。那就是我們甚至不能相信自己的原因之一。慕迪說：「信靠你自己，你注定會失望。相信你的朋友，而他們會死，離開你。相信金錢，你可能會失去金錢；相信名聲，一些譭謗的舌頭會毀了它；但是信靠上帝，你就永遠不致驚惶。」

當浪子回到父家時，他是安全的、神智清明的。今天唯一安全的地方是信靠之地，是信靠上帝的信心之地。

在主翼下，何等平安與安泰！
藏在主懷中，患難不為害。
如此蒙護庇，兇惡必不臨我，
安居在主內，享福億萬代。

——古新（W.O. Cushing）

（中文讚美詩293首）

默想與禱告：「主耶和華阿，你是我所盼望的。從我年幼你是我所倚靠的。」（詩71：5）

7月 17日

我是耶和華你的神，曾把你從埃及地領上來；你要大大張口，我就給你充滿。（詩 81：10）

有的時候，我們看見小孩子不肯將口張開，吞食需要的食物或藥物，需要多多鼓勵他、哄他，甚至使用權柄，才能讓他們的口打開。但是，請看母鳥帶著食物回巢時小鳥的情況如何呢？你會看見滿巢都是張開的口。「你要大大張口，」耶和華說：「我就給你充滿。」這應該是叫我們禱告的大鼓勵——是的，是叫我們去求上帝賜下大福。禱告對我們應該像開口一樣自然。認識到我們如此不配，我們就常常只求小事情。我們應該隨時準備好求上帝為我們行大事，並盼望得著。

請注意這節經文提出的理由：上帝已經為我們行了大事，因此，祂願意行更大的事。祂叫我們求更多——是的，並盼望得著更多。

使我們為上帝福分大大張口，求上帝賜福並領受福分的，有三樣事情：我們的大需要，我們靈性的飢餓，以及喪失上天福分的恐懼。

「是的，我們在為奮興祈禱，」一個虔誠的婦女說：「但是我們並未期盼奮興來到。」

耶和華啊，懇求導引，我乃荒原行旅人。
我本軟弱，主乃全能，願握主手向前行。
天來糧食，天來糧食，使我食後可忘飢。
——威廉（William Williams）
（中文讚美詩368首）

默想與禱告：「耶和華萬軍之神啊，我得著你的言語就當食物吃了；你的言語是我心中的歡喜快樂。」（耶 15：16）

7月 18日

母親怎樣安慰兒子，我就照樣安慰你們；你們也必因耶路撒冷得安慰。（賽 66：13）

當湯瑪斯・卡萊爾（Thomas Carlyle）臨終之時，人問他有甚麼需要沒有。他轉臉向牆，他那蘇格蘭的鐵石心腸碎了，嗚咽著說：「我要我的媽媽！」

我們明白上帝是怎樣的父親，但是祂也像媽媽一樣安慰我們。所有安慰中，孩子最喜愛的是媽媽的安慰。一位父親可以見證說，母親離家好久，孩子們都帶著他們的小悲傷、意外、疼痛與苦處到父親跟前，但是母親一回來，他們一有傷痛，或孩子氣的傷心，就會繞過父親身旁，喊著說：「媽媽呀，媽媽在那裏呀？」

上帝在這個經文中邀請我們完全信靠祂，叫我們與祂聖潔地親密，叫我們進入祂那偉大的父母心田中，渴望要給孩子的神聖的安息。有時候，我們只能用嘆息與嗚咽回應，但是，祂必不輕看。祂瞭解我們的眼淚，記念我們不過是塵土（詩103：14）。祂比我們的母親更能處理我們虛浮與破碎的心靈。

讓我們不要獨自去承擔悲傷。讓我們到祂跟前。祂是如此溫柔，仁慈，同情。讓我們邀請他人，讓他們也可獲得「神所賜的安慰去安慰那遭各樣患難的人」（林後1：4）。

為何不從我們的講台，在我們家中，在我們的生命裏，有更多的講章，講解賽40：1－2，「你們的神說：你們要安慰，安慰我的百姓。要對耶路撒冷說安慰的話，又向他宣告說，他爭戰的日子已滿了，他的罪孽赦免了」呢？

默想與禱告：「求你照著應許僕人的話，以慈愛安慰我。（詩 119：76）

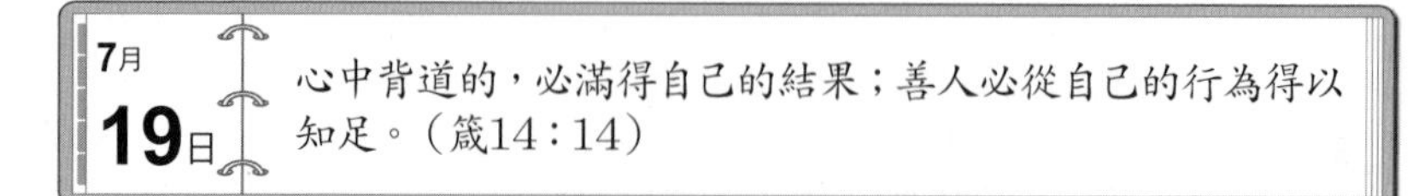

這就是背道的麻煩。這就是為何背道是個悲慘情況的原因。沒有人喜歡。背道的人充滿了自己的想法。「靈性退後的徵候，」培森博士（Dr. Payson）說：「如同身體健康走下坡的人一樣。第一，對屬靈的糧食，祈禱，讀經，關心他人，失去興趣。當我們看見這些症候時，就應該警覺。我們的靈性健康已在危險之中了。我們應該立刻到那位大醫生那裏去求醫。」

另一方面，在事奉上帝之中，有甚多的滿足。為何這樣多基督徒看來如此不滿、陰沈、緊張與憂傷呢？我們若盼望以後在主面前心滿意足，為何不現在就以侍奉祂為樂呢？

一位富有的婦人，不幸耳聾，但她善用自己的財富，提供費用幫助倫敦一處教會大廳舉行精美的佈道會。有一次，一個著名的牧師問她說：「在這高貴的工作中，你扮演甚麼角色？」

「哦！」她回答說：「我笑著迎接他們進來，再笑著送他們出去。」

不久，那位牧師就看到她同感的效果，因為每天晚上都有大批群眾聚集在大廳裏，都喜歡看見她的笑臉。

你知道，朋友們，生命之糧與生命的活水是不能被那些看來不喜歡糧食與活水之人推薦給他人的。

我們要因上帝之家的美福感到滿足（詩65：4）。耶穌「看見自己勞苦的功效，便心滿意足。」（賽53：11）當祂因我們的信住在我們心中時，我們也應該滿足快樂！

默想與禱告：「求你使我們早早飽得你的慈愛，好叫我們一生一世歡呼喜樂。」（詩 90：14）

7月 **20**日 憐恤人的人有福了！因為他們必蒙憐恤。（太 5:7）

你看見，上帝會用我們的量器量度我們。如有人曾說：「因為那不憐憫人的，也要受無憐憫的審判。」（雅2：13）

我們必須記得兩個詞：「承受」與「忍耐」。當然，我們盼望蒙福，蒙憐憫。我們若合乎條件，我們會有八福的經驗。我們要憐憫人，如同我們的天父憐憫我們一樣（路6：36）。並且，這項憐憫應該在愉快中表現出來（羅12：8）。在良善的撒馬利亞人的比喻中，真實的鄰人是那位向陌生人顯出憐憫的人。

愛丁堡的Alexander Whyte講到他與會眾中一位為聖工奉獻甚多、並幫助許多窮人的基督徒男子之間的談話。有一天，在教會工作告一段落之後，他熱切地望著牧師說：「現在，你有甚麼話要對一個老罪人講嗎？」

「這使我呆住了，」Whyte說：「因為我知道他是個老聖徒。」但是恩典的奇妙是，最偉大的聖徒，卻感到他們是最大的罪人。因此，我伸手對他說：「主喜歡憐憫！」（彌7：18）之後，就走出了房間。第二天早上我收到他一封信。我放在桌上，上面寫道：「親愛的朋友，我定意不再懷疑祂。我青年時代的罪——我已接近地獄之門，但是，上帝的話安慰了我。我定意不再懷疑祂。我也不會再絕望。若是魔鬼控告我的罪，我會說：『是的，都是真的，你講的還不到一半呢，但是，我要與那喜歡憐憫的一位去處理啊！』」

Whyte宣布說，那封信使他的書桌成為聖潔了。

默想與禱告：「主啊，你本為良善，樂意饒恕人，有豐盛的慈愛賜給凡求告你的人。」（詩 86:5）

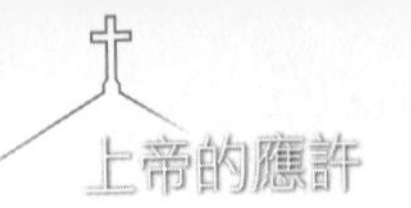

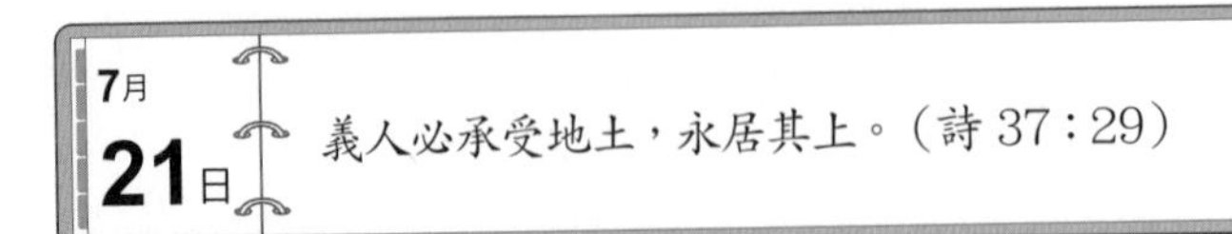

請注意，這是個雙重應許。第一，「義人必承受地土，」第二，他們要「永居其上」。他們不用去購買，不用去發現，只要擁為己有，聲明主權，看見它，盼望它。他們承受它。並且，他們居在其上，永遠不受打擾。

他們承受的地土，是甚麼地土呢？上帝曾應許將迦南地賜給亞伯拉罕（創13：14-17），就是之後上帝要指示他的地。但是這迦南地乃是一個表號，一個象徵，代表整個世界。因為我們在羅4：13節看見，那賜給亞伯拉罕的應許，是「承受世界，」並且，這項應許是藉著信而得成就。這個應許不僅是賜給亞伯拉罕與祂的後裔，而是賜給一切信靠基督之人的。因此，這項應許是藉著恩典。「所以人得為後嗣是本乎信，因此就屬乎恩，叫應許定然歸給一切後裔；不但歸給那屬乎律法的，也歸給那效法亞伯拉罕之信的。」（羅4：16）

因此所有基督徒都承受了亞伯拉罕田園的部分所有權，或承受了全部產權的一部分。他們與基督一同成為後嗣（羅8：17），承受地土，就是承受全世界。從這個應許，我們記起基督的話：「溫柔的人有福了！因為他們必承受地土。」（太5：5）這的確是我們今天經文相同的陳述。

那位篡奪者仍然聲稱他擁有這世界的權柄。但是耶穌已經來到，「親自成了血肉之體，特要藉著死，敗壞那掌死權的，就是魔鬼。」（來2：14）地要更新，恢復其伊甸園的美，成為得救之人的永遠家鄉。我們是藉著信，現在成為上帝屬靈國度的國民，並在即要臨到的榮耀國度裏確保一席之地。

默想與禱告：「求你記念你古時所得來的會眾，就是你所贖作你產業支派的，並記念你向來所居住的錫安山。」（詩 74：2）

7月
22日
人屢次受責罰，仍然硬著頸項；他必頃刻敗壞，無法可治。（箴 29：1）

這可以稱為負面的應許，一個警告，但卻是我們都需要注意的。上帝將警告一次又一次地賜給我們，有時藉著一段聖經的直接責備，有時藉著聖靈的感動，或藉著朋友的話，藉著意外，藉著疾病。

那些拒絕在如此深的恩惠中用各種方式賜下責備的人，最後發現自己已置身於上帝的特別保護之外。並且有時候，甚至上帝親自所說嚴厲的話也無法贏得他們回到義路上了。何6：5說：「我藉先知砍伐他們，以我口中的話殺戮他們。」這節經文提到的這些人不肯轉向上帝。他們硬著頸項抵擋祂。所以，11節說，他們有「所命定的收場。」多麼可怕的收場啊！因為「他們所行的現在纏繞他們。」（何7：2）這收場可怕，因為不悔改的心收穫它自己種的莊稼，是自我毀滅，是自己造成無可救藥的結局。「祂叫他們的罪孽歸到他們身上。他們正在行惡之中，祂要剪除他們。耶和華我們的神要把他們剪除。」（詩94：23）

「硬著頸項」之類的話，聖經中多次用來形容頑固，故意叛逆上帝的話與上帝的作為。但是對一切願意回轉的人，願意聽從上帝之話的人，仍有救藥。「主耶和華說：我不喜悅那死人之死，所以你們當回頭而存活。」（結18：32）

基督，十字架上的基督，是唯一的救藥。「叫一切信祂的，不至滅亡，反得永生。」（約3：16）

默想與禱告：「神啊，求你使我們回轉，使你的臉發光，我們便要得救！」（詩 80：3）

7月
23日

你們祈求，就給你們；尋找，就尋見；叩門，就給你們開門。因為凡祈求的，就得著；尋找的，就尋見；叩門的，就給他開門。（太 7：7、8）

就是那麼簡單——祈求，尋找，叩門！凡如此行的，就得著。尋找，面前就是一扇敞開的門。為何我們不求更多呢？更多叩門呢？那是因為我們缺少信心。我們不相信答允會來到，因此，未得到答允。或者是因為我們太自滿了。「禱告有何用呢？」安德魯卡內基（Andrew Carnegie ，美鋼鐵大王）問道：「我已經擁有了我所要的一切。我還要甚麼呢？」

我們的罪雖或會攔阻我們的禱告不蒙垂允，但是我們的禱告不蒙垂允，或許是因為我們獻上的是沒有禱告的禱告。在偏遠地區的G. F. Pentecost 遇見一位有教養的人，看見他在轉動禱告的輪子，重複單調的禱告詞。「你在求甚麼啊？」他問道。

「啊，沒甚麼。」是他的回答。
「你在向誰禱告呢？」
「誰也不是。」

讓我們記得那位寡婦在審判官面前懇求伸冤時禱告的熱誠。那位主婦點起燈打掃屋子尋求失落錢幣時的熱切，以及那人為朋友半夜敲門求餅時的迫切。

音樂家在開始演奏之前，會先為他們的樂器調音。有時你會盼望這些動作可以省略多麼好，但是，卻是不能免的。直到樂器調好了，聲音才能和諧。我們也必須先與那位無窮者相和諧，在禱告的靈中，我們才能獻上對的禱告。請再讀一次今天的經文，它是一個了不起的三重應許。

默想與禱告：「願一切尋求你的，因你高興歡喜；願那些喜愛你救恩的常說：當尊神為大！」（詩 70：4）

7月
24日

作惡違背聖約的人，他必用巧言勾引；惟獨認識神的子民必剛強行事。（但 11：32）

我們的力量來自上帝。我們只在認識祂時，才會剛強，倚靠上帝的力量才能夠剛強行事。當德國的皇帝解除他偉大的謀士俾斯麥時，報紙登載了一幅坦尼里（Tenniel）的卡通畫，畫中描繪俾麥從一艘遠洋大船上下來，皇帝在一旁觀看看那個導航人驕傲自滿的下船。那幅畫的標題是「丟下導航人」。1880年代著名的傳道人 J. H. Jollett 講到這幅畫時說，它描寫我們自己的人生經驗。「但是，」他補充道：「我不要的不是那位犯錯的政治人物，我不要的是那位不會錯的上帝。我丟下了永恆的導航者。」「我稱它為倚靠自己。我恭敬地送上帝下船。然後，我掌起舵來，照我自己的意思駕駛，結局是悲慘與損失。」

我們豈不是都曾如此行過嗎？我們恭送上帝離開，使人生破碎。在這樣的日子行事，必須認識上帝。「你們當倚靠耶和華直到永遠，因為耶和華是永久的磐石。」（賽26：4）我們雖或十分軟弱，但是我們可以「靠著主，倚賴祂的大能大力作剛強的人。」（弗6：10） 讓我們每天尋求——

上帝的能力領導我，
上帝的大能保護我，
上帝的智慧幫助我學習，
上帝的眼睛幫助我分辨，
上帝的耳朵幫助我聽，
上帝的話潔淨我。

默想與禱告：「因為你是賜我力量的神，為何丟棄我呢？我為何因仇敵的欺壓時常哀痛呢？」（詩 43：2）

7月25日

這河水所到之處，凡滋生的動物都必生活，並且因這流來的水必有極多的魚，海水也變甜了。這河水所到之處，百物都必生活。（結 47：9）

不論它在未來世界中是指甚麼，現在上帝生命河流的情形確是如此。它流到甚麼地方，甚麼地方就有生命。以西結住在幼發拉底大河附近，可以看見它賦予生命的特性。河水流到的任何地方，都有生命。

經上記著說：「人若不是從水和聖靈生的，就不能進神的國。」（約3：5）耶穌對井邊的婦人說：「凡喝這水的還要再渴；人若喝我所賜的水就永遠不渴。」（約4：13、14）

你是否真正如飢如渴地渴慕屬靈的事，渴慕生命的活水呢？若是，你是幸運的。因為有應許說：「他又對我說……我要將生命泉的水白白賜給那口渴的人喝。」（啟21：6）這乃是喜樂的得救經驗的一部份。「看哪！神是我的拯救；我要倚靠他，並不懼怕。……你們必從救恩的泉源歡然取水。」（賽12：2、3）

尼羅河是世界最大的河流之一。它的全部幾乎都流過最荒涼的沙漠。但是當它流進地中海時它還是一條龐大的河流。從空中可以看見地上有一條無止盡的綠色地帶。它就是那賦與生命、永不枯竭的河流所灌溉的尼羅河谷。

上帝仁愛、慈憐與真理的河流流經這世界的沙漠。它流到的地方就有生命——其中有生命，有它就有生命，靠它有生命，讓我們住在這河的河邊吧！

默想與禱告：「我向你舉手；我的心渴想你，如乾旱之地盼雨一樣。」（詩 143：6）

7月
26日

人若喝我所賜的水就永遠不渴。我所賜的水要在他裏頭成為泉源，直湧到永生。（約 4：14）

我們多麼清楚知道，喝地上的水短時間就讓我們又再口渴。耶穌所賜的水卻能解除我們心靈的飢渴。不僅如此，它會在我們裏面成為生命與福氣的泉源。

當以撒重掘他父親亞伯拉罕那被非利士人塞滿泥土與瓦礫的水井之時，他發現了活水，自流的活水（創26：18、19）。每一個基督徒都是一口自流井。但是有多少口井已經被娛樂、罪惡、今生的憂慮阻塞了啊！或者他們是完全隱藏的，或如此不潔淨，如此渾濁與味道不佳，使人無法因之得福。

諾瑞斯（J. Frank Norris）講到他初次從事牧養工作時的經驗。一位趕走這個小教會許多傳道人的教會執事，想要以同樣方式對付他。諾瑞斯去拜訪這位執事。開始他表現粗魯，拒絕交談。但是過了一會兒，藉著和藹的關切，他變得友善了。他們進到執事的桃子園，來到一口古井旁。當他們汲取清涼的水一起飲用之時，那位執事講說了那口井的故事。這井是在許多許多年前由他的祖父所掘，但是被各種瓦礫殘骸塞滿，為人所遺忘。一次大旱災，人找到了它，變成了附近居民供應不絕的水源。現在他們決定保持這口井。

這位年輕的牧師抱著他的朋友說：「執事先生，你就是那口井。為何不將那井清潔乾淨呢？」就在這口井旁，這兩個人一起禱告，而那位執事也真的清潔了他那口井。成了一個剛強的基督工人。

讓我們靠上帝的恩典清潔我們的井。讓祂憐憫的活水使我們得福，並藉著我們，使世人得福。

默想與禱告：「請把這水賜給我，叫我不渴。」（約 4：15）

7月
27日

我必使你成為淨光的磐石，作曬網的地方；你不得再被建造，因為這是主耶和華說的。（結 26：14）

推羅或許是古時最偉大的航海城市。它的居民腓尼基人在當時所知世界各地進行貿易。先知講到各國都在它的市場中交易，貢獻財富給它。之後，從上帝那裏降下一道責備與審判即將來到的警告：「推羅啊，我必與你為敵，使許多國民上來攻擊你，……他們必破壞推羅的牆垣，拆毀他的城樓。我也要刮淨塵土，使他成為淨光的磐石。他必在海中作曬網的地方，也必成為列國的擄物。這是主耶和華說的。……人必……將你的石頭、木頭、塵土都拋在水中。」（結 26：3－12）

這已經照字面完全應驗。亞歷山大大帝攻佔了推羅，建造一條巨大的防波堤大道，從大陸伸展到它岩石的城堡，刮淨舊城的地面——岩石，木材，甚至塵土——拋在海中，這樣，使他攻擊的大軍能到達海中被認為無法攻破的城。

今天訪問推羅的人可以親眼看見古時預言的應驗。它只是個小村莊建造在亞歷山大填土的海堤上，居民主要以捕魚維生。推羅的榮耀，如同一場惡夢消逝了，它在預言之下沉沒了，它是上帝的見證人。這一度是航海大城的古代推羅，不再有其影響力了。它那嶙峋的地形，現在用為曬網的地方。它對我們說：「當上帝論到國家與個人時，他講的是真的。」

默想與禱告：「耶和華啊，你的法度最的確；你的殿永稱為聖，是合宜的。」（詩 93：5）

7月
28日

我就說：主耶和華啊，我不知怎樣說，因為我是年幼的。耶和華對我說：你不要說我是年幼的，因為我差遣你到誰那裏去，你都要去；我吩咐你說甚麼話，你都要說。（耶 1:6、7）

一切上帝的命令都賦予能力。當上帝呼召摩西引領祂的子民出埃及時，摩西抗議說，他不是一個能言善道的人。主回答說：「現在去吧，我必賜你口才，指教你所當說的話。」（出4：12）我們順從上帝之時，我們就會有力量遵行祂叫我們去做的事。

在今天的命令應許之中，我們也可以分享年幼的先知耶利米的經驗。主對他說：「我已將當說的話傳給你。」（耶1：9）我們作上帝的使者，就要對上帝走錯的子民講說上帝的話，不是我們自己的話。我們要傳講祂的福音，不是人的哲學。「得我話的人可以誠實講說我的話。」（耶23：28） 那就是耶穌所行的。祂講說祂父的話。

一位任性的年輕男子從家中逃出，多年音信全無。他聽見父親去世就回來了。全家人聚集一起讀遺囑，大家都驚奇地讀到遺囑中詳細地講到那個任性兒子的情形。他發怒站起來，走出房間，又三年聽不到他的音訊。最後終於找到了他，並告訴他，那遺囑在講過他的劣行之後，遺留給他15,000元。他若是聽完整個遺囑就不會那麼樣離家。

上帝的信息也是一樣，應該全部講說，全部領受。責備與應許都要講。聖經誠然說：「罪的工價乃是死，」但是聖經所講的不止於此，而是繼續說：「惟有神的恩賜，在我們的主基督耶穌裏，乃是永生。」（羅6：23）

默想與禱告：「主啊，求你使我嘴唇張開，我的口便傳揚讚美你的話！」（詩 51:15）

7月 29日 每逢月朔、安息日，凡有血氣的必來在我面前下拜。這是耶和華說的。（賽66：23）

十九世紀中出現了一本書，書名為：「回顧2000－1887」（Looking Backward： 2000－1887）。它是對幾個世紀後地球的未來之想像的圖畫，並由一個更遠之未來的人所描寫。為何沒有一本書名叫「更遠的瞭望」呢？——遠到超過人類一切的成就呢？遠到看到上帝所應許的榮耀的未來呢？這本書可用的經文還有甚麼比我們今天的經文更好呢？

在作為歷代以來一切蒙贖者家鄉的新天新地裏的生活，將是一種社交的生活，忙碌的生活，崇拜與讚美上帝的生活。「每逢月朔，」就是一個月又一個月，都有上帝子民的大聚集。「每逢月朔、安息日，凡有血氣的必來在我（上帝）面前下拜。」（賽66：23）

這永恆奇妙的家鄉是為那些有信心之人所預備的，是為那些靠恩得救脫離罪的咒詛、權勢、與完全脫離罪的人所預備的。它是十字架的勝利。耶穌受死，不僅要拯救人類，也要拯救一切「失喪的。」（太18：11）包括失喪的世界，與自然界。

即使今天，「一切受造之物一同歎息勞苦，……就是我們這有聖靈初結果子的，也是自己心裏歎息，等候得著兒子的名分，乃是我們的身體得贖。」（羅8：22、23）

讓我們歡喜快樂地期待。「務要舉目仰望，仰望，使你的信心不住地增進。要讓這信心引領你行走那條窄路，得以穿越城門，直通到偉大的來世，就是那為贖民享受的、廣闊無涯之榮耀的將來。」（《先知與君王》第60章）

默想與禱告：「求你發出你的亮光和真實，好引導我，帶我到你的聖山，到你的居所！」（詩 43：3）

7月
30日 所以，你們必從救恩的泉源歡然取水。（賽12：3）

「造成基督教未來的，」Matthew Arnold說：「不是它的憂傷，而是它的喜樂；是它在屬靈世界中所形成的喜樂泉源如此豐富，使它淹沒了物質世界，並改變了它。」

一些慕迪時代的人描寫慕迪傳道工作的祕訣時這樣說：「慕迪在講說信息時閃射出信息的榮耀來！他陶醉在其中。他的喜樂具有感染性。人會跳出黑暗進入光明。就自那個時刻起，開始度基督徒的生活。」

早期的信徒歡喜快樂地領受這道（帖前1：6）。我們的救主是因為擺在祂面前的喜樂，才忍受了十字架的痛苦（來12：2）。我們也要帶著喜樂，不是帶著悲傷事奉上帝（來13：17）。「我的弟兄們，你們落在百般試煉中，都要以為大喜樂；（雅1：2）雖然有試探，但是我們要盼望耶穌基督顯現。「你們雖然沒有見過祂，卻是愛祂；如今雖不得看見，卻因信祂就有說不出來、滿有榮光的大喜樂。」（彼前1：8）

喜樂是聖靈的果子之一（加5：22）我們要在喜樂中祈禱（腓1：4）。其實，上帝的國本身就是喜樂（羅14：17）。有一首老歌的歌詞說：「快樂，快樂，越來越快樂！」但是，上帝的兒女現今在世上就當快樂。無論我們在何處，我們都有在主裏面喜樂的特權（賽61：10）。救恩井中的水，是一種喜樂的飲料。一個人尋得救恩如何不會快樂呢？藉著信，基督住在我們心中，罪的擔子沒有了。聖靈的見證宣告說，我們是上帝的兒女，天國是我們的家鄉。

默想與禱告：「求你使我仍得救恩之樂，賜我樂意的靈扶持我。」（詩51：12）

7月 31日

祂又對他們說：「你們往普天下去，傳福音給萬民聽。信而受洗的，必然得救；不信的，必被定罪。(可 16:15、16)

這是一個神聖的命令。請注意，這個命令雖然是在樓房向十一個門徒說的，但卻是賜給所有信徒的。十七節清楚地將之適用在「信的人」身上。我們是否相信呢？若然，這命令就是給我們的。

田地就是世界。福音沒有任何阻礙。它要傳給每一個人——，所有種族，所有地方。這項應許是賜給那些受浸的人。救恩已經確保賜給帶著信心來就主的人。也有警告賜給我們，不要犯不信的大罪。

有一次，在一個傳道大會中，一位著名的基督徒商人站起來講到他的經驗說：「我曾站在中國一個大省的邊緣對我的嚮導說：『在我們面前有多少人從未聽過耶穌基督的聖名呢？』

「三千萬人，他說：『但是我們必須回去，我們已經處身在危險的地域，我們必須立刻回轉。』」

「我站在那裏時，聽見那邊一輛原始車輛行駛時的吱呀聲。那輛車由一頭飽經風霜的駱駝拖動，由一個衣裳襤褸的男人所駕御。車上裝運的是桶裝的油。也有一些標示著「美國製造」的散裝貨物。你看，我們可以將光送到他們的家裏，但卻不能送到他們的心裏。」

每年有大量金錢花用在商業利益上，商業人士在世界各地都可以看見，並常常冒著生命的危險。難道十字架的使者不能同樣地，將賜生命的上帝在基督裏的恩典、福音帶到地上最偏遠的地區嗎？

默想與禱告：「我要來說主耶和華大能的事；我單要題說你的公義。」(詩 71:16)

8月 **1**日

聖靈向眾教會所說的話，凡有耳的，就應當聽！得勝的，我必將神樂園中生命樹的果子賜給他吃。（啟 2:7）

基督徒的人生，就是不斷的爭戰與行軍。本仁約翰稱之為「『人心』城中，與城周圍進行的聖戰」。藉著恩典，我們可以跟隨我們得勝的元帥，最後進到上帝樂園的中心。那裏有生命樹。我們再回到那為基路伯與火焰的劍所把守的人類過去居住的所在。在那裏，我們可以吃生命樹的果子，永遠活著。

一個不為人知的作者曾用少數幾個字將真理講出來。他說：「若人生對思想的人是一齣喜劇，對感覺的人是一齣悲劇，那麼，對相信的人則是一場勝利。」我們的勝利永遠在基督裏面。使徒保羅說：「感謝神！常率領我們在基督裏誇勝。」（林後2：14）在祂裏面，我們的軟弱就化為剛強。我們的失敗變成勝利。

一位長期居住在倫敦的法國商業行政人員想要有英國國籍，他的許多朋友譏笑他的想法。「那有甚麼不同？」他們問：「你是一個法國人，在此已居住多年，為何現在要成為英國人呢？」

但是他堅持達到他的目標。經過了長時期之後，克服了許多困難，終於得到他公民身份的官方通知。那一天，他的朋友，聚集在他的周圍，說：「你感到任何不同嗎？你還是同樣的一個人，從事同樣的事業，住在同一個城市。樣樣事情都一樣。為甚麼找這麼多麻煩呢？這有甚麼真正的差異呢？」

這位新成為英國公民的人回答說：「差異在此，昨日的滑鐵盧是失敗，今天是得勝！」對每個真正的信徒也是如此。「使我們勝了世界的，就是我們的信心。」（約壹5：4）

默想與禱告：「感謝神，使我們藉著我們的主耶穌基督得勝。」（林前15:57）

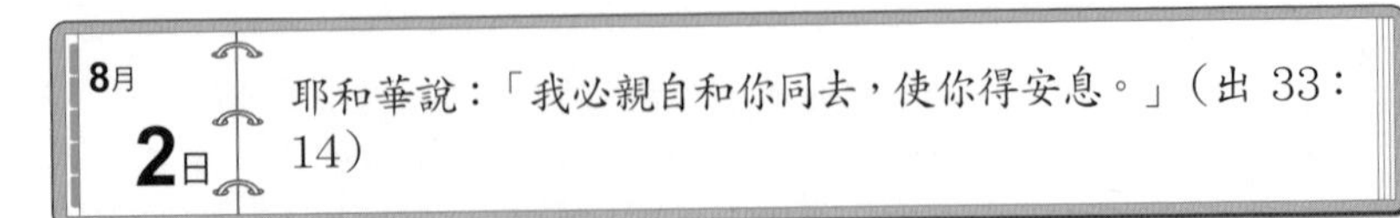
8月 2日

耶和華說：「我必親自和你同去，使你得安息。」（出 33：14）

這是一個包含一切應許的應許——「我必親自和你同去，」地上沒有長存的城。我們剛剛紮根，開始輕鬆一下時，開拔行軍的命令就到了。工作改變，要到另一個城，到另一個州，到另一個國家去——行軍，行軍，不停地行軍，但是在此有應許：主要親自與我們同去。主要親自與我們作伴。祂的同在就意味著祂要天天與我們相交，天天有祂的恩寵，祂的慈憐。若是上帝與我們同在，天上與地上的一切就都是我們的了。這位在祂的給與中「既不愛惜自己的兒子，為我們眾人捨了，豈不也把萬物和祂一同白白的賜給我們嗎？」（羅8：32）

我們應該學習實際活在上帝的臨格之中。天上地上的萬物就都是我們的了。Edwin Booth曾將這美好的勸告給一群年輕的演員，他說：「每一次的觀眾中都有國王在座，要表演給國王看。」在我們的一切的日常生活中都有那萬王之王在。我們應該表演給祂看。

沒有上帝的同在，以色列人就會受不了那曠野中的跋涉。有了上帝，一切就算不得甚麼了。他們可以憑信前進，享有完全的安全與平安。因為上帝與他們同在。今天我們也可能有同樣的經驗。

一位英格蘭的教牧人員有一次對他教會中一個聰明的女孩說：「你若告訴我那裏可以找到上帝，我就給你一個橘子。」

「你若能告訴我甚麼地方沒有上帝，」那女孩迅速回答說：「我就給你兩個橘子！」

上帝在雲柱與火柱中的臨格曾引領祂古時的百姓進入應許之地。今天祂也必同樣引領我們。

默想與禱告：「我行路，我躺臥，你都細察；你也深知我一切所行的。」（詩 139：3）

8月
3日
求你攔阻僕人，不犯任意妄為的罪，不容這罪轄制我，我便完全，免犯大罪。（詩 19：13）

任意妄為的罪，乃是蔑視上帝的罪，是我們大睜眼睛時所犯的罪，是敵對亮光所犯的罪。繼續活在這樣的罪中，最後就使一個人進入那稱為「大罪」的不能寬恕之罪的景況之中。

在基督的時代，有些人將祂醫治的大能歸諸於魔鬼的能力，而他們知道它是出於上帝。我們的救主將他們的危險警告他們説，上帝樂意赦免一切的罪與褻瀆的罪，但是褻瀆聖靈的罪，卻永不能赦免（太12：31）。將基督藉聖靈的行事能力歸之於魔鬼，他們乃是犯罪敵對亮光。

讓我們不要不肯放棄任何形式的罪，但立刻尋求赦免。因為「我們若認自己的罪，神是信實的，是公義的，必要赦免我們的罪，洗淨我們一切的不義。」（約壹1：9）上帝已經應許將我們的一切罪投於深海（彌7：19），叫我們的罪離開我們，如同東離西那麼遠。（詩103：12）又將它們扔在祂的背後（賽38：17）。

海洋遮蓋了71%的地面，平均深度為13,000呎。兩個最深處，一個在波多黎哥的北方，深30,200呎。另一個位於菲律賓的東方，深約34,000呎。在關島附近另有一個最大的深處，深35,600呎。上帝使用深海的表號形容他的赦罪。在那裏，即使是能穿透物質的宇宙線也無法到達。人的罪不僅獲得赦免，也被忘記了。上帝親自説：祂「不再記念他們的罪惡。」（耶31：34）

默想與禱告：「誰能知道自己的錯失呢？願你赦免我隱而未現的過錯。」（詩 19：12）

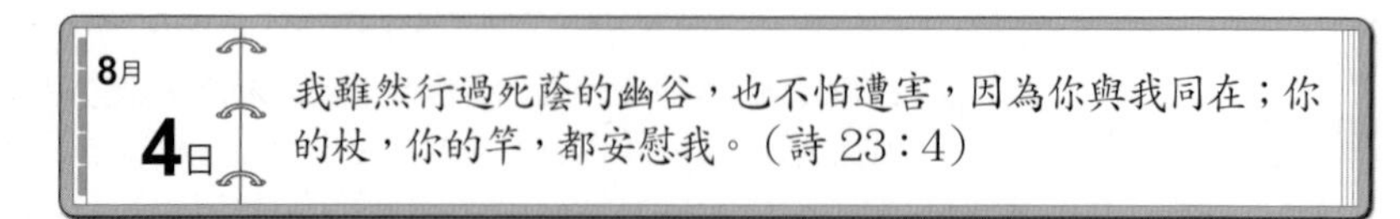
8月 4日
我雖然行過死蔭的幽谷，也不怕遭害，因為你與我同在；你的杖，你的竿，都安慰我。（詩 23：4）

在基督徒要走完人生的路程時，經常從這個寶貴的應許獲得力量。聖父的杖與竿讓他們不致迷失。上帝的臨格與他們同在，他們就毫無懼怕，如同孩子睡在媽媽的懷裏一樣。天父的一切應許都是他們的。那伴隨著他們一生的憐憫與慈愛，仍然與他們同在。

這項應許也適用在我們今生遇見的幽谷。本仁約翰在他的「天路歷程」中，將這幽谷放在旅客經過天山這邊的河流好遠之前的地方。我們有些人經過了許多次可怕的幽谷經驗，可以見證：單是有主，就能夠讓我們平安度過。

許多信徒感受壓力，受壓迫，感到沮喪。但是仍然活過來。大衛說：「祂從禍坑裏，從淤泥中，把我拉上來，使我的腳立在磐石上……」（詩40：2）牧人的杖與竿，乃是為了照顧與保護羊。這位好牧人就是這樣拯救我們。但是最好的是，祂永遠不會離開我們，或丟棄我們。有時候，因為我們不必要的恐懼，那幽谷顯得過分黑暗。在英格蘭有個古代的海恩旅館，它的壁爐架上，刻著一句話：「恐懼敲門，信心回答說，沒有人在。」

人生旅程求父引導，
求領我們日夜依靠，
每一幽谷黑暗籠罩，
在你裏面亮光是寶。

默想與禱告：「萬軍之耶和華啊，倚靠你的人便為有福！」（詩 84：12）

8月 5日

耶和華你的神要從你們弟兄中間給你興起一位先知像我，你們要聽從他。（申 18：15）

在上帝的僕人摩西的這兩句話中，清楚地，詳細地，預言了彌賽亞的降臨。上帝應許說：「我要將當說的話傳給他；他要將我一切所吩咐的都傳給他們。」（申18：18）

耶穌基督應驗這個預言以上帝的兒子身分降世，並以「自有永有者」為自己的名字，因而引起人要用石頭打祂。

祂的話是上帝的話，人忽略了祂的話就有危險。祂宣布說：「我與父原為一。」（約10：30） 聽見祂話的聖殿差役說：「從來沒有像祂這樣說話的！」（約7：46）「眾人都稱讚祂，並希奇他口中所出的恩言。」（路4：22）祂自己說：「棄絕我、不領受我話的人，有審判他的，就是我所講的道在末日要審判他。」（約12：48）祂宣布說：「差我來的父已經給我命令，叫我說什麼，講什麼。」（約12：49）耶穌降世，應驗了摩西的預言，祂講說上帝的話，我們若棄絕祂。就是棄絕父上帝與棄絕祂的兒子。

著名的猶太傳道人符瑞霍夫（Solomon B. Freehof）說：「靠基督感知上帝的臨格已臨到數以百萬計的男女。沒有回教徒唱過：『穆罕默德，愛我靈的主』，也沒有任何猶太人對教師摩西說：『我時刻需要你。』耶穌藉祂的臨格使上帝更加與人親近。祂為千萬崇拜者造就一位人性化的神。」

默想與禱告：「使他們知道：惟獨你名為耶和華的，是全地以上的至高者！」（詩 83：18）

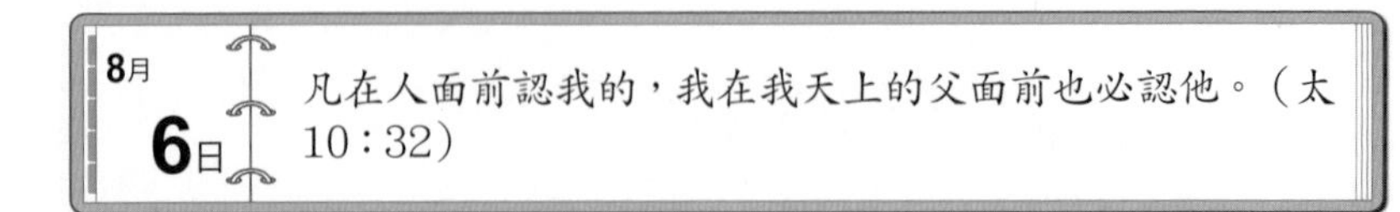

讓我們決不要因承認以我們的主耶穌而感到難為情。在慕迪的一次佈道會中，一個一頭淺黃頭髮不會說英文的男孩站起來，走到前面來。他流著淚顫抖著說：「若是我對人講耶穌，祂就會在天父面前講到我。」他只說了這麼多，也是他所要講的。其實，它比那天別人所說的加起來還多。這就是在人面前認祂的意思。

「但聖靈降臨在你們身上，你們就必得著能力，……作我的見證。」耶穌在徒1：8說。在這個世界中並在永恆的偉大的天庭裏，我們都要認耶穌基督。祂就要在天父面前認我們。「我不以福音為恥；」使徒保羅在羅1：16說，「這福音本是神的大能，要救一切相信的。」換句話說就是：「它在我身上成就了一些事，它改變了我的生命與其他人的生命。」

在一個醫院裏，有個小孩手臂裏的一根骨頭被拿掉。手術成功。他完全康復了。他在離開醫院時要見醫生一面。「你要看我嗎？」那位外科醫生問。

這個小孩舉起手來扶著醫生的肩——只到他搆到的高處，笑著說：「我的媽媽會永遠聽見我在講你的。」

若是我們充分認識到基督為我們所做的，我們就應該對祂說：「我的朋友們會永遠聽見我在講你。」

使我全心愛我主，
因你為我受苦辛。
我願獻上我身心，
永遠榮耀主聖名。

——法蘭西斯（Frances R. Havergal）中文讚美詩252首

默想與禱告：「我在大會中要稱謝你，在眾民中要讚美你。」（詩 35：18）

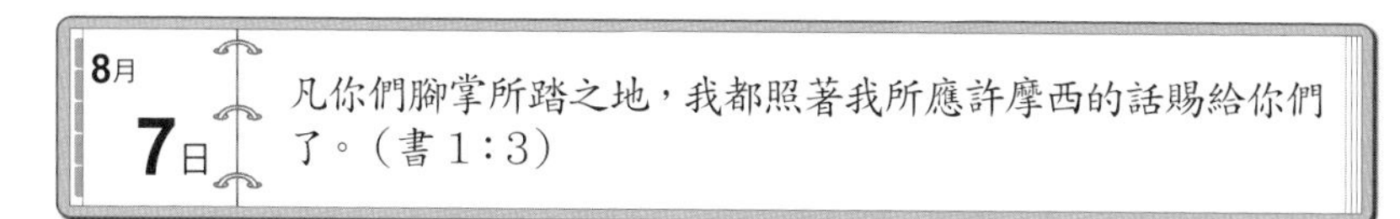

那時約書亞正引領以色列人進入迦南地。缺乏訓練又缺乏經驗的以色列人，正上去要攻擊那躲在堅固堡壘後面的凶猛敵人。上帝的應許是，他們的腳所踏之地會成為他們的。上帝已經將這地賜給他們。那地是他們的國土。

在我們屬靈的戰爭中，上帝引領我們一步步進入勝利。藉著祂的恩典，靠祂的力量，在祂的引導之下，在祂的命令之下，必能勝過我們的仇敵。然後，那榮耀的應許之地就必是我們的。基督徒的人生應該是一連串不中斷的勝利。失敗是不必要有的。我們穿戴著聖經的軍裝，我們要向前進，永遠憑信前進。

在一次拿破侖早期的戰役中，他的軍隊潰敗，準備撤退。潰敗的軍兵心中想到的只有逃。鼓手接受了命令要打後退鼓。「我不知道怎樣打後退鼓，」他說：「但我可以打一個陣鼓。」他真的打了陣鼓。那喪膽的、動搖的士兵集合起來，以一次大突破，打敗了驚惶失措的敵人主力，清除了戰場，贏了那一天的戰爭。

今天全世界都屬乎上帝的兒女，但是在基督復臨，地球被潔淨之後，他們就會進入他們的產業（但2：44）。因為上帝的聖民要得國，並永遠居住其中（但7：27）。

基督徒啊，要鼓起勇氣來！因為你們正在為你的靈魂爭戰。藉著上帝的應許甚至這個戰場也是你的。那「打退外邦的全軍」的（來11：34）， 也會為你打退你一切的屬靈仇敵，賜給你基督裏的勝利。

默想與禱告：「我們靠你要推倒我們的敵人，靠你的名要踐踏那起來攻擊

8月
8日

你的鞋是銅的，鐵的。你的日子如何，你的力量也必如何。（申 33：25）

上帝的兒女是皇家血統的王子。他們是王，是祭司。他們的日子如何，力量也必如何，那就是依照當天的擔子與壓力而定。未預料到的緊急事故呢？是的，也有未預期的力量。長時期的勞力與受苦呢？是的，也有長時期的力量與忍受力去應付它們。

這一切從何而來呢？從上帝而來。「永生的神是你的居所；祂永久的膀臂在你以下。」（申33：27）無論我們沉淪到了何種程度，我們底下仍有永久的膀臂，支持我們，將我們抬舉到上帝的心上。

一個小孩跟在父親與他的朋友後面一同走過田地。他們來到一條排水溝。大人踏著大步跨過去了。但是小孩知道他的限度——他的腿長。他用一種無法抗拒的聲音喊道：「爸爸啊，我的腿太短了！」爸爸立刻來到他跟前，抱著他跨過水溝。

我們常常遭遇一些我們無法自己解決的問題，一些無法自己跨越的溝渠。那時我們會發現我們的天父樂意幫助我們，過於我們樂意去求祂的幫助。當我們似乎在絕望中往下沉落時，我們會忽然發現我們底下有一雙永恆的臂膀。

瞎眼的彌爾頓講到榮耀的臨格，John Henry Newman 歌唱道：

主既助我已久，何由疑惑，必能引導，
在世險阻，引我過死陰谷，深夜過了。
——中文讚美詩374首

默想與禱告：「我正說我失了腳，耶和華啊，那時你的慈愛扶助我。」（詩 94：18）

8月
9日

你要以財物和一切初熟的土產尊榮耶和華。這樣，你的倉房必充滿有餘；你的酒醡有新酒盈溢。（箴 3：9、10）

財富，利益，利潤，的確是我們自己、我們的能力、我們的腦力、我們的動力的結晶。我們若要尊榮主，就必用我們的收入尊榮祂。

請注意，初熟的果子是主的。上帝應在凡事上居首位，高位。一塊古時義大利墓碑上鐫刻的字句充滿了教訓：

「我給出去的，儲存了。
　我花的，用掉了。
　我留下的，失去了。」

你看，奉獻給主，只是將我們的財物運送到更高之處，一個唯一安全儲存之處。我們無法親自將奉獻放在上帝手裏。我們奉獻給上帝的一切，都必須為人類所用。基督徒的管家責任乃是施行有計畫的、成比例的、時間、能力、物質財富的奉獻，視一切都是上帝的託付，用為支持祂地上的聖工。

下面是李文斯登的見證：「除了對基督的國認為有價值之外，我不認為我所有的任何東西具有價值。若是我所有的任何東西可以幫助推進天國，就該奉獻或保留。奉獻或保留端視何者更能榮耀那賜給我一切現在與永恆盼望的一位而定。」

上帝捨棄了祂的兒子，兒子捨棄了自己。讓我們效學那些古時的人。他們「照神的旨意先把自己獻給主，」（林後8：5）然後再用他們的財物幫助比他們有更大需要的人。

默想與禱告：「神啊，你的恩惠是為困苦人預備的。」（詩 68：10）

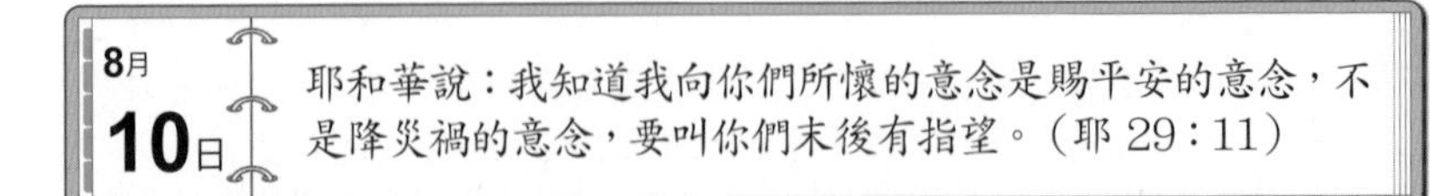

8月 10日

耶和華說：我知道我向你們所懷的意念是賜平安的意念，不是降災禍的意念，要叫你們末後有指望。（耶 29：11）

不論事物在我們看來情況如何，上帝知道祂在做甚麼。祂知道祂心中的計畫。祂知道祂為我們所懷的意念是善的，不是惡的，要賜給我們幸福的未來。這是祂的期望，也應該是我們的。祂經常在做這樣的計畫。

事物可能變得艱難，但是要記住——

……在隱約的、不可知的後面，
上帝站在陰暗裏。
看顧著祂自己的人。
——詹姆士（James Russell Lowell）

祂已應許在每一試驗中，都會有一條出路（林前10：13）。祂已應許永不離開我們，不丟棄我們（來13：5）。

Rowland Hill 講到他教會中一個富翁與一個窮人。那個富翁拿著一筆錢到他跟前，盼望將那筆錢給那個窮苦的弟兄。他請求牧師依自己的判斷用最好的方式，或一次全部給他，或以小量方式給他。牧師給了窮人五個英磅，附上一張字條說：「還有，隨後送上。」之後每隔一兩個月就匯給他一筆錢，並附上信息說：「還有，隨後送上」。這就是恩典。上帝的恩典就像這樣——還有，隨後送上。

上帝的意念一直隨著我們。我們要有信心「上帝的明天會比今天更好。」祂對我們的意念，乃是「賜平安的意念，並非降災禍的意念。」祂要賜給我們幸福的未來，期盼的結局。

默想與禱告：「但我是困苦窮乏的，主仍顧念我；你是幫助我的，搭救我的。神啊，求你不要耽延！」（詩 40：17）

這個應許包括指導與教導。但是溫柔謙卑——樂意接受指導與教導的心——乃是我們領受這兩項福分必要的條件。摩西必須忍受許多艱難才學會溫柔謙卑。這樣，他不僅在上帝領導之下，也能夠領導他人。

日間的雲柱、夜間的火柱不僅與以色列的兒女同在，還引領他們。但是他們必須先樂意接受引領，上帝才行這個神蹟。星星引領博士們到基督那裏，只因為他們樂意跟隨的緣故。

上帝的兒女受教與蒙引導的程度，乃是與他們謙卑受教的程度相當的。驕傲的人學不到甚麼，因為「驕傲在敗壞以先；狂心在跌倒之前。」（箴16：18）溫柔謙卑可以不同的方式表現出來。我們讀到愛的溫柔（林前13：5、7），智慧的溫柔（雅3：13）教導的溫柔（提後2：25），自制的溫柔（出23：4－9； 箴6：32），忍耐的溫柔（箴25：15）我們有一些模範人物：約瑟，摩西，大衛，與最重要的模範耶穌。祂被罵不還口，被釘在十字架上，仍然為殺祂的人禱告。

我們可能知道許多事情——藝術與科學，但若是我們要知道上帝的道，就必須變成小孩子的樣子，學習與順從祂的旨意。

在牙買加的一位國外佈道士，為學生舉行考試時問：「誰是溫柔的人？」一個男孩回答說：「用柔和的態度，回答問粗魯問題的人。」我們可加上說，還有那些樂意順從上帝有時用嚴苛的教師來引導聖徒學習的人。但是，最終的報賞是大的，因為經上記著說：「溫柔的人有福了！因為他們必承受地土。」（太5：5）

默想與禱告：「求你使我明白你的訓詞，我就思想你的奇事。」（詩 119：27）

8月
12日
耶和華與敬畏他的人親密；祂必將自己的約指示他們。（詩25：14）

這個應許並不是說敬畏上帝的人會知道一切上帝未曾啟示的宇宙奧秘。聖經清楚地宣稱：「隱秘的事是屬耶和華我們神的。」（申29：29）這節經文的意思是，上帝與祂子民之間如家人般親密。他們要認識祂是天父與朋友。

當Watts Ditchfield還是一個小孩時，有一天他去一個老婦人家中拜訪。老婦人請他讀牆上的一則格言：「上帝，你在看我。」然後她說：「當你長大時，人會告訴你，上帝在看你是否做錯，好懲罰你。但是我不要你這樣想。要永遠記得上帝如此愛你，使祂無法讓祂的眼睛離開你。」

耶穌對祂的門徒說：「以後我不再稱你們為僕人，因僕人不知道主人所做的事。我乃稱你們為朋友；因我從我父所聽見的，已經都告訴你們了。」（約15：15）就是在這種親密的友情關係中，上帝向祂的子民啟示了救恩的奧秘。耶穌說：「人若立志遵著祂的旨意行，就必曉得這教訓或是出於神，或是我憑著自己說的。」（約7：17）甚至榮耀的福音，也會「蒙蔽在滅亡的人身上。」（林後4：3）他們不能明白，上帝奧祕的事。但是祂已經應許將祂的約指示敬畏祂的人。祂與祂子民之間的親密關係，特別顯示在祂藉著聖靈將救恩的約啟示給他們。那是人只靠理性所無法理解的，因為「聖靈與我們的心同證我們是神的兒女。」（羅8：16）

默想與禱告：「知道向你歡呼的，那民是有福的！耶和華啊，他們在你臉上的光裏行走。」（詩89：15）

8月 13日

義人的腳步被耶和華立定；他的道路，耶和華也喜愛。他雖失腳也不至全身仆倒，因為耶和華用手攙扶他。（詩 37：23、24）

此處譯為「義人」的原文字義為「英雄」、「壯士」。如本仁約翰所說：「真理的勇士先生，上帝喜歡他所行的道。這是為甚麼他即使經過許多試煉，如同約瑟一樣，仍然必會興盛的道理。」（創39：2－6，21－23）

請注意，這個應許並不保證義人不會跌倒，而是說，即使跌倒，他們也不至死亡。主會牽起他們的手，使他們復活過來。我們在太14：31有一幅描寫這種情況的美麗圖畫——彼得正在怒濤中沉沒，耶穌伸手拯救了他。彼得的短禱可以成為我們常有的禱告：「主啊，救我！」

作者記起曾受到兩個可怕的打擊——一次在學習溜冰時跌倒了，另一次是一位資深的牧師給我嚴厲的、但我十分需要的責備。二者都不容易忍受，但是，二者都有蒙福的果子。

Struart Hutchinson講到他作牧師的父親說，他父親的嗜好是修剪葡萄樹。晚冬時他會修剪葡萄樹的枝子，直到葡萄樹看來像要死去的樣子。但是到了明年九月，大串的葡萄證實了他所做的是對的。在屋後的山上有一棵野葡萄樹，有一天，他對父親說：「父親，你為何不修剪那棵葡萄樹呢？」

「啊，」他回答說：「不值得啊！」

有時候，上帝賜下失望與試煉，我們就認為上帝不愛我們。但是要記得，祂與我們同在。我們跌倒，不會死亡，因為主會用祂的手扶持我們，化痛苦為福分。

默想與禱告：「因為你救我的命脫離死亡。你豈不是救護我的腳不跌倒、使我在生命光中行在神面前嗎？」（詩 56：13）

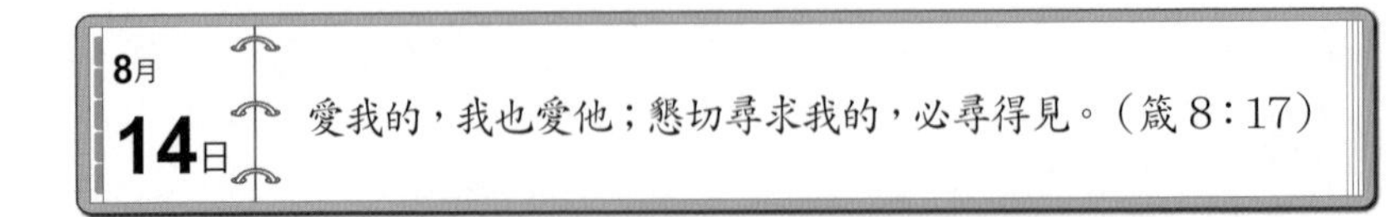
8月 14日 愛我的，我也愛他；懇切尋求我的，必尋得見。（箴 8：17）

要記住：屬天的智慧愛那愛它的，並尋求那尋求它的。有句話說，尋求智慧的人就已經是智慧人了。這若對一般的智慧為真，對在基督裏啟示的智慧也必然為真，因為「神又使祂成為我們的智慧、公義、聖潔、救贖。」（林前1：30）福音的故事乃是上帝拯救的智慧。使徒保羅說，傳講釘十字架的基督，對一些人乃是愚拙。「但在那蒙召的，……基督總為神的能力，神的智慧。」（林前1：24）

我們不必到任何哲學家那裏去尋求智慧，因為「所積蓄的一切智慧知識，都在祂（基督）裏面藏著。」（西2：3）並且，這項智慧是從上面來的真智慧。 那麼，我們的分是藉尋求基督，並早些尋求祂，而去尋求這項智慧。實際說來，我們要先尋求祂，那榮耀的報償是，我們必尋見祂。我們應該在一天的清晨尋求祂。我們醒過來的第一個思想應該是想到祂。我們應該用禱告、默想、研讀聖經尋求祂。我們應該在人生早年尋求祂。我們應該教導我們的兒女如何尋求親愛的救主，讓他們的人生為祂的愛與智慧所引導。這樣，到了成熟與老年時，我們就可以在凡事上將祂放在最先、最高、最終的地位。那偉大的報償是：我們會尋見祂。

一位中國的基督徒向一些朋友們解釋說：「耶穌就是不可見的上帝，上帝就是可見的耶穌。」這是一種獨特的說法。耶穌說：「人看見了我，就是看見了父。」（約14：9） 又說：「我與父原為一。」（約10：30） 在基督之外，上帝就是見不到的、聽不見的、摸不著的、不能認識的了。

默想與禱告：「神啊，你是我的神，我要切切的尋求你，在乾旱疲乏無水之地，我渴想你，我的心切慕你。」（詩 63：1）

8月 15日

必有一人像避風所和避暴雨的隱密處，又像河流在乾旱之地，像大磐石的影子在疲乏之地。（賽 32：2）

經文中的這個人，除了是人子，是那「被藐視，被人厭棄，多受痛苦，常經憂患，」從天上來的主之外，還能是誰呢？（賽53：3）靠著祂在十字架上作贖罪祭，祂成了躲避上帝對罪義怒的避風處。在祂的照顧中，我們逃避了人生的患難，甚至逃避了死亡本身。

我們有一次在西部沙漠中一塊巨大的磐石下紮營。在那裏，一個隱藏的洞穴裏，有一個大的清涼的水池。在我們疲倦的天路旅程中，耶穌就像一塊大磐石，供給我們蔭庇與生命的活水。

北非一隊旅客遇到一陣兇猛的沙塵暴。那使人無法張開眼睛的沙塵，在前面滾滾而來像無法穿透的雲層，似乎要將全世界吞沒。就在那個時刻，他們來到一座為保護沙漠旅客的粗糙的石頭建築。他們衝進去，關上門，安全了。

在世界歷史的末日，患難的大風暴要橫掃地球。但是，在黑暗之中，在風暴與恐懼之中，會聽見聲音說：「我的百姓啊，你們要來進入內室，關上門，隱藏片時，等到忿怒過去。」（賽26：20）

對每個信徒，人子耶穌，乃是避風所的磐石，是患難中生靈的避難所。

祂是——

白日的蔭庇，晚上的堡壘，
風暴時的避難所，
沒有恐懼的警報，沒有敵人的驚嚇，
是暴風雨中的蔭庇所，

默想與禱告：「你是我藏身之處；你必保佑我脫離苦難，以得救的樂歌四面環繞我。」（詩 32：7）

8月
16日

耶和華說：「日子將到，我要給大衛興起一個公義的苗裔；祂必掌王權，行事有智慧，在地上施行公平和公義。在祂的日子，猶大必得救，以色列也安然居住。祂的名必稱為『耶和華我們的義』。」（耶 23：5 6）

耶穌是公義的苗裔。祂的名稱就是祂的品格：「耶和華我們的義」。沒有人能在他自己的義中得救。這義必須完全出乎上帝。因為「是他們從我所得的義。這是耶和華說的。」（賽54：17）「亞伯拉罕信神，這就算為他的義。」（羅4：3）這就是我們稱義的理由：算為我們的義。

人信靠自己的義，如同人尋求自己的影子庇蔭他。他們即使俯身到了地面，他們的影子仍然在他們底下。當他們逃到大磐石的陰影下，或廣闊的樹蔭下，就能找到庇蔭，抵擋中午的烈日。這樣，人的功德沒有用處，惟有靠著基督「進到神面前的人，祂都能拯救到底。」（來7：25）

請注意，祂榮耀的聖名是「耶和華我們的義」。祂是我們的義。並且接受這義只有一種方式——藉著信。「因為神的義正在這福音上顯明出來；這義是本於信，以致於信。如經上所記：「義人必因信得生。」（羅1：17）使徒保羅宣稱，這神的義是「因信耶穌基督加給一切相信的人，並沒有分別。……神設立耶穌作挽回祭，是憑著耶穌的血，藉著人的信，要顯明神的義；因為他用忍耐的心寬容人先時所犯的罪。」（羅3：22—25）讓每個信徒述說主無比的價值，傳揚祂的榮耀吧！。

默想與禱告：「神啊，你受的讚美正與你的名相稱，直到地極！你的右手滿了公義。」（詩 48：10）

8月
17日

你想百合花怎麼長起來；他也不勞苦，也不紡線。然而我告訴你們，就是所羅門極榮華的時候，他所穿戴的，還不如這花一朵呢！你們這小信的人哪，野地裏的草今天還在，明天就丟在爐裏，神還給他這樣的妝飾，何況你們呢！（路 12：27、28）

請想一想百合花怎樣長起來？那些今天還在明天就不見的野地的草。上帝賜給大自然美麗，難道祂不也看顧我們嗎？我們需要小孩子的信心。

就是田間的百合花，
主妝飾最好看，
若主這樣愛護小花，
我知祂也愛我。

———馬利亞・史特勞伯（Maria Straub）中文讚美詩399

耶穌啟示上帝為父。我們是祂的兒女。祂教導我們禱告說：「我們在天上的父」（太6：9），「你們中間誰有兒子求餅，」耶穌說：「反給他石頭呢？

求魚，反給他蛇呢？你們雖然不好，尚且知道拿好東西給兒女，何況你們在天上的父，豈不更把好東西給求他的人嗎？」（太7：9—11） 我們的難處在那裏？缺乏信心。「照著你們的信給你們成全了吧。」（太9：29）

宗教改革時代，威登堡的布倫提斯被軍隊追趕，藏在禾草堆裏。軍隊進到那裏，用刺刀向禾草中亂刺，但是沒有找到他。長達14天，每一天有一隻母雞來，在他手搆得到的地方下一枚蛋。這是他唯一賴以維生的東西。當供應停止時，他相信那就是他可以安全離開藏身之所的記號。他發現那些士兵剛離開那鎮，他得著安全了。

默想與禱告：「耶和華啊，你向來是照你的話善待僕人。」（詩 119：65）

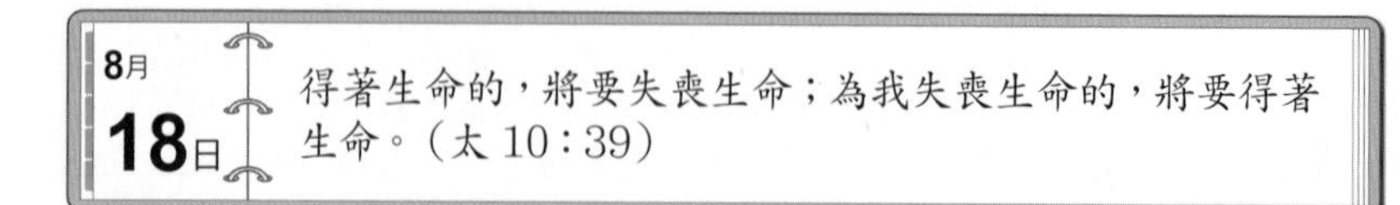

我們救主講的這句話中似有矛盾，需要靠著富有雙重意義的「生命」解決——這生命是肉體的與屬靈的、或暫時的與永恆的。將肉體生命或暫時的事物放在首位的人，必會失去今生的生命與永恆的生命。那些為了更高目標犧牲今世生命的人，二者就都會得著。

為了看不見的去犧牲看得見的，有時候並不容易，但是我們必須記得「所不見的是永遠的。」（林後4：18）摩西能夠看見那看不見的，「 他看為基督受的凌辱比埃及的財物更寶貴，因他想望所要得的賞賜。」（來11：26） 他將明天放在今天之上，將今世置於永世之下。

馬太離棄了他收稅的桌子，彼得、安得烈、雅各、約翰離開了他們捕魚的船隊，跟隨耶穌。耶穌說：「這樣，你們無論甚麼人，若不撇下一切所有的，就不能作我的門徒。」（路14：33）甚至生命本身，人生的一切計畫與希望都必須交給祂引導與使用。

在英國得到Koh-I-noor大鑽石之後，印度的郡主Dhuleep Singh被帶到維多利亞皇后面前。那顆鑽石放在他的手中，他把玩了一會兒，認識到如今因為被征服，它已歸屬別人，就說：「夫人，我有榮幸能將這我祖宗的財寶，象徵我的統治權，放在陛下手中。」

我們有沒有將一切都降服於基督呢？我們是否已將我們從祖宗所承受的生命，因為祂在十字架上的征服而放在祂手中呢？

默想與禱告：「因你的慈愛比生命更好，我的嘴唇要頌讚你。」（詩 63：3）

8月 19日

你或向左或向右，你必聽見後邊有聲音說：「這是正路，要行在其間。」（賽 30：21）

這是上帝引導的應許。每個新的日子，都是一條要你去旅行的新大道，或一條小路，要你去行走，去跑，並可能去攀爬。應許是，當我們離開正路時，會聽見有聲音說：「這是正路，回頭，行在其間吧！」

幾年前，有一個人在威爾斯山中濃霧裏迷路了。他在山中摸索了兩天一夜，尋找回到人間的路。他從未感到如此孤獨過，如此完全被人摒棄，如此失落過。最後他聽見有人聲說：「不知道他是否從這裏來。」那時，他就知道，別人正在尋找他。有許多人離開了正道，正在破碎的希望與計畫的濃霧中尋找一條路。他們認為他們完全孤獨，被人摒棄，那時他們聽見聲音。有人正在尋找他們，呼召他們回到正道上。

但是，尋找正路時，有一些我們必須自己去做的事。「耶和華如此說：你們當站在路上察看，訪問古道，那是善道，便行在其間；這樣，你們心裏必得安息。」（耶6：16） 路有許多條，但只有行在善道之中，心裏才能享安息。

那位作詩的人必然知道在黑暗中摸索的心靈呼聲：「深淵就與深淵響應。」（詩42：7）從人需要的深處，傳來了求助的呼聲。從上帝愛的深處傳來祂的回答說：「這是正路，要行在其間。」它是古道。「稱為聖路。」（賽35：8）是「一條又新又活的路。」（來10：20）在其中行走的人，被稱為「贖民」。

默想與禱告：「神啊，求你鑒察我，知道我的心思，試煉我，知道我的意念，看在我裏面有什麼惡行沒有，引導我走永生的道路。（詩139：23、24）

8月20日

他曾救我們脫離那極大的死亡，現在仍要救我們，並且我們指望他將來還要救我們。（林後 1：10）

無怪乎這位偉大的使徒對祂的救主滿懷信心——這位曾經拯救他、正在拯救他，還會再拯救他的一位。這樣的信心也可能是我們的。救恩的確有三個時態。我們已經得救，我們正在得救，我們將要得救。藉著我們救主在十字架上奉獻的贖罪祭，我們已經得救，從罪中得稱為義。「你們得救是本乎恩，也因著信。」（弗2：8）今天我們應該在恩典與知識上長進。（彼後3：18）上帝在我們心裏運行，「為要成就他的美意。」（腓2：13）這個時態中，我們是天天正在罪中得救。從包括得榮耀的最充分得救的意義説，我們還要在主降臨的時候得救。這是為那些「因信蒙神能力保守的人，必能得著所預備，到末世要顯現的救恩。」（彼前1：5）這是我們信仰的結局， 或是信仰的目標（9節）。這是我們要承受的救恩（來1：14）是我們的主第二次降臨時要賜給我們的（來9：28）。

請看這幅圖畫。房屋著火了。屋內有一把十分貴重的名牌小提琴。一個音樂愛好者知道它在裏面，不顧性命衝進去救它出來，那是救贖。但是，那把提琴已經嚴重受損，被送到專家那裏。這位專家細心地將它修復，因為他知道它的價值，這也是救贖。那把提琴從火中得救了，又從損傷中得救了。現在一個偉大的提琴家拿起它來，調好音，用弓在琴上拉奏，就奏出感動我們心靈的音樂來。這是那把提琴完全的救恩。因為它恢復了原有的用處。

我們的三重得救就將要在偉大的救贖主基督復臨時達成。祂在今天、明天、永遠都能夠拯救我們。

默想與禱告：「耶和華啊，願你照你的話，使你的慈愛，就是你的救恩，臨到我身上，」（詩119：41）

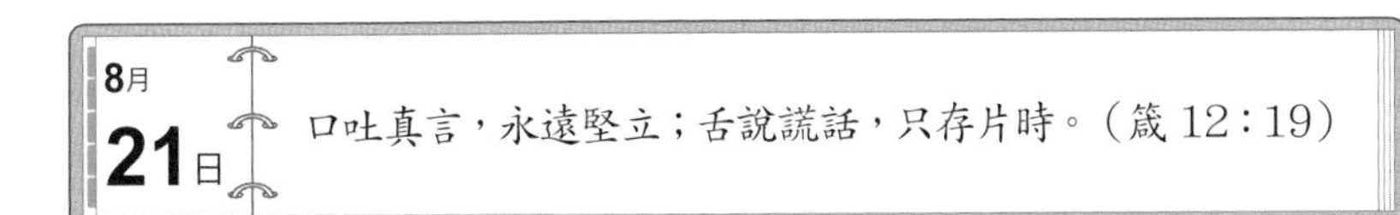

「真言」二字，在希伯來原文代表堅強，在希臘文，意為不能隱藏的，或未隱藏的。耶穌提醒我們說：「但行真理的必來就光。」（約3：21）真理雖或一段時期被壓抑，但卻不會永遠被掩埋。它必會復活。「真理」一詞在希伯來文中衍生的詞讓我們想起它的不能毀滅的堅強。「天地要廢去，」耶穌說：「我的話卻不能廢去。」（太24：35）

每一個駕車旅行的人都有被那些旅館、汽車旅館、飯店廣告所吸引的經驗。但發現它們與廣告所講的完全不同。

基督徒講的話如何呢？基督徒宣稱的信仰又是如何呢？貨物與規格是否相符？要記得真理不會磨損。謊言雖或暫時得勝，但它如同約拿的蓖麻，晚上長出來，白日見光就枯萎了。真理——各種真理，都有時間站在它們一邊，最終必然得勝。

要記得，福音是永遠的福音（啟14：6），因為它是真理。它是奠基在上帝不改變的旨意、話語、與權能上。上帝是永恆的，真理也是一樣。「祂的慈愛存到永遠；祂的信實（信實或譯為真理）直到萬代。」（詩100：5）

讓我們要永遠謹慎，不僅要真理在我們這一邊，更是要我們在真理的一邊。

讓我們的口與生活傳揚，
與我們的口一同將福音宣講。
讓我們的行為與德行發光，
證實聖道神聖無妄。

默想與禱告：「因為，你的慈愛大過諸天；你的誠實達到穹蒼。」（詩108：4）

8月
22日

就是手潔心清、不向虛妄、起誓不懷詭詐的人；他必蒙耶和華賜福，又蒙救他的神使他成義。（詩 24：4、5）

___個人的生活是重要的。請注意，手潔，心清，沒有愚妄的驕傲，沒有欺騙，完全誠實，上帝的賜福乃是要與這樣的人同在。

但是，這些德行從何而來？誠然，不是出於自己的心。答案在最後的話：「蒙救他的神使他成義。」

因信稱義是信徒唯一能有的義。它來自上帝，「因信耶穌基督加給一切相信的人，並沒有分別。」（羅3：22）

「我們藉以稱義的義，是算為我們的。我們藉以成聖的義，是授與我們的。前者是我們配得進入天國的資格，後者是我們適合進入天國的資質。」（懷愛倫《評閱宣報》1895年6月4日）

若是一個人做了得救的宣告，但是仍然活在罪與失敗的舊生命中，他們的宣告就毫無價值。「憑著他們的果子就可以認出他們來。」（太7：20）這是古老的果園試驗，唯一的真試驗。心中的義必會表現於外在的公義生活中——清潔的生活，純潔的思想，單純謙卑的心靈。誠實可靠。上帝的賜福就是降在與住在有這些德行的人身上。

我們要將上帝住在我們裏面的生命活出來。當有人問Joshua Reynolds 要用多少時間畫出某一幅畫時，他回答說：「我的一生。」我們都是用上帝所賜的顏料去繪畫的人。願我們的畫都使祂得榮耀。

默想與禱告：「給我敞開義門；我要進去稱謝耶和華！」（詩 118：19）

8月 23日

不然，讓他持住我的能力，使他與我和好，願他與我和好。（賽 27：5）

上帝已經在十字架上與罪人和好了。但是所有罪人還沒有與祂和好。『基督藉著祂無瑕疵的生活、祂的順從，以及祂在髑髏地十字架上的死，已為失喪的人類代求。現下這位救我們的元帥不但以懇求者的身分為我們代求，更以戰勝者的身分要求認可祂的勝利。祂的奉獻是完美的，……這樣的奉獻是完全可蒙悅納的，足以給一切過犯提供赦免。』（《天路》第十三章）所以， 我們可以毫無恐懼地靠祂來到上帝面前，因為基督在用祂髑髏地（Calvary）不可抵擋的理由為我們代求。

撒但特別的計謀就是引誘人進入罪中，然後，叫他們留在絕望裏，害怕尋求赦免。但是上帝邀請我們持住祂的能力。雅各如此行了，與天使摔跤直到黎明。當他發現他是在與一位神人較力時，他就用信心握住，不肯放手，說：「你不給我祝福，我就不容你去。」（創32：26）　他就在自己的軟弱與完全降服裏，找到了勝利與平安。他的名字改為以色列，就是得勝者。

耶穌說：「我留下平安給你們，我將我的平安賜給你們。我所賜的，不像世人所賜的。你們心裏不要憂愁，也不要膽怯。」（約14：27）你若是基督的兒女，祂已在遺囑中紀念你。祂在十字架上，留下遺囑，將母親託付給約翰。祂的靈魂回到祂的父那裏去，但是祂留下了平安給祂的門徒。

有人說，人的遺囑，沒有一個是律師無法破壞的。但是，我們卻無法叫任何律師破壞基督的遺囑。沒有任何法庭能將它置之不理。今天我們可以要求得著基督留給我們的。

默想與禱告：「耶和華啊，你必派定我們得平安，因為我們所做的事都是你給我們成就的。」（賽 26：12）

布朗的古德弗雷德在攻下耶路撒冷城時，他的全軍一致地向他致敬，稱他為耶路撒冷的王。一頂金冠冕帶到他跟前。但是他將之置之一旁，說：「在這個上帝兒子戴上荊棘冠冕的城，我，一個必死的罪人，那裏能配戴這頂金冠冕呢！」

當代有一個人說：「溫柔不炫耀自己，因為它有更好讓它去炫耀的東西。」耶穌說：「若有人要跟從我，就當捨己。」（太16：24）祂又吩咐我們說：「 我心裏柔和謙卑，你們當負我的軛，學我的樣式。（太11：29）。耶穌，上帝榮耀所發的光輝，「祂本有神的形像，不以自己與神同等為強奪的；反倒虛己，取了奴僕的形像，成為人的樣式。」（腓2：6、7）

在祂裏面，沒有偏執，沒有冷酷的嚴厲。如同Charles Rann Kennedy稱祂是「極度溫柔的」一樣，那仰望基督的人，必會將自我交付聖靈去對付。使徒保羅能說：「我已經與基督同釘十字架，現在活著的不再是我，乃是基督在我裏面活著；並且我如今在肉身活著，是因信神的兒子而活；祂是愛我，為我捨己。」（加2：20）

「由於貪求自高自大，罪惡才侵入了世界，而我們的始祖也因而喪失了管理這華美世界——就是他們的王國的主權。基督卻藉祂的虛己贖回了所喪失的一切。祂說我們要得勝，就如祂得了勝一樣。（參閱啟3：21）我們藉著謙卑和獻身，就得以在『謙卑人必承受地土』的時候，（詩37：11）與祂同作後嗣。」（《山邊寶訓》第2章）

默想與禱告：「神啊，你原是聽了我所許的願；你將產業賜給敬畏你名的人。」（詩 61：5）

8月
25日

豺狼必與羊羔同食；獅子必吃草與牛一樣；塵土必作蛇的食物。在我聖山的遍處，這一切都不傷人，不害物。這是耶和華說的。（賽 65：25）

今天地上的情形並不是這樣。在我們這世界裏，豺狼吃掉羔羊，獅子掠食動物，吃一切比牠軟弱的動物——實際的情形是，一有機會，就要吃肥牛。蛇依蛇性而行，每年許多人死於蛇咬。普世都是傷人與害物，並有時爆發為可怕凶猛的戰爭。

時候就要來到。「在我聖山的遍處，這一切都不傷人，不害物；因為認識耶和華的知識要充滿遍地，好像水充滿海洋一般。」（賽11：9）這就是為何主宣布說：「在我聖山的遍處，這一切都不傷人，不害物。」

無知，缺乏認識耶和華的知識，就造成了傷人與害物。當人類變成不死之時，物質世界的本身，甚至動物世界，也都要跟著改變，回到伊甸園的情形。

「溫柔的人有福了！因為他們必承受地土。」（太5：5）但是今天「一切受造之物一同歎息、勞苦。」「切望等候神的眾子顯出來。」（羅8：22、19）然而在新天新地中，人與環境完全相和諧。

註經家說，「舔土」讓我們想起，它預表撒但與他的使者之最終、完全、與永恆的墮落（賽49：23；詩72：9）。那時罪的統治就過去了，上帝有了清潔的宇宙。

默想與禱告：「我就走到神的祭壇，到我最喜樂的神那裏。神啊，我的神，我要彈琴稱讚你！」（詩 43：4）

8月
26日

他病重在榻，耶和華必扶持他；他在病中，你必給他鋪床。（詩 41：3）

請記住，讀第一節，就知道這項應許是賜給眷顧窮人的人。我是一個眷顧窮人的人嗎？若是，我就可看這個經文是賜給我的應許。

在最古老之時，有一個風俗是，將病人放在公眾地方，好讓行善的人，或患過同樣疾病的人，或照顧過同樣疾病的人，可以提出治療辦法。我們聽說，醫學就是這樣萌芽的。

病人需要他人幫助。疾病帶來了死亡所完成的平等。這樣，名聲地位就要放置一旁。地位高低、興高采烈、人的榮耀、風趣在病房裏都是沒有地位的。甚至理性，有時也都不清明了。這裏，最高貴與最聰明的人都發現自己所有的只是軟弱與痛苦。

在這樣的時刻，在沒有更大的安慰情形下，有愛心的朋友供給仁慈、溫柔的服事，尤其是基督徒醫生有福的服務，是多麼美妙。

但是，在這一切之上，有這上帝美妙的應許說，上帝會是我們的護士與照顧者。病床重新整理好，鋪平，為疼痛的身體預備好，對可憐的病人是多麼安慰啊！請注意主的應許要「給他鋪床」。上帝的恩典，上帝的愛——這些是最好的興奮劑與藥物。如同有人曾說：「沒有像主那樣的醫生，沒有甚麼補藥能像祂的應許，沒有任何藥酒，能像他的愛。」

但是，我們是否對窮人盡了當盡的責任呢？若是沒有，讓我們加速行動吧！因為我們都需要這個上帝的應許在我們的倉庫裏。

默想與禱告：「這話將我救活了；我在患難中，因此得安慰。」（詩 119：50）

8月
27日

日、月、星辰要顯出異兆，地上的邦國也有困苦；因海中波浪的響聲，就慌慌不定。天勢都要震動，人想起那將要臨到世界的事，就都嚇得魂不附體。 那時，他們要看見人子有能力，有大榮耀駕雲降臨。（路21：25—27）

這些日月星辰的預兆都已經發生了。那大黑日發生在1780年5月19日。眾星墜落在1833年11月13日；邦國困苦在兩次世界大戰中已經顯明，並且她們還在為將來的戰爭作準備。困惑與我們同在——大自然似乎錯亂；這一切兆頭中最重要的是：人會為將來的事「嚇得魂不附體」。普世充滿不安、心理疾病，人有說不出的、任何物質活動與快樂都不能滿足的對永恆之事的渴慕。

人因自己可怕的發現使地震動，不久，天也要震動，但不是被人震動，而是被上帝震動。這些時兆都是人子即將降臨的預兆。「那時，他們要看見人子有能力，有大榮耀駕雲降臨。」（路21：26、27）

一位來到某個家庭的訪客被告知她要見的人不在家，也不知道甚麼時候回來，但是，訪客注意到桌子已經擺好午餐，就以為她聽錯了，問道：「這樣，你的女主人今天就會回來啦？」

「我沒有聽見她告訴我今天回來」女僕說：「因為時間不確定，我就每天都預備好她回來。」這就是基督徒應該有的生活。——每天樣樣事情都準備好，樣樣事情都為他們的主回來準備好。

這些時兆已顯在天上，也顯在地上。我們的主就要回來，只是我們還不知道甚麼時候。

默想與禱告：「願一切尋求你的，因你高興歡喜！」（詩 40：16）

8月 28日

我實實在在的告訴你們，時候將到，現在就是了，死人要聽見神兒子的聲音，聽見的人就要活了。（約 5：25）

一位牧師在一次為傳道同工舉行的喪禮中說：「我們親愛的弟兄離開了我們，我們不能再看到他。」會眾中一位年老的聖徒喊著說：「感謝上帝，那是謊言！」是的，感謝上帝，我們都可以說，這句話不真實，因為死人還要復活！

耶穌是生命的主。祂是賜生命者。那時我們的救主已經開始祂的工作，不久就要使睚魯的女兒，寡婦的兒子，與拉撒路復活。祂說：「父怎樣叫死人起來，使他們活著，子也照樣隨自己的意思使人活著。」（約5：21）

在我們的主第二次降臨時，各時代中死去的義人都要在榮耀中復活。「因為主必親自從天降臨，有呼叫的聲音和天使長的聲音，又有神的號吹響；那在基督裏死了的人必先復活。」（帖前4：16）並且「就在一霎時，眨眼之間，號筒末次吹響的時候。因號筒要響，死人要復活成為不朽壞的，我們也要改變。」（林前15：52）

但是在這一節經文中還有一個偉大的應許。耶穌說，現在就是了。許多死在過犯罪惡之中的人，聽見上帝兒子的聲音，祂的話，也要相信，並且，藉著祂，領受屬靈的生命。因此，這個應許也應該包括在今天的經文內。這似乎已清楚地在前面的兩個經文中指出來了。

這應許是給今天的我們的。使徒約翰講到記錄耶穌的神蹟時說：『但記這些事要叫你們信耶穌是基督，是神的兒子，並且叫你們信了祂，就可以因祂的名得生命。』（約20：31）朋友們，你已經藉著信得著永生了嗎？

默想與禱告：「你要以你的訓言引導我，以後必接我到榮耀裏。」（詩73：24）

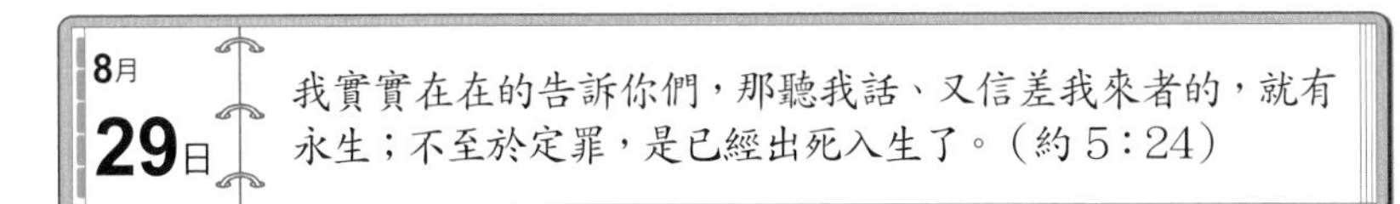
8月 29日 我實實在在的告訴你們，那聽我話、又信差我來者的，就有永生；不至於定罪，是已經出死入生了。（約 5：24）

威廉・詹寧斯・布賴恩（William Jennings Bryan）在開羅時，得到幾粒在墳墓裏躺了三千多年的麥粒。他説：「我望著它們時，這個思想來到我的心中：若是這些麥粒中有一粒在結出之後一年就種植在尼羅河邊。其生產出的子孫又都再種植下去，一直到今日，其後代在今日就足夠餵飽千千萬萬的人。一條不斷的生命之鏈將最早的麥粒與今日我們所種所收穫的麥粒連結在一起。這説明了在基督裏所啟示的上帝的道。」

「種子就是上帝的道。每粒種子都具有發芽生長的本能，包含著植物的生命。照樣，上帝的道裏也有生命。基督説：『我對你們所説的話就是靈，就是生命。』（約6：63）『那聽我話又信差我來者的，就有永生。』（約5：24）上帝聖言中每一道命令、每一個應許都含有能力，就是上帝的生命。藉此，祂的命令得以遵行，祂的應許得以實現。凡憑著信心接受這道的人，就是在接受上帝的生命和聖德。」（《天路》第二章）

真相信就是信心。「信道是從聽道來的，聽道是從基督的話來的。」（羅10：17）將上帝的道領受在心中，就是信心。靠上帝的恩典，我們已經「出死入生了」。這項要賜給我們的永生，乃是藉著相信祂的聖言此時此地就可得著的。讓我們要求這個上帝的應許成為自己的，進入這項經驗吧！

默想與禱告：「求你照你的話扶持我，使我存活，也不叫我因失望而害羞。」（詩 119：116）

8月
30日

如今，那些在基督耶穌裏，隨從聖靈，不隨從肉體的，就不定罪了。（羅 8：1，依雅各王欽定英譯本譯）

對每個信徒來說，基督乃是庇護之所。「沒有什麼權力能從他手中把那些到祂面前來求赦免的人奪去。」（《先祖與先知》第48章）藉著信，基督的義就是他們的義。他們是「在基督裏」。所以經上記著說：「誰能定他們的罪呢？有基督耶穌已經死了，而且從死裏復活，現今在神的右邊，也替我們祈求。」（羅8：34）「好叫我們這逃往避難所、持定擺在我們前頭指望的人可以大得勉勵。」（來6：18）

律法本身的義也在他們裏面成全了。基督藉著信住在他們心內，他們住在祂裏面。

撒克遜的修士馬丁路德尋求他自己行為的義時，聖經的話深深感動他，他就聽見心中似乎有雷轟的聲音說：「義人必因信得生！」這句話到處跟隨著他，從威登堡到伯拉格納，到羅馬，那聲音顯得更加堅持，使他終於離棄迷信，歸向福音。那時，上帝這樣說：「要有光，就有了光。」（創1：3） 宗教改革於焉誕生。願它永不在世界中或我們心中熄滅。

「如今，那些在基督耶穌裏的，就不定罪了。」因為祂是他們代罪的羔羊，有福的拯救！美妙的福音！這是他們行在順從的路上，活出信心生活時的信靠與保證。

默想與禱告：「求你作我常住的磐石；你已經命定要救我，因為你是我的巖石，我的山寨。」（詩 71：3）

8月
31日

敬畏耶和華的，大有倚靠；他的兒女也有避難所。（箴 14：26）

古代以色列的逃城是加強防衛的堡壘。它們是象徵基督所提供每一位信徒的避難所。敬畏耶和華就是對祂與祂所說的一切話懷著信心。祂為我們預備的就是一座堅固的城。逃到逃城的人，必須停留在那裏，否則就會成為報血仇之人的掠物。罪人相信基督，到祂跟前請求赦免，還不夠，他還必須憑著信心與順從，住在基督裏面。「因為我們得知真道以後，若故意犯罪，贖罪的祭就再沒有了；惟有戰懼等候審判和那燒滅眾敵人的烈火。」（來10：26、 27）

從義大利駕車經過辛普倫山口進入瑞士，是個難忘的經驗。一個人在路上的一個隧道中，山邊發生了大山崩。但是他完全平安，因為他藏在山的岩石中心。

今天在我們每個人的道路上，都懸著比山崩更兇惡的危險——悲傷，痛苦，試探，失望，試煉，與失喪。在患難的日子我們去到何處躲藏呢？孩子聽到陌生人的敲門聲感到驚嚇，就跑到媽媽那裏將頭鑽在媽媽懷裏。所有的信徒，也是以同樣方式在上帝那裏找到安全。敬畏耶和華讓他們在遭遇患難、試探、憂慮或危險時「大有依靠」。他們跑到逃城、岩石的避難所。大衛論到耶和華說：「你是我藏身之處。」（詩119：114）

啊，神聖的磐石，親愛的避難所，
暴風雨時的庇蔭處；
你是幫助我們的，需要時就在身邊，
暴風雨時的庇蔭處。

——佛農·查茲瓦（Vernon J. Chatswarth）

默想與禱告：「你是我堅固的避難所。」（詩 71：7）

9月 1日

並且耶和華救贖的民必歸回，歌唱來到錫安；永樂必歸到他們的頭上；他們必得著歡喜快樂，憂愁歎息盡都逃避。（賽35：10）

「先知聽到那裏有音樂和歌唱之聲，這種音樂和詩歌，除了在上帝的異象中，真是人的耳朵未曾聽見、人心也未曾想到的。」（《先知與君王》第六十章）這是一首得贖之民唱的得救之歌，是一首返鄉歌，因為他們終於到達錫安了。這是一首快樂歌，因為悲傷、嘆息及其他原因都永遠消失了。朋友啊，你的悲傷雖或深沉，不能與他人道，但你將會擁有幸福與快樂。你的悲傷過去了。你的嘆息也過去了。這事如同明天太陽會升起一樣確定。

奧林匹克運動會中的得勝者認為野橄欖冠冕比黃金冠冕更榮耀。請想一想這些蒙主救贖的得勝者的冠冕。他們的賞賜是永恆的，永樂的冠冕，永不褪色，永不變得沉重。

雖然在這個舊地球上有悲傷嘆息，但我們可以樂觀地看到未來新天新地中的喜樂。那是上帝經常在引領我們去得著的目標。

我的人生，
上帝與我一同的織紡。
我只選擇顏色，
祂不停編織一直在忙。
有時祂編織悲傷，
而我因驕傲愚拙而健忘，
祂看的是上面，
我卻在看下方，

每一天，上帝都在為我們計畫偉大的將來，計畫我們現在還不能看見的歡喜與快樂。

默想與禱告：「 求你使我得聽歡喜快樂的聲音，使你所壓傷的骨頭可以踴躍。（詩51：8）

9月 **2**日 按著定命，人人都有一死，死後且有審判。像這樣，基督既然一次被獻，擔當了多人的罪，將來要向那等候他的人第二次顯現，並與罪無關，乃是為拯救他們。（來 9：27、28）

按著定命，人人都有一死，乃是普世都承認的事實。不信的人對這一點意見一致，人人都會死。但是第二句話「死後且有審判」，則我們只能從上帝的啟示知道。每個人死後的下一個經驗則是審判。因為上帝已經「將審判的事全交與子，」（約5：22）

但是這裏有另一個應許：那一度為人類的罪獻上的基督，「將來要向那等候祂的人第二次顯現，並與罪無關，」這是有福的指望。那在十字架上擔當我們的罪的主，還會再次顯現。祂會在權能與榮耀中以「萬王之王，萬主之主」的身分降臨（啟19：16）。接受祂十字架上贖罪祭的人，會歡歡喜喜地迎見祂。他們「都要改變，就在一霎時，眨眼之間，號筒末次吹響的時候。」（林前15： 51、52） 他們「必要像祂、因為必得見祂的真體。」（約壹3：2） 但是對那些被罪與自私弄瞎了眼的人，祂降臨的時候，是以審判官的身分，他們受不住祂的榮耀。Watt Scott爵士寫了一首詩，講到那個日子、那個時辰說；

發怒的日子，可怕的日子，
那時，天地都要廢，
罪人還能倚靠誰？
這可怕的大日，他要怎樣預備？

迎接這日子的辦法是在基督裏，在那有福的指望裏。我們必須先仰望祂，然後尋求祂，此生是為更偉大的人生做準備。

默想與禱告：「你坐在寶座上，按公義審判。」（詩 9：4）

9月 3日

然而祂知道我所行的路；祂試煉我之後，我必如精金。（伯23：10）

這個應許有三個美妙的部分。上帝知道我們所行的道。祂試驗我們。我們出來時要如精金。一個相信醫師的病人，為了得醫治願意忍受治療時的痛苦。若是我們一次認定就永不動搖，相信上帝知道祂所行的，知道甚麼對我們是好的，那麼我們就可以忍受試驗，因為知道祂的眼看顧我們。

經上不是記著說：上帝「必坐下如煉淨銀子的」嗎？（瑪3：3）祂像煉金的人看著坩堝中貴重的金屬。火愈來愈烈，金屬變得愈來愈亮及愈潔淨。渣滓一點一點地熔掉，與金子分離。最後煉金子的人看見他自己的形像在熔化的、純淨的鏡面返照出來，然後才將金子從火上拿下來適當地使用。這與基督徒的人生多麼相似！苦難、試驗、痛苦的火不斷燃燒，直到他們的主的形像如在金子鏡面一般返照出來。

上帝未曾應許我們不會有患難，但是祂卻曾在講到祂的孩子時說：「他在急難中，我要與他同在。」（詩91：15）因為不義而受害的約瑟，名聲被抹黑，被關在埃及的監獄裏，但是主與他同在。（創39：21）當那三個希伯來青年在火窯中時，有「那第四個的相貌好像神子」的與他們同在。（但3：25）

因此讓我們永遠記得,上帝知道我們所行的路，祂在不可見中與我們同行。我們在試煉中，祂與我們同在，總是與我們同在。

「我不知道未來如何，」一位救世軍的信徒說：「但我知道未來有主。並且知道我在主裏面。」

我們還需要甚麼別的呢？

默想與禱告：「 神啊，你曾試驗我們，熬煉我們，如熬煉銀子一樣。」（詩66：10）

9月 **4**日

耶穌看著他，就愛他，對他說：「你還缺少一件：去變賣你所有的，分給窮人，就必有財寶在天上；你還要來跟從我。」（可 10：21）

只想一想這位青年人所擁有的——年輕，金錢，聲名，基督對祂特別的愛。他虔誠，有道德修養。但是他還缺少一樣——崇拜真神上帝。他有一個偶像——他的財產。

我們的主告訴他說，他若要進入永生，就必須遵守誡命（太19：17），並舉出第二塊法版上的律法，就是我們對他人的責任。祂建議詢問祂的人變賣他一切所有的，分給窮人，當這位青年離開時有話描寫他說：「 他聽見這話，就甚憂愁，因為他很富足。」（路18：23）他不願意犧牲，不肯放棄他的假神。

這位青年人若是肯獻上他的錢財與才幹，該會成為一位多麼偉大的工人啊！他就能為那襁褓中的教會與掙扎中的聖工做成多大的貢獻啊！

十六世紀的帕利西（Bernard Palissy）為了恢復失落的搪瓷藝術進行實驗，因而造成財務上的大困難。世人譏笑他。但是最後他確定他找到了正確的配方。根據傳說，他只需要一小塊金子與其他的成分混合。但是，他窮，沒有金子。最後，他的妻幫助他。藉著忠誠與犧牲的美麗的行動，表示她對他的信心。她拿下結婚戒指，將之丟進坩堝之中，而那就是達到完全成功所需要的一切。

同樣的，我們的主要求我們向祂犧牲，並為祂犧牲。但是許多人對這樣做感到困難。但是那些犧牲自己最寶貴財富的人，必會發現他們的失去乃是得著。來世乃是永遠的榮耀。

默想與禱告：「我要把甘心祭獻給你。耶和華啊，我要稱讚你的名；這名本為美好。」（詩 54：6）

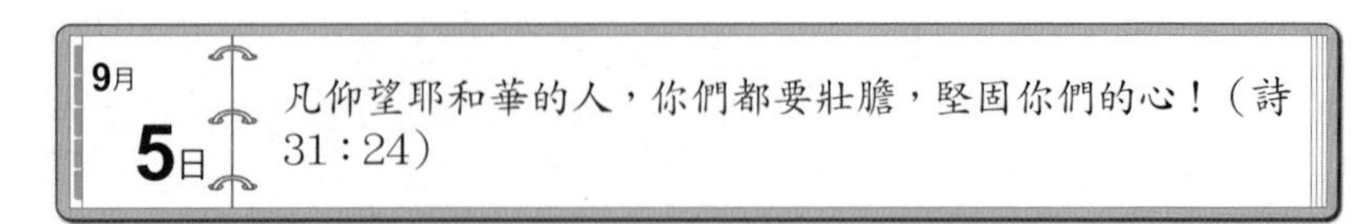

聖經中充滿了勇敢的人——打敗了諸王軍隊的亞伯拉罕與他的僕人，攻打巴勒斯丁的約書亞，迎戰歌利亞的大衛，獅子坑裏的但以理，丟在火窯中的三個希伯來人，議會面前的眾使徒，面對殺他兇手的司提反，站在尼羅皇帝面前的保羅，與站在彼拉多面前的耶穌。

我們若用盡所有的勇氣，主會賜給我們更多的勇氣。祂必堅固我們。我們若在主裏面充滿勇氣，就可以期盼祂在需要之時賜給我們幫助，加強我們對祂信靠的心。

有人叫我們的主逃跑時說：「離開這裏去吧，因為希律想要殺你。」耶穌說：「你們去告訴那個狐狸說：『今天、明天，我趕鬼治病，第三天我的事就成全了。』（路13：31、32）祂的話是甚麼意思呢？祂的意思是，祂有上帝要祂做的工作，在工作完成之前，無論是希律、彼拉多、或該撒都無法傷害祂。

這樣，凡信靠主的人，相信祂聖言的人，在從事上帝的聖工、度上帝要他們度的生活之時，不必畏懼甚麼。

戰地記者W.H. Russell講到克里米亞戰爭中高登（Gordon）將軍的勇氣說，有一天，俄國的軍隊已經到了英軍的戰壕邊，高登將軍卻站在矮牆上，手中只有一根手杖，鼓勵士兵們將敵軍驅逐出去。

「高登將軍啊，士兵喊著說：『下來，下來啊！』但是，他卻像沒有聽見一樣。那時，聽見一位士兵對另一位士兵說：「好吧，我們不怕死，我們是不怕死的基督徒！」

默想與禱告：「耶和華啊，求你照著我們所仰望你的，向我們施行慈愛！」（詩33：22）

9月 6日

主耶和華以色列的聖者曾如此說：你們得救在乎歸回安息；你們得力在乎平靜安穩；你們竟自不肯。（賽 30：15）

雖然以色列人不肯接受上帝的計畫，但是我們要。那憂慮的、煩惱的、疑問的、緊張的、不安的、困惑的、恐懼的心，正是今天的咒詛。許多人正像游泳的人，他們本來可以憑著信漂浮在水面，但因掙扎卻正在下沉。沈默的口常常是最好的，安靜的心豈不是更好嗎？要記得聖經的話說：「你們要休息，要知道我是神！我必在……遍地上也被尊崇。」（詩46：10）

信心是與安靜攜手並行的。一次地震中，一個小鎮的居民大大驚慌不安。同時，他們卻驚奇地看見一個大家熟識的老婦人的安穩與平靜。有人問她是否懼怕。

「不怕！」這位以色列的母親說：「我高興知道，我有一位可以搖動世界的神。」

確信乃是對上帝真實的信心與信靠。

我們可以安全地「倚靠耶和華直到永遠，因為耶和華是永久的磐石。」（賽26：4） 耶穌說：「天地要廢去，我的話卻不能廢去。」（太24：35） 那就是我們的力量——信任，信靠上帝的力量。

讓我們回歸到古時的信仰，古時的信靠，尋得我們心靈的平安。

我安息，甜蜜地安息，
安息在安全之地，
安息在十字架下，
得它的蔭庇。

——伯登（F. E. Belden）

默想與禱告：「拯救我們的神啊，你必以威嚴秉公義應允我們；你本是一切地極和海上遠處的人所倚靠的。」（詩 65：5）

9月 7日

因為我遭遇患難，祂必暗暗的保守我；在祂亭子裏，把我藏在祂帳幕的隱密處，將我高舉在磐石上。（詩 27：5）

聖經中沒有應許說，上帝的兒女不會遭遇患難。但有應許說，在患難臨到的時候，他們可以「保守……在祂亭子裏，……藏在祂帳幕的隱密處。」在大患難之詩的詩篇91篇中，有應許說：「祂必用自己的翎毛遮蔽你；你要投靠在祂的翅膀底下；祂的誠實是大小的盾牌。」（詩91：4）

在主翼下，何等平安與穩妥；
雖然遇狂風與黑夜陰霾，
仍然要信主，因祂必保護我。
主已救贖我，我是祂小孩。
——古新（W. O. Cushing）中文讚美詩293首

上帝的安排所提供的保護，庇護著祂的信徒。他們是庇蔭在祂的翅膀底下，藏在祂帳幕的隱密處，不止於此，上帝還要將他們的腳放在磐石上。大衛有此經驗。因為他講到上帝說：「祂從禍坑裏，從淤泥中，把我拉上來，使我的腳立在磐石上，使我腳步穩當。」（詩40：2）

一位傳道人心情十分頹喪之時，讀到馬丁路德的話說：「即使基督站在那裏，手中持著出鞘的劍，我也要投進祂的懷抱。」他立即想到約伯的話：「祂必殺我；我仍要信靠祂。」（伯13：15依雅各王英譯本）他的擔子脱落了。他在信靠中充滿了平安與喜樂。

我們今天所需要的是大膽的相信，在患難時信靠上帝，立在絕對信靠主的磐石上。

默想與禱告：「我要永遠住在你的帳幕裏！我要投靠在你翅膀下的隱密處！」（詩 61：4）

9月 8日

我聽見從天上有聲音說：「你要寫下：從今以後，在主裏面而死的人有福了！聖靈說：「是的，他們息了自己的勞苦，作工的果效也隨著他們。」（啟 14：13）

對上帝的子民來說，死亡只是轉醒進入不死生命之前的片刻睡眠。Longfellow說：「墳墓本身只是一座掩蓋的橋樑，藉著短暫的黑暗，領人從光進入光。」

請注意應許給在基督裏死了的人的三件事：第一，他們是有福的。第二，他們息了他們的勞苦與患難，第三，他們作工的果效隨著他們。一切在主裏死了的人都進入有福之境。這樣，我們活著時，我們有事奉上帝的喜樂，我們死時，我們是蒙福的。

在主裏死了的人，從勞苦中得到安息——從辛勞中、從無報酬的、有時看來是無用但在上帝眼中並非如此。

但是這並非全部——他們「作工的果效也隨著他們」。丟一顆石子到池塘裏，激起的漣漪會達到各方去。講一句話，甚至一個思想，其所引起的激盪會繼續不斷直到永恆。這樣，上帝兒女工作的影響豈不更大嗎？他們仁慈的行為，犧牲的給與，到達了那等候蒙贖之人的永恆國度。

也請你注意到「從今以後」這四個字。就是，從前面經文所說的三天使信息向世人傳揚的時候起。從開始傳揚的時候起，在主裏面死了的人，乃是特別蒙福的。傳揚一個活到救主回來時會蒙福，以及即使聽見信息死去的人也會蒙福的信息，是多麼美妙啊！

有一天，不久就會來到，是我們搬家的日子，從宮殿，從美麗的住家，從精緻的公寓，從狹小的房間，從閣樓裏，搬到「不是人手所造，在天上永存的房屋。」（林後5：1） 是的，那是搬家的日子。

默想與禱告：「神啊，你的意念向我何等寶貴！其數何等眾多！」（詩139：17）

9月 9日

但那等候耶和華的必從新得力。他們必如鷹展翅上騰；他們奔跑卻不困倦，行走卻不疲乏。（賽 40：31）

那等候耶和華的乃是主的僕人。他們要飛騰。在屬靈的事上，上帝的兒女「展翅上騰」的不多， 但是有些人如此，他們的力量來自上帝。

但是，這裏有一處，是指他們中更多的人，就是在祂的聖工上服事祂的。那些「等候耶和華的必從新得力。……他們奔跑卻不困倦，行走卻不疲乏.。」順從上帝的話，就會在我們生命的奔跑中支持我們。「你開廣我心的時候，我就往你命令的道上直奔。」（詩119：32）

我們多數人必須行走，但是，那是一切人最大的成就。應許是：「行走卻不疲乏。」那最難表現基督的地方是在日常生活的單調之中。那些「如鷹展翅上騰」的人得著許多鼓勵與成就的快樂。跑步的人經驗到速度，到達標竿，獲得旁觀者的掌聲。但是那些行走的人，——其經驗是不同的。有人寫過一本書，書名是：「苦役中的人有福了」，苦役的唯一福分是可以認識那賜福的一位。祂賜給我們力量，行走卻不疲乏。

耶穌在祂的佈道行程中，沒有坐車。祂行走在巴勒斯坦的土路上。祂的腳最後被釘在十字架上。若是祂行走能夠不疲倦，靠祂的力量，我們也一樣能。一次走一步，一步又一步，最後我們到達城門了。在這機動車時代，步行已經是一種失落的藝術。並且不幸的是，在許多情形下，它也已經是屬靈的失落的藝術。今世走在真理亮光中的人，必要在聖城的亮光中行走。（啟21：24）

默想與禱告：「求你使我清晨得聽你慈愛之言，因我倚靠你；求你使我知道當行的路，因我的心仰望你。」（詩 143：8）

9月 10日

你既遵守我忍耐的道，我必在普天下人受試煉的時候，保守你免去你的試煉。（啟 3：10）

我們是否遵守祂忍耐的道？我們是否能在普世都受試探之時得到祂的能力保守？啟14：12說：「聖徒的忍耐就在此；他們是守神誡命和耶穌真道的。」試探與試煉的時候已經在我們眼前了。

在這些日子，當時兆在宣講主降臨的日子近了之時。救主的應許乃是十分寶貴的，因為下一節中的話說：「我必快來，你要持守你所有的，免得人奪去你的冠冕。」（啟3：11）

我們若遵守基督的道，祂就必保守我們。有一個人曾在夢中看見自己被關在一個玻璃籠子裏，四周被發怒的仇敵所包圍。他們尋找各種武器要消滅他，但是他們的武器都不能穿透玻璃牆。因此，他仍然安全無恙。基督徒就是這樣。耶穌說：「我將這些事告訴你們，是要叫你們在我裏面有平安。在世上，你們有苦難；但你們可以放心，我已經勝了世界。」（約16：33）

正如滅命的天使經過之時，以色列人在有血做記號的屋子裏就安全一樣，上帝的子民在臨到全地的試煉與患難之時也會安全無虞。主恩慈的邀請是：「我的百姓啊，你們要來進入內室，關上門，隱藏片時，等到忿怒過去。因為耶和華從祂的居所出來，要刑罰地上居民的罪孽。地也必露出其中的血，不再掩蓋被殺的人。」（賽26：20、21）但遵守祂道的人，會被祂的道保守。

默想與禱告：「你是我藏身之處，又是我的盾牌；我甚仰望你的話語。」（詩 119：114）

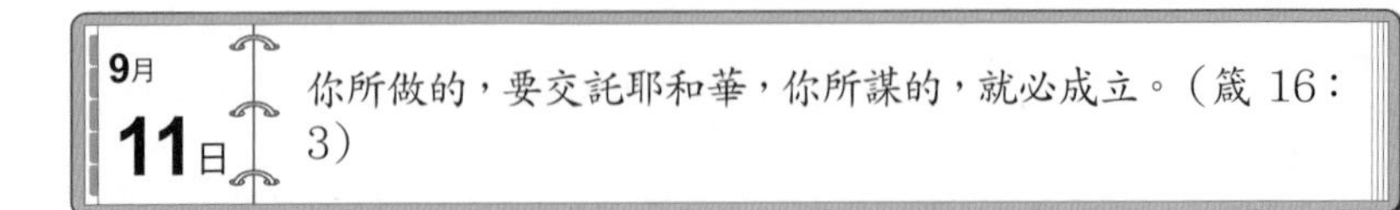
9月 11日 你所做的，要交託耶和華，你所謀的，就必成立。（箴 16：3）

將我們的計畫與作為——將我們自己——一次完全交在上帝手中，就可消除一切的憂慮擔心。我們的思想就能堅強，因為我們知道我們屬乎主，並知道祂在看顧、領導、支持我們。聖經宣告說：人的「心怎樣思量，他為人就是怎樣。」（箴23：7）又說：「心裏所充滿的，口裏就說出來。」（太12：34）

有人曾說：「我們思想的井裏有甚麼，我們言語的桶中汲取出來的就是甚麼。」當我們的思想立定了，我們的行為就會被導引。這樣，樣樣事情都仰賴將我們的生命交託給上帝。我們的思想被建立時，就會反映在我們的行為之中，這樣，我們的全人就會全是祂的。我們必須記得，思想是一件實際的東西，或至終會成為實際的東西。

衛瑪的宮廷傳道人，德國的一位名作家Johann Herder最後的話說：「用一個偉大的思想來更新我。」

保羅在列舉許多傑出又得稱讚的事之後，如此指示：「這些事你們都要思念」（腓4：8）。

查爾斯・狄更新根據以下來度過一生：「在我一生中努力去做過的事，我都曾盡心去做好。我曾將自己獻上的，我都曾完全奉獻我自己。我曾參與的每件事，我都曾將自己完全投入，無論甚麼工作，我都未使其受損。我現在知道它就是金科玉律。」

當我們的工作，無論大小，已經交託給上帝之時，我們的思想就會堅立。我們就必會用我們的力量，去作一切我們必須做的。人生就必然成功。我們是否已將我們的工作交託給上帝呢？

默想與禱告：「願主我們神的榮美歸於我們身上。願你堅立我們手所做的工；我們手所做的工，願你堅立。」（詩 90：17）

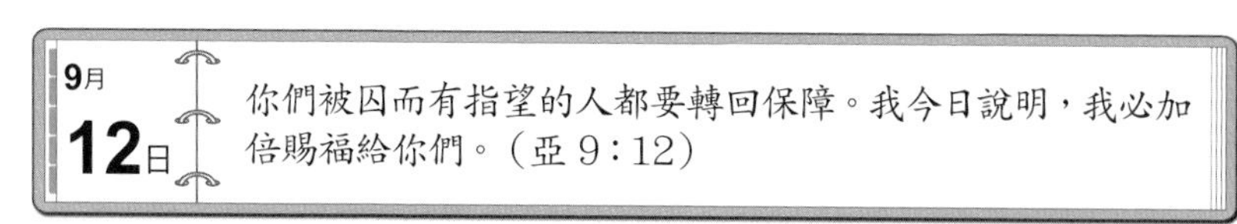

你們被囚而有指望的人都要轉回保障。在患難與困惑時期，若不是被囚而有指望的不信之人，就不會轉回保障。他們的心，因「想起那將要臨到世界的事，就都嚇得魂不附體。」（路21：26）那些沒有以上帝為避難所的人不會以上帝為安慰。基督是我們的保障。我們的指望在祂裏面。這個應許是賜給住在這末世之人的。

彌迦書4章8節說：「你這羊群的高臺、錫安城的山哪，從前的權柄，就是耶路撒冷民的國權必歸與你。」伯利恆的嬰孩要成為萬王之王。在亞當裏失去的國權，要在基督裏得回。各世代上帝子民的苦難要使他們在天上永恆的國度裏蒙賜雙倍的賞賜。

這節經文的應許讓我們想起基督在十字架上對臨終強盜所說的話。那時所有的人都離棄了救主，而這位罪犯稱祂為「主」。那時，從十字架，如同從寶座一般，救主發出祂國度的命令說，這一個在末了時刻，將自己拋給他垂死的主並信靠祂的生靈要與祂同在樂園裏。那個命令的日期是「今天」——「我今天實實在在對你說」。這樣，十字架就為賜給上帝兒女的每一個應許蓋上了印，證明其為真實。

上帝的兒女雖或在外地是陌生人，有的甚至身在死亡的監牢裏，但是他們都是被囚而有指望的人——「等候所盼望的福」（多2：13）。

默想與禱告：「我心渴想你的救恩，仰望你的應許。」（詩 119：81）

9月 13日

遮掩自己罪過的，必不亨通；承認離棄罪過的，必蒙憐恤。（箴 28：13）

這就是蒙憐憫之道——認罪與棄絕罪。遮掩自己罪過的就是接受説謊的試探。他們犯了假冒為善與稱自己的罪為義的罪，甚至為了補強而去大聲宣揚。

我們認罪時，必須在主面前誠實。我們必須不僅認錯，還要感知它的惡，為之哀嘆。我們不可歸咎於他人，甚至也不可怪罪於環境或自己的弱點。然後，我們必須丟棄那項罪惡，離開那些地方、友伴、書籍、廣播與電視節目，以及其他任何會引誘我們回到罪中去的東西。並且要記得，我們蒙赦免不是我們認罪或改過的報償，全是靠賴基督的寶血與恩典。

一個小女孩在公園中玩耍，因一隻跑來吠叫的大狗受到驚嚇。她張口大哭。她的母親無法讓她平靜下來。「看哪，」她母親説：「狗已經不叫了啊，你為何不停止哭呢？」

小女孩看著那隻狗，仍然在哭，説：「媽媽呀，叫聲還在牠裏面呀！」

有人熱切地努力進上帝的聖城，但是，仍抓住一項罪，不肯放手。他們好像一些黑夜中喝醉酒回到船上的水手。他們回到繫在碼頭上的小船上，拿起槳來開始划船，划了又划，仍然看不見他們的大船。他們中間較清醒的終於發現，他們沒有放開繫在碼頭上的纜索。上帝叫我們不僅去划船，還要叫我們脱離罪。這樣，「我們若認自己的罪，神是信實的，是公義的，必要赦免我們的罪，洗淨我們一切的不義。」（約壹1：9）

默想與禱告：「主啊，慈愛也是屬乎你，因為你照著各人所行的報應他。」（詩 62：12）

9月
14日

死人要復活，屍首要興起。睡在塵埃的啊，要醒起歌唱！因你的甘露好像菜蔬上的甘露，地也要交出死人來。（賽 26：19）

這就是使徒保羅所說的那日子。那時「主必親自從天降臨，有呼叫的聲音和天使長的聲音，又有神的號吹響；那在基督裏死了的人必先復活。」（帖前4：16）

在我們今天的經文應許中死亡被描寫為睡眠，因為先知說：「睡在塵埃的啊，要醒起歌唱！」那醒轉的已經成為不死的聖徒，會唱出得勝死亡與墳墓的歌。「在一霎時，眨眼之間，號筒末次吹響的時候」「這必死的……變成不死的」時候，「那時經上所記『死被得勝吞滅』的話，就應驗了。」（林前15：52、54）

這個預言在我們面前打開了一個何等美好的未來啊！有時，即使是基督徒，講到死去的信徒時，也會說：「我們親愛的朋友，已經去到他最後的安息之所。」讓我們絕對不要相信！墳墓不是任何基督徒的最後安息之所。它只是他們夜間睡覺的一張床。等候那毫無黑影的復活的早晨來到。

一個重生歸主的日本畫家最近對一位基督教會的工人說：「我想英國畫家在他們的畫中這樣多採用這個角度的理由是。基督教已經給他們一個未來。東方的畫家沒有採取這個角度的理由是，孔子與釋迦摩尼並沒有幫助他們將眼睛高抬到現今之外。」

因此，讓我們抱著信心向前看，看到「為蒙贖之人所預備的遠處寬廣無邊的未來吧。」（《教會證言》卷九原文288面）

默想與禱告：「耶和華我的神啊，求你看顧我，應允我！使我眼目光明，免得我沉睡至死。」（詩 13：3）

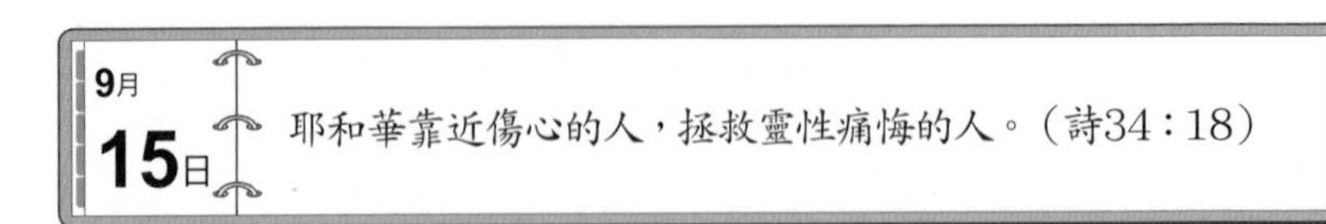

「我們若沒有經驗過那種“沒有後悔”的懊悔，沒有以真正誠實自卑的態度和憂傷的心承認罪孽，憎惡自己的過犯，這就是表明我們還沒有真正的求饒赦。」（《喜樂的泉源》第四章）

痛悔的心是一顆悔改的心。下面但丁的這首象徵手法的詩，描畫出悔改的三個步驟：

那裏，第一個階梯，我們走近，
白色大理石成形，光滑，白淨，
反照出我的全部真實面容，
第二階梯，昏暗過於象牙，敗壞現形。
石頭峋嶙，粗糙，不平。
裂隙分佈四方八面。
第三階梯，二梯之上高高突起。
看來如火斑岩，
鮮紅如同血管迸出的血液。

悔恨，如同磨光的大理石，讓人看見他自己，撕開他們的偽裝，開他們的眼睛，看見他們的本來面目。第二步——昏暗過於象牙，全是粗糙，裂隙，嶙角－－代表認罪，拔出罪根，將漆黑的罪攤在上帝面前。第三步，猶如鮮血的火斑石，乃是滿足，就是接受基督的贖罪，並獻上自己為祭，如此潔淨自己的心靈。人只有採取這三個步驟，才是真實的悔改。那因自己的罪心中憂傷痛悔的人，主與他們親近。

默想與禱告：「我向你犯罪，惟獨得罪了你；在你眼前行了這惡，以致你責備我的時候顯為公義，判斷我的時候顯為清正。」（詩 51：4）

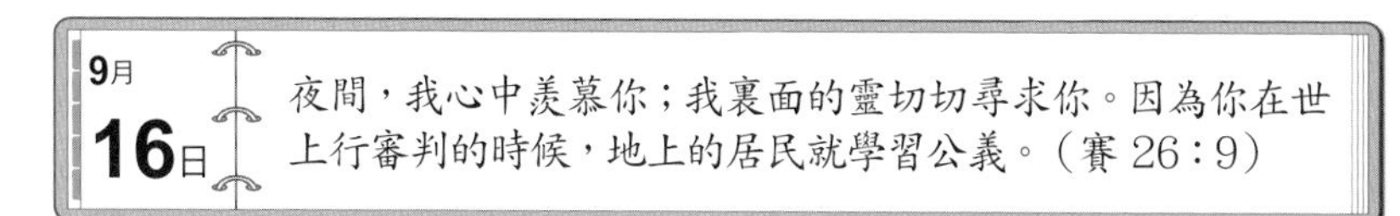

夜間，我心中羨慕你；我裏面的靈切切尋求你。因為你在世上行審判的時候，地上的居民就學習公義。（賽 26：9）

在這個應許中有一個賜給個人與世界的警告。有些人熱切地尋求上帝，當他們夜間醒來時，他們禱告，與主交通，清晨時，在靈裏尋求上帝。但是，有成千上萬的人，是的，千千萬萬的人，他們從未聽過祂的道，從未思想過上帝，從未想要認識祂，直到大審判與苦難突然臨到他們，他們就受不了了。

洪水，所多瑪與蛾摩拉的毀滅，埃及被擄，耶路撒冷陷落，猶太人被擄到巴比倫，耶路撒冷被羅馬人焚燬，各世代的逼迫，世界大戰，混亂，都是這樣。當上帝的審判在地上進行時，上帝的真兒女可以放心，他們有上帝的看顧與保護。「 祂必用自己的翎毛遮蔽你；你要投靠在祂的翅膀底下；祂的誠實是大小的盾牌。」（詩91：4）我們是否真的尋求上帝？我們是否日夜都與祂交通？祂與我們各人都相離不遠。

一個交響樂團要奏出完全和諧的音樂，各種樂器就都必須調音。愛在完全調音之後，奏出的音符就不會不諧和，而是完全的和諧。因此，在有和諧的生活及與上帝交談之前，我們的意志就必須在愛的責任與順服中與祂的旨意相調和。

我們的意志是我們的，不知怎樣用。
我們的意志是我們的，讓它們屬於你吧！
——阿弗烈（Alfred, Lord Tennyson）

默想與禱告：「我在床上記念你，在夜更的時候思想你；我的心就像飽足了骨髓肥油，我也要以歡樂的嘴唇讚美你。」（詩63：5、6）

9月 17日

我要教導你，指示你當行的路；我要定睛在你身上勸戒你。（詩 32：8）

這是直接從主口中說出的三重應許。我要教導你，指示引導你，我要勸戒你。

基督的工人是與上帝同工的。試想一想，他們每天每刻領受上帝教導、上帝引導、上帝勸導的美妙特權。當我們謙卑地與上帝同行時，我們可以求祂顯明我們的工作路線，而祂必定睛在我們身上引導我們。

有一位嚮導正引導一團觀光客在肯德基大洞穴中旅遊。當他們到達稱為大教堂的空間時，他站上了一塊稱為講台的岩石說，他要講一篇道。這篇道十分短，只有五個字：「緊跟著嚮導」。

不久遊客發現那是一篇好講道，因為假若他們不緊跟著嚮導就會在坑穴與狹路或在懸壁中迷失。人在那黑暗世界中，若無嚮導，就找不到路。在這黑暗的世界中，若是沒有天上的嚮導，沒有祂的聖言為我們腳前的燈、路上的光，就更難找到當行的路。（詩119：105）

上帝的引導不是只有一天，而是我們所有的年日祂都引導。「耶和華也必時常引導你」（賽58：11），祂必引導我們到平安的路上（路1：79），引導我們明白一切真理（約16：13）；祂必在各方面引領我們。

信心論到我們昨日蒙神引導的光景說：「你在後面環繞我，」論到明天則是：「你在前面環繞我，」論到今天呢，就說：「你在我前後環繞我，按手在我身上。」（詩139：5）這就夠了！只要感到祂引導的手，感到那位我們的教師、我們的嚮導、我們的勸導者引導的手就夠了。

默想與禱告：「因為你是我的巖石，我的山寨；所以求你為你名的緣故引導我，指點我。」（詩 31：3）

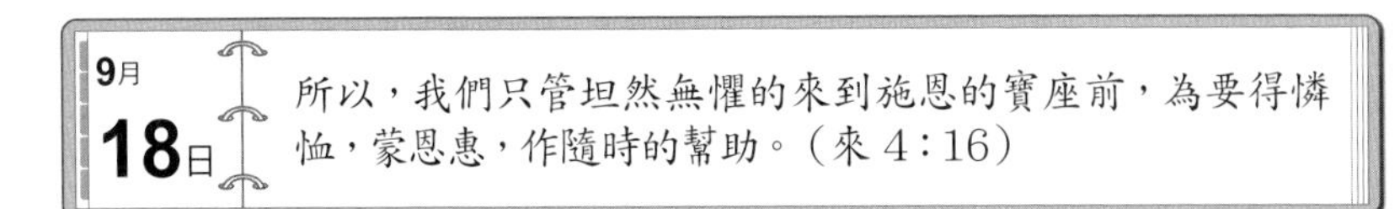

9月
18日
所以，我們只管坦然無懼的來到施恩的寶座前，為要得憐恤，蒙恩惠，作隨時的幫助。（來 4：16）

我們經文中的「所以」兩個字，是指前面的經文。前一節的經文告訴我們，我們的救主在凡事上受試探與我們一樣，說祂已進入天庭，為我們顯在上帝面前。「所以」，我們可以「只管坦然無懼的來到施恩的寶座前」。換句話說，我們的禱告可以用這些事實為基礎。

那座寶座並非只是一座榮美、權柄、公義與榮耀的寶座，更是一座施恩的寶座；而我們是藉著信靠恩典得救（弗2：8）。放膽來到這座寶前，我們就能得到憐憫，尋得恩典，作隨時的幫助。我們所領受的是我們所需要的，並且是在我們正需要的時候領受。沒有甚麼東西太小，也沒有甚麼東西太大，只要我們需要，我們就可以祈求得著。

據說，有一次一個人求亞歷山大大帝給他一點錢，作他給女兒的嫁妝。王告訴他到他的財政大臣那裏去要求。他去了，要一筆大量的錢。財政大臣大驚。他說，沒有王的手諭他不能給他那麼多。大臣就立刻到亞歷山大那裏去，告訴王說，他想，給一小筆錢就夠了。

「不，」王說：「都給他吧！我喜歡那個人，他尊榮我。他待我以王的身分，就用他所要的證明他相信我既富足又慷慨吧！」

因此，讓我們放膽來到施恩寶座前。讓我們的禱告能表明知道我們的王既富足又慷慨，也表明我們對祂的諸般應許充滿著信心。

默想與禱告：「耶和華啊，求你側耳應允我，因我是困苦窮乏的。」（詩86：1）

9月 19日

耶和華必成全關乎我的事；耶和華啊，你的慈愛永遠長存！求你不要離棄你手所造的。（詩 138：8）

主關心每一樣關乎我們的事。「莫以為上帝擔當不起你的擔子，……凡與我們的平安和幸福有關的事，祂無有不注意的。」（《喜樂的泉源》第十一章）

祂並不開始一項善工而後不管，讓它不完成。我們自己罪惡的心、世界、魔鬼雖或試想要阻止祂，但是，祂為我們作的工作仍然天天在進行。藉著祂的安排，藉著祂的聖靈，藉著祂的聖言，祂正在為我們永恆的益處工作。這個我們可以放心。正如使徒保羅所說：「我深信那在你們心裏動了善工的，必成全這工，直到耶穌基督的日子。」（腓1：6）

祂的憐憫今天、明天、永遠都不斷絕。

有人告知一位請求拿破崙皇帝赦免她兒子的母親說，因為他是重犯，必須依照公義原則處以死刑。

「但是，我並沒有請求公義啊，」她喊著說：「我是求憐憫啊！」

「但是，」皇帝說：「他不配得憐憫啊。」

「先生，」母親回答說：「他若是配，就不叫憐憫了。我所求的只是憐憫啊！」

「那麼，好，」拿破崙說：「我願意憐憫他。」那個兒子得到赦免了。

「我們不至消滅，是出於耶和華諸般的慈愛；是因祂的憐憫不至斷絕。每早晨這都是新的；你的誠實極其廣大！」（哀3：22－23）因為創造、與再造，我們屬乎基督。所以我們禱告說：「求你不要離棄你手所造的。」

默想與禱告：「耶和華啊，求你應允我！因為你的慈愛本為美好；求你按你豐盛的慈悲回轉眷顧我！」（詩 69：16）

9月 20日
城內居民必不說：我病了；其中居住的百姓，罪孽都赦免了。（賽 33：24）

罪惡進入世界才帶來疾病與死亡。當罪的最後痕跡從地上被洗除時，將不會再有疾病、悲傷、心碎或死亡。煩惱的心常導致疾病。心的疾病帶來身體的疾病。我們也蒙教導「喜樂的心乃是良藥。」（箴17：22）所有真信徒都發現了這一點。當罪的擔子因為相信耶穌基督是救贖主被移除之時，常常會大幅增加身體的健康。

時候要到，如同我們今天的應許所說的，那時，在上帝的新天新地中，「居民必不說：「我病了。」因為，疾病已經沒有了。這些人是甚麼人呢？是那些從來沒有犯過罪的人嗎？誠然不是。他們乃是罪孽蒙赦免的人。這項赦免是要給現在的我們的。因為「我們若認自己的罪，神是信實的，是公義的，必要赦免我們的罪，洗淨我們一切的不義。」（約壹1：9）

許多年前，一個罪大惡極的人因可怕的罪行在蘇格蘭的愛珥被處決。認識他的人認為他已經超越了上帝恩典的範圍。但是當他關在監獄時，他看見了自己的惡，經歷了心靈的大掙扎之後，他降服在上帝面前。當他來到刑場時，他忍不住向來看他被處決的人大聲喊著，講述他蒙赦免的感覺，與對上帝臨格的感知。『啊，祂是一個偉大的赦罪者啊！』他說：「祂是一個偉大的赦罪者啊！」之後又加上說：「現在，愛既完全，就把懼怕除去。我知道上帝不會責備我，因為耶穌基督已經為我償付了一切！」（約壹4：18）

因為祂是一個偉大的赦罪者，我們在祂裏面有永生的盼望。

默想與禱告：「主耶和華啊，你若究察罪孽，誰能站得住呢？　但在你有赦免之恩，要叫人敬畏你。」（詩 130 ：3、4）

9月
21日

也要見祂的面。
祂的名字必寫在他們的額上。（啟 22：4）

今天的經文讓我們想起約壹3：2的話：「親愛的弟兄啊，我們現在是神的兒女，將來如何，還未顯明；但我們知道，主若顯現，我們必要像祂、因為必得見祂的真體。」 在祂面前有滿足的喜樂。（詩16：11）

耶穌講到清心的福氣。清心的人必得見上帝（太5：8）。摩西曾要求看見上帝的臉。但是他這個請求未獲允准。這要在最後成為每個基督徒的特權。他們要見祂的面。這一位，他們「雖然沒有見過祂，卻是愛祂。」（彼前1：8）

一個青年男子愛上了也娶了一個瞎眼的年輕女子，他們多年幸福地共同生活在一起。後來，她接受了精巧的手術，恢復了她的視力。他的臉是她看見的第一張臉。一段時間中她甚麼都不做，只是坐在那裏看他。「他是否像你所想的那麼美呢？」有人問她。

「啊，是的。」她說：「我曾想像他許多美妙的事。他如此仁慈，他的愛如此忠實，但是，他比我所夢想的更高貴、更美麗得多。」

看見基督的臉會如何呢？蒙贖之人看見祂，因為祂的名、祂的品格已經寫在他們的額上。

印度的男子們拜訪一座廟時，常常將神的名字寫在他們的額上，於是出現——Siva, Vishnu, Kali。這些名字必須由別人寫上，因為這些神無法寫字。但是，我們今天的經文所說寫在聖徒額上的名字乃是由永生上帝親自寫上。願我們靠祂的恩典能永遠有那有福的名號在我們身上。

默想與禱告：「耶和華啊，你仍在我們中間；我們也稱為你名下的人，求你不要離開我們。」（耶 14：9）

9月
22日

求你領我出離被囚之地，我好稱讚你的名。義人必環繞我，因為你是用厚恩待我。（詩 142：7）

監獄代表難以負荷的痛苦與患難，甚至代表墳墓。約瑟遭遇了大患難，真正被下在監裏，但是，主帶領他出來，成為那地的統治者。聖經說：「耶和華釋放被囚的」（詩146：7）。洪水之前，藉著聖靈與挪亞的工作，基督曾向罪的監獄中的人傳道。路加福音第四章也講到祂在安息日傳道給拿撒勒人聽。我們的救主在那一天在會堂裏引用了賽61章宣講被擄的得釋放之後，將書捲起來對會眾說：「今天這經應驗在你們耳中了。」（路4：21）

今天，9月22日，對我們每一個人也可能相同。我們可以從監獄中得釋放，並讚美上帝的名。我們可以領受祂豐盛的憐憫，並與祂的兒女相交。最後當義人聚集一起在天上讚美主名時，更是多麼美妙呀！

今天有許多人，身子雖然自由，心靈卻關在監獄裏。他們乃是活在黑暗與鎖鍊之中。

伊利莎伯皇后差遣一個使者到遠方去進行一項重要與困難的任務時，使者請示皇后說：「我自己的家庭與事業呢？」

皇后回答說：「你去進行我的工作，我會照顧你的。」

我們若從事上帝的工作，祂必定照顧我們的利益。祂必慷慨地對待我們。

默想與禱告：「願被囚之人的歎息達到你面前；願你按你的大能力存留那些將要死的人。」（詩 79：11）

9月
23日

主又說：那些日子以後，我與以色列家所立的約乃是這樣：我要將我的律法放在他們裏面，寫在他們心上；我要作他們的神；他們要作我的子民。（來 8：10）

這就是福音的應許。我們努力去做卻做不到的，上帝應許為我們去做，並真的做成了。屬乎血氣的人，「不服神的律法，也是不能服。」（羅8：7）　但是上帝親自將祂的律法寫在我們心上，這就是悔改重生。

每一個真實信徒都是「基督的信，藉著我們修成的。不是用墨寫的，乃是用永生神的靈寫的；不是寫在石版上，乃是寫在心版上。（林後3：3）聖靈將上帝的律法寫在我們心上。「使律法的義成就在我們這不隨從肉體、只隨從聖靈的人身上。」（羅8：4）這樣，獻身的基督徒乃是「在基督裏」，基督也因信住在他們裏面。

Campbell Morgan講到他拜訪過一個家中總是充滿玫瑰花香的家庭。有一天，他問那家主人為何如此。回答是：「十年前在聖地之時，我買了一小瓶玫瑰花精油，包在棉花中。我站在那裏打開包裹之時，打破了瓶子，就將破瓶子，棉花等，都放進架子上的花瓶裏。」那裏就是那個美麗的花瓶。蓋子一打開，室內就充滿香氣。香精油已經滲透花瓶的陶土，蓋子打開，香氣就會充滿屋子。人一進來，就會聞到香氣。

若是一個基督徒已經將基督放在他生活中的首位，沙崙玫瑰花的香氣就會滲透、散發，讓全部生活蒙福，而他人也能感知那不可見者的臨格。

默想與禱告：「耶和華啊，我切慕你的救恩！你的律法也是我所喜愛的。」（詩 119：174）

9月
24日

我實在告訴你們，凡要承受神國的，若不像小孩子，斷不能進去。（可 10：15）

慕迪在蘇格蘭時，一個朋友告訴他說，他在講道時有個蘇格蘭少女來到會客室，那裏的傳道人告訴她說：「女兒啊，你回家去讀以賽亞書53章吧。」

那個少女攤開雙臂說：「我不識字啊，我不會禱告，耶穌啊，就這樣子接受我吧。」

「好啊，」這位偉大的佈道家說：「她找到了她所渴慕的了。」

我們今天的經文裏，耶穌不僅說「孩子」，更說是「小孩子」，我們領受上帝的國如同小孩子願意接受它一樣——誠懇、完全相信、信靠並謙卑。我們如何變成經文中所說的小孩子的樣子呢？答案在太18：3、4裡：「我實在告訴你們，你們若不回轉，變成小孩子的樣式，斷不得進天國。所以，凡自己謙卑像這小孩子的，他在天國裏就是最大的。」

要在基督的國度裏有分，人必須悔改重生，活在謙卑之中，勝過人的驕傲。

主啊，願我只是你手中的，
一把鋸，一隻鉋，一根鑿，
不，主啊，我以敬畏的心收回，
這個禱告我太不配，
我寧肯求你，讓我躺在你的工作台，
成為你喜愛的木塊。
只要將我製成美物，
任你的鋸，你的鉋，你的鑿對待。

——喬治・麥達拿（George Macdonald）

默想與禱告：「耶和華啊，我的心不狂傲，我的眼不高大；重大和測不透的事，我也不敢行。」（詩 131：1）

9月25日

時候將到，如今就是了，那真正拜父的，要用心靈和誠實拜他，因為父要這樣的人拜他。（約 4：23）

這是耶穌對井邊婦人並對各地所有的人所說的話。真崇拜不只是形式，必須是心靈與誠實的崇拜。這在我們救主在世生活的時期為真，今天並直到末時也都一樣。

宗教崇拜的形式僅是人的血肉之體的崇拜，「不能得神的喜歡。如果神的靈住在你們心裏，你們就不屬肉體，乃屬聖靈了。人若沒有基督的靈，就不是屬基督的。」（羅8：8、 9）

一位國外佈道士講到日本一座大廟。那裏的崇拜包括環繞廟宇跑一百圈，每跑一圈，將一塊木頭丟進一個箱子裏。對一些人說，這看來完全不是心靈的崇拜；但是，這與進到教堂坐著安靜地聽牧師講道，之後再回家，又有甚麼區別呢？我們在上帝面前低頭崇拜時，若沒有也低下我們的心，我們若沒有恭敬地聽道樂意遵行上帝對我們所講的話，我們若沒有在祈禱中與上帝相交，我們比那些熱誠圍著廟宇跑的人又好到那裏去呢？

我們的崇拜必須是心靈與誠實的崇拜，是屬靈的崇拜，是真實的崇拜。它必須是以上帝的話為基礎。祂說：「我就是道路、真理、生命。」（約14：6） 我們崇拜時，我們的禱告要像詩人那樣祈禱說：「耶和華我的磐石，我的救贖主啊，願我口中的言語、心裏的意念在你面前蒙悅納。」（詩19：14）

默想與禱告：「主我的神啊，我要一心稱讚你；我要榮耀你的名，直到永遠。」（詩 86：12）

9月 26日

公義的果效必是平安；公義的效驗必是平穩，直到永遠。（賽 32：17）

不義的結果剛好相反——煩惱、混亂、不安、失眠、憂愁、心神不寧。「惟獨惡人，好像翻騰的海，不得平靜；其中的水常湧出污穢和淤泥來。」（賽57：20）

上帝的恩典讓生靈與祂自己和好，「必平靜情慾的衝動；人的心靈就在祂的愛中安息了。」（《歷代願望》35章）「我們既因信稱義，就藉著我們的主耶穌基督得與神相和。」（羅5：1）

在我們的時代， 帶著氧氣筒潛水已普遍流行。喜愛潛水的人告訴我們說，海面雖或正遭遇暴風雨，但在水深不過數十尺處，卻是完全平靜安穩，每一樣東西都安靜如恆。

第二次大戰中，一位歐洲的基督徒說：「表面有風暴，但在百呎之下，卻是安穩平靜。」同樣地，憑信領受的基督的義，會將平安帶給那不再與上帝相爭的人。這項和平就帶來穩妥。

有一天，蘇格蘭社會改革家 Lord Guthrie去倫敦教會穿過群眾時，聽見一個平信徒在向人講道。他說：「我未曾上過大學，但我到過髑髏地（Calvary）。」那一天，Lord Guthrie 聽了Canon Liddon、James Osward Dykes 與C. H. Spurgeon（司布真）講道，許多年後，他說，他不記得這些著名的傳道人所講的任何一句話，但是他卻不能忘記那位心中平靜安穩誠懇的平信徒所說：「我知道我所信的是誰，也深信祂能保全我所交付祂的，直到那日。」（提後1：12）

默想與禱告：「但願賜平安的神，……在各樣善事上成全你們，叫你們遵行祂的旨意，又藉著耶穌基督在你們心裏行祂所喜悅的事。」（來 13：20、21）

9月
27日

所以，耶穌又對他們說：「我實實在在的告訴你們，我就是羊的門。……我就是門；凡從我進來的，必然得救，並且出入得草吃。（約 10：7—9）

「基督就是那進上帝羊圈的門。自古以來，上帝一切兒女們，都是從這門進去的。從舊約的各樣表號和象徵，從眾先知的啟示和耶穌本人所給門徒的教訓，以及祂在世人面前所行的神蹟中，他們都已看出耶穌是「上帝的羔羊，除去世人罪孽的。」（約1：29）而且他們都是藉著祂才得進入上帝恩典的羊圈。有很多人提出種種供世人信仰的對象，設計了種種儀式和制度，希望藉此可以成義，並與上帝和好，得以進入祂的羊圈。殊不知，唯一的門，乃是基督。凡想以其他方法來代替基督或企圖由其他門路進羊圈的都是賊、都是強盜。」（《歷代願望》第52章）

一個門控制進出。凡是從基督這門進來的人，就找到救恩。他們得到更豐盛的生命，就是永生。

在George Whitefield的時代，有一次，貴婦Hamilton 請白金漢公爵來聽這位偉大的佈道家講道。那位驕傲的公爵拒絕，說：「說你有一顆罪心，卑賤可憐到在地上爬行，太可怕了。」要找到基督，我們必須以罪人的身分到基督面前。「你要給祂起名叫耶穌，因祂要將自己的百姓從罪惡裏救出來。」（太1：21）

默想與禱告：「我的口終日要述說你的公義和你的救恩。」（詩 71：15）

9月 28日

你們不要把這事看作希奇。時候要到，凡在墳墓裏的，都要聽見祂的聲音，就出來：行善的，復活得生；作惡的，復活定罪。（約5：28、29）

此處有三個應許：第一，死人都要復活；第二，復活得生；第三，復活定罪。

一切在墳墓中的人，都會以這兩種復活方式中的一種方式復活。使徒保羅稱這兩種方式復活的人為義人與不義的人（徒24：15）。並且，帖前4：16說：「因為主必親自從天降臨，有呼叫的聲音和天使長的聲音，又有神的號吹響；那在基督裏死了的人必先復活。」

啟示錄第20章，清楚地描述說，這兩種復活之間相隔了一千年。第一次復活是義人的復活。「在頭一次復活有分的有福了，聖潔了！第二次的死在他們身上沒有權柄。他們必作神和基督的祭司，並要與基督一同作王一千年。」（啟20：6）第5節說，頭一次復活時，「其餘的死人還沒有復活，直等到那一千年完了。」有人說，死亡結束了一切，但是實際並非如此。我們都必復活，都要站在上帝的審判台前（羅14：10），我們必須為我們肉身的行為交帳。

懷疑論者Robert Ingersoll 在他的兄弟墳墓旁邊喪禮的演說中這樣說：「在死亡的夜裏，希望看見了一顆星。傾聽的愛，可以聽見翅膀的響聲。」多美的感情！信心的表現！但是，他從那裏獲得這種美的感情與信心呢？正如McCarghtry所說：「它是基督曾在那裏睡覺與復活過的花園中摘下的一朵玫瑰。」

默想與禱告：「願惡人的惡斷絕！願你堅立義人！因為公義的神察驗人的心腸肺腑。」（詩7：9）

9月
29日

看哪！我造新天新地；從前的事不再被記念，也不再追想。（賽 65：17）

在新天新地裡，舊地球時期的生活事件不會為人記起而再湧上心頭，也就是説，不再有悲哀、傷心、失望、憂愁與痛苦。但是我們必會記得上帝引領我們走過的路，記得祂的大憐憫與無盡的愛。

我們必記得十字架與我們蒙救贖的故事。在寶座前唱新歌的人，會説：「你配……因為你曾被殺，用自己的血從各族、各方、各民、各國中買了人來，叫他們歸於神。」（啟5：9）

在那有福之地，我們會用上帝的眼光去看事物。目前我們看來只是一串無意義、甚或是殘酷的事，那時會顯得完全和諧，正是上帝在引領我們走向永樂之路。「神要擦去他們一切的眼淚；不再有死亡，也不再有悲哀、哭號、疼痛，因為以前的事都過去了。」（啟21：4）那裏不再有悲哀，因為基督在那裏。在 Bonar 甜美的讚美詩歌詞中有這樣的話：

「基督榮光無窮輝耀，
基督公義日光普照。
永遠讚美慈悲救主，
讚美在天家！

和諧聲音常發凱歌，
凡得聽聞無不快活，
日日頌揚歌唱喜樂，
喜樂在天家！」

——中文讚美詩124首

默想與禱告：「耶和華的聖民哪，你們要歌頌祂，稱讚祂可記念的聖名。」（詩 30：4）

9月 30日

他們尚未求告，我就應允；正說話的時候，我就垂聽。（賽65：24）

這節經文是論到未來新天新地的情形，這個應許在那裏必有其特殊意義。但是，它也是為了此時此地，因為我們的上帝是一個垂聽與答允禱告的神。天父預見到我們的需要與我們為那些需要會獻上的禱告，就做好安排，這樣，在需要實際出現之前，祂就有供應了。在可怕的試煉臨到之前，祂就準備了拯救。這是因為祂對過去與未來都瞭若指掌。祂預見到我們的需要。在我們禱告之前，回答就早已預備好了。

上帝在天上，我們在地上。但是藉著祂的靈，祂是無所不在的。我們正禱告時，祂就答允。我們還在說話之時，祂就已經垂聽了。我們的禱告雖或如此簡短，在危險臨頭時如此緊張，讓我們連一個字也記不得。我們想到彼得的禱告：「主啊，救我！」我們可能做同樣的禱告，但實際上沒有說出其中一個字來。這多麼美妙，我們還在禱告時，祂就垂聽。我們還沒有呼求，祂就準備了拯救。祂說：「要在患難之日求告我，我必搭救你。」（詩50：15）

多年前，教堂裏一個男孩在禱告時睜開眼睛。所有的人都低著頭。他看牧師，他看見他的嘴唇在動，聽見他講的話。他想，任何人認為這些話在牆外還能被聽見是多麼愚蠢？今天，那個男孩已經長大成人，有了一具收音機。他收聽到幾千里外的無線電台，想到有人在別洲對看不見的聽眾講話。他還想到一些靈敏到可以聽到星際聲音的儀器。現在禱告對他是世上最自然的事了。「聽禱告的主啊，凡有血氣的都要來就你。」（詩65：2）

默想與禱告：「耶和華啊，求你聽我的禱告，容我的呼求達到你面前！」（詩102：1）

10月1日

這律法書不可離開你的口，總要晝夜思想，好使你謹守遵行這書上所寫的一切話。如此，你的道路就可以亨通，凡事順利。（書1:8）

要獲得成功乃是自然的，而這裏就有一個成功的祕訣：上帝的律法在口裏、在心裏表現在順從裏。這不僅是成功之道，而且是美滿的成功之道。

整個宇宙——太陽系、眾銀河、眾行星、植物、動物（包括人類）、一切我們所知道的、我們在周圍所看見的，都服從物理定律。這物理定律乃是上帝的定律。違背律法永遠會帶來懲罰，「罪的工價乃是死 。」（羅6：23）在屬靈世界中，順從上帝的律法對屬靈的生命乃是必要的。我們得救是靠恩典，也藉著信（弗2：8） 而這項信心會領人順從。這就是那生發仁愛的信心（加5：6）。實際上，乃是「律法的義成就在我們這不隨從肉體、只隨從聖靈的人身上。」（羅8：4）

大衛受到聖靈感動，宣稱：「不從惡人的計謀，……惟喜愛耶和華的律法，晝夜思想，這人便為有福！……凡他所做的盡都順利。」（詩1：1—3）真信心領人順從與蒙福。順從的生命乃是美滿的生命。

從前美聯社報導說，加州大學裏，白蟻啃食了一大堆題為「白蟻控制」的小冊子。這顯明了只有這項資料仍然不夠，還必須行出來。

耶穌對祂的眾門徒講到祂給他們的教訓說：「你們既知道這事，若是去行就有福了。」（約13：17）

默想與禱告：「我看重你的一切命令，就不至於羞愧。」（詩119：6）

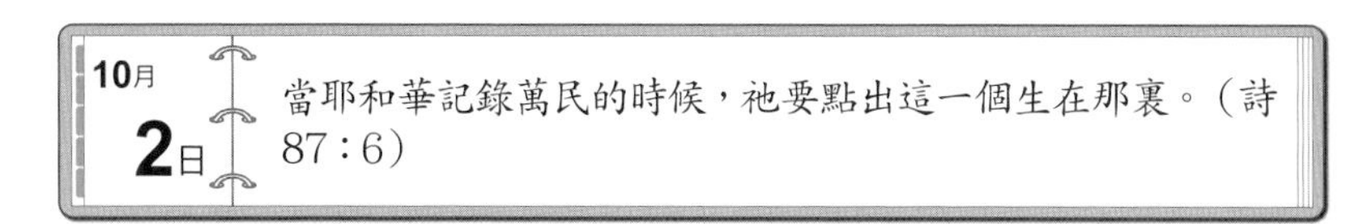

10月 2日

當耶和華記錄萬民的時候，祂要點出這一個生在那裏。（詩87：6）

讓我們讀前面的兩節經文。「我要提起拉哈伯和巴比倫人，是在認識我之中的；看哪，非利士和推羅並古實人，個個生在那裏。論到錫安，必說：這一個、那一個都生在其中，而且至高者必親自堅立這城。」（詩87：4、5）

奧利佛・溫德爾・霍姆斯（Oliver Wendell Holmes，美國大法官）說：「我們都有祖先的遺傳。」這樣，上帝留意我們的環境與遺傳。祂知道我們的一切。上帝也知道我們的血統、我們的思想源流，這一切都是經過祂所應許的。這就是為甚麼聖經說，「上帝不偏待人」。上帝，只有上帝，知道如何平衡染色體的遺傳與複雜的環境影響。有人講得好，上帝的智慧不會犯錯，不會待人過份好到太仁慈的程度。我們每個人最重要的問題是，我是否已經重生（彼前1：23）？上帝也知道這個問題的答案。

歐洲戰場上一位服兵役的年輕士兵面臨他的第一次騎兵任務。一個騎在馬上的軍官正要舉起指揮刀差遣他出去，突然認出他是好朋友的兒子，就立刻改變刀法，用刀背拍打那位青年的背。這位軍官認出了這孩子，記起他是誰的兒子、生在何處，並依照這些採取行動。難道那知道我們一切仍然愛我們的救主不會同樣行嗎？祂的紀錄比一切地方法庭的記錄更正確。有一天，主來記錄人的名字時就會算帳。現今我們的特權是知道我們的名字記載在生命冊上（腓4：3）。

默想與禱告：「耶和華我的神啊，求你按你的公義判斷我，不容他們向我誇耀！」（詩35：24）

10月 3日

他們要如此奉我的名為以色列人祝福；我也要賜福給他們。（民 6：27）

我們最好能背誦前面三節經文中賜給亞倫的福份：「願耶和華賜福給你，保護你。願耶和華使他的臉光照你，賜恩給你。願耶和華向你仰臉，賜你平安。」以色列人是上帝的子民。他們蒙召有上帝的名，要在世人面前代表祂。

以色列人只要走在順從的路上，就是一個蒙福的民族。今天屬靈的以色列人也是一樣。主引領以色列人經過曠野，因為他們的身上有祂的聖名。祂真實的兒女可以說：「他……為自己的名引導我走義路。」（詩23：3 ）

智慧人說：「耶和華的名是堅固臺；義人奔入便得安穩。」（箴18：10）今天，基督的信徒身上帶著基督的名號，他們是跟隨耶穌的。那遵守了祂的道、未曾棄絕祂名的人（啟3：8），有應許給他們說：「你既遵守我忍耐的道，我必在普天下人受試煉的時候，保守你免去你的試煉。）（啟3：10 ）上帝說，在每一個得勝者身上「我又要將我神的名……，都寫在他上面。」（啟3：12）

憂苦弟兄容我勸你，
常常紀念耶穌名，
能使煩悶轉為歡喜，
疑懼消除得安寧。

處處紀念耶穌名，
可做盾牌敵網羅。
疑惑試探齊來圍繞，
靠主聖名全勝過。

——李利安・巴斯德（Lilian Baxter）中文讚美詩306首

默想與禱告：「我要將你的名傳與我的弟兄，在會中我要讚美你。」（詩22：22 ）

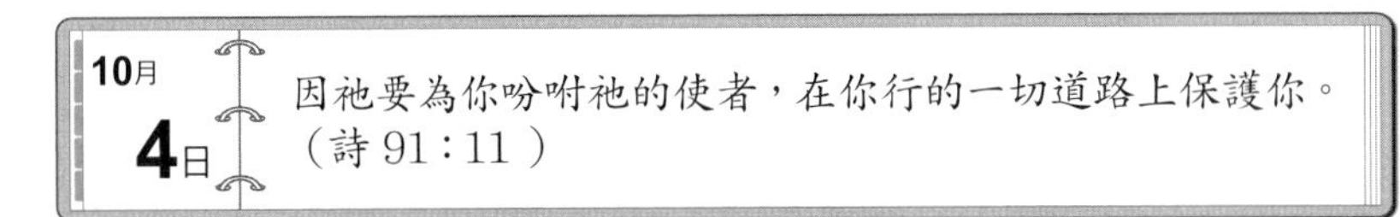

這個經文雖然魔鬼曾一度扭曲使用它（路4：10），卻是一個含有美妙應許的經文。天使全軍已「奉差遣為那將要承受救恩的人效力。」（來1：14 ；參閱創28：12；詩34：7；約1：51）

對基督徒來說，罪惡的道路不是他們的路。他們的道路如同Adam Clarke所說乃是責任之路。我們要保守自己行在自己當行的道上，不是肉體、世界與魔鬼要我們去行的路。我們要保守自己行在上帝要我們行的路上。當撒但在我們的主面前引用這一節與下一節經文之時，他略去了「在你行的一切道路上」。他乃是叫基督走上另一條路——驕傲與罪惡之路。

一位膽小的傳道人講了他的第一篇論到天使的道之後認為自己失敗了。幾天之後，一位身體脆弱的婦女卻對他說：「我多年害怕，因為一個人獨居在遙遠的鄉下。但是聽了你講的道之後，只要思想那節經文，我就不再恐懼：『耶和華的使者在敬畏祂的人四圍安營，搭救他們。』（詩34：7）」

我們也在聖經裏讀到護衛的天使：「你們要小心，不可輕看這小子裏的一個；我告訴你們，他們的使者在天上，常見我天父的面。」（太18：10 ）主的使者在使徒彼得第二天就要處死的晚上拯救了他離開監獄。在暴風雨的晚上，天使向保羅顯現。在客西馬尼園，天使來加添我們的主的力量。當主在榮耀中降臨時，會帶著所有的聖天使同來（太16：27）。

默想與禱告：「因你為大，且行奇妙的事；惟獨你是神。」（詩 86：10）

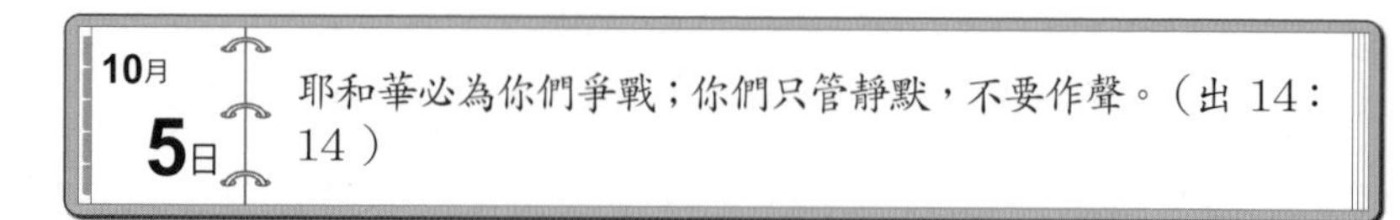

以色列人為了要離開埃及，進到曠野，前有紅海，後有埃及的追兵。一批沒有武裝、只能任埃及軍隊、攻擊蹂躪的群眾，就為了當前的處境責怪摩西。「不要懼怕，只管站住！」摩西對百姓說：「看耶和華今天向你們所要施行的救恩。因為，你們今天所看見的埃及人必永遠不再看見了。耶和華必為你們爭戰；你們只管靜默，不要作聲。」（出14：13、14 ）

這是一個好建議。當我們靜默不作聲之時，主常常能為我們做更多的事。我們需要站住，看上帝行事。當我們讀完這個奇妙故事之時，我們就看見水在海的中央分開，那被奴役的民族在乾地中走向自由，並見到法老的大軍覆沒滅亡。在這混亂、衝突、敵人的威嚇與吼叫之中，我們最好記住這句話：「你們要休息，要知道我是神！我必……在遍地上也被尊崇。」（詩46：10）

今天，我們的勝利不在武器，但在信心。「使我們勝了世界的，就是我們的信心。」（約壹5：4）當我們靜默不作聲之時，上帝就可以對我們與對他人說話。「主耶和華以色列的聖者曾如此說：你們得救在乎歸回安息；你們得力在乎平靜安穩。（賽30：15 ）當上帝為我們爭戰之時，總是得勝，並會確保有真正的平安。「神所賜出人意外的平安必在基督耶穌裏保守你們的心懷意念。」（腓4：7 ）此處「保守」二字可譯為「保衛」。戰爭過後，上帝保衛祂子民的心靈。這樣，我們的平安就永遠無慮。

默想與禱告：「耶和華啊，我要尊崇你，因為你曾提拔我，不叫仇敵向我誇耀。」（詩 30：1）

10月 6日

因為，祂的怒氣不過是轉眼之間；祂的恩典乃是一生之久。一宿雖然有哭泣，早晨便必歡呼。（詩 30：5 ）

讓我們記住，此處所說上帝短暫的憤怒，乃是他憐憫的記號。我們的父是一位樂意赦罪「饒恕你產業之餘民的罪過」的神（彌7：18）。他允許人受痛苦乃是使我們得益處的一種方式。正如有人說過：「眼淚清潔眼睛，好看見上帝與祂的恩典。」即使如此，祂仍然記錄我們的悲傷，因為詩人說：「我幾次流離，你都記數；求你把我眼淚裝在你的皮袋裏。這不都記在你冊子上嗎？」（詩56：8 ）

對所有信徒來說，進入光明的路，必經過黑暗，並且黎明之前常常是最黑暗的時候。但是每一個夜晚之後都是早晨，每一次的日落是為了白天的光明，以色列的子民在埃及度過最後一個漆黑的夜晚。但是早晨看見他們走在去應許之地的路上。耶穌躺在墳墓裏的那一晚，是個漆黑的夜晚，但是之後就是榮耀的復活的早晨，並且那光照射到全世界直到今日。

夜晚降臨，黑影深而靜，
白日如雲的旗子不見蹤影。
不論此刻黑暗何等糟，要記牢，
世界總有一地正在破曉。

黑夜的心靈，不見星星，
愛的金杯拋擲成碎金。
啊，我心知道，日頭還會照耀。
世界總有一地正在破曉。

默想與禱告：「黑暗也不能遮蔽我，使你不見，黑夜卻如白晝發亮。黑暗和光明，在你看都是一樣。」（詩 139：12 ）

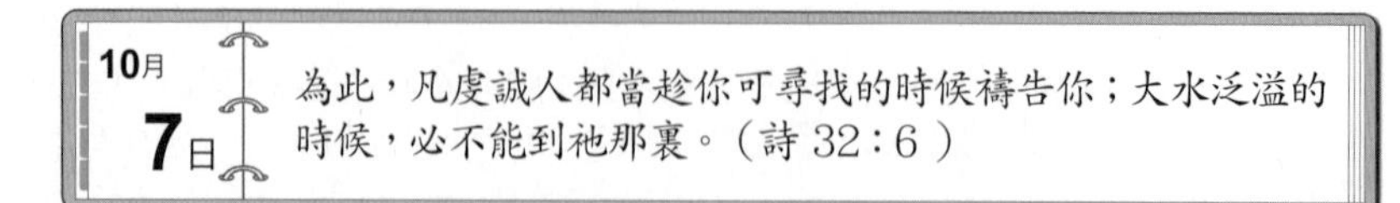

為此，凡虔誠人都當趁你可尋找的時候禱告你；大水泛溢的時候，必不能到祂那裏。（詩 32：6）

今天正是尋求主的時候，因為經上記著說：「現在正是悅納的時候；現在正是拯救的日子。」（林後6：2）這就是為何我們要在能尋求主的時候尋求祂，相近的時候求告他。（賽55：6）我們都需要聽使徒的警告：「弟兄們，你們要謹慎，免得你們中間或有人存著不信的惡心，把永生神離棄了。總要趁著還有今日，天天彼此相勸，免得你們中間有人被罪迷惑，心裏就剛硬了。」（來3：12、13）

我們若在氣候晴朗時遵守向上帝禱告的條件，在大雨之時，就可安全無虞。在大洪水臨到患難的世界時，上帝對祂兒女的看顧是確定的，雖然，我們可能並不知道上帝拯救的方式。

在牙買加的皇家港口附近，有一個墳墓上有這樣的碑文：「這裏躺著法國Mont Pelier的居民Louis Caldy先生，他被1692年發生在此處的地震吞沒，但是由於上帝的安排，被連接的第二次地震拋進海裏，他在海裏游泳時被小艇救起後又活了四十年。」

上帝照顧我們。但是我們可能看不到如此驚人的拯救方式。John Greenleaf Whittier寫道：

在狂亂世界的迷津裏，
翻滾於洪水狂風與暴雨，
我的靈只專心信靠你，
因我認識你是恩慈的上帝。

默想與禱告：「耶和華啊，大水揚起，大水發聲，波浪澎湃。耶和華在高處大有能力，勝過諸水的響聲，洋海的大浪。」（詩 93：3、4）

10月 8日

你要謹守聽從我所吩咐的一切話，行耶和華你神眼中看為善，看為正的事。這樣，你和你的子孫就可以永遠享福。（申 12：28）

司布真曾說：「雖然救恩不是靠遵行律法，但是那應許的順從之福並沒有不賜給上帝忠心的僕人。在我們的主為我們成為咒詛之時，我們的咒詛被除去了，但是，那賜福的話，卻沒有一句廢除。」

我們不能以挑選或以選擇性的方式順從上帝的話。因為上帝「吩咐的一切話」我們都要謹守聽從。祖先的一切罪雖或會影響恨惡上帝之人的子孫直到三四代，但祂仍然說，祂要對那愛祂守祂誡命的人施行慈愛直到千代（出20：5、6）。關於聖天使，經上記著說，他們「聽從祂命令、成全祂旨意。」（詩103：20） 我們豈不更應該聽從上帝嗎？

一位教師向學生解釋上帝聖天使的工作。討論的經文是詩103：21，「你們作祂的諸軍，作祂的僕役，行祂所喜悅的，都要稱頌耶和華！」這位教師問道：「天使們如何遵行上帝的旨意呢？」發問之後得到許多回答。一個學生說：「他們立刻去行！」另一個說：「他們全心去行！」第三位加上說：「他們將事情做得完美！」過了一會兒，一位小女孩說：「他們去行，不問甚麼！」

願我們的聽從，在世人面前，尤其在兒女面前，就是如此。這樣，藉著上帝的恩典，我們與我們的兒女就會完全聽從上帝。

默想與禱告：「求你指教我遵行你的旨意，因你是我的神。你的靈本為善；求你引我到平坦之地。」（詩 143：10 ）

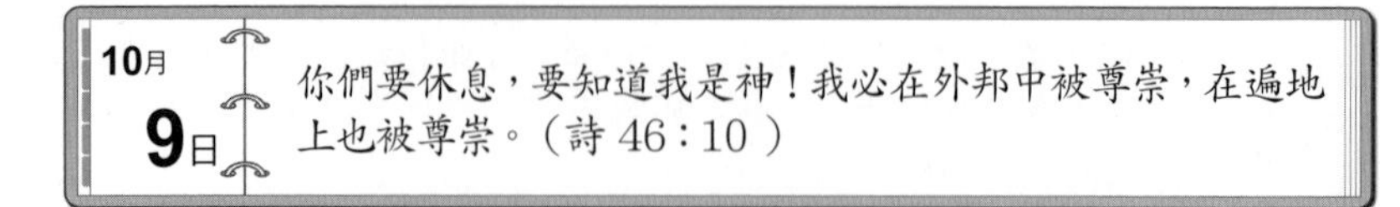

10月 9日

你們要休息，要知道我是神！我必在外邦中被尊崇，在遍地上也被尊崇。（詩 46：10 ）

「我們必須獨自聆聽祂對我們心靈說話。當萬籟俱寂，我們安靜地在祂面前等候時，心靈的靜默就會使上帝的聲音顯得格外清晰。他吩咐我們：『你們要休息,要知道我是上帝！』（詩46：10）惟有如此，我們才能得到真正的安息。……在熙來攘往的群眾和緊張的生活中，能這樣得到振奮的人，就有光明和平安的氣息圍繞著他。他的生命必發出香氣，沁人心脾。」（《歷代願望》第38章）

四歲大的巴比正參加孩子們的安息日學班。他安靜地坐著，不發一語，只是在看。教師想知道是怎麼回事，但是沒有說甚麼。之後巴比的媽媽來接他，他們準備好要離去時，教師問為何這個小孩早上不參加唱歌。他起先不說話，她的母親以為是他不乖，就喊著說：「怎麼了，巴比！」

那個小孩慢慢地回答說：「必須有人聽啊！」正如經上所記：「小孩子要牽引他們。」（賽11：6 ）巴比是在靜默中崇拜上帝。我們也要如此，甚至在現代匆忙緊張的生活中，我們也可以在默想與禱告的安靜時間中尋得「上帝所賜出人意外的平安。」（腓4：7 ）

萬國雖或都忘記上帝，世人雖或看來都在惡勢力的控制之下，愛主的你可要記得，祂還要在遍地上被尊崇。

我們讚美你，賜平安的上帝，
你賜的平安深如無聲的海洋。
如同路上的陽光，
照耀在信靠你的人身上。

默想與禱告：「你必起來憐恤錫安，因現在是可憐他的時候，日期已經到了。」（詩 102：13 ）

10月
10日
因為那至高至上、永遠長存名為聖者的如此說：我住在至高至聖的所在，也與心靈痛悔謙卑的人同居；要使謙卑人的靈甦醒，也使痛悔人的心甦醒。（賽 57：15 ）

大衛知道這個，他說：「耶和華雖高，仍看顧低微的人。」（詩138：6 ）

我們知道最近的恆星離地球是如此的遠，以無法想像的速度，每秒186,000哩進行的光也要四年才能到達地球。北極星離地球300光年之遠。獵戶星座離地球的距離是500至600光年遠。現在美國的帕洛馬天文台宣布說，攝影機拍到遠處的星球，與地球的距離遠到它們的光射到地球也要幾億年之久。這已經超過人的理解力。我們不敢想像它是真的。宇宙的浩瀚無法想像。但是這讓我們對上帝的大能獲得些許模糊的概念。

天上主宰功德無邊，
造成厚地高天，
智慧能力實在全備，
應當高聲讚美；
紅日初升滿處亮光，
朗月高照輝煌。
仰望宇宙俯察萬象，
知有上帝在上。

——以撒・華茲（Isaac Watts）中文讚美詩60首

但是這裏有上帝的啟示說，那在空間無限與在時間無窮「住在人不能靠近的光裏」（提前6：16）的上帝，也與心靈痛悔謙卑的人同居，要使謙卑人的靈甦醒，也使痛悔人的心甦醒，加添他們行走人生旅程的力量。知道宇宙的創造主與救贖主乃是我們的上帝與我們的朋友，多麼奇妙。

默想與禱告：「人算什麼，你竟顧念他？世人算什麼，你竟眷顧他？」（詩8：4 ）

10月
11日
凡父所賜給我的人必到我這裏來；到我這裏來的，我總不丟棄他。（約 6：37 ）

我們救主講出這句話的原因，是在下面的經文中：「因為我從天上降下來，不是要按自己的意思行，乃是要按那差我來者的意思行。差我來者的意思就是：祂所賜給我的，叫我一個也不失落，在末日卻叫他復活。因為我父的意思是叫一切見子而信的人得永生，並且在末日我要叫他復活。」（約6：38－40）

今天經文中後面所說「到我這裏來」的，就是前面所說「賜給我的」人。雖然他們是上帝賜給祂兒子的，但被稱為「到我這裏來」的，就是說，他們自動到主跟前並接受祂的——就是「願意的」（啟22：17）。這樣，門是大大敞開的。請注意，不僅是願意，還要來。我們的救主從天上下來，不是要照自己的意思行，而是要進行神人雙方面救贖工作的大計畫。

一位在美國加州油田工作的佈道家鼓勵青年人與兒童讀新約聖經。在每一本新約聖經裏都有一張空白紙讓他們寫下自己的名字，鼓勵他們讀完那本聖經時，若出於真誠就可在他們名字之下寫一段簡短的話語，接受基督為他們的救主。有一個小孩歪歪斜斜地寫道：「我期待耶穌來！」不論如何，接受耶穌，就是真正期待祂成為我們生活的中心，引領我們到底，不僅在我們讀經的時候，更在生活的每個行動上。耶穌從祂的父接受使命，天父期望很大。作為基督徒我們的成功是與我們的接受和期待相當的。

默想與禱告：「我歌頌你的時候，我的嘴唇和你所贖我的靈魂都必歡呼。」（詩 71：23 ）

10月
12日
天使對我說：「你必指著多民、多國、多方、多王再說預言。」（啟 10：11）

這是一個普世的信息，如同火一般，如同彩虹，如同太陽，但是卻包裹在雲層裏。一個宣講「不再有時日了」的信息、一個從一本從前是封閉現在開啟的小書——顯然是但以理書——出來的信息。「我從天使手中把小書卷接過來，吃盡了，在我口中果然甜如蜜，吃了以後，肚子覺得發苦了。」（啟10：10）這是一幅描寫1840年代早期復臨運動之後大失望的多麼好的圖畫啊！甜蜜的期盼，痛苦的現實，最早門徒的情形也正是如此。他們期盼救主成為以色列的王，但是，十字架卻成了祂的寶座。在那第一次大失望之後，他們有一個普世的工作要做，就是將福音傳遍全世界。

如今有另外一項工作。「你必指著多民、多國、多方、多王再說預言。」它是主在榮耀與權能中降臨結束痛苦罪惡死亡之前的一項普世準備工作。主的命令是：「你們往普天下去，傳福音給萬民聽。」（可16：15 ）我們的救主也宣稱說：「這天國的福音要傳遍天下，對萬民作見證，然後末期才來到。」（太24：14 ）

現在基督教福音工作的需要比從前任何時期更大，千千萬萬的人還沒有聽過耶穌的故事。我們有福音，我們的責任就是將福音傳給別人，直到工作完成。

在西敏寺李文斯登的墓碑上刻有這樣的話：「我另外有羊，不是這圈裏的。」（約10：16 ）就是為這些另外的羊，還要發出呼召，我們就必須向多民、多國、多方、多王，再說預言」。

默想與禱告：「耶和華啊，我要在萬民中稱謝你，在列邦中歌頌你！」（詩 108：3）

10月
13日

耶和華的眼目看顧敬畏祂的人和仰望祂慈愛的人，要救他們的命脫離死亡，並使他們在饑荒中存活。（詩 33：18、19）

在普來登班司戰役中，海蘭酋長中了兩顆子彈受傷倒地。他的族人猶疑不定，讓敵人有機可乘。老酋長看見這種情形，就不顧傷口鮮血淋漓地站起來，喊著說：「我沒有死，孩子們哪，我要看見你們盡自己的責任。」他這話一出，海蘭人就勇敢地再迎向戰鬥。

但是，我們的戰鬥乃是與邪惡戰鬥，是為生而戰，不是為死而戰。我們的酋長沒有死，而是永遠活著。因為祂永遠活著，因此，「凡靠著祂進到神面前的人，祂都能拯救到底。」（來7：25）詩34：15、16節清楚地說：「耶和華的眼目看顧義人，祂的耳朵聽他們的呼求。耶和華向行惡的人變臉，要從世上除滅他們的名號。」

我們是否常常感覺到上帝在看顧我們呢？雖然我們說有些地方是我們在其中漂流的曠野，但如同古時的人所說：耶和華是「看顧人的神」（創16：13 ）。

為何灰心常怨嘆？
為何黑影瀰漫？
為何心靈覺孤單？
甚至欲脫塵寰？
耶穌是我的良友，
友情給我享受
祂既愛顧小麻雀，
祂也必看顧我！

——馬丁夫人（Mrs. C. D. Martin）

默想與禱告：「你使他有洪福，直到永遠，又使他在你面前歡喜快樂。」（詩 21：6 ）

10月
14日

你不要說，我要以惡報惡；要等候耶和華，祂必拯救你。（箴 20：22 ）

不錯，兇惡會藉他人的手臨到我們。他們真正這樣對待我們時，我們可以說：「我要同樣地對待他」嗎？不行，要讓你的怒氣冷靜下來。我們要不說甚麼，不做甚麼、為自己報仇。讓我們學習希西家的榜樣，他將拉伯沙基的信放在耶和華面前，並像他那樣去禱告（王下19：14－19）。這會大大地使我們心裏的重擔得釋放。

使徒的命令是：「不要以惡報惡。」（羅12：17 ）耶穌的話是：「只是我告訴你們，不要與惡人作對。有人打你的右臉，連左臉也轉過來由他打……要愛你們的仇敵，為那逼迫你們的禱告。這樣就可以作你們天父的兒子。」（太5：39－45）

當我們還不知道該如何行時，讓我們聽從今天應許中的勸告：「要等候耶和華，祂必拯救你。」

一個小男孩與鄰居的小孩吵架了。第二天早晨兩人又一同跑出去玩時。他家的大人戲弄他說：「你還要跟他玩嗎？我以為你們昨天吵架了，再也不會在一起了。 你的記憶好古怪啊！」

傑米呆住了一會兒。然後，帶著滿足的笑容，一面走一面說：「啊，羅蘭與我都是健忘的人啊！」

我們也都應該這樣——並都是信靠、喜歡寬恕人的人。

默想與禱告：「其實你已經觀看；因為奸惡毒害，你都看見了，為要以手施行報應。（詩10：14 ）

10月
15日

因為我父的意思是叫一切見子而信的人得永生，並且在末日我要叫他復活。（約 6：40 ）

上帝的旨意是，一切看祂兒子為救主、仰望祂並相信祂的人可以得永生。耶穌的應許清楚地說：「在末日我要叫他復活。」

一個十一月寒冷的早晨，一位牧師經過肯德基路易斯維爾的第四大道與傑弗遜大街時看見一棟建築物旁的人行道上，一個男人被抬來放在那裏，好獲得路人的救濟。他沒有雙臂，也沒有雙腿。他的臉飽經風霜，但是他的眼睛十分明亮。他的頭上沒有帽子，因為他的帽子已經用別針扣在他襤褸的衣襟上，好接受人給他的錢幣。牧師問那位可憐的人是否喜歡將他抬到屋子裏面以避風寒？旁邊站著的人說：「他聽不見。」於是將問題寫在紙上：「我可以將你抬到一個比較溫暖的地方嗎？」旁邊站著的人說：「他不識字，也不會說話。」但是，看他的眼睛時，那位牧師似乎在他眼睛裏讀到這句話：「啊，請給我錢，好買麵包吃，找一個溫暖的地方住。」他的眼神得到了回應，因為幫助立刻來到。

但是，還有一個更重要的眼神。上帝說：「地極的人都當仰望我，就必得救；因為我是神，再沒有別神。」（賽45：22 ）這就是上帝要在每一個失喪之人屬靈的眼中看見的眼神。

我們必須用信心的眼睛仰望聖子，並信靠祂，領受永生。這裏是我們救主清楚的應許：「在末日我要叫他復活。」仰望就是相信，相信就可領受永生。

默想與禱告：「祂的恩典乃是一生之久。一宿雖然有哭泣，早晨便必歡呼。」（詩 30：5 ）

10月
16日

耶和華說：「那些日子以後，我與以色列家所立的約乃是這樣：我要將我的律法放在他們裏面，寫在他們心上。我要作他們的神，他們要作我的子民。他們各人不再教導自己的鄰舍和自己的弟兄說：『你該認識耶和華』，因為他們從最小的到至大的都必認識我。我要赦免他們的罪孽，不再記念他們的罪惡。這是耶和華說的。」（耶 31：33、34）

上帝行我們自己不能行的事。這就是因信稱義。律法既因肉體軟弱，有所不能行的（羅8：3），上帝就藉著祂的聖靈將律法寫在信徒的心上。這樣，因著信基督就真正活在祂裏面，祂的旨意成了他們的意願。因此，我們知道上帝是施恩的上帝。祂不看我們的過犯，使我們的罪離開我們，像東離西那麼遠。將它們藏在祂背後，塗抹它們如黑雲消散。祂赦免我們的罪，洗淨我們一切的不義。（約壹1：9）

不僅如此，應許更進一步說：「不再記念他們的罪惡。」上帝能夠忘記嗎？祂說，祂會忘記我們的罪。並且祂的意思真是如此。這樣，主完全塗抹了祂子民的罪。這就是上帝遺忘的動作。這就是天父接納浪子回家，接納他回到祂心中。上帝赦免之時，祂也忘記我們的罪。為甚麼？因為「基督照聖經所說，為我們的罪死了。」（林前15：3 ）

有何法洗我罪愆，耶穌血以外無功效。
有何能使我完全，耶穌血以外無功效
使我潔淨我曉得，耶穌血以外無功效
心裏污穢全洗淨，耶穌血以外無功效。
——中文讚美詩191首

默想與禱告：「求你掩面不看我的罪，塗抹我一切的罪孽。」（詩 51：9 ）

10月
17日

求你使我仍得救恩之樂，賜我樂意的靈扶持我， 我就把你的道指教有過犯的人，罪人必歸順你。（詩51：12、13）

這是上帝真正的應許：上帝藉著我們每一個有救恩之樂並為祂的聖靈扶持的人所能行的大事。這首詩是描寫大衛犯了大罪之後呼求上帝的赦免與憐憫，請傾訴他的懇求：「求你掩面不看我的罪，塗抹我一切的罪孽。神啊，求你為我造清潔的心，使我裏面重新有正直的靈。不要丟棄我，使我離開你的面；不要從我收回你的聖靈。」（詩51：9－11）然後，他懇求讓他仍得救恩之樂，讓他可以得到上帝正直的靈的扶持。當這個情形發生時，他說：「我就把你的道指教有過犯的人，罪人必歸順你。」

這是唯一真實的救靈準備工作。救靈者自身必須先獲得基督的拯救。他們必須已得赦免、已得救恩之樂，他們必須在自己心裏有聖靈見證是上帝的兒女（羅8：16）。

一天晚上，在巴黎，帕格尼尼正要對著滿堂的聽眾演奏。他在為小提琴調音之時，琴弦斷了一根，聽眾大感失望。這位提琴家演奏時，第二根弦又斷了。聽眾雖然不安，他仍然繼續演奏，直到第三根弦也斷了。聽眾感到不耐煩了，但是帕格尼尼安靜地說：「女士先生們，現在你們聽的是帕格尼尼的獨弦奏。」然後，他用一根琴弦奏出的音樂吸引了聽眾都傾身向前，深怕漏掉了一個音符。他坐下時，聽眾瘋狂地喝采，因為，他從如此的貧乏奏出了如此的豐盛。帕格尼尼與獨弦，讓我們想到上帝與一個降服的生靈。當我們順服在上帝的觸摸之時，聖靈會用我們的貧乏成全上帝的大事。

默想與禱告：「以色列的能力是神所賜的；神啊，求你堅固你為我們所成全的事！」（詩 68：28 ）

10月
18日

凡靠著祂進到神面前的人，祂都能拯救到底；因為祂是長遠活著，替他們祈求。（來 7：25 ）

基督能為我們做的，祂都願意做。這個應許不是出於祂的能力，而是出於祂樂意拯救一切相信的人。因為祂是永恆的祭司，祂就能拯救到永遠。但是我們若要得救到永遠，我們就必須「靠著祂進到神面前」。耶穌說：「 我就是道路、真理、生命。」（約14：6）「除祂以外，別無拯救；因為在天下人間，沒有賜下別的名，我們可以靠著得救。」（徒4：12 ）我們必須接受祂為我們個人的救主，已經為我們的罪受死，已經為我們脫離罪而付上了贖價。祂一次為我們獻上贖罪祭，永遠為我們顯在上帝面前（來9：24），作我們的大祭司與代求者。

當道瑞吉博士（Dr. Philip Doddridge）住在Northampton時，一位窮人因為偷羊被定死罪。那個時代，法律十分嚴酷。道瑞吉博士認為那人被定罪的證據不充分。他也相信那本偉大的書—聖經。聖經教導說，人比羊貴重得多。他盡了一切努力去推翻判決，但失敗了。罪犯在往刑場的路上，請求在道瑞吉博士家的對面停一下。他跪下說：「上帝賜福給你，道瑞吉博士，我全心愛你，我的每一滴血都愛你。因為你曾努力拯救每一滴血。」

那是一個人！他對那位失敗的代求者有著何等的愛啊！但是我們的救主代求成功了，並且付上了何等的代價啊！為何我們這些在耶穌寶血買回的救恩中歡喜快樂的人不該說：「基督啊，我全心愛你，我的每一滴血都愛你。因為你曾捨命救我，並活著為我代求」呢？

默想與禱告：「耶和華我們的神啊，求你拯救我們，從外邦中招聚我們，我們好稱讚你的聖名，以讚美你為誇勝。」（詩 106：47 ）

10月 19日 你們倒要愛仇敵，也要善待他們，並要借給人不指望償還，你們的賞賜就必大了，你們也必作至高者的兒子；因為祂恩待那忘恩的和作惡的。（路 6：35 ）

上帝恩待所有的人。我們若是祂的兒女，我們也會恩待所有的人。得到報償的人是那些不爭取報償的人。

馬丁路德在俄姆斯時，十分灰心喪志。突然一位僕役進到他旅館的房間，帶來清涼的飲料，是愛力克公爵的奉獻。愛力克公爵是一個有勢力的統治者，屬於教皇黨。這位宗教改革家為這個善行感動，喝飲料時說：「今天愛力克公爵記念我，願我主耶穌基督在他最後時刻的掙扎中也記念他。」

那位僕人將這個信息帶回給他的主人。這位年邁的公爵臨終時記起馬丁路德的話，就對站在他床旁的青年人說：「拿聖經來唸給我聽吧。」這個垂死的老人得了安慰，聽見青年人讀耶穌的話說：「無論何人，….只把一杯涼水給這小子裏的一個喝，我實在告訴你們，這人不能不得賞賜。」（太10：42 ）

愛是世界上最終無法抵擋的力量。那愛我們這不可愛之人的上帝渴望我們對他人反照出祂的愛來，讓祂也可以透過我們去愛那不可愛的人。

上主慈愛無邊無量，
廣大豐盈如海洋。
公義之中充滿妙愛，
還有自由與希望。

——弗烈里克（Frederick W. faber）中文讚美詩45首

默想與禱告：「稱謝耶和華！歌頌你至高者的名！……早晨傳揚你的慈愛；每夜傳揚你的信實。這本為美事。」（詩92：1、2）

10月 20日

忽然來的驚恐，不要害怕；惡人遭毀滅，也不要恐懼。因為耶和華是你所倚靠的；祂必保守你的腳不陷入網羅。（箴3：25、26）

有話說，我們對該進地獄之罪的驚懼，遠甚於對因罪而有的地獄所生的驚懼。

這個世界中，懲罰常常在犯罪之後跟著來，這是一種能拯救社會免於毀滅的保守的鹽。我們在賽26：9讀到，當上帝在世上施行審判的時候，「地上的居民就學習公義。」（賽26：9 ）無論世上有甚麼事情臨到，上帝的子民都不要驚慌或恐懼。上帝的命令是：「 你不要害怕，因為我與你同在；不要驚惶，因為我是你的神。」（賽41：10 ）

我們未曾為之預備的事情雖然可能突然發生，但是上帝對我們的看顧與保護，總是已經預備好的。「祂必用自己的翎毛遮蔽你；你要投靠在祂的翅膀底下。」（詩91：4 ）那使人心驚慌的恐怖事件、那使人嚇得魂不附體的「那將要臨到世界的事，」不該使上帝的兒女驚惶，反該使他們挺身昂首，因為他們「得贖的日子近了」。（路21：26、28 ）

德國浸禮會的先鋒Oncken牧師為了真理被罰款與忍受監禁，受了許多苦。有一次Amberg市長指著他的鼻子威脅他說：「你看見這隻手指嗎？只要這根手指一動，我就要打倒你！」

Oncken牧師回答說：「你的手指我看見了，但是，我還看見一隻你看不見的臂膀。只要那隻臂膀伸出來，你就無法打倒我。」

應許是：「耶和華是你所倚靠的。」願祂永遠都是我們所依靠的。

默想與禱告：「耶和華啊，我投靠你；求你叫我永不羞愧！」（詩71：1 ）

10月 21日

惟有算為配得那世界，與從死裏復活的人也不娶也不嫁；因為他們不能再死，和天使一樣；既是復活的人，就為神的兒子。（路 20：35、36）

在34節中所提到的「這世界的人」，乃是現今會死情況中的男女。為了補足死亡造成的人口減少，生育乃為必要。但是將來的世界裏，卻不再有死亡。

「凡在這次審判中被定為『配得』的人，將要在義人的復活中有分。耶穌說：……『行善的復活得生。』（約5：29）……凡過去已經真心悔改，並憑著信心領受基督的血作為自己贖罪犧牲的人，在天上的案卷中已有赦免二字寫在他們的名字下面。」（《善惡之爭》第28章）他們已經是有於分基督之義的人，因此，被算為配得。

法拉第帶著一個朋友參觀他的實驗室時，拿起一個他贏得的美麗銀質獎盃給他的朋友看，獎盃突然從客人手中滑落，掉進裝酸的盆中，在其中被溶解如同一朵雪花。這位科學家安慰他的朋友，一面走到一個架子邊，拿起一小塊礦物，丟進酸中。銀子立刻開始在盆底沈澱聚合成一塊。「我會將它送到製造商那裏，」他說：「重新鑄造。」他如此行了，鑄成了比之前的獎盃更美麗的花瓶。

同樣地，我們的創造主以祂豐盛的能力與智慧也會讓蒙祂救贖的人的身體復活——改變了的、新的、不死的、與祂自己不朽壞的身體相似，「既是復活的人，就為神的兒子。」

默想與禱告：「我將我的靈魂交在你手裏；耶和華誠實的神啊，你救贖了我。」（詩 31：5）

10月 22日

你求告我，我就應允你，
並將你所不知道、又大又難的事指示你。（耶 33：3）

上帝鼓勵我們禱告。祂命令我們禱告。藉著禱告可以使我們的心與上帝相和諧。但還不止於此——上帝還答允禱告。祂的應許是：「你求告我，我就應允你。」每一個真實的禱告，依上帝的旨意獻上的禱告，都會得到答允。耶穌說：「你們求，就必得著。」（約16：24）雅4：2告訴我們說：「你們得不著，是因為你們不求。」

上帝要答允我們的禱告，我們必須完全降服於上帝的旨意（詩37：4）。祂的話必須常在我們裏面，這樣，我們纔能依上帝的話祈求（約15：7）。我們必須有聖靈的領導（羅8：26、27），我們必須奉耶穌的名禱告（約14：13、14）。

禱告是祈求、尋找、敲門。禱告蒙答允是領受、找到與進入打開的門。許多上帝的答允出乎我們的意料之外。有偉大的事在等候我們。

到大溪地傳道的國外佈道士工作了十六年，沒有一個人悔改歸主。英國的傳道會正認真考慮放棄那個傳道區，但是有幾個人看出傳道失敗乃是因為他們的不信。他們呼召舉行一連串的禱告會，懇求上帝賜福這個遙遠的島嶼，然後，寄鼓勵的信給那邊疲憊的工人。這些信在海洋上與國外佈道士所寄出講到偶像崇拜完全被推翻的信件彼此擦身而過。原來似乎是無法攻克的罪惡的堡壘突然在新的五旬節現象之前崩潰了。「他們尚未求告，我就應允；正說話的時候，我就垂聽。」（賽65：24 ）

默想與禱告：「耶和華啊，我仰望你！主我的神啊，你必應允我！」（詩38：15 ）

10月
23日
他若求告我，我就應允他；他在急難中，我要與他同在；我要搭救他，使他尊貴。我要使他足享長壽，將我的救恩顯明給他。（詩 91：15、16）

這裏有一個賜給禱告者的六重應許：我要應允他、我要與他同在、我要搭救他、使他尊貴、我要使他足享長壽、將我的救恩顯明給他。人還能有甚麼更多的要求呢？

在今天的應許中又再清楚地説，上帝的兒女會求告祂。他們要禱告，主會在患難中與他們同在。拯救是確定的。尊貴會臨到他們。他們會因長壽——永生——而獲得滿足。並且他們會看見上帝永遠的救恩（賽45：17）。

雖然有時候上帝對待我們顯得奇怪，我們可能看不清楚祂在怎樣答允我們的禱告。

有一個古老的希伯來人的故事，講到一位拉比騎著驢在偏遠的鄉下旅行。他唯一的伴侶是一隻公雞。日出的時候，牠尖鋭的啼聲叫醒他作早靈修。他來到一個村莊，尋找住處過夜，但是，那裏的人都不接納他。他找到一個山洞，就在那裏過夜。晚上一頭野狼咬死了他的公雞，一頭獅子吃掉他的驢。清早，他進入村莊，驚奇地發現全村沒有一個人存活。一群盜匪搶劫了那地方，殺死了所有的人。「現在，」他説：「我懂了。若是他們接納了我，我也會被殺死。若不是我的雞被殺，牠的聲音會顯露出我的藏身之處。上帝真是恩待我了！」

讓我們等候主以祂自己的方式並依照祂的時間表成全祂的應許吧。「我曾耐性等候耶和華；祂垂聽我的呼求。」（詩40：1）

默想與禱告：「求你側耳而聽，快快救我！作我堅固的磐石，拯救我的保障！」（詩 31：2）

10月
24日
地極的人都當仰望我，就必得救；因為我是神，再沒有別神。（賽 45：22 ）

司布真稱這個為應許的應許。他說，它是構成我們屬靈生活根基的要素之一。救恩得自仰望，信心的仰望，仰望那位公義的上帝與救主（賽45：21）。

一場厲害的風雪迫使年輕的司布真到一座偏僻小街的循理會小教堂躲避。他要的是救恩，但是不知道如何得到它。那一天，那裏沒有牧師。一位平信徒走上講壇，打開聖經，讀出下面的話：「地極的人都當仰望我，就必得救。」他定睛在司布真身上，好像他親自認識他。說：「青年人，你在患難之中。你若不仰望基督，就決不能從患難中出來。」然後，他舉起雙手，喊著說：「仰望，仰望，仰望吧！你只要仰望啊！」

那個青年人之後成了世界最偉大的傳道人。他說：「我立刻明白了得救之道——我仰望。我已經等候要去做五十件事情，但是當我聽見說『仰望』時，我立刻明白了得救之道。」

當摩西在曠野舉起銅蛇來時，仰望的就得了醫治（民21：8、9）。「摩西在曠野怎樣舉蛇，人子也必照樣被舉起來，叫一切信祂的都得永生。」（約3：14、 15 ）

凡靠十字架都能夠得救，
耶穌曾說當仰望我；
世上財物都將歸無有，
專靠賴救主必永遠存留。

——貝爾登（F, E. Belden ）中文讚美詩192首

默想與禱告：「坐在天上的主啊，我向你舉目。」（詩 123：1）

10月
25日

因為他專心愛我，我就要搭救他；因為他知道我的名，我要把他安置在高處。（詩 91：14 ）

我們的愛放在那裏？放在上帝身上或是放在我們自己身上呢？我們是否知道祂的名？或者我們對祂還似陌生人呢？祂在耶穌基督裏被啟示為愛與救恩。「你要給祂起名叫耶穌，因祂要將自己的百姓從罪惡裏救出來。」（太1：21）

基督親自說：「你要盡心、盡性、盡意、盡力愛主你的神。」（可12：30）若是我們將愛放在上帝身上，祂就會成為我們生活的中心。上帝就是愛。當我們在自然界與在基督裏啟示的救恩中看見祂的愛展示出來時，我們會驚嘆喊著說：「你看，父賜給我們是何等的慈愛。」（約壹3：1），而且「我們愛，因為上帝先愛我們。」（約壹4：9 ）愛產生愛。

一位美國牧師拜訪蘇格蘭登庭歷史悠久的Robert MacCheyne教堂時，曾問一位年老的信徒是否還記得那位偉大的傳道人？是的，他還清楚記得MacCheyne牧師。「你還記得他講道的經文嗎？」他記不起來。「你還記得他在講道中講過的任何東西嗎？」他甚麼也記不起來。「我只記得一件，一件我永遠不會忘記的事。」他說：「我還是一個小孩子，有一天站在路邊，MacCheyne牧師來了。他停下來，到我跟前說：『傑米，我要進去看你的小妹妹，她病得快死了，孩子啊，我必須為耶穌得著你。我不能讓你跑到上帝國的外面去。』他將手放在我的頭上。我永遠記得他那顫抖的手指。」怪不得那個孩子將他的心獻給了基督。這種顫抖之愛的一次觸摸，會帶給許多孩子何等的福分啊！

默想與禱告：「凡投靠你的，願他們喜樂，時常歡呼，因為你護庇他們；又願那愛你名的人都靠你歡欣。」（詩 5：11 ）

10月
26日

耶穌對她說：「復活在我，生命也在我。信我的人雖然死了，也必復活，凡活著信我的人必永遠不死。」（約 11：25、26）

這些話安慰了剛剛失去弟弟的馬大，並安慰了直至今日各世代的上帝的兒女。經上記著說：『因為我活著，你們也要活著。』（約14：19）我們是否能想像世上偉大哲學家能夠說：「復活在我，生命也在我」呢？蘇格拉底能夠說嗎？伯拉圖呢？或亞里斯多德呢？這個世界的偉大教師與領袖能夠說嗎？但是耶穌能夠說那樣的話，並且講的是真理。只有祂能夠對打開的墳墓說：「復活在我，生命也在我。」

我們的主宣稱：「信子的人有永生。」（約3：36）信徒雖或在我們所稱的死亡中睡覺，但並非永恆的死。講到拉撒路的情形，也可以用在信徒身上，說「他睡了。 」有一天，我們的救主會照祂所說的話一樣回來，「去叫醒他。」（約11：11 ）

有一次，R. W. Dale正在以「基督的空墓」為題建構一篇講章時，復活主的思想以一種新啟示的方式臨到他。「基督活著，」他對自己說：「祂今天活著，像我今天活著一樣確實。祂在這一分鐘活著，並永遠活著。」開始它似乎不真實，之後，它以突然顯明的榮耀出現——基督現在活著！「我必須將這個事實傳達給我的教友，」他說：「我必須在每一篇講章中講它。」

為何這個美妙的思想沒有每天抓住我們的心呢？祂說，祂「是那存活的；我曾死過，現在又活了，直活到永永遠遠。」（啟1：18）「凡活著信我的人必永遠不死。」

默想與禱告：「 耶和華啊，你曾把我的靈魂從陰間救上來，使我存活，不至於下坑。」（詩 30：3）

10月
27日

當將你的事交託耶和華，並倚靠祂，祂就必成全。祂要使你的公義如光發出，使你的公平明如正午。（詩 37：5、6）

這項思想在希伯來文是：「當將你的事卸到上帝身上去」，如同將無法擔起的擔子從自己肩頭放到另一個能夠擔得起的人的肩頭上去一樣。「你們要將一切的憂慮卸給神，因為祂顧念你們。」（彼前5：7）「你的事」當然指的是「你的作為」、「你的工作」、「你的計畫」或如同箴16：3所説：「你所做的」。

一個貧窮的婦人向土耳其的蘇丹請求賠償財產的損失。「你怎麼失去的？」蘇丹問。

「我睡著了，強盜來，偷走了。」

「但是你為何睡著了呢？」

「我睡著了，因為我相信你是醒著的啊！」是她驚人的回答。

蘇丹因她信靠他感到高興就賠償了她的損失。我們也可以在我們所行的一切事上都信靠上帝，因為祂永遠是醒著的。「保護你的必不打盹！」（詩121：3 ）讓我們將我們的事交託給祂，「祂就必成全」。

現今，那看來使義人蒙上陰影的痛苦與患難，最終必顯明他們是上帝的兒女，像約伯的情形一樣。耶穌在十字架上好像被棄絕了，祂公義的事工似乎已經永遠失敗了，但是，祂復活時，卻「因從死裏復活，以大能顯明是神的兒子。」（羅1：4）

要將為你伸冤的事交在上帝手中，並信靠祂。有一天，就會如日中天地清楚地顯明，你是祂的僕人。

默想與禱告：「求你保存我的性命，……我的神啊，求你拯救這倚靠你的僕人！」（詩 86：2）

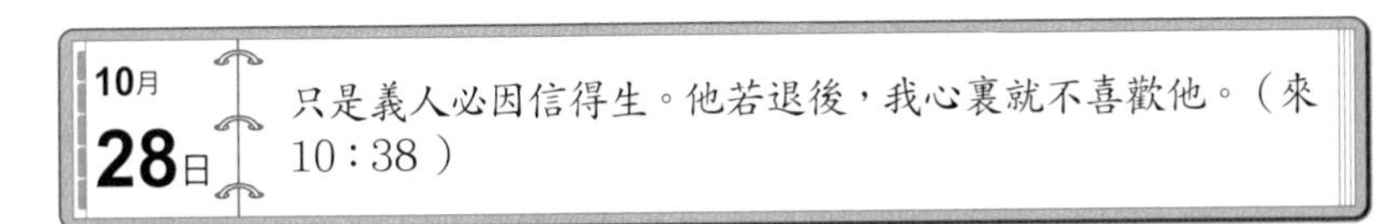

10月 28日

只是義人必因信得生。他若退後，我心裏就不喜歡他。（來10：38）

馬丁路德說，信心有兩種：第一種相信有關上帝的事為真，相信祂所說的是真的，一項真正的知識。第二種是相信上帝，意思是信靠祂，交託自己給祂，順服於祂的旨意。不論是死是生將自己交託給上帝，這樣的信心是每一個基督徒生活中不可少的。這樣的信心來自聽道，就是領受上帝的道（羅10：17）。義人，或說公義的人是藉著信成為義人，我們是藉著信分享基督的義、基督的公正、基督的能力與基督的榮耀。

有一次，一位詩人與一位畫家看一幅普桑（Poussin）所繪兩個瞎子得醫治的畫。那位詩人提到這幅畫的幾樣特色，但是那位畫家似乎不滿意，而指出幾樣別的特點。他說：「你看見那不要的枴杖，扔在那屋子的階梯上嗎？」

「看見了。」

「是甚麼意思呢？」

「啊，那兩個瞎子本來坐在屋子的階梯上，拿著他們的杖。但是聽見基督來到時，那個瞎子如此確信會得醫治，就丟掉他的杖，衝到主面前去。那豈不是一個美妙信心的觀念嗎？」

是的。我們太常抓住我們過去自助與自義的舊枴杖而未完全仰望基督。「使我們勝了世界的，就是我們的信心。」（約壹5：4）

默想與禱告：「我要稱謝你，直到永遠，因為你行了這事。」（詩52：9）

10月
29日

但在第七位天使吹號發聲的時候，神的奧秘就成全了，正如神所傳給他僕人眾先知的佳音。（啟10：7 ）

第七號筒涵蓋了福音時代最後時期直到永恆世界開始之間的大事。在第七位天使吹響號筒的早期，上帝的奧祕就要成全。上帝的奧祕是甚麼呢？使徒保羅在加1：11、12說：『我素來所傳的福音不是出於人的意思。因為我不是從人領受的，也不是人教導我的，乃是從耶穌基督啟示來的。』這樣，這奧祕臨到他是來自啟示，而福音也是從啟示而來。十分顯然的，福音就是上帝的奧祕。

舊約的眾先知與新約的眾使徒預言了、宣講了這福音。那驚人的應許是，福音的工作必要完成。那時，命令要發出：「不義的，叫他仍舊不義；污穢的，叫他仍舊污穢；為義的，叫他仍舊為義；聖潔的，叫他仍舊聖潔。看哪，我必快來！」（啟22：11、12）那時選民的人數夠了，試驗時期結束，救主就會回來。

福音在我們心裏完成了它恩典的工作了嗎？我們是否對福音發出回應了呢？若是沒有，為甚麼？「看哪！現在正是悅納的時候，現在正是拯救的日子。」（林後6：2 ）「請來吧！樣樣都齊備了。」（路14：17 ）

在亞利桑那的荒地裏，一個仁慈的人每天晚上都點起燈籠，掛在他離開那裏唯一好水的井只有一哩路的小房子外面。朋友啊，要記得，上帝的燈籠就是十字架，它照亮今生的沙漠。在人生最黑暗的時候，它的光最明亮。現在，生命還存在之時，正是轉向它的時候。

默想與禱告：「但我在悅納的時候向你耶和華祈禱。神啊，求你按你豐盛的慈愛，憑你拯救的誠實應允我！」（詩69：13 ）

10月 30日

「那時，保佑你本國之民的天使長米迦勒必站起來，並且有大艱難，從有國以來直到此時，沒有這樣的。你本國的民中，凡名錄在冊上的，必得拯救。」（但 12：1 ）

這裏應許了三樣事情：米迦勒必站起來，艱難時期來到，上帝的子民蒙拯救。現今，我們的救主正為我們顯在上帝面前（來9：24）。但是有一天，祂會停止祂代求的工作，站起來，開始以萬王之王身分施行統治。那時，恩典時期結束。末後時期的大艱難發生。但是，那有福的應許是：「凡名錄在冊上的，必得拯救。」這個冊子就是使徒保羅在腓4：3節所説的生命冊。在大艱難的最黑暗時期，主會親自降臨。

一個夜晚，一位年輕的婦女來到英格蘭自由派傳道人Charles Berry面前，説：「我的母親要死了，我要你來，讓她能進天國。」他去了，對那位可憐的氣喘的女人講到有好的記錄。她説：「但是，那不是像我這樣的婦人有的。」他就對她講到上帝的愛，她又説：「那不是給像我這樣的婦人的。」他叫她忘記過去，完全依靠上帝的憐憫，但是毫無用處。這位可憐的生靈感到絕望，那位傳道人也是。最後傳道人所能想到的是那首讚美詩：「今有一處流血之泉」。他開始唱這首詩時，那位婦女的臉閃露出亮光。那位垂死的母親抓住了這一點，她接受了基督為她的救主。第二天，那位牧師告訴他的會眾説：「我讓她進去了。不錯，但是，我做的還不止於此——我也讓我自己進去了。」

願米迦勒站起來之時我們都安全的在羊欄裏面。

默想與禱告：「求你應允我們，用右手拯救我們，好叫你所親愛的人得救。」（詩 108：6）

10月
31日

耶和華救贖的民必歸回，歌唱來到錫安；永樂必歸到他們的頭上。他們必得著歡喜快樂；憂愁歎息盡都逃避。（賽 51：11）

這是以色列最後的歸回，是歷代以來的真信徒來到永恆的錫安。他們的喜樂是永遠的，憂愁嘆息盡都逃避，因為他們的災難都永遠消失了。「神要擦去他們一切的眼淚；不再有死亡，也不再有悲哀、哭號、疼痛，因為以前的事都過去了。」（啟21：4 ）

擁有那地的人是蒙贖的人。這是今天應許經文中重要的部分——我們得贖必須出乎我們的救主，就是那「並不救拔天使，乃是救拔亞伯拉罕的後裔……凡事該與祂的弟兄相同」的。（來2：16 、17）祂不僅是上帝的兒子，也是人子。在十字架上作我們的替身。祂替我們死。我們若接受，就在祂裏面蒙贖。

馬丁路德曾想像撒但帶著一張長長的表單來到他那裏說：「這些都是你的罪。你如何能盼望進入天國？」但是他注意到魔鬼用手遮住那個表單的底端。「將你的手挪開吧！」馬丁路德說。他在那裏讀到「祂兒子耶穌的血也洗淨我們一切的罪。」（約壹1：7 ）因此，那位宗教改革家有了盼望，我們也有了盼望，因為我們「知道你們得贖，脫去你們祖宗所傳流虛妄的行為，不是憑著能壞的金銀等物，乃是憑著基督的寶血。」（彼前1：18、19 ）

幸福的保證，主為我有。
天榮得預嘗，神恩何深厚。
上帝施救贖，蒙恩後裔。
聖靈所重生，主血洗滌。
這是我信息，或講或唱。
終日讚美主，歡樂無量！

——芬妮．克羅斯比（Fanny J. Crosby）中文讚美詩220首

默想與禱告：「神啊，求你救贖以色列脫離他一切的愁苦。」（詩 25：22 ）

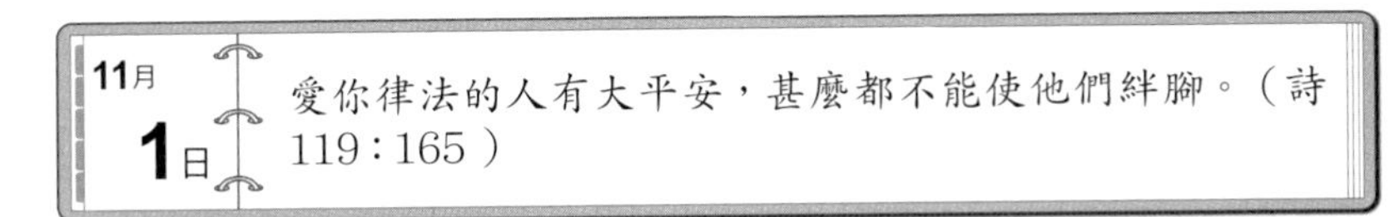

十條誡命，從更廣的意義看，所有上帝的聖言，嚴格地說，乃是我們心靈平安的真實根基。

哥倫布在他的一次旅程中來到奧里羅科河口。他的一個水手說，他們發現了一個島嶼。這位探險家回答說：「島上的河流不會是這樣的。這樣大的激流會使大洲乾枯。」

上帝的律法也是這樣。它不是出自有限的根源，它發自無限深度的智慧，恩典與慈愛，並且其源頭是永不枯竭的，它能供給我們一切的需要。藉著上帝的聖言，聖靈的工作就是保惠師的工作。

愛上帝律法的人不會因興盛而驕傲或因困境而氣餒。他們對上帝聖言的信心會驅散一切的敵對。即使他們遭遇一些信心上的大奧秘，也不會像古時的人說：「這話甚難，誰能聽呢？」（約6：60）他們會毫無疑問地接受聖經的話。他們決不會攻擊上帝的道，因為他們愛主的聖言。

一位日本學生要向他的美國友人描述他的朋友時，指著近處的聖經說：「他十分相信這本書。」我們的朋友是否能這樣形容我們呢？

「耶和華的律法全備，能甦醒人心；耶和華的法度確定，能使愚人有智慧。」（詩19：7）

我的救主我的主，
我的職責在你話中，
主生活裏律法顯現，
主聖德中大得彰顯。

——以撒・華茲（Isaac Watts）

默想與禱告：「我要在你的命令中自樂；這命令素來是我所愛的。」（詩119：47）

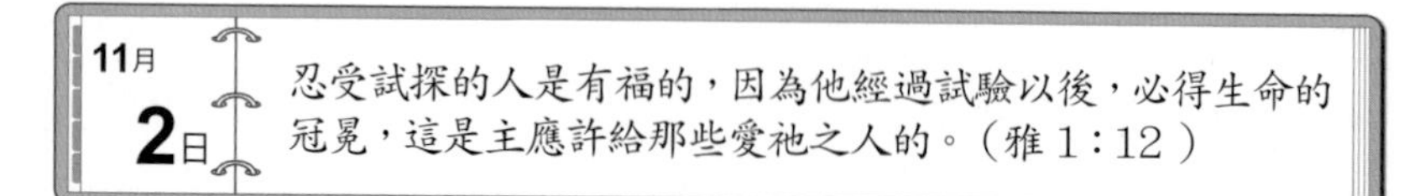

11月
2日

忍受試探的人是有福的，因為他經過試驗以後，必得生命的冠冕，這是主應許給那些愛祂之人的。（雅 1：12）

受試探的人是有福的——奇怪，但卻是真的！是「忍受試探的人」，不是屈服於試探的人，他經過試驗以後，那時，就藉著信，照所應許的，領受生命的冠冕。為甚麼？因為他愛上帝。

愛上帝的人必能忍受試探：「愛就完全了律法。」（羅13：10）沒有人用他的肉眼能在忍受試探之時實際看見任何福份。但是，當火爐的試驗過去，他們出來時會帶著上帝認可的印記——生命的冠冕。這就是報償——生命的冠冕，不僅僅是存在，而是永生。報償中還包括聖潔、公義、喜樂，與他們心中聖靈的見證。「認識你獨一的真神，並且認識你所差來的耶穌基督，這就是永生。」（約17：3）我們是否真正認識我們的主、並且愛祂呢？

一位年輕的中國父親，為自己的兒子起名為慕迪。牧師來拜訪時，問他為何起這個名字，因為他還沒有聽過這個名字。這位父親回答說：「我曾聽見你們有一位神人名叫慕迪，在我們的方言中『慕迪』的發音聽起來意思是：『愛慕上帝』。我要我的孩子也愛上帝。」

愛上帝，就是去認識祂，因為「上帝就是愛」（約壹4：8）。

生命真光，時常輝耀，
愛如好花滿蹊徑。
加上寶架光華榮耀，
引我欣喜向前行。

——包霖（J. Bowring）中文讚美詩77首

默想與禱告：「這都臨到我們身上，我們卻沒有忘記你，也沒有違背你的約。」（詩 44：17）

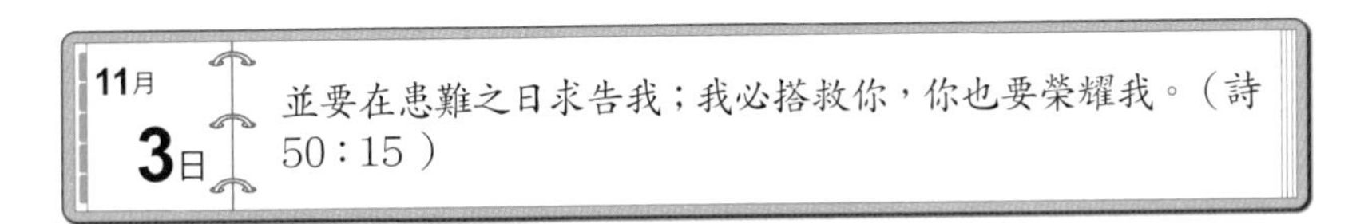

11月 3日

並要在患難之日求告我；我必搭救你，你也要榮耀我。（詩50：15）

上帝一再呼召我們求告祂。但是，這裏是指在緊急的情況裏——患難之時，日午黑暗天空烏雲愈來愈厚之時。在這樣的緊急情況之中，主邀請我們將我們的案情帶到祂面前。祂再度向我們保證說：「我必搭救你，」那時我們要榮耀祂。

讓我們永不要忘記耶和華是我們的力量、我們的保障，是我們患難中的避難所（耶16：19）。祂是「賜各樣安慰的神。我們在一切患難中，祂就安慰我們。」（林後1：3、 4）

基督徒的傳記見證了上帝拯救祂的眾僕人。衛斯理還是小孩時，就從火燒的屋子裏被救出來。在他的畫像底下，畫了一棟火燒著的屋子，寫著這樣的字：「這不是從火中抽出來的一根柴嗎？」（亞3：2）蘇格蘭社會改革家Thomas Gurthrie 牧師在懸崖上蒙了神蹟式的拯救。蘇格蘭改革家John Knox在他的坐椅被子彈打碎之前一秒鐘站了起來。英國慈善家John Howard蒙救脫離了暗殺之人的手。美國總統華盛頓也有過類似的經驗。李文斯登曾有過在一天之中三次蒙救，脫離迫在眉睫的險境之經驗。我們有些人數算我們的擔子多過數算我們的福份。但是讓我們感謝上帝的許多拯救，並且說：「我的心哪，你要稱頌耶和華！不可忘記祂的一切恩惠！」（詩103：2）

當暴風雨正在咆哮或陰暗的心情籠罩我們之時，讓我們仰望美麗的耶穌吧。讓我們說：「基督，上帝的兒子，祂愛我。祂救我，為我捨命。」之後，讓我們要像反對羅馬天主教的英國Charles Kingsley牧師一樣說：「難道我們不要感謝祂、永遠感謝祂，為祂效力、並永遠為祂效力嗎？」

默想與禱告：「主耶和華啊，求你為你的名恩待我；因你的慈愛美好，求你搭救我！」（詩109：21）

11月 4日

耶和華是我的避難所；你已將至高者當你的居所，禍患必不臨到你，災害也不挨近你的帳棚。（詩 91：9 、10）

當上帝降十大災難在古時的埃及地時，在那長子喪生的可怕之夜，凡住在門檻上抹有血之記號屋子內的人都毫髮無傷。「我一見這血，就越過你們去。」（出12：13）同樣地，在最後七大災難時，災難也不會臨到上帝兒女的住處。

在古時的以色列，那逃到逃城躲避報血仇的人，為了自己的安全，必須留在那裏，直到大祭司去世。他的死意指他們得以存活。基督教信徒的情形也是如此。我們的大祭司已經為我們捨命。我們只在基督寶血的遮蓋之下才有安全。

擁有這項應許的人，是那些將至高者視為他們避難所也視為他們居所的人。他們是那些住在上帝裏面的人。他們知道「耶和華的名是堅固臺；義人奔入，便得安穩。」（箴18：10）

從太初開始，信奉上帝的人實在就是住在上帝裏面。「主啊，你世世代代作我們的居所。諸山未曾生出，地與世界你未曾造成，從亙古到永遠，你是神。」（詩90：1 、2）那住在至高者隱密處的才是住在全能者的蔭下（詩91：1）對這些人，以下摩西的話才有效用：「永生的神是你的居所；祂永久的膀臂在你以下。」（申33：27 ）

默想與禱告：「求你幫助我們攻擊敵人，因為人的幫助是枉然的。」（詩108：12 ）

11月 5日

在亞當裏眾人都死了；照樣，在基督裏眾人也都要復活。但各人是按著自己的次序復活：初熟的果子是基督；以後，在祂來的時候，是那些屬基督的。（林前15：22、23）

在亞當裏，眾人都犯了罪。在基督裏，眾人也都復活了。「但各人是按著自己的次序復活」。正如 Hugh Fausset 提醒我們說，此處的希臘文用的是軍隊的比喻：「各人在他的軍團裏」。人人都要復活，但不是人人都會得救。各人都有他自己的適當位置——基督在先（西1：18）；在祂後面的是祂復臨時屬於祂的人。「因為主必親自從天降臨，……那在基督裏死了的人必先復活。」（帖前4：16） 這是第一次的復活，是復活得生。「在頭一次復活有分的有福了，聖潔了！」（啟20：6）「再後，末期到了，」（林前15：24）其餘的死人復活必須「直等到那一千年完了。」（啟20：5）

從最高的意義說，從死裏復活的是那些屬於基督的人。所有屬乎基督的必會復活，如同我們救主從死裏復活一樣確定。耶穌說：「因為我父的意思是叫一切見子而信的人得永生，並且在末日我要叫他復活。」（約6：40）

一位軍隊的隨軍牧師講到他的部隊紮營的情形說，每個士兵都裹在毯子裏，只有他暴露在露天的寒冷中。夜間下雪了。清晨牧師往營地一望，祇見一排像新墳似的土堆，全部被雪覆蓋。突然起床號吹響，幾百人震掉積雪站了起來，這景象使人一時驚奇不已。當最後號筒吹響的時候，在基督裏死了的人復活時也是如此。

默想與禱告：「耶和華啊，求你轉回搭救我！因你的慈愛拯救我。因為，在死地無人記念你，在陰間有誰稱謝你？」（詩 6：4、5）

11月 6日

我們若在祂死的形狀上與祂聯合，也要在祂復活的形狀上與祂聯合；（羅 6：5 ）

我們的救主死在十字架上，葬在約瑟的新墳裏，並勝利地從死裏復活。在浸禮中我們在死的形狀上與主聯合，又在復活的形狀上與主聯合。這就顯明：（1）我們相信祂為我們死與為我們復活。（2）我們有罪的舊人死了、埋葬了、並復活度新的生活。（3）相信我們若死去必會在第一次復活中復活，並永遠與主同活，「所以，我們藉著洗禮歸入死，和祂一同埋葬，原是叫我們一舉一動有新生的樣式，像基督藉著父的榮耀從死裏復活一樣。」（羅6：4 ）

當我們明白了浸禮的意義時就會對浸禮的形式不再有疑問了。我們在聖經裏讀到腓利為埃提阿伯太監施洗的情形：「於是吩咐車站住，腓利和太監二人同下水裏去，腓利就給他施洗。」（徒8：38）我們的救主是在約但河中受浸，不是因為祂是罪人，而是「盡諸般的義」（太3：15）並作我們的榜樣。是：「一主、一信、一洗」（弗4：5）。

有一位牧師來到耶路撒冷據說是耶穌墳墓的地方，躺在那墳墓裏。他覺得他已經與基督一同埋葬了，但是，當他進入浸禮的水池時，他已經真正地與主一同埋葬了。

榮耀受苦的救主，
走進象徵性的墳場；
上帝之子，我們的榜樣，
我們跟隨你不怕波瀾。

——史密斯（S. F. Smith）

默想與禱告：「因為你的慈愛常在我眼前，我也按你的真理而行。」（詩26：3）

11月
7日

我口所出的話也必如此，決不徒然返回，卻要成就我所喜悅的，在我發他去成就的事上必然亨通。（賽 55：11 ）

如同雨和雪落在地上使地土能生出食物滋養人體一樣，上帝的話也生出屬靈的食糧滋養食用者的心靈。上帝發出的話語總是達成旨意，決不徒然返回，總會收穫滿滿。它必然會成就祂所喜悅的，並在祂差遣之處，凡事亨通。

上帝差遣祂的話去成就清楚的事。「祂發命在地；祂的話頒行最快。」（詩147：15）整個大自然的過程「是藉祂的指引游行旋轉，得以在全地面上行祂一切所吩咐的，」（伯37：12）在人的一切事上，祂的話要成就他的旨意，不會徒然返回。

一個小女孩不經意地說出了一個偉大的真理。她說：「我告訴你，聖經不是在提摩太書就完了，它的結尾是革新（revolution）。當然，她的意思是啟示錄（revelation）。但是，正如Toyohiko Kagawa所說：「當你發動一個聖經運動時，意思就是革新——一種反對黑暗與罪惡的革新。」

上帝的話藉著改變人心改變了文化與國度。每一個信徒的重生，都「是藉著神活潑常存的道。」（彼前1：23）

這是重價的珠子，
勝過一切珠寶在海洋。
留意它的神聖命令，
就必恩典滿滿。

默想與禱告：「你向敬畏你的人所應許的話，求你向僕人堅定！」（詩119：38）

11月 8日

萬軍之耶和華說：「在我所定的日子，他們必屬我，特特歸我。我必憐恤他們，如同人憐恤服事自己的兒子。」（瑪 3：17）

為了明瞭這節經文，我們就該讀上一節經文：「那時，敬畏耶和華的彼此談論，耶和華側耳而聽，且有紀念冊在祂面前，記錄那敬畏耶和華、思念祂名的人。」（瑪3：16）

在加拿大渥太華國會大廈的和平大樓中有一個美麗的房間，其中排列著一塊塊石碑，上面刻畫著第一次大戰加拿大參與的大戰役。房間中央有一個白色大理石的祭壇，上面放著一本紀念冊，其上有為國捐軀者的名字。這個冊子每一天都翻一頁，讓訪客看到新名字。

我們的上帝有一本紀念冊，紀念談論祂的人。祂聽他們的談論並記載下來。主喜悅我們的談論嗎？那些在這方面蒙祂喜悅的人，必被稱為祂的珍寶。「在我所定的日子，」祂說：「他們必屬我，特特歸我。我必憐恤他們，」祂已經買了我們、尋找我們，並在我們裏面工作，讓我們有祂的形像。在那日，祂必憐恤我們。

在倫敦國家美術館，人可以看見一幅名畫。這幅名畫描畫兩個羅馬婦女在格拉奇兄弟的母親Cornelia家裏，客人展示了她們的珠寶，正在對Cornelia說「請展示你的珍寶吧！」這時，剛好她兩個兒子進來。Cornelia抱著她兩個兒子回答說：「這兩個兒子就是我的珍寶。」

那些思念上帝、談論上帝的人乃是祂的珍寶。對這些人有話說：「你在耶和華的手中要作為華冠，在你神的掌上必作為冕旒。」（賽62：3）

默想與禱告：「我的舌頭要終日論說你的公義，時常讚美你。」（詩 35：28）

11月
9日

但我告訴你們，從今以後，我不再喝這葡萄汁，直到我在我父的國裏同你們喝新的那日子。」（太 26：29 ）

這是我們的救主在最後晚餐時賜給門徒重聚的應許。我們的主所用的葡萄汁是純淨的葡萄汁。先知以賽亞在講到「葡萄中尋得新酒，」時講到它 （賽65：8）。這裏指的是「立約的血，為多人流出來，使罪得赦。」（太26：28 ） 我們的主用「新約」或「約」指上帝在祂自己與人類之間藉著祂的兒子在十字架上的贖罪祭所成就的和好。

主在此說的話清楚顯明，聖餐禮乃是向所有真基督徒保證說，喜樂正在榮耀的國度裏等候著他們。他們在此世雖然已有屬靈的大喜樂，但是，與主親自同在乃是「好得無比的」（腓1：23）。

在山上一個窮寡婦的茅舍裏，碗櫃架上放著一個有裂痕的杯子，上面覆蓋著玻璃球形罩。多年前，一個炎熱的日子，一部馬車停在她門口，車上的一位婦女向寡婦要了一杯水喝時，寡婦用的就是這個杯子。試著想像這個寡婦後來知道那用這個杯子的人乃是維多利亞女王時驚訝的情形。女王的嘴唇曾經碰過這杯，使這杯對她成了無價之寶。

我們的主在最後晚餐時用過的杯對所有的真門徒已經成為祂無窮之愛與犧牲的象徵，正如寡婦碗櫥架上的杯讓寡婦紀念女王的光臨一樣，那在聖餐禮中使用的杯讓我們記得我們救主的犧牲與祂所應許「在我父的國裏同你們喝新的那日子。」

默想與禱告：「我要因你歡喜快樂；至高者啊，我要歌頌你的名！」（詩9：2）

11月
10日

主耶和華必幫助我，所以我不抱愧。我硬著臉面好像堅石；我也知道我必不至蒙羞。（賽 50：7 ）

這是預言那位作我們替身代罪受苦的基督的話。既是人子又是上帝的兒子——耶穌受到了惡人與惡魔的惡待。在那可怕的逼迫與痛苦時刻，祂的心信靠上帝。但是，在那十字架上受苦到極點，從祂的人性，祂喊著說：「我的神！我的神！為甚麼離棄我？」（太27：46）正如這項預言中講到「我必不至蒙羞」，祂硬著臉面好像堅石以成就人類的救恩。在這方面，祂必不至蒙羞。凡蒙主領導的即使在災難中也會得著福份。「神所懲治的人是有福的！所以你不可輕看全能者的管教。」（伯5：17 ）上帝能夠從惡中生出善來 。

有一個人種了一盆稀有的植物，放在水池旁邊。雖然他小心照顧，但只能維持它沒有枯死。一天，他不在之時，一個男孩將它弄翻，打破了花盆，將那稀有植物翻進水池裏。當主人幾週之後回來時，發現一種不知名的植物從水中長出，且長得茂盛。後來他才知道，那種在花盆中彷彿即將凋零的植物乃是一種水生植物。許多時候，那飢渴生靈的情形也是如此。那看來似乎是災難、是冷酷的上帝所容許的悲痛至極的災難，實際上卻是一種偽裝的福份——使品格更美，帶給人不可知的力量、忍耐與同情。

那以真實信心對付災難與悲傷的人就能與詩人一同說：「耶和華啊，我知道你的判語是公義的；你使我受苦是以誠實待我。」（詩119：75 ）

默想與禱告：「我受苦是與我有益，為要使我學習你的律例。（詩 119：71）

11月 11日

你要把你的重擔卸給耶和華，祂必撫養你；祂永不叫義人動搖。（詩 55：22 ）

我們不可以將我們的擔子放下又再拿起來，而是將擔子卸給耶和華，並將擔子留在祂那裏。它可能是個重擔，但祂是無所不能的神，千萬不要獨自努力揹你的擔子。它太重了，你擔當不起。要記得「祂必支持你」（中文和合本譯為「祂必撫養你」）。祂接受我們在基督裏為義人。祂不肯讓我們失去在祂面前的地位。祂的僕人耶利米禱告說：「耶和華啊，你是我的力量，是我的保障；在苦難之日是我的避難所。」（耶16：19 ）

世上一些可敬的人物曾在肉體上受過苦，忍受苦處多年。其中一個是科爾傑大學（Colgate University）的創始人。 他在壯年時癱瘓，許多年臥病在床，無法動彈。但那時，他的基督徒信仰卻有力地彰顯。他的兒子一次對他說：「父親，我從未像現今這樣愛你。啊，我多麼盼望能分擔你的痛苦啊！」

回答是：「不，兒呀，我的痛苦沒有任何部分可以減免。那容讓我受苦，甚至比你更加愛我的一位知道甚麼對我最好。我有時想，這是我人生中最快樂的時刻。祂的憐憫如此深厚！」

你一切悲傷，祂的妙方，
你需要每一樣。
你每一滴眼淚祂都計算，
一滴不會多淌。

若是它們淌落如此充沛，
你無法說祂的道路寶貝。
那時每一滴痛苦眼淚，
耶穌都視為寶貴。

默想與禱告：「我在患難之日要求告你，因為你必應允我。」（詩 86：7 ）

11月 12日 你從水中經過，我必與你同在；你蹚過江河，水必不漫過你；你從火中行過，必不被燒，火焰也不著在你身上。（賽43：2）

沒有橋，也沒有渡船——我們必須蹚過深水，但是，主自己說：「我必與你同在。」雖或仇敵包圍了我們，逼迫與殘酷的譏笑如同火窯，我們要怎麼辦呢？從他們中間過去！因為那第四位好像神子的（但3：25）會在我們旁邊。並且，我們身上甚至連煙味都不會有。那從天而生、邁向天國的天路旅客的安全就是這樣，洪水不能淹沒他們，火也不能傷害他們。

> 主與我共話，又與我同行，
> 並親認我為祂子民。
>
> ——奧斯可（C.Austin Miles）中文讚美詩231首

一位牧師在一個年邁的基督徒床邊坐下。他指著對面一張放置角度顯明剛有一位訪客坐過的空椅子說：「我看我不是今天的第一個訪客。」

「啊，」病人說：「讓我來告訴你這張椅子的事。幾年前我發現無法禱告，我常常在跪著時睡著了。保持清醒時，就發現我的思想飄浮不定。我對一位牧師講到這事。他告訴我說，坐下時對面放著一把椅子，想像主耶穌就坐在那張椅子上，然後對祂講話，如同對朋友面對面講話一樣。之後，我就是如此行。耶穌對我變得十分真實了。這就是為甚麼這張椅子這樣擺在我的床邊的緣故。」就在那一週，那位基督徒過世了，斷氣時一隻手還放在那張椅子上。

我們的救主已經應許說：「我總不撇下你，也不丟棄你。」（來13：5）

默想與禱告：「神啊，求你不要遠離我！我的神啊，求你速速幫助我！」（詩71：12）

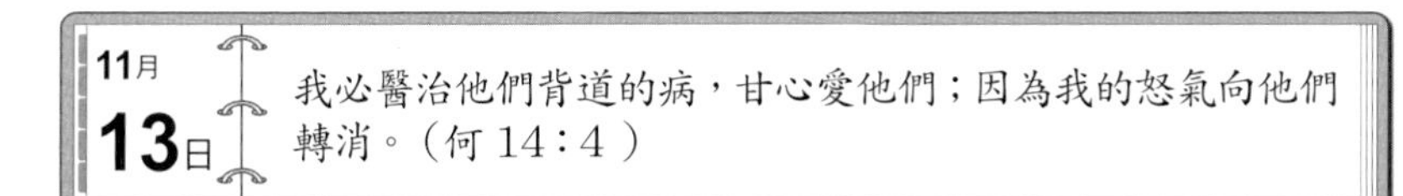

有了這節經文，再讀耶3：22，「你們這背道的兒女啊，回來吧！我要醫治你們背道的病。」底下是回應：「看哪，我們來到你這裏，因你是耶和華我們的神。」耶利米書第3章可以標上標題：「背道者的希望」。第12節，與第13節說：「耶和華說：背道的以色列啊，回來吧！我必不怒目看你們；因為我是慈愛的，我必不永遠存怒。這是耶和華說的。只要承認你的罪孽，就是你違背耶和華——你的神，」讀了這些經文之後，我們就來到14節的高峰：「耶和華說：背道的兒女啊，回來吧！因為我作你們的丈夫，並且我必將你們從一城取一人，從一族取兩人，帶到錫安。」

這是背道者的希望嗎？這毫無疑問。讓所有在教會內或已離開教會的人都回歸到上帝跟前，毫不延遲。

印度一位陸軍軍官養了一隻小老虎為寵物，牠看來十分溫馴。一天，這位軍官在椅子上睡著時，那頭老虎開始舔他的手。牠繼續舔的時候，血從一個磨破的傷口流出來，那隻老虎立刻野性發作，攻擊他的主人。主人險些喪命。雖然那頭野獸看來溫馴，可以在家馴養，但那老虎的性情仍然在牠裏面。

一些已經重生的基督徒背道了。對所有這樣的人，耶和華說：「應當回想你是從那裏墜落的，並要悔改，行起初所行的事。」（啟2：5）給背道者的呼召，是悔改與順從的呼召。上帝會醫治背道的病，永遠地愛我們。

默想與禱告：「 耶和華啊，求你叫我不至羞愧，因為我曾呼籲你。」（詩31：17）

11月 14日

到那時候，凡求告耶和華名的就必得救；因為照耶和華所說的，在錫安山，耶路撒冷必有逃脫的人，在剩下的人中必有耶和華所召的。」（珥 2：32 ）

「凡」字是個大字，範圍寬廣。如同舊時佈道家常常說的：「凡」的意思就是「一切」。有了這樣的應許，為何我們還不求告上帝呢？我們還有高貴的「必」字作為保證。不論任何情況、嗜好、罪或定罪，在上帝裏面都可蒙拯救。群眾可能尋找不到，但是有些人會。「在剩下的人中必有耶和華所召的。」上帝所召的，必會求告祂。

紐約一家銀行的出納、一個十分忠心的基督徒無法平衡他的帳目，少了好幾千元。他從未挪用過銀行的一分錢，但他也找不到帳上有甚麼差錯。第二天銀行的審計員要來檢查他的帳，會說他帳目不清。那天清早，他獨自去到辦公室，在極大心靈的痛苦中懇求上帝賜給他一個小時。突然間，他煩惱的心靈平安了，好像有一隻看不見的手在領導他，他從禱告中站起來，就到保險箱那裏去。他在那裏發現一本帳簿中有一處記號，打開之後發現一些沒有登帳的項目，數目剛好能讓帳目平衡。這項蒙上帝帶領的發現，證明了他的誠實，並顯明了上帝的信實。祂說：「要在患難之日求告我；我必搭救你。」（詩50：15）上帝拯救我們脫離罪與患難，都包括在這個應許中了。

啊，主啊，因為我們的大需要，
一筆龐大的數字，
我們求你憐憫，
來啊，偉大的救主，願你降臨！

默想與禱告：「我在困苦中，你曾使我寬廣；現在求你憐恤我，聽我的禱告！」（詩 4：1）

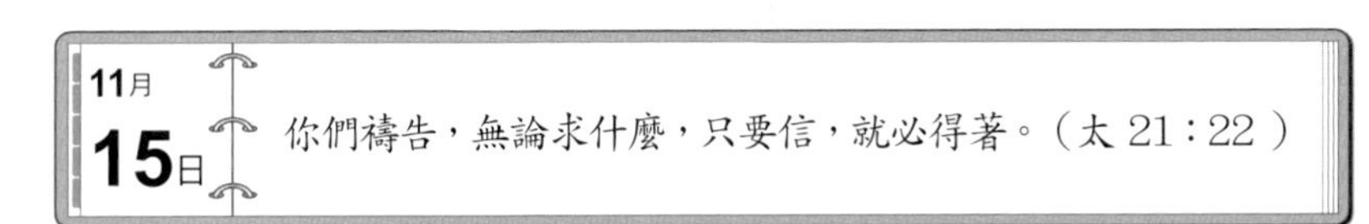

11月 15日 你們禱告，無論求什麼，只要信，就必得著。（太 21：22 ）

真基督徒會活得與主如此接近，以致他們所求的，就是上帝的旨意。「凡求告耶和華的，就是誠心求告他的，耶和華便與他們相近。」（詩145：18）「你們尋求我，若專心尋求我，就必尋見。」（耶29：13）「人非有信，就不能得神的喜悅；因為到神面前來的人必須信有神，且信他賞賜那尋求祂的人。」（來11：6）

當著名的傳道人戴德生（J. Hudson Taylor）乘帆船首次去中國時，那艘船在一個食人族的島嶼近處因無風失去動力，它緩慢地漂向岸邊。岸上的野人正熱切期待一頓大餐。船長到戴德生那裏，請他求上帝幫助。戴德生説：「只要你拉起帆來捕風，我就禱告。」但是船長不要在死寂無風的情況中拉起船帆而成為笑柄，然而船帆若不拉起，戴德生先生就不肯禱告。當船愈漂愈近岸邊時，船長無可奈何就升起帆來。

就在戴德生祈禱之時，有人敲他的艙房門。那是船長。「請停止禱告吧！」他説：「請停止禱告，風太大了，我們無法控制。」因為他們漂流到離岸不到一百碼時，突然強風吹動了船帆。戴德生在祈禱中真正認識上帝。對他而言真是：「信心看見天上的大軍，而懷疑除了仇敵之外甚麼也看不見。」

「是要人常常禱告，不可灰心。」（路18：1）「所以我告訴你們，凡你們禱告祈求的，無論是什麼，只要信是得著的，就必得著。」（可11：24 ）

默想與禱告：「耶和華啊，我曾求告你；我向耶和華懇求。」（詩 30：8 ）

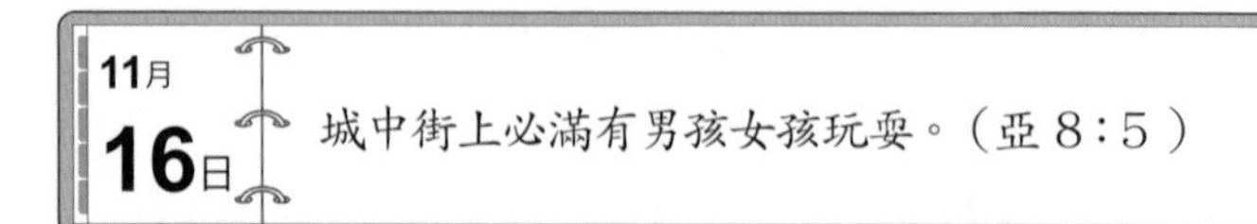

11月

16日

城中街上必滿有男孩女孩玩耍。（亞 8：5）

這是和平與繁榮的跡象——城中街上充滿玩耍的男女孩童。家中最奇妙的事莫過於孩子的誕生。一位年輕的牧師在他第一個孩子出世時充滿了喜樂與驚異，就打電報將喜訊告知他的父母。他那身為牧師的父親的回電是詩127：3－5，「兒女是耶和華所賜的產業；所懷的胎是祂所給的賞賜。少年時所生的兒女好像勇士手中的箭。箭袋充滿的人便為有福。」

「你為甚麼向那位送報的男童鞠躬？」一位朋友問卡飛德總統說。

「因為，」總統回答說：「沒有人知道那男孩大衣裏面裹住的可能成為甚麼。」

不論何時我們看一個孩子的眼睛就是看明日的臉孔，可能正是偉大的臉孔。誰知道他不是一個年輕的諾克斯、約翰、衛斯理、懷特飛、南丁格爾、巴爾頓、或海倫凱勒呢？耶穌說：「讓小孩子到我這裏來，不要禁止他們；因為在神國的正是這樣的人。」（路18：16）在這個基礎上，如同威廉泰勒所說：「沒有外邦的孩子。在他們周圍的影響力誤導他們之前，沒有那種孩子。」

教會的執事們已經要求牧師辭職。「我們愛你，」他們說：「但是，今年一個悔改信主的都沒有呀。」

「不錯，」牧師回答說：「你們忘記了小巴比。當然，他還十分年輕。我也不認為要將他計算在內。」

幾年之後，巴比・莫法德從他非洲偉大的佈道工作回來。英國的國王召見，脫帽向他致敬。 讓我們關心在街道上玩耍的孩子們，好讓我們之後看見他們在那光明城中街道上玩耍。

默想與禱告：「你因敵人的緣故，從嬰孩和吃奶的口中，建立了能力，使仇敵和報仇的閉口無言。」（詩 8：2）

11月
17日

流淚撒種的，必歡呼收割！那帶種流淚出去的，必要歡歡樂樂地帶禾捆回來！（詩 126：5、6）

有些種子需要用眼淚去灌溉，因此，流淚的時候正是撒種的好時期。我們眼淚遮住的眼可能看不到收穫，但收穫會來到。我們若不灰心，就會在歡樂中收穫。

我們若帶著寶貴的種子出去，無疑地，我們就會帶著禾捆回家。我們每個人都是播種者。我們撒出去的種子，有時是善種。有時是惡種。今天你撒的是那一類的種子呢？好種是寶貴的種子，會為上帝的國度結果子，使我們能夠歡喜收割，歡歡樂樂地帶禾捆回來。

許多傳道人為了羊群的益處流著淚出去撒寶貴的種子。一位十分成功的牧師說：「六週的大病在我身上所成就的多過在神學院六個月的成就。」

基督的那位模範傳道人保羅在羅馬寫信給他的兒子提摩太說：「所以我為選民凡事忍耐，叫他們也可以得著那在基督耶穌裏的救恩和永遠的榮耀。」（提後2：10）

流淚出去為主作工，
憑愛心撒寶貴種；
不辭辛勞，不畏艱苦，
上天慈愛滿心胸。

殷勤撒種，毋怠毋慌，
剛強前進莫驚惶！
全心信靠，堅持指望，
歡呼收割入天倉。

——湯瑪斯（Thomas Hastings）中文讚美詩317首

默想與禱告：「我好發稱謝的聲音，也要述說你一切奇妙的作為。」（詩26：7）

11月
18日

我的仇敵啊，不要向我誇耀。我雖跌倒，卻要起來；我雖坐在黑暗裏，耶和華卻作我的光。（彌 7：8）

這項應許的基礎在前一節經文裏：「至於我，我要仰望耶和華，要等候那救我的神；我的神必應允我。」（彌7：7）當我們對上帝懷著信心，信靠地等候祂的應許成就，在禱告中熱切地尋求祂時，我們跌倒卻能爬起來，在黑暗中能尋得亮光。「凡覺悟自己的虛無、完全依靠救主功勞的人，當然是世界上最懦弱的人了；然而他們卻也是世界上最強壯最無敵的人。靠著禱告、靠著查經、靠著相信基督住在我們裏面，最軟弱的人也能夠與永活的救主有連結的生活，主就必永不放手地攙扶他們。凡住在基督裏的人，都可以把……應許作為上帝對他個人的應許。」（《服務真詮》第11章）

詩112：4說：「正直人在黑暗中，有光向他發現。」我們可能陷在某種黑暗地牢的情況之中，但無論如何黑暗，主都是我們的光。

當一個宗教改革者在公開辯論中證明自己是忠於主的工作而不應定罪時，一個朋友看見他在辯論中寫筆記，遂請他將寫下的筆記拿給他看。那個朋友本以為他寫下的是敵人的攻擊，與他的回答，但他驚奇地發現那筆記中寫的是這樣的懇求：「主啊，更多亮光，主啊，更多亮光。」

我主是我光，我心何必慌？
白天與黑夜，主都在身旁。
祂是我救主，拯救我免死亡，
使我不憂傷，又使我心歡暢。

——詹姆斯・尼可森（James Nicholson）中文讚美詩283首

默想與禱告：「我的心哪，你要稱頌耶和華！耶和華我的神啊，你為至大！你以尊榮威嚴為衣服，披上亮光，如披外袍，鋪張穹蒼，如鋪幔子。」（詩 104：1、2）

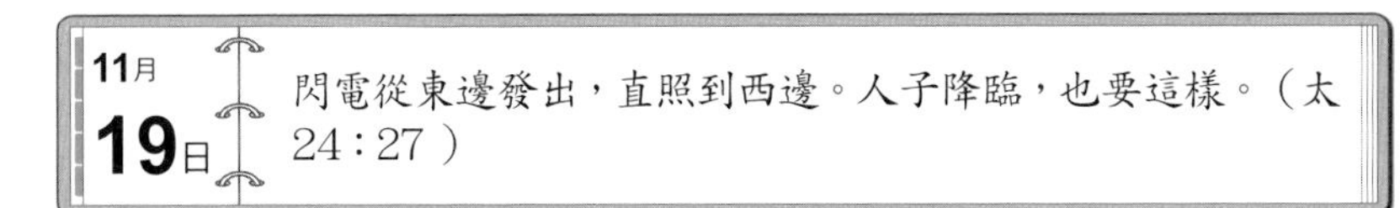

基督再來普世的人都會知道，全世界都會看見。「他們要看見人子，有能力，有大榮耀，駕著天上的雲降臨。」（太24：30）基督不會在某個荒野的地方或在秘密的地方顯現，或暗中出現在秘密的房間裏。祂是帶著全體天軍而來，天空會忽然間充滿榮耀。「那時，人子的兆頭要顯在天上，地上的萬族都要哀哭。他們要看見人子，有能力，有大榮耀，駕著天上的雲降臨。」（太24：30）那時，「有呼叫的聲音和天使長的聲音，又有神的號吹響。（帖前4：16）

十歲時遭遇意外瞎了眼的William M. Dyke，獲得了一所大學的殊榮，並得到一個他從未見過的美麗的新娘。就在結婚之前，他接受了一次眼科手術。結婚的那一天高潮臨到，新娘依偎在她老邁父親海軍大將Cave的臂膀上步入教堂。那邊站著她未來的丈夫與那位偉大的眼科醫生。眼科醫生剪開了最後的繃帶，從窗子來的一道玫瑰色的光線落在他的臉龐上。但是，他好像沒有看見它一樣，帶著喜樂的喊聲他走向前去迎接他的新娘。「終於見到了，終於見到了，」他第一次注視著新娘的臉，喊著説：「何等美妙的相見啊！」但是，蒙贖之人被帶到榮耀的主前，初次面對面看見他們救贖主時的喜樂，比起來更不知是何等美妙啊！

基督榮光無窮輝耀，
基督公義日光普照，
永遠讚美慈悲救主，
讚美在天家。

——何拉提斯（Horatius Bonar）中文讚美詩124首

默想與禱告：「你所揀選、使他親近你、住在你院中的，這人便為有福！

11月 20日 這天國的福音要傳遍天下，對萬民作見證，然後末期才來到。（太24：14）

現代的交通與通訊科技使福音使者與福音信息能夠迅速到達地上最偏遠的邊疆。永遠的福音會傳給各族各國各方各民，對萬民作見證（啟14：6）。那時，如同福音確實傳遍世界一樣，末世也會確實來到。

使徒傳講福音，從古時的耶路撒冷，傳遍了那時所知的文明世界（羅10：18；西1：6、23）。隨之，耶路撒冷被毀，象徵整個世界的崩塌。當福音的見證再度出發，這一次傳遍全世界時，世界的末日就會來到，那榮耀的國度就會建立。主會施行統治，「祂的權柄必從這海管到那海，從大河管到地極。」（亞9：10 ）

收莊稼快樂的日期，
即開始一千禧年，
大君王要登位掌權，
全人類都受審判，
地和海要交出死人，
都要立在寶座前，
大君王按公義報應，
到那日善人彰顯。

——桑提（L D. Santee）中文讚美詩119首

默想與禱告：「傳說你國的榮耀，談論你的大能。」（詩 145：11）

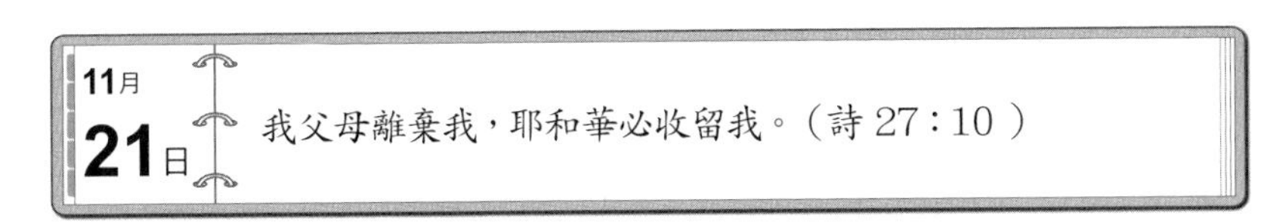

大衛的父母不能保護他，因為他們被迫逃命。我們的父母雖或能夠一時保護我們，但只有主能夠在所有時候保護我們，並永遠保護我們。

耶穌講到兒童說：「他們的使者在天上，常見我天父的面。……. 你們在天上的父也是這樣，不願意這小子裏失喪一個。」（太18：10—14）

許多年前，一批奴隸在奈及利亞被拍賣。一個小男孩剛剛離開拍賣台。他看來這樣悽慘，誰想買他，必遭人訕笑。但是，最後，有人用一袋煙草買了他。他與其他的奴隸來到海岸，被放進一艘開往美國的船艙。這艘船在公海上被英國扣住，奴隸們被帶到獅子山的自由城然後釋放。這個男孩被幾個傳道士帶走了。

許多年後，倫敦聖保羅大教堂裏舉行了一次有趣的聚會。在當地的一些大人物面前，這個小男孩——如今長大了——被獻上成為奈及利亞第一任大主教。這樣，這個孤獨的小奴隸，他的父母不能幫助他，不願幫助他，現在成了有名的Bishop Samuel Crowther，如今他仍然被尊為十字架的英雄。

上帝是慈愛的天父，心中想念祂的孩子。有話論到他們說：「他必用自己的翎毛遮蔽你。你要投靠在他的翅膀底下。」（詩91：4）

默想與禱告：「無倚無靠的人把自己交託你；你向來是幫助孤兒的。」（詩10：14 ）

11月22日 直到你們年老，我仍這樣；直到你們髮白，我仍懷搋。我已造作，也必保抱；我必懷抱，也必拯救。（賽46：4）

與那需要被人抬著走的偶像構成對比的是主耶和華懷抱著祂的子民，並且從出生直到年老。祂將祂自己比如娭母，溫柔地抱著孩子。請注意祂的多重應許：「也必保抱；我必懷抱，也必拯救。」我們老了，但是，祂仍然是自有永有的一位，是永不改變的天地的主。我們雖或會成為他人與自己的擔子，但是他會看顧我們。那位曾經將我們像羔羊一樣抱在懷中的必不會在我們年老時丟棄我們。

「我在七十歲的光明面，」那位屬靈的老年人說：「我說光明面，因為更接近永恆的榮耀。」

那位使徒說：「像我這有年紀的保羅」，（門9）也見證說：「惟有主站在我旁邊，加給我力量。」（提後4：17） 雖然在嗜血的羅馬皇帝面前人人都離棄他，主沒有離開他。

請注意那應許：「我必懷抱」是重複的。當身體軟弱與痛苦臨到我們時，我們需要這重複的應許，讓我們不僅被保守在公義的道路中，在我們年老時也保守在喜樂的道路上。

主啊，保守我喜樂平安，
福音的故事讓我講完，
當我步伐蹣跚緩慢，
讓我愈老愈心滿意歡。

願我每個新的一天，
都看見你新的恩典。
老是更甜，
是達到生命的美的極點。

默想與禱告：「神啊，我到年老髮白的時候，求你不要離棄我！等我將你的能力指示下代，將你的大能指示後世的人。」（詩 71：18）

11月 23日 大山可以挪開，小山可以遷移；但我的慈愛必不離開你；我平安的約也不遷移。這是憐恤你的耶和華說的。（賽 54：10）

上帝的約是上帝的應許。它是和平的約，是慈愛與憐憫的應許。今日大山還在，小山也還在，這是祂的仁慈、平安、憐憫不會離開我們的確據。所有聖經應許的創始者乃是「昨日、今日、一直到永遠是一樣的。」（來13：8）祂說：「看哪，我將你銘刻在我掌上，你的牆垣常在我眼前。」（賽49：16）祂永不忘記我們。

前些時候，一個美國東部城市的印刷商推出了一個感人的商標。它是一個圓圈，裏面有這樣的字樣：「永不讓你失望」。上帝的應許也是這樣。祂永不讓人失望。

誠然，「天必像煙雲消散，地必如衣服漸漸舊了，」但是，「我的公義也不廢掉。」（賽51：6）

一個著名的機構為自己打廣告說它「如同直布羅陀的岩石一樣堅固」但是，即使那樣堅固的堡壘也會崩潰。「所以，地雖改變，山雖搖動到海心，……我們也不害怕。…….萬軍之耶和華與我們同在；雅各的神是我們的避難所！」（詩46：2—7 ）

仰望天空浩大無垠，
蒼蒼諸天錯雜縱橫，
合成整個光明系統，
共宣上主創造奇功。

——約瑟夫（Joseph Addison）中文讚美詩58首

默想與禱告：「因為你的慈愛高及諸天；你的誠實達到穹蒼。」（詩 57：10 ）

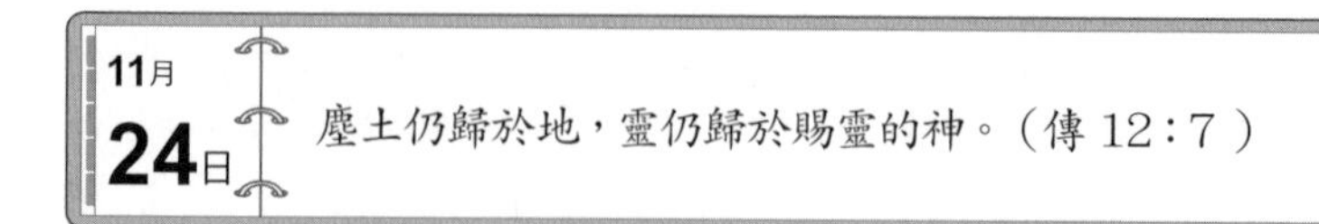

這是創世故事的反轉。那裏說：「耶和華　神用地上的塵土造人，將生氣吹在他鼻孔裏，他就成了有靈的活人。」（創2：7）當我們來到生命旅程的終點，塵土仍歸於地，靈仍歸於賜靈的神。我們的人格、我們的生命、我們永遠的命運都在那裏安全無虞了。

因此，基督徒「要思念上面的事，不要思念地上的事。因為你們已經死了，你們的生命與基督一同藏在神裏面。基督是我們的生命，祂顯現的時候，你們也要與祂一同顯現在榮耀裏。」（西3：2－4）我們真正的身份是天國的國民。「我們卻是天上的國民，並且等候救主，就是主耶穌基督從天上降臨。祂要按著那能叫萬有歸服自己的大能，將我們這卑賤的身體改變形狀，和祂自己榮耀的身體相似。」（腓3：20、21）

一隻雛鷹被捕，與小雞一同養育長大。因此這隻大鳥，對自己的飛行能力毫無知識。牠與雞群在一起，牠總是向下看尋找食物。主人決定教導那隻鷹飛行。但是，一放開牠，牠就掉落地面。後來，他將牠往頭上面拋，但是牠掉落的情形更嚴重。經過許多次嘗試之後，那隻鷹被放在籬笆上停留。牠舉起頭，看了太陽一眼，突然伸出一隻翅膀，再伸出另一隻翅膀，叫了一聲，從籬笆上跳了起來，一會兒，牠開始高飛，愈飛愈高，一下子，在刺眼的陽光中消失不見了。

誠然，現在我們是祂地上的兒女，但是依靠我們的救主基督，天國才是我們永恆的家。

默想與禱告：「我在床上記念你，在夜更的時候思想你；我的心就像飽足了骨髓肥油，我也要以歡樂的嘴唇讚美你。」（詩 63：5）

11月
25日

我實實在在的告訴你們，人若遵守我的道，就永遠不見死。（約 8：51 ）

對每一位信徒來說，基督就是復活與生命（約11：25）。「我來了，」耶穌說：「是要叫羊得生命，並且得的更豐盛。」（約10：10）「吃我肉、喝我血的人就有永生，在末日我要叫他復活。」（約6：54）「對於相信的人，死是小事。基督論到死，就像在說無足輕重的事似的。他說：『人若遵守我的道，就永遠不見死……就永遠不嘗死味。』（約8：51、52） 對於基督徒，死不過是睡眠、是片時的靜默和黑暗而已。他的生命與基督一同藏在上帝裏。」（《歷代願望》第81章）耶穌說：「我們的朋友拉撒路睡了，我去叫醒他。」（約11：11）

「我們原知道，」使徒保羅說：「我們這地上的帳棚若拆毀了，必得神所造，不是人手所造，在天上永存的房屋。」（林後5：1）我們「並非願意脫下這個，乃是願意穿上那個，好叫這必死的被生命吞滅了……並且曉得我們住在身內，便與主相離。因我們行事為人是憑著信心，不是憑著眼見。……是更願意離開身體與主同住。所以，無論是住在身內，離開身外，我們立了志向，要得主的喜悅。」（林後5：4－9 ）

當死亡將悲傷帶到英國名哲學家Thomas Carlyle的家中時，一位朋友打開聖經，朗讀耶穌的話：「你們心裏不要憂愁……在我父的家裏有許多住處。」（約14：1、2）

「啊，」Carlyle喊著說：「你若是上帝，你有權如此說。然而你只是人，你知道的有甚麼比我們知道的更多呢？」那正是真理。但是，祂真是神。祂的確知道。

默想與禱告：「耶和華啊，人算什麼，你竟認識他！世人算什麼，你竟顧念他！」（詩 144：3）

11月 26日 我留下平安給你們；我將我的平安賜給你們。我所賜的，不像世人所賜的。你們心裏不要憂愁，也不要膽怯。（約 14：27）

「在基督被釘之前不久，祂曾將平安遺留給祂的門徒， 說：『我留下平安給你們，我將我的平安賜給你們；我所賜的，不像世人所賜的；你們心裏不要憂愁，也不要膽怯。』（約14：27）這種平安不是那因迎合世俗而來的平安。基督從未因獲致和平而與罪惡妥協。基督所留給門徒的平安是內在的，不是外表的，而且要始終與祂那歷經戰鬥及爭執的見證人同在。」（《使徒行傳》第8章）

祂是和平之君，但是祂的降臨給世界帶來許多爭論。那些反對祂教訓的人會給祂的門徒帶來爭戰與苦難。祂也警告祂的門徒說：「在世上，你們有苦難。」（約16：33）「人要下手拿住你們，逼迫你們，……你們也有被他們害死的。」（路21：12—16）但是，關於每一個遭受暴風雨襲擊、忍受試煉的祂的僕人 ，祂說：「我也要愛他，並且要向他顯現。」（約14：21）沒有任何事或任何人能將這項平安奪去。「你們心裏不要憂愁；你們信神，也當信我。」（約14：1）對基督的信心會帶來平安。其實，「祂就是我們的平安。」（弗2：14，依原文譯）

一名砌磚工人從一個很高的地方摔了下來。受了致命的傷，躺在地上。附近一位牧師來到他身邊，對他講的第一句話是：「親愛的朋友，我害怕你會死，我鼓勵你立刻與上帝和好。」

「與上帝和好！」受傷者說：「為甚麼，我的救主在1900年前死在十字架上時就已經成就和好了啊！基督是我的平安（和好）。自從我認識祂之後，祂就是我的平安。」

祂也是我們的平安，今天，明天，永遠都是。

默想與禱告：「神啊，我心堅定，我心堅定；我要唱詩，我要歌頌！」（詩 57：7）

11月 27日	凡為攻擊你造成的器械必不利用；凡在審判時興起用舌攻擊你的，你必定他為有罪。這是耶和華僕人的產業，是他們從我所得的義。這是耶和華說的。（賽 54：17 ）

罪惡的兵工廠正十分忙碌製造攻擊聖徒的武器。但是，在這些火力猛烈的武器上都刻著這樣的話：「必不利用」。

在古代蘇格蘭長老會的一些人，被逼迫他們的人所追逐。他們疲憊已極，來到一座將他們與敵人隔開的山時，領袖說：「讓我們在這裏禱告吧，因為，主若不聽我們的禱告拯救我們，我們都要死。」然後，他禱告說：「求你讓他們在山上打轉，啊，主啊，將你的衣襟遮蔽可憐的老流浪人與這些可憐的傢伙。」他還沒有講完，濃霧升起，籠罩全山，正如他所祈求的，主用衣襟將那一小隊敬虔的人包裹起來。敵人找不到他們，隨之收到命令召他們往相反的方向去了。末時，那為攻擊上帝兒女所造的武器必不利用。祂必破壞或使刀刃變鈍。

如今我們聽見另一種武器——謠言，譭謗、譏笑、影射等。這些東西可能一時定我們的罪，但我們最終並永遠會定他們的罪。上帝的應許是：「你必把他們藏在你面前的隱密處，免得遇見人的計謀；你必暗暗的保守他們在亭子裏，免受口舌的爭鬧。」（詩31：20 ）這就是上帝僕人的產業。為甚麼？因為他們的義是出於上帝。這義是因信成為我們的（羅3：22）。它是一種恩賜（羅5：17）「教會要穿上基督公義的軍裝，投入她最後的爭鬥之中。」（《先知與君王》第60章）

默想與禱告：「我要以感謝為祭獻給你，又要求告耶和華的名。」（詩116：17 ）

11月
28日 住在至高者隱密處的，必住在全能者的蔭下。（詩 91：1 ）

美國內戰過後不久，橫越大西洋的兩個美國人聽見船的甲板上有人在月光下用宏亮的男高音引頸高歌：「耶穌愛我靈的主！」歌聲停止時，其中一人問歌者是否參加過南北戰爭，歌者說他曾是聯邦政府的士兵，然後，又問他是否曾在一個這樣的夜晚去過某個地方。

「是的，」他說：「那個晚上發生了一件古怪的事。那時，我在森林邊緣當值哨兵。那個晚上很冷。我很孤獨，又十分害怕，因為敵人已經接近。我又想家，感到悽慘。約在半夜，萬籟俱寂，我更加覺得沮喪與恐懼，因此，我開始輕聲唱這首讚美詩：「耶穌愛我靈的主！」當我唱到「因我凡事依靠你，仗主全能免災害，在世孤單多愁苦，求主展翅常庇護」時，一種奇怪的平安臨到我。我不再懼怕了。」

「現在，」那個人說：「請聽我的故事。我那時是南方聯軍的一名士兵，是偵察敢死隊的一員。那個晚上，我就在那個森林裏。我們見到你的身影。我的同伴舉槍瞄準你。突然間，我們聽見你唱：「求主展翅常庇護」。我就說：「同志，放下槍來吧！現在不能開槍了。」

我們不僅是逃到上帝的隱密處，而是要住在那裏。「因為我遭遇患難，祂必暗暗的保守我；在祂亭子裏，把我藏在祂帳幕的隱密處。」（詩27：5）根據這個應許，我們可以禱告說：「求你保護我，如同保護眼中的瞳人；將我隱藏在你翅膀的蔭下。」（詩17：8）

默想與禱告：「 因為你曾幫助我，我就在你翅膀的蔭下歡呼。」（詩 63:7）

11月
29日

耶和華也必時常引導你，在乾旱之地使你心滿意足，骨頭強壯。你必像澆灌的園子，又像水流不絕的泉源。（賽 58：11 ）

我們在這節經文裏找到何等美妙的東西與屬靈生命的應許啊！引導，滿足，健康——整個生命如同澆灌的園子，即使在夏日的炎熱之中也會開花並按時候結果子。

「節期的末日，就是最大之日，耶穌站著高聲說：人若渴了，可以到我這裏來喝。信我的人就如經上所說：『從他腹中要流出活水的江河來。』」（約7：37、38） 信徒如同每一口沙漠路徑上永不枯竭、賜生命的自流井。

肯德基大洞窟深處有一塊銅牌，上面寫著：「從最低的深處，有路到達最高的高處。」旁邊站著一個嚮導，準備好隨時將出路指示人。在基督裏，我們有一個嚮導，指示我們人生困境的出路。

耶穌領我我深喜歡，
蒙主引導心中平安；
無論日夜動靜起坐，
有主耶穌時常領我。

願握主手同行一生，
末日必領我進天城；
遇苦見福都能安度，
因主耶穌聖手領我。

——奇爾摩爾（J. H. Gilmore）中文讚美詩382首

默想與禱告：「我心裏發昏的時候，我要從地極求告你。求你領我到那比我更高的磐石！」（詩 61：2 ）

11月
30日

我是從天上降下來生命的糧；人若吃這糧，就必永遠活著。我所要賜的糧就是我的肉，為世人之生命所賜的。（約 6：51）

此處的應許是雙重的。若有人吃這糧，就會永遠活著；並且基督要為世人生命將這糧賜給世人，耶穌自己就是活糧，就是「生命的糧」。（約6：48）

我們如何吃這生命之糧呢？我們的救主指出生命的糧就是祂的肉，是甚麼意思呢？祂說：「你們若不吃人子的肉，不喝人子的血，就沒有生命在你們裏面。　吃我肉、喝我血的人就有永生，在末日我要叫他復活。我的肉真是可吃的，我的血真是可喝的。」（約6：53－55）

祂的一些門徒聽見這話時，說：「這話甚難，誰能聽呢？」（約6：60）並且，「從此，祂門徒中多有退去的，不再和祂同行。」（約6：66）但是基督在63節解釋了這些話的意思：「叫人活著的乃是靈，肉體是無益的。我對你們所說的話就是靈，就是生命。（約6：63）使徒彼得瞭解我們救主的意思，因為我們發現他對主說：「主啊，你有永生之道，我們還歸從誰呢？」（約6：68）

阿拉伯人對小麥與小麥製品都懷有極大的尊敬。當一口麵包掉在地上時，他們會撿起來放在右手裏。用額頭碰它，將之放在一個凹陷處，或放在牆上鳥兒可以找到的地方。因為他們說：「我們不可以用腳踐踏上帝的恩賜。」

當一個人一度嘗了生命之糧就不再要吃埃及的糠秕了。「怎麼還要歸回那懦弱無用的小學？」（加4：9 ）我們是否已經吃過恩典國度的糧食與果子呢？當我們對它們不再飢渴以求時就可悲了。願我們都祈禱說：「主啊，常將這糧賜給我們！」（約6：34 ）

默想與禱告：「除你以外，在天上我有誰呢？除你以外，在地上我也沒有所愛慕的。」（詩 73：25）

這是一個應許中的應許，並應該以上一節經文的亮光去瞭解它：「論到你們，務要將那從起初所聽見的常存在心裏。若將從起初所聽見的存在心裏，你們就必住在子裏面、也必住在父裏面。」

從福音的起頭，所應許的救恩就是藉著基督的血洗除我們一切的罪（約壹1：7－9）。祂的話在我們裏面時，我們就住在基督裏面。基督也藉著我們的信住在我們裏面（弗：17）。這一切的結果是：「有成聖的果子、那結局就是永生。」（羅6：22）因為「惟有上帝的恩賜、在我們的主基督耶穌裏、乃是永生。」（羅6：23） 我們又在約壹5：11中讀到：「上帝賜給我們永生、這永生也是在祂兒子裏面。」「因為父怎樣在自己有生命、就賜給祂兒子也照樣在自己有生命。」（約5：26）祂說：「因為我活著、你們也要活著。」（約14：19）這項如今我們藉著信心而有的永生，包括了基督復臨時要賜給我們不死的生命。「認識你獨一的真神，並且認識你所差來的耶穌基督、這就是永生。」（約17：3）

朋友啊，請記住：「你們的生命與基督一同藏在上帝裏面。」但是「祂顯現的時候、你們也要與祂一同顯現在榮耀裏。」（西3：3、4）藉著信，永生現在就是我們的　因此, 讓我們歡喜快樂吧！

「一點信心會帶你的靈魂進入天國，」慕迪說：「但是，大的信心，會將天國帶到你的心裏。」

默想與禱告：「我的上帝阿、我要鼓瑟稱讚你，稱讚你的誠實。以色列的聖者阿，我要彈琴歌頌你。」（詩71：22）

12月 2日

我的上帝必照祂榮耀的豐富，在基督耶穌裏，使你們一切所需用的都充足。」（腓4：19）

請想一想哈姆斯牧師與他的那個窮苦農村的小教會竟然支持了357個國外佈道士達三十年之久。當問到他們如何做到的時候，他的回答是，他們依靠上帝的支票：「我的上帝必照祂榮耀的豐富、在基督耶穌裏、使你們一切所需用的都充足。」

Frank Lloyd Wright承擔任了「不可能」的任務，就是在地震頻繁的日本東京，建造巨大的帝國大旅館。他在地面之下八呎處，發現了60呎深的稀泥層。經過了四年在譏笑諷刺中的工作之後，他終於在這個奇怪的基礎上建造起旅館龐大的結構體，完全平衡、安妥。不久，發生了52年中破壞力最大的地震，附近許多房屋與建築倒塌了。但是在廢墟之中，帝國大旅館卻屹立著。它能夠在地震中自我調整。

當我們將自己放在上帝手中時，我們在一切危機與風暴中就都會安全，上帝是處理危機的專家。使徒保羅完全相信上帝會供應腓立比人的一切需要，我們也可以相信上帝會供應我們的需要，早期教會的上帝就是今天我們的上帝。祂豐盛的恩典巨大無比，我們對祂榮耀的豐盛，要如何說呢？

「我與別人一樣相信信心，」有人說：「但是你必須在銀行有存款。」我們同意，若它是上帝的銀行，藉著耶穌基督就能供應上帝百姓的需要。

默想與禱告：「願你常施慈愛給認識你的人，常以公義待心裏正直的人。」（詩36：10）

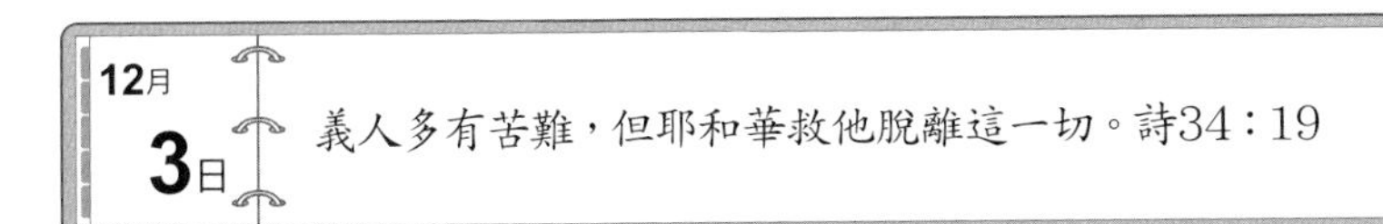

上帝並未應許祂的子民不會遭遇困難。祂並沒有說他們不會受苦。在某些情形下，這項拯救在今生可能不會實現。上帝並沒有保守配得永生的人不遭遇試煉之火，而是在火窯之中有「第四位」與他們同在。祂未保守但以理不進入獅子坑，而是有祂的使者在獅子坑裏拯救他。祂未曾保守保羅不遭遇暴風雨，而是有祂的使者在暴風雨中與保羅同在。論到那遭兩條鍊子綑綁的彼得，經上記著說：「忽然有主的一個使者、站在旁邊、屋裏有光照耀。」（徒12：7）

誠然，「義人多有苦難」，但是，「義人呼求，耶和華聽見了，便救他們脫離一切患難。」（詩34：17）聖經宣告說：「人生在世必遇患難、如同火星飛騰。」（伯5：7）但還不止於此，如同十九世紀到緬甸佈道的美國傳道士Adoniram Judson 的兒子所說：「受苦與成功攜手並行。你若沒有受苦而成功，乃是因為在你前面的人已經受了苦。你若受了苦但沒有成功，乃是因為你後面的人可以得到成功。」

就在那個暴風雨的夜晚，小船上每個門徒都認為已經絕望之時，耶穌出現在水面上行走，說：「是我、不要怕。」（太14：27）

當我周圍波濤洶湧，
我心不驚慌，
我聽見那熟悉的聲音說：
「是我，不要怕！」
——伊利歐特（C. Elliott）

默想與禱告：「耶和華阿、求你開恩搭救我。耶和華阿、求你速速幫助我。」（詩40：13）

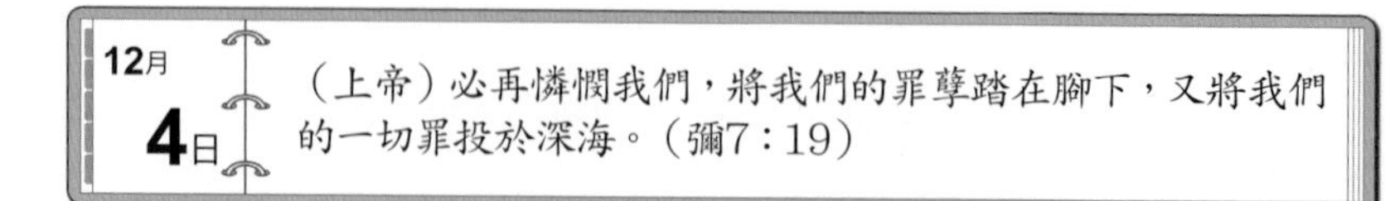

我們應該先讀前一節經文：「上帝阿，有何神像你，赦免罪孽，饒恕你產業之餘民的罪過。不永遠懷怒，喜愛施恩。」（彌7：18）再讀今天的應許經文。

請注意這兩節經文，乃是默想與禱告的結合。先是先知向上帝禱告，然後似乎在自己心中默想上帝的憐憫，慈愛與赦免。之後，他又禱告說：「將我們的一切罪投於深海。」我們最好記住這兩節經文——奇妙的禱告與奇妙的默想。

一位熱誠的基督徒在候診室中消磨時間時，拿起了一本科學書開始讀，突然間他喊著說：「讚美主！」

就在他身旁的醫生說：「你發現了甚麼，要讚美上帝呢？」

「這裏說，有一隊科學探險隊在太平洋中發現了一個深達35,000呎的地方。我為何不讚美主呢？有35,000呎的水，覆蓋著我的罪！因為祂要『將我們的一切罪投於深海。』」

但是，這只不過是形容罪會離開悔改的靈魂的美麗的描述而已。遮蓋我們罪的是救主的寶血啊！因為它比35,000呎深的水有效得多。祂「照聖經所說，為我們的罪死了。」（林前15：3）

默想與禱告：「求你不要記念我幼年的罪愆，和我的過犯。耶和華阿，求你因你的恩惠，按你的慈愛，記念我。」（詩25：7）

12月
5日
萬軍之耶和華說：「刀劍哪，應當興起，攻擊我的牧人，和我的同伴。擊打牧人，羊就分散。」（亞13：7）

我們的救主說，這個預言指祂自己（太26：31、32）。依照上帝的旨意，耶穌為我們的罪忍受擊打。那位到世上來賜福給人的，忍受了死亡的刀劍。罪在上帝的眼中如此可怕，上帝就「不愛惜自己的兒子為我們眾人捨了。」（羅8：32）

地上的惡人常常不自覺地成了上帝旨意的刀劍。（詩17：13）耶穌被惡人殺死，在惡人不自覺的情形下應驗了撒迦利亞的預言。刀劍興起，是要攻擊「我的同伴」，我的同伙，我的最近的親屬。約10：30中有耶穌的話說：「我與父原為一。」我們今天的應許經文說，那位要在十字架上受死的人也是神。上帝曾親自稱耶穌為上帝（來1：8）。

我們的救主被釘十字架時，祂的門徒分散了。之後，猶太人在耶路撒冷城被毀時也四散了。應許來到：「我必反手加在微小者的身上。」（賽1：25）那就是，上帝會為他們進來干預，直到末時，謙卑的基督徒得到了支持、安慰與拯救。在基督被釘十字架之後，祂的門徒因祂的復活得到安慰。在耶路撒冷被毀時，他們蒙拯救。正如有人說：「耶和華的手憤怒地加在那位牧人身上，好使祂的手轉向微小者施恩。」

默想與禱告：「我心緊緊的跟隨你，你的右手扶持我。」（詩63：8）

12月
6日

以後，我要將我的靈澆灌凡有血氣的。你們的兒女要說豫言，你們的老年人要作異夢，少年人要見異象。（珥2：28）

在今天的應許經文之後，我們繼續讀下去，就有天上地下的大神蹟奇事，與耶和華可怕的大日、以及凡求告主名的必然得救的應許。

聖靈沛降的應許，在五旬節沒有完全應驗，還要在福音傳播時代繼續，並在基督復臨前達到最後的高潮。它的應驗，不僅在耶穌應許給教會的預言恩賜與其他的恩賜上，也應驗在上帝子民接受聖靈的洗，領受能力，從事最後準備工作，迎接主的復臨。

Fisher博士曾寫信給他的朋友——在政府服務的Lord Dldon，提出一個特別請求：得到回答說：「親愛的Fisher：今天我不能給你所要求的。但仍然是你忠實的朋友。（請翻面）」反面寫著：「昨天我已經給你了。」

上帝答允祂的兒女受聖靈的洗，也是如此。

「從五旬節那天起直到現今，保惠師一直降賜給凡已完全獻身歸主並為祂服務的人。」「但是在地上莊稼臨近收割時，也有應許要賜下特別靈恩，以便預備教會迎接人子的降臨。……基督徒要為這增加的能力祈求莊稼的主。」（《使徒行述》第5章）讓我們天天為了領受這項能力祈求吧！

默想與禱告：「我呼求的日子，你就應允我，鼓勵我，使我心裏有能力。」（詩138：3）

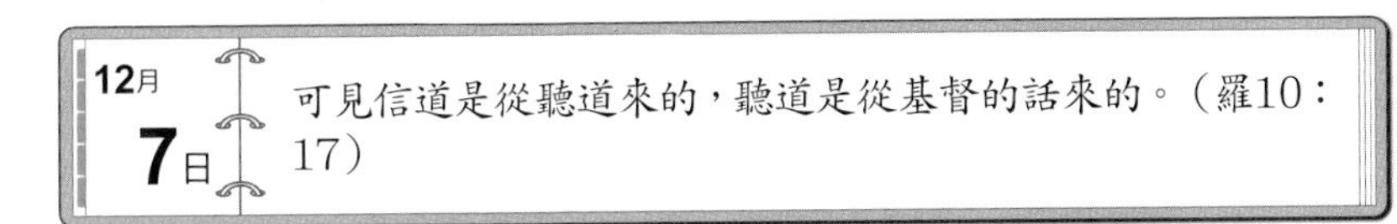

增加信心的辦法，是以上帝的話為能源。領受到心中的聖經實際上會成為信心。馬丁路德在他的一次屬靈爭戰中，似乎聽見魔鬼問他說，他是否覺得他的罪已經蒙赦免。「沒有！」那位偉大的宗教改革者說：「但是我知道，那些罪它們已經蒙赦免了。因為上帝在祂的話中如此說了。」

使徒保羅並沒有說：「相信主耶穌基督，你必感到得救。」而是「當信主耶穌，你和你一家都必得救。」（徒16：31）那位腓立比的獄卒聽到了上帝的話，相信了，那位埃提阿伯的太監也是這樣相信了。那位受苦兒的父親聽見並喊著說：「我信．但我信不足、求主幫助。」（可9：24）五旬節那一天，有三千人聽道，相信了。從那一天起，千千萬萬的人聽見，相信了。真的，「信道是從聽道來的」。

從前鐵衫隊隊長是個懷疑論者。有一天在賓州的這位隊長家裏，軍中牧師向他挑戰，叫他讀聖經，將他不相信的都標上紅線，並從約翰福音開始。這位隊長眼睛閃出光芒接受了這項挑戰。何時牧師問他有沒有標出甚麼的時候，他只是笑。幾天之後，牧師走進他的房間，發現他已經死了。床上有打開的聖經，牧師開始尋找標示的紅線。他甚麼也沒有找到，直到他來到約翰福音三章十六節。他在這節經文旁邊，發現這些紅字：「我已經將錨拋在一個安全的港灣。感謝主！」

我們若誠實地聽上帝的道，就必產生信心。它必長大，它也必引領我們進入安全的港灣。

默想與禱告：「我喜愛你的話，好像人得了許多擄物。」（詩119：162）

12月 8日

你若口裏認耶穌為主，心裏信上帝叫祂從死裏復活，就必得救。（羅10：9）

我是否用我口中的話將我心中的信仰表白出來呢？在宗教改革的起頭，巴塞爾的馬丁害怕公開承認基督，因此他在一片羊皮上寫著說：「啊，最慈悲的基督，我知道我只能靠著你寶血的功勞得救。聖潔的耶穌啊，我承認你為我受苦。我愛你！我愛你！」然後，他移開一塊他房間的石頭，將它藏在那裏。一百多年之後才被人發現。

約在同時，馬丁路德發現了基督裏的真理。他說：「我的主已經在人面前認我，我不會在君王面前退縮不認祂。」於是，興起了大能的改革運動。全世界都認識馬丁路德，但是誰聽過巴塞爾的馬丁呢？耶穌說：「凡在人面前認我的，我在我天上的父面前也必認他。」（太10：32）

當人要Victorinus加入教會時，他說：「甚麼？牆壁能叫人成為基督徒嗎？」

「不！」回答是：「但是，凡把我和我的道當作可恥的，人子在自己的榮耀裏，在天父與聖天使的榮耀裏降臨的時候，也要把那人當作可恥的。」（路9：26）

使徒保羅堅持口中承認主。請注意他論到這事後果的話十分清楚：「就必得救」。但是，若要經驗天國的八福，我們就必須脫離罪惡感、脫離罪的權勢、脫離罪的懲罰，最後，完全脫離罪，遠離罪惡。

我們的救主曾親自「在向本丟彼拉多作過那美好見證。」（提前6：13）這樣，我們的榮幸是，在每一適當的場合為祂作見證。

默想與禱告：「我也要在君王面前，論說你的法度，並不至於羞愧。」（詩119：46）

12月 9日

你不要害怕，因為我與你同在。不要驚惶，因為我是你的上帝。我必堅固你，我必幫助你、我必用我公義的右手扶持你。（賽41：10）

上帝吩咐我們不要懼怕，並提醒我們，祂與我們同在，我們不必驚惶，因為祂是我們的上帝。這真的應該就夠了。但是，接下去還有那美麗的三重應許：「我必堅固你，我必幫助你、我必用我公義的右手扶持你。」（賽41：10）

我們的力量可能算不得甚麼，但是上帝的力量是無所不能的。「你們當倚靠耶和華直到永遠。因為耶和華是永久的磐石。」（賽26：4）並且應許是：「我必幫助你！」祂在我們裏面的力量，乃是由祂賜給我們外在的幫助而來的。因為祂是我們隨時的幫助（詩46：1）。我們可以說：「主是幫助我的、我必不懼怕．人能把我怎麼樣呢。」（來13：6）為了我們的日常需要「我的幫助從造天地的耶和華而來。」（詩121：2）而且，除此之外，我們還有上帝的臂膀可以依靠——是的，祂的右手。

一位牧師講到他的小女兒來到他的書房，發現門關著。她的小手不夠強壯，無法轉動門把開門。但是，突然間，門從裏面打開了，她跑進去，喊著說：「啊，爸爸，我自己把門打開了。」當然，開門的是她爸爸。這樣，我們盡力而為之時，上帝就幫助我們。在祂的力量中，我們就剛強。

上帝如慈父，永恆不變。
祂造我贖我，瞭解我心願；
迷途承保守，祈求蒙恩眷。
聽取父慈命，聖名常依戀。

——貝爾登（F. E. Belden）中文讚美詩44首

默想與禱告：「耶和華我的磐石，是應當稱頌的。……祂是我慈愛的主，我的山寨，我的高臺，我的救主，我的盾牌，是我所投靠的。」（詩144:1、2）

12月10日

從此以後，有公義的冠冕為我存留，就是按著公義審判的主到了那日要賜給我的。不但賜給我，也賜給凡愛慕祂顯現的人。（提後4：8）

有一次，當老泰勒牧師正在依據經文：「那美好的仗我已經打過了，當跑的路我已經跑盡了，所信的道我已經守住了。從此以後，有公義的冠冕為我存留，」講道時，他忽然間停了下來，仰頭望天，大聲喊著說：「保羅啊，那裏還有冠冕嗎？」然後，他轉身向會眾說：「有啊，朋友們，那裏還有許多冠冕。它們還沒有都被人拿走。上帝是應當稱頌的。有一頂冠冕是賜給我的，你們愛慕主耶穌顯現的人，每個人都有一頂啊！」

這位帶著鎖鍊的使徒曾經站在不義的審判官前，被冤枉定罪。但是，他知道有一天，那位公義的審判官，就是主耶穌基督，會賜給他真實的賞賜——一頂公義的冠冕，不僅賜給他，也賜給凡愛慕祂顯現的人。

可能是這位使徒在其中寫這封最後書信的馬摩監獄，雖然裏頭陰暗、潮濕、寒冷、可怕，但是，這項美妙應許的亮光已經照亮了處在人生幽谷中千千萬萬人的心，並還要照亮世界，直到時間的末了。

我主是我光，一切全獻上。
在祂聖鑒中，黑暗無所藏。
祂是我救主，又是我大君王。
我同眾聖徒，眾天使齊歡唱。

——詹姆斯・尼可森（James Nicholson）中文讚美詩283首

默想與禱告：「你因我純正就扶持我，使我永遠站在你的面前。」（詩41：12）

12月 11日

你們要向天舉目，觀看下地。因為天必像煙雲消散，地必如衣服漸漸舊了。其上的居民，也要如此死亡。惟有我的救恩永遠長存，我的公義也不廢掉。（賽51：6）

法國大革命之時，萬登的革命者Jeanbon St. Andre對萬登的農人說：「我要將你們所有的教堂拆毀，這樣就不會有甚麼東西讓你們想起你們古老的迷信了。」

「但是，」農人說：「你還會留給我們天上的星星啊！」

即使是天上的星座，我們看來如此固定，也在時間的過程中也會改變。大氣層的天「必大有響聲廢去。」（彼後3：10）地會變舊，但是，上帝的救恩卻永遠長存。祂的公義永不廢去。祂「昨日今日一直到永遠是一樣的。」（來13：8）我們也可以信靠祂的話。因為我們在詩119：89讀到：「耶和華啊，你的話安定在天，直到永遠。」宇宙本身雖會改變與廢去，但是上帝不會改變。「因我耶和華是不改變的，所以你們雅各之子沒有滅亡。」（瑪3：6）

星星照著海洋，
星星照著牧場，
星星仰望大能的上帝，
星星俯視我的身體。

星星發光一百萬年，
一百萬年又一天。
但是眾星消逝之後，
上帝與我仍相愛到永遠。

默想與禱告：「天地都要滅沒，你卻要長存。天地都要如外衣漸漸舊了，你要將天地如裏衣更換，天地就改變了。」（詩102：26）

12月
12日

在頭一次復活有分的，有福了，聖潔了。第二次的死在他們身上沒有權柄。他們必作上帝和基督的祭司，並要與基督一同作王一千年。（啟20：6）

自有時間以來一切已經死了的人，最後都必復活。「在亞當裏眾人都死了。照樣，在基督裏眾人也都要復活。但各人是按著自己的次序復活。初熟的果子是基督。以後在祂來的時候，是那些屬基督的。」（林前15：22、23）「這是頭一次的復活」（啟20：5）是聖潔有福之人的復活。一千年之後，其餘的死人復活受審判，並受第二次的死。在兩次復活之間相距一千年。這一千年當中，那聖潔有福之人乃是上帝與基督的祭司，並與基督一同作王。在這一千年期間，我們在那裏呢？——在天上與基督同在呢？或是在那時要成為空虛荒涼的地上呢？

起初，在大自然表面還未被罪破壞之前，上帝曾講到這個世界說它甚好，這個地球那時若真是如此，天國會像甚麼樣子呢？一個小女孩仰望天空的星星，驚嘆說：「若天空錯的一面看來像這樣，那對的一面會是甚麼樣子呢？」我們也會這樣想吧！

旅客常會研究他們要去之國家的語言。讓我們先研究天國的語言，信心的語言，愛的語言吧！

當我們還在這地上之時，讓我們研究天家的語言吧。
免得我們可憐的心靈因為缺乏合用的字，
在天上高貴的伴侶面前變成啞子。

默想與禱告：「他們記念你的大恩就要傳出來，並要歌唱你的公義。」（詩145：7）

12月
13日
我耶和華憑公義召你，必攙扶你的手，保守你，使你作眾民的中保，作外邦人的光。（賽42：6）

上面這一段經文如同內華達高山聳立著被雪覆蓋的四座應許山峰，用四個詞反應出上帝的應許——呼召、攙扶、保守、賜約（依原文字意）。祂呼召祂的兒女、祂扶持他們、祂保守他們、祂將祂的約賜給他們。

當馬丁路德的上司Staupitz命令馬丁路德上講台講道時，這位謙卑的教授舉出了十五個理由推辭不前。但Staupitz堅持。

「啊，高貴的博士啊，」馬丁路德說：「那是要我的命啊。」

「那又怎麼樣呢？」上司回答說：「奉上帝的名，但願如此。」

於是馬丁路德走上那座木造、四面有支撐使其不倒塌的教堂講壇上，就在那裏，用講道開始了宗教改革運動，之後大大的影響各方，證實了這項呼召出自上帝。

上帝呼召祂所有的兒女從事祂的聖工，他們都要作上帝的工人。「你們往普天下去、傳福音給萬民聽，」（可16：15）是對所有的基督徒說的。祂攙扶他所召之人的手，引領他們經過幽暗，進入正確的工作田地。在他們無法保守自己之時，祂保守他們「在他們的左右作了牆垣。」（出14：22）然後為了賜福他們，就賜給他們祂的約，就是祂的應許，作外邦人的光。

你是基督的擎光者嗎？祂喜樂的分賜者嗎？
這黑暗世界因你喜樂的亮光更美嗎？
你的燈塔發光嗎？
能引導黑夜中的人進入光明之地嗎？

默想與禱告：「耶和華阿，因此我要在外邦中稱謝你，歌頌你的名。」（詩18：49）

12月 14日

我們卻是天上的國民。並且等候救主，就是主耶穌基督，從天上降臨。祂要按著那能叫萬有歸服自己的大能，將我們這卑賤的身體改變形狀，和祂自己榮耀的身體相似。（腓3：20、21）

疾病、體能衰弱等老年的重擔臨到我們，我們就知道，這個身體誠然如聖經所說，是個「卑賤的身體」。在肉體裏，情慾的試探讓我們受苦。我們就知道「卑賤」二字的形容並不過分。我們的身體使我們謙卑，它們讓我們與塵土連接在一起。但是，我們的救主已經應許要完全改變它們。

使徒保羅說，我們的言行，我們的身份，屬乎天國。這樣我們就可以盼望我們的救主顯現。改變的日子來到——不再有頭痛、手腫、心臟失去功能。那一天就要來到——青春永駐的日子，那時我們的身體都要改變。「和祂自己榮耀的身體相似。」何等美好的應許啊！何等有福的盼望啊！

一位英國老兵講述他的一個同胞在克里米亞戰爭中如何失去他的雙腿。那一天來到，士兵們要到女王面前受勳。「有人將勳章別在我身上，」那位士兵說。但是，當女王看見一個無腿的男子在擔架上抬到她面前時，她親手拿起勳章，別在他身上，喊著說：「我勇敢的戰士啊！我勇敢的戰士啊！」當她俯身下來時，她的眼淚滴落在他臉上。「之後，我的朋友不再提說他的勳章。」但是，他永遠會說：「孩子啊，我注視了女王的臉，而這就已經是我的　獎賞了。」上帝的兒女注視他們救主的臉孔時。情形也是這樣。那時，「我們必要像祂．因為必得見祂的真體。」（約壹3：2）

默想與禱告：「耶和華阿，你一切所造的，都要稱謝你。你的聖民也要稱頌你。」（詩145：10）

12月
15日

因為我們眾人，必要在基督臺前顯露出來，叫各人按著本身所行的，或善或惡受報。（林後5：10）

所有的人都要顯在審判台前。但是，對基督徒說來，一個多麼榮耀的思想！——我們的救贖主是我們的審判官！「父……將審判的事全交與子。」（約5：22）那位為我們死的主會為我們行為的報償作出最後的判決。

當DR. Channing十歲大時，他聽見霍普金斯博士一篇有力的、有關審判的講道。他深受感動，盼望他父親對他講到他得救的問題。但是，他父親一個字也沒有提。到家之後，父親坐下來讀書，DR. Channing說：「我就認定，父親聽見的，他一個字也不信。他毫不在乎，我為甚麼要在乎呢？我心裏就不再去想這件事了。」是否因為父親的冷漠就驅使他的兒子對聖經要道不信呢？對這些人人都必須站在審判台前的嚴肅事實，難道我們不應該告訴我們的兒女與朋友嗎？

我們的一切行為都必須在基督裏。祂是我們唯一的穩固根基。「若有人用金、銀、寶石、草木、禾稭在這根基上建造，各人的工程必然顯露。因為那日子要將他表明出來，有火發現。這火要試驗各人的工程怎樣。人在那根基上所建造的工程，若存得住，他就要得賞賜。人的工程若被燒了，他就要受虧損。自己卻要得救，雖然得救，乃像從火裏經過的一樣。」（林前3：12—15）我們是否在此地正在準備，讓我們可以站立在審判台前呢？

默想與禱告：「你從天上使人聽判斷。上帝起來施行審判，要救地上一切謙卑的人。那時地就懼怕而靜默。」（詩76：8、9）

12月 16日 但義人得救，是由於耶和華。祂在患難時作他們的營寨。耶和華幫助他們，解救他們。祂解救他們脫離惡人，把他們救出來，因為他們投靠祂。（詩37：39—40）

舊約聖經與新約聖經在這個題目上完全和諧一致。我們的救恩不出於人，而是出於主。我們得救是因著信，因為我們信靠祂。我們在弗2：8節讀到：「你們得救是本乎恩，也因著信，這並不是出於自己，乃是上帝所賜的。」從世界的起始直到今天都是如此。我們得救，不是靠我們所行的任何義行，而是出於祂的憐憫。（多3：5）

一位眼睛幾乎要瞎、資產只剩一百美元的男人來到一位名眼科專家跟前。「我不知道你是否有能力付醫藥費，」那位醫生說：「我的手術費從未低過五百美金。」

「那麼，我就非瞎眼不可了。」那位可憐的人說。

「你無法達到我的要求，而我也不能俯就你。但是，還有一個辦法。」那位眼科專家提出說：「我可以免費開刀。」

我們來到那位偉大的醫生面前時也一樣說：

「手中毫無贖罪價，
只靠主的十字架。」

——奧古斯都（Augustus M. Toplady）中文讚美詩443首

請注意救主要為祂的子民所做的事。祂要成為他們患難時的力量。祂必幫助他們，拯救他們，何等美妙的鼓勵啊！那位將救恩帶給我們的，也是我們一生的嚮導。當我們住在祂裏面，祂住在我們裏面時，就沒有甚麼真正的傷害會臨到我們。

默想與禱告：「但我是困苦窮乏的。上帝阿，求你速速到我這裏來。你是幫助我的，搭救我的。耶和華阿，求你不要耽延。」（詩70：5）

12月 17日

我們若認自己的罪，上帝是信實的、是公義的，必要赦免我們的罪，洗淨我們一切的不義。（約壹1：9）

這是偉大的應許之一，也是人人都需要的應許。「因為世人都犯了罪，虧缺了上帝的榮耀。」（羅3：23）並且「因為罪的工價乃是死。」（羅6：23）這是邁向天國不可少的一步——認罪。請讀這節經文的各部分。那赦免我們的罪，洗淨我們一切不義的乃是我們的主。而祂是信實的，祂不會忘記一樣罪，祂不會忽視任何罪。每一樣罪都會得潔淨、得赦免。祂的死乃是贖罪祭，「祂為我們的罪作了挽回祭。不是單為我們的罪，也是為普天下人的罪。」（約壹2：2）

祂不僅是信實的，祂也是公義的。若我們認罪、接受基督為我們的救贖主，上帝卻不赦免我們的罪，祂就不公義了。因為基督已經為我們的罪——每一樣罪——死了，在十字架上罪債已全塗抹，現在已經不能再索取了。

政治犯常常得到所謂的「特赦」，意思是「不再紀念」。這正是上帝要賜給每一個靠賴祂兒子耶穌基督到祂跟前之人的。不論是甚麼罪、或多少罪，那位樂意赦免我們的上帝說：『我不再記念他們的罪愆和他們的過犯。』（來10：17）

我們的上帝不僅赦免，還要洗淨我們一切的不義。基督徒的日常生活要像祂。得救脫離罪的刑罰是稱義，得救脫離罪的權勢是成聖。有一天我們會得救脫離有罪的世界，那就是得榮耀。讓我們依靠祂這奇妙的應許，直到那日。

默想與禱告：「罪孽勝了我。至於我們的過犯，你都要赦免。」（詩65：3）

12月 18日

上帝所賜出人意外的平安，必在基督耶穌裏，保守你們的心懷意念。（腓4：7）

腓立比乃是一個軍事基地，是羅馬帝國的一個前哨站。使徒保羅在他寫給腓立比人的書信中，用了幾個軍事俗語。其中一個就在我們今天的應許經文裏。

在「保守你們的心懷意念」中，保羅用了一個意為「保衛」的希臘詞。在賽26：1－3中有這樣的話：「當那日在猶大地人必唱這歌說，我們有堅固的城。耶和華要將救恩定為城牆、為外郭。敞開城門，使守信的義民得以進入。堅心倚賴你的，你必保守他十分平安、因為他倚靠你。」

上帝的真理、上帝的救恩、上帝的平安乃是保護祂子民的城門、城牆與堡壘。是啊，上帝的平安是個何等堅固的堡壘啊！它出人意外，人無法瞭解。我們無法分析，那最偉大的心理治療師也不能為此進行心理分析。它不是人藉著苦思獲致的，它不是精神治療或瑜珈哲學的效果。它是上帝的平安。它是耶穌所熟識、要賜給祂門徒的平安。「我留下平安給你們，我將我的平安賜給你們。我所賜的，不像世人所賜的。你們心裏不要憂愁，也不要膽怯。」（約14：27）我們的感情與我們的智慧都要在基督耶穌裏，得蒙這項平安的保守。

平安！美妙平安！
這是從父而來的恩賜。
永遠在激動著我的心弦，
使我感戴主的仁慈。

——比爾弘（P. P. Bilhorn）中文讚美詩219首

默想與禱告：「願耶和華向你仰臉、賜你平安。」（民6：26）

12月
19日

以後再沒有咒詛。在城裏有上帝和羔羊的寶座。祂的僕人都要事奉祂。（啟22：3）

這世界開始之時，罪帶來了地上的咒詛（創3：17）。「因為罪的工價乃是死。」（羅6：23）隨著罪而來的咒詛，禍及整個人類。我們今天的應許經文的前一節經文告訴我們說，生命河旁的生命樹，每月結一種不同的果子。起先的亞當若蒙應許在犯罪之後吃了這棵樹的果子.，他就會永遠處於墮落的境況之中，而那會是一切咒詛中最大的咒詛。

聖經已經告訴我們，上帝會住在更新的地球上，因為「在城裏有上帝和羔羊的寶座。」祂只能住在沒有咒詛、以及沒有咒詛之因——罪——的地方。那是羔羊也只有羔羊能「贖出我們脱離律法的咒詛。因為經上記著、『凡掛在木頭上都是被咒詛的。』」（加3：13）

罪的咒詛與死亡，臨到了凡違背上帝公義律法的人。人人都犯了罪，因此，人人都在咒詛之下。那位沒有罪的耶穌，已經為我們成為罪，「好叫我們在祂裏面成為上帝的義。」（林後5：21）在那沒有咒詛的有福之地，上帝的僕人們會真正地侍奉祂。在此地，我們是藉著幫助他人事奉上帝。但是，在那裏，我們要直接事奉祂。

天文學家開普勒有一次從他的數學計算中抬起頭說：「啊，上帝啊，我學習用你的思想去思想！」願這就是我們在此地、在寶座前的事奉！

默想與禱告：「耶和華啊，你的工作何其大，你的心思極其深。」（詩92：5）

12月
20日

我們若在光明中行，如同上帝在光明中，就彼此相交，祂兒子耶穌的血也洗淨我們一切的罪。（約壹1：7）

這是個何等的應許啊！我們若依照啟示行在基督裏的亮光中，我們就會有基督徒的交誼。有些基督徒豈不是患了夜盲症麼？他們只要一點點亮光，一個獻身、聖潔的生命所發之明亮的光，會刺痛他們軟弱的眼睛。他們行在一點光中，但是，不像基督行在光中。

一切的罪都被基督寶血所潔淨的乃是順從的人。那故意拒絕亮光的人是不能要求這項應許的。

「基督的寶血是甚麼？」李文斯敦在他非洲孤獨流浪的最後一個月中問道：「就是祂自己，就是存在上帝內心的永遠的慈憐。是人的眼與耳能清楚辨識的。這是主耶穌的生與死所彰顯的永遠的愛。它顯明了上帝的赦免，因為上帝喜愛赦免。」

我們禱告時，我們仰望那張赦免人的臉，那張刻畫出為我們的緣故受苦之線條的臉。「你們得贖，……不是憑著能壞的金銀等物。乃是憑著基督的寶血，如同無瑕疵無玷污的羔羊之血。」（彼前1：18、19）

啊，基督啊，你的愛升起，
渴望進入所有被囚之生靈的心。
如今在羞辱與失敗之下，
落下你的十字架，
沒有任何深淵，
深到無法得到你的恩典。

默想與禱告：「求你使你的臉光照僕人，憑你的慈愛拯救我。」（詩31：16）

12月
21日

他們也不用燈光、日光，因為主上帝要光照他們。他們要作王，直到永永遠遠。（啟22：5）

「在上帝的城中，『不再有黑夜。』沒有人再需要或希望休息。在奉行上帝旨意並頌揚他聖名的事上，是不會疲倦的。我們必長久享有早晨清新的精神，是永世無窮的。……上帝和羔羊的榮耀使聖城充滿永不熄滅的光榮。那裏永遠是白晝，得贖之民要在沒有太陽的榮光之中行走。」（《善惡之爭》42章）

那城的光是上帝的光，「因有上帝的榮耀光照。又有羔羊為城的燈。列國要在城的光裏行走。」（啟21：23、24）我們若在此地曾跟隨那是生命之光的一位，我們也會在那裏與祂在永恆的亮光中同行。

那從罪的黑暗中出來進入福音光明中的人，必會在主上帝所賜的亮光中在此地作王。

那位從罪與墮落的深淵出來作上帝高貴僕人的John Newton說，在天國的亮光中，他會見到三樣奇事。第一件奇事是看見那麼多他認為在那裏不會看見的人。第二件奇事是，許多他盼望在那裏看見的人卻找不到。第三個最大的奇事是發現自己竟然在那兒。願上帝賜恩，讓我們都可以在那永恆光明的城中彼此述說那奇事。

我們終於看見天國光明的早晨，
見到那將我們的心靈從黑夜領出來的一位。
在那美麗黎明純淨的榮光裏，
在祂永恆的榮光中所有陰影消逝無影。

默想與禱告：「我要天天稱頌你。也要永永遠遠讚美你的名。」（詩145:2）

12月 22日

那時瞎子的眼必睜開，聾子的耳必開通。那時瘸子必跳躍像鹿，啞吧的舌頭必能歌唱。在曠野必有水發出，在沙漠必有河湧流。（賽35：5、6）

瞎子、聾子、瘸子，啞子——耶穌多麼奇妙地醫治了他們啊！當耶穌在地上時，生命的活水曾如何地湧流啊！但是在新天新地之中，在那稱為「我們的母」的天上的新耶路撒冷城裏（加4：26），這項偉大的應許將會如何廣泛與完全地應驗啊！那從未瞥見地上美麗、也沒有看過其可悲之骯髒的眼睛會張開，驚訝的望著這以馬內利之地的榮耀。那從未聽過人的口講過自己名字的人，會因為天使美妙的音樂與基督的聲音興奮不已。長期臥病的癱子，會因永恆中豐盛的健康而歡喜跳躍。那從未說出一個字的啞子會隨著救贖之歌唱出和聲。何等盼望、何等喜樂、何等奇妙之地，何等奇妙的救主啊！

耶穌說：「溫柔的人有福了。因為他們必承受地土。」（太5：5）我們也與使徒彼得一同「盼望新天新地，有義居在其中。」（彼後3：13）這樣，這是一個真實的應許，賜給真實的人在真實之地之真實的家園。——這地就是人說「美夢成真」之地。

但是，我們如何尋得那地呢？有人問Wilberforce主教到天國之路時，他說：「在第一轉彎處向右轉，然後一直向前。」要到這個地方，我們的救主就是「道路」（約14：6）。

默想與禱告：「好叫我的靈〔原文作榮耀〕歌頌你，並不住聲。耶和華我的上帝阿，我要稱謝你，直到永遠。」（詩30：12）

12月
23日

上帝要擦去他們一切的眼淚。不再有死亡，也不再有悲哀、哭號、疼痛，因為以前的事都過去了。（啟21：4）

不再有眼淚、死亡、悲哀、哭號、疼痛。誰不要住在這樣的地方呢？這一切都是先前的事，如今都已過去。怎麼過去的呢？透過文化的改變嗎？經過智慧、教養與教育嗎？藉著人的努力嗎？不是，絕對不是，而是靠賴上帝的大能。「上帝要擦去他們一切的眼淚，」因此，朋友啊，你要透過讀這個應許，相信上帝的話。

相信上帝要使眼淚停止，
相信上帝要除去懼怕、痛苦與死，相信上帝直到永世，
因此，朋友啊，你相信上帝。要永遠堅持。

本仁約翰在夢見上帝聖城之後，寫道：「當城門要打開讓人進去之時，我在他們身後觀望。看見那城發光如日頭，街道鋪的是黃金，許多人在其上行走。頭上帶著冠冕，手上拿著棕樹枝、金琴，唱著讚美詩。他們之中，也有有翅膀的。他們彼此唱和著說：『聖哉！聖哉！聖哉！耶和華！』之後，他們關上城門。我看見，所以我渴望自己也置身在他們之中。」

我們大家都如此盼望。願好牧人引領我們每個人最終都進入那城。

默想與禱告：「因你——耶和華藉著你的作為叫我高興。我要因你手的工作歡呼。」（詩92：4）

12月
24日

因此，主自己要給你們一個兆頭，必有童女懷孕生子，給他起名叫以馬內利。（賽7：14）

作為這兆頭的兒子是誰呢？童女所生的嗎？以賽亞告訴我們是「以馬內利」。這樣，在天使向猶大野地牧羊人宣布祂的誕生之前約七百年，就有這位福音先知宣布這聖嬰的誕生了。

天使對童女已經許配的丈夫約瑟說：「只管娶過你的妻子馬利亞來。因她所懷的孕，是從聖靈來的。她將要生一個兒子。你要給祂名叫耶穌。因祂要將自己的百姓從罪惡裏救出來。這一切的事成就，是要應驗主藉先知所說的話，說『必有童女懷孕生子，人要稱祂的名為以馬內利。』（以馬內利繙出來、就是上帝與我們同在。）」（太1：20－23）

這一切事情成就，乃是為了拯救活在今天的我們以及曾經活過與一切要活在世上的人。「亙古以來，主耶穌基督與父上帝原為一。」……祂到我們這世界上來，就是要顯明這榮耀。祂來，要向這被罪惡籠罩的大地彰顯上帝慈愛之光，實現「上帝與我們同在」。因此，預言論到祂說：「人要稱祂的名為以馬內利。」（《歷代願望》第1章）

「祂說：『你曾給我預備了身體』。……他的神性隱蔽在人性裏，那不可見的榮耀掩藏在可見的人體中。……照樣，基督來也是取了『我們這卑賤的身體』（腓3：21），……但祂卻是取了肉身的上帝，是天上和地下的光。……基督在我們人類的營盤 中支起祂的帳幕，以便住在我們中間，……『道成了肉身，住（原文作支搭帳棚）在我們中間，充充滿滿地有恩典、有真理。我們也見過祂的榮光，正是父獨生子的榮光。』（約1：14）……」

「耶穌基督用祂的人性接觸人類，同時用祂的神性握住上帝的寶座。」（同上）這就是上帝道成肉身，這就是我們的救主。

默想與禱告：「我的上帝我的王啊，我要尊崇你。我要永永遠遠稱頌你的名。」（詩145：1）

12月 25日	因有一嬰孩為我們而生，有一子賜給我們。政權必擔在祂的肩頭上。祂名稱為奇妙、策士、全能的上帝、永在的父、和平的君。（賽9：6）

這位伯利恆的嬰孩是誰？祂是救主，就是主基督（路2：11）。亞當會告訴你，祂是那傷蛇的頭的女人的後裔。問亞伯拉罕，他會告訴你，祂是撒冷王、平安王。雅各會告訴你，祂是猶大支派的細羅。以賽亞會告訴你，祂是以馬內利，上帝與我們同在。耶利米會告訴你，祂是耶和華我們的義（耶23：6）。但以理會告訴你，祂是彌賽亞，是受膏者。何西阿會告訴你，祂是「耶和華萬軍之上帝」（何12：5）。施洗約翰會告訴你，祂是「上帝的羔羊」。（約1：29）問拿但業，他會告訴你，祂是「上帝的兒子……以色列的王」。（約1：49）而上帝自己則從天上宣布說：「祂是我的愛子，我所喜悅的。」（太3：17）「論到子卻說：『上帝啊，你的寶座是永永遠遠的，你的國權是正直的。』（來1：8）問黑暗的權勢，他們會承認祂是「上帝的聖者」（可1：24）。所以，我們可以說：「這是耶穌基督，我們的救主，世人的救主。」

上帝成為肉身，躺在馬槽裏，
為了受苦受死，生為人子；
童女母親，小旅客，
刀劍必須刺透，印證我們得著。

星星閃爍，光芒四射。
天上光芒，照亮山上牧人。
博士們，恭敬跪拜，
我們也一同匍匐，高呼我王！我愛！

默想與禱告：「上帝啊，願列邦稱讚你。願萬民都稱讚你。」（詩67：5）

12月
26日

到了牧長顯現的時候，你們必得那永不衰殘的榮耀冠冕。（彼前5：4）

在這方面，兩位使徒完全一致。保羅在提後4：1說，主耶穌基督顯現時要審判活人與死人，在第8節加上說：「從此以後，有公義的冠冕為我存留，就是按著公義審判的主到了那日要賜給我的。不但賜給我，也賜給凡愛慕祂顯現的人。」這是在加冕的時候，在祂顯現的時候。

每一樣事都靠賴祂的顯現，靠賴祂的復臨。我們要愛慕祂的顯現，我們要仰望祂的榮耀顯現。（多2：13）那在上帝面前作我們大祭司的要第二次顯現，但與罪無關，乃為拯救仰望祂的人（來9：24、28）。我們是否正在尋求祂呢？當牧長顯現之時，牧人們必會得到他們的賞賜，羊兒也會得到他們永恆的家。

Dean Farrar 講到維多利亞女王聽過她的一個宮廷牧師在溫莎講了一篇基督復臨的講章之後，對他談到這篇講章時說：「啊，我多麼盼望主會在我有生之日回來。」

「為何陛下有這樣的渴望呢？」那位牧師問道。

女王因深切的感情面貌發光，回答說：「因為我如此熱愛將我的冠冕放在祂的腳下。」

當我面對面見主的榮耀，
聽見祂喜樂的歡迎聲，受到祂喜愛的擁抱，
飽受祂天上豐盛的恩典之時，
我就完全滿足了。
——何拉提斯（Horatius Bonar）

默想與禱告：「耶和華啊，王必因你的能力歡喜。因你的救恩，他的快樂何其大。」（詩21：1）

12月 27日 親愛的弟兄啊、我們現在是上帝的兒女，將來如何，還未顯明。但我們知道主若顯現，我們必要像祂。因為必得見祂的真體。（約壹3：2）

藉著向上帝悔改，相信基督，墮落的人類就能再一次成為上帝的兒女。我們的救主已經開了路，好使罪大惡極的、最窮苦的、受壓迫的、被蔑視的人都能夠成為天家的一分子。

耶穌教導我們，叫我們禱告時要說：「我們天上的父，」祂熱切地以我們是祂兒女的身份歡迎我們。「我們在天上有一位中保，凡接受祂為個人救主的人，都不致被撇下為孤兒而揹負他自己的罪擔。」（《福山寶訓》第5章）「我們現在是上帝的兒女。」「既是兒女、便是後嗣，就是上帝的後嗣，和基督同作後嗣。如果我們和祂一同受苦，也必和祂一同得榮耀。」（羅8：17）

那賜給上帝兒女的榮耀，還沒有顯現。當基督復臨時，它就要顯現。「我們這至暫至輕的苦楚，要為我們成就極重無比永遠的榮耀。」（林後4：17）「我想現在的苦楚，」那位使徒說：「若比起將來要顯於我們的榮耀，就不足介意了。」（羅8：18）

當我們現在用心靈仰望基督，變得越來越像基督之時，我們也會像榮耀中的基督。因為，藉著仰望，我們就會改變（林後3：18）。

過去奴隸制度還存在之時，一位訪客曾見到一群奴隸無精打采拖著沈重的步伐去上工，一位身材高大肩膀寬闊的人卻仰著頭步伐穩定的走過去，「他怎麼這樣？」這位訪客問道。「啊，他是非洲國王的兒子。」回答說：「他沒有忘記自己是王子。」讓我們永不要忘記我們是萬王之王的兒女啊 。

默想與禱告：「你是我的上帝，我要稱謝你。你是我的上帝，我要尊崇你。」（詩118：28）

12月
28日

因為主必親自從天降臨，有呼叫的聲音，和天使長的聲音，又有上帝的號吹響。那在基督裏死了的人必先復活。以後我們這活著還存留的人，必和他們一同被提到雲裏，在空中與主相遇。這樣，我們就要和主永遠同在。所以你們當用這些話彼此勸慰（帖前4：16－18）

第一次的復活，是義人復活，是復活得生。活著的聖徒那時會與那些剛剛從死裏復活的人一同被提，在空中與主相遇。這就是改變。那時我們要從必死的變成不死的。「這必朽壞的既變成不朽壞的。這必死的，既變成不死的。那時經上所記，死被得勝吞滅的話就應驗了。」（林前15：54）對上帝的兒女說，這是舊事的結束，是新的開始。因此，讓我們「用這些話彼此勸慰」。

DR. A.T. Pierson講到，那封宣告高登博士去世的電報於清晨三時到達。他因睡不著，就翻閱整本新約聖經，看聖經怎樣說到死亡。他注意到，耶穌復活之後，使徒們很少用「死亡」這個詞。講到基督徒生命的結束是用「睡覺」這個詞。試想我們的親人只是睡在基督懷裏而非死亡，那是何等的安慰！讓我們仰望黎明來到吧。

我在美麗早晨醒轉，
黎明之後不再有夜的黑暗。
在有明亮的白日永遠照亮，
我就意滿心歡。

——何拉提斯（Horatius Bonar）

默想與禱告：「我們終日因上帝誇耀，還要永遠稱謝你的名。」（詩44：8）

12月
29日
坐寶座的說，看哪，我將一切都更新了。又說，你要寫上。因這些話是可信的，是真實的。（啟21：5）

誠然，樣樣東西都需要更新，現在已是將舊衣服收起來穿上美麗新衣的時候了。惟有那在起初創造萬物的主，才有能力將天地更新。將一個罪惡的世界改造成一個新世界，與從無中創造出一個新世界，都需要大能力。我們的主耶穌能夠行這個大事。祂已經將罪人變成聖徒。不久，祂要改變我們這卑賤的身體，使其與祂自己榮耀的身體相似，（腓3：21）祂來「拯救失喪的人」（路19：10）。這個新天新地會成為上帝蒙贖之人永遠的家鄉。「溫柔的人有福了．因為他們必承受地土。」（太5：5）

新耶路撒冷與其聖潔的居民會從上帝那裏、從天上降下來（啟21：2）成為新天新地的首都。凡物都變成新的了——新天、新地、新的不死的人類，有新工作——「他們要建造房屋，自己居住。栽種葡萄園，喫其中的果子。」（賽65：21）新關係——「上帝要親自與他們同在，作他們的上帝。」（啟21：3）大自然的新風貌：「豺狼必與綿羊羔同居，豹子與山羊羔同臥。少壯獅子與牛犢並肥畜同群。小孩子要牽引他們。」（賽11：6）新的安全環境——「不再有死亡，也不再有悲哀、哭號、疼痛。」（啟21：4）這是一個確定的應許。因為，那默示這應許的，說：「你要寫上，因這些話是可信的、是真實的。」（啟21：5）

默想與禱告：「主阿，諸神之中沒有可比你的。你的作為也無可比。」（詩86：8）

12月 30日

兒女既同有血肉之體，祂也照樣親自成了血肉之體。特要藉著死，敗壞那掌死權的，就是魔鬼。（來2：14）

站立在海邊，瞭望著無邊的海洋，漂浮其上或飛翔在其上方都似乎涵蓋了全球，就好像世界第一次的黎明一樣。拜倫寫道：

時間在你天眉上，並未寫上皺紋，
如同創造黎明時看見的，你轉動了。

如同水遮蓋著黑暗中的地球一樣，主的知識與榮耀也用亮光與喜樂遮蓋全地。

我們經文的邊註，講到將來更加美妙。「地球將充滿認識上帝的榮耀。」「其中居住的百姓、罪孽都赦免了。」（賽33：24）他們知道喜愛赦免的主的榮耀。他們知道主成全應許的榮耀，因為他們從地上被提到了天家，從洞窟、監牢到了大廈，走出鐵門，進了珍珠門。他們終於到家了，永遠到家了。那時他們的平安如河水，他們的公義如海浪。（賽48：18）普世的、永恆的平安、公義。

擁有這項真實上帝真知識的人乃是真正的樂觀主義者。他們看到前面這些——這世界的人從未想到的、更美好的事物。那時，只有那時，蒙福之人才能夠真正歌唱說：「如同起初，現在，並將來，永無窮盡，阿們！」

這是上帝對未來的異象，
全世界在基督裏都蒙福了。

在那美麗黎明純淨的榮光裏，比最高更高，比最好更好。

默想與禱告：「我要默念你威嚴的尊榮和你奇妙的作為。」（詩145：5）

12月
31日

證明這事的說，是了。我必快來。阿們。主耶穌啊，我願你來。（啟22：20）

這是一節用來結束一年最美妙的經文。它包含聖經中最後的應許與最後的禱告，並且這項禱告是對應許的回應。在新的一年開始之前，讓我們看一下這些應許，讓這些應許深入我們的心。這些應許是耶穌的話，而祂強調的是祂復臨的確實性。「我確實要回來，」祂說。不僅如此，而且是：「我必快來！」願我們每個人心裏的回應是：「主耶穌啊，願你確實快些回來！」這曾是教會中一切天路客的祈禱。

我們被吩咐為祂的再來準備好（太24：44）。我們應該儆醒等候主回來（路12：37）。我們應該熱切盼望主回來（彼後3：12、13）我們應該為我們的主回來禱告（啟22：20）。我們應該傳講基督復臨的信息（帖前4：16－18）。

Horatius Bonar每天晚上躺下睡覺之前最後的動作是拉開幔子，仰望天空，說：「或者就在今夜，主啊！」早上他的第一個動作是拉起窗簾，望著黎明說：「或在今天，主啊！」

已經很長久？給我們的教訓是，「願主引導你們的心，叫你們愛上帝並學基督的忍耐。」（帖後3：5）願上帝的話繼續迴響在我們的心裏：「時候近了，主已經在門口了。」

主就要回來，啊，我的心，
主要帶來永遠的和平！
帶來蒙福的完全，與永遠的生命。
主就要回來，啊，我的心！
祂要帶來安逸，祂的腳步聲我正在傾聽。

默想與禱告：「耶和華以色列的上帝，是應當稱頌的，從亙古直到永遠。阿們！阿們！」（詩41：13）

職場生活叢書 02 從「九」爬到「五」 ◎魏梅立

這本既簡單又實用的書，是要幫助渴望騰達的讀者。它提供及時的建議和正確的原則，讓讀者學習如何使用言語及肢體語言的技巧，預防問題的產生，處理非難，有效的運用時間，對付難以控制的情勢及保留情緒的精力；在困難重重，人事難處、環境惡劣、工作繁重的情況下，把負面的境遇，轉為個人的課堂，運用它們作為學習、成長的工具。騰達的人是一個學會將痛苦轉變為獲益的人。

這本書可以有許多不同的用法：

- 幫助個人找到實際的方法來辨認自己生活中僅算是倖存的地方，把它們轉變為可以騰達的地方。
- 幫助經理及督導更成功的處理員工；作為訓練課程的手冊，參考書籍和實用技能的手冊。

本書可以隨心所欲的使用，不必照次序，還可以分章單獨或全書整本閱覽或研讀。每一章均各有單獨的主題，許多章節裏有聖經箴言書的節錄，幫助在職場對付每天的情況和處理各種人事。

職場生活叢書 01

是「人」讓我受不了 ◎魏梅立

佳音電台前台長 紀惟明 推薦

當耶穌說，要「愛鄰舍如同愛自己」，祂該不是指我們辦公室鄰座的同事吧！是嗎？我們怎麼能高高興興地跟難以相處的人共事呢？

魏梅立幫助你找出職場關係的問題所在，也幫助你在工作中找到屬神的平安和喜樂。

每冊定價新台幣NT$250元

將在一年內陸續出版的好書，敬請期待！

01.先祖與先知
02.先知與君王
03.歷代願望
04.使徒行述
05.善惡之爭
06.復臨信徒的家庭
07.基督徒服務大全
08.教育論
09.天路
10.論飲食
11.健康之源

懷愛倫（Ellen White, 1827-1915）
美國宗教作家。其五十五本在上帝聖靈感動下所寫成之著作，譯成百種以上之語文，發行達二千萬冊。

懷氏精簡版製作目的

懷愛倫師母生長於十九世紀中葉的美國，她對於上帝的忠心以及上帝藉著她帶給這世界的亮光，在這一百多年來，讓千千萬萬人受惠。她也藉著可以超越時空的文字事工，嘉惠多人。

但由於時代的轉移，現代人喜歡短小精簡的文字，特別是初加入教會的教友以及未信者。為了顧及他們的需要，時兆出版社特別訂定了這個專案，期待有更多人共享懷師母的智慧。

我們所採用的辦法是：每本書的章數不變，但字數縮減。為了盡可能忠於原文，出版社寄了繁體中文原版書籍給編輯人員，請他們先用鉛筆在原書上圈選劃線，再將劃線部分用電腦打出，以繁體中文存入word檔案。接著為保有文章的完整性，再加以修飾，務必力求精簡版不單忠於原文，且使文字簡潔順暢易於閱讀。

出版社計畫在未來的一年內，陸續出版這十一本書，敬請支持期待。

國家圖書館出版品預行編目資料

上帝的應許／李察（H.M.S. Richards）著；
鄧繼依，鄧明雅，吳淑娟譯. --初版. --臺北市：
時兆, 2006[民95]
面：　　公分
譯自：The Promises of GOD
ISBN 978-986-82608-2-5（精裝）
1.基督徒 2.基督教 - 靈修

244.9　　95018271

作　者　李察（H.M.S. Richards）
譯　者　鄧繼依　鄧明雅　吳淑娟

董事長　胡子輝
發行人　周英弼
出版者　財團法人基督復臨安息日會台灣區會時兆出版社
服務專線　886-2-27726420
傳　真　886-2-27401448
地　址　台北市10556八德路二段410巷5弄1號2樓
網　址　http://www.stpa.org/

主　編　黃淑美
文字校對　宋道明　陶香蘭　鐘文榮　江麗華
美術設計　尤廷輝

法律顧問　統領法律事務所
電　話　886-2-23212161

總經銷　東芝文化事業有限公司
電　話　886-2-82421523
地　址　台北縣235中和市中山路二段315巷2號4樓

ISBN-13　978-986-82608-2-5
ISBN-10　986-82608-2-5
定　價　新台幣400元
出版日期　2006年9月初版1刷
　　　　　2007年1月初版2刷

請於此處用膠水黏貼

時兆讀友回函

謝謝您購買時兆的出版品，希望您看了很滿意。也請費心填寫此回函卡，讓我們可依此提昇服務品質，我們並將不定期寄上最新出版訊息，以饗讀者。

您購買的書名：上帝的應許

姓名：______________________ 性別：□男 □女

生日：______年______月______日

地址：□□□____

聯絡電話：______________________ 傳真：________________________

若您願意收到時兆不定期的新書資訊或優惠活動，

請留下您的E-mail：____

學歷：□高中及高中以下 □專科及大學 □研究所以上

職業：□學生 □軍公教 □服務 □金融 □製造 □資訊 □傳播

□自由業 □農漁牧 □家管 □退休 □其他

您覺得本書價格：□偏低 □合理 □偏高

您對本書的整體評價：（請填代號1.非常滿意2.滿意3.普通4.不滿意5.非常不滿意）

書名____ 內容____ 封面設計____ 版面編排____紙張質感____

您從何處得知本書消息？

□教會 □文字佈道士 □書店（店名：　　　　　）□親友推薦

□網站（站名：　　　　　　　　　）□雜誌（名稱：　　　　　）

□報紙 □廣播 □電視 □其他：

您通常透過何種方式購書？

□教會 □文字佈道士 □逛書店 □網站訂購 □郵局劃撥

□電話訂購 □傳真訂購 □團體訂購 □其他：

您喜歡閱讀哪些類別的書籍？

□宗教：□靈修生活 □見證傳記 □讀經研經 □慕道初信 □神學教義

□醫學保健 □心靈勵志 □文學 □歷史傳記 □社會人文

□自然科學 □休閒旅遊 □科幻冒險 □理財投資 □行銷企劃

□其他：

對我們的建議：

____

____

____

____

請於此處用膠水黏貼

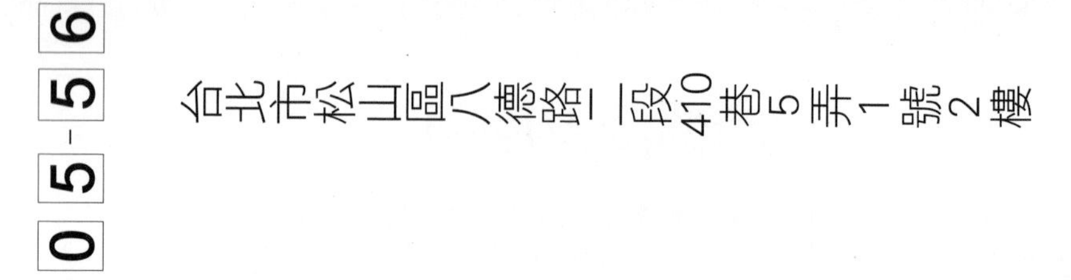
105-56
台北市松山區八德路二段410巷5弄1號2樓
財團法人基督復臨安息日會台灣區會
時兆出版社 收

廣告回信
台灣北區郵政管理局登記證
北台字第2552號
郵資已付，免貼郵票

請沿虛線對摺，謝謝！

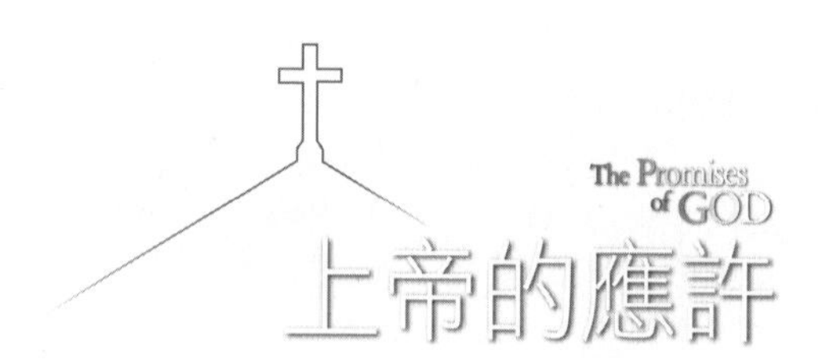
The Promises of GOD
上帝的應許